林田清明・著

《法と文学》の法理論

北海道大学
大学院法学研究科
研究選書

北海道大学出版会

法学・政治学は現代社会の変動のなかで，より高次
の発展が求められている。この要請に応え，研究成果
を世に問うために，「北海道大学法学部研究選書」を，
北海道大学法学部学術振興基金の出版助成を得て刊行
することとした。
　1994 年 7 月

北海道大学法学部

はしがき

　本書は、「法と文学」が法や法学についての新しい理解を創り出すことを明らかにしようとするものである。一見すると法学と文学の両者は遠いもののように思えるが、私たちは法を扱った作品から多様な見方や洞察を得て、法に関するものを分析することができる。文学と法学とを結びつけたものは古くからあるが、本書の「法と文学」というアプローチは、1973年にアメリカ法において始まったもので、「法と経済学」や「法とフェミニズム」などとともにリーガル・リアリズム（法現実主義）の系譜にある法理論の一つである。なかでも「法と文学」は文芸批評理論、精神分析、カルチュラル・スタディーズ、脱構築（ディコンストラクション）やポストモダンなど多様な思想や考え方を取り入れた方法や理論である。

　わが国の伝統的な法学は、もっぱら法解釈を中心とする実践的科学であると自己規定し、有能で中立・公正な裁判官は丹念な吟味と検討によって正しい判決に至ることができるとしてきた。そこでは判決などの法的判断は客観的・論理的でかつ一貫し、また中立・公平になされており、さらに科学的であるということがその判断に正統性を与えると考えられている。加えて、法は法であるという信念を醸し出している。これらが示唆するのは法がいわば理想郷（ユートピア）に立っているという見方である。このような理性や真実それに科学的などの捉え方は法の近代という大きな物語を反映したものといえる。

　これに対して、本書は、「法と文学」というより広い視点に立って、社会や文化のコンテクスト（文脈）の中から法の現実的で理論的な理解を得ようとするものである。事件を解決するにはその背景にある社会の理解が欠かせない。私たちは物語を通じて事件や物事を理解するから、多様な視点や思考をもつ文学や文芸批評は裁判官に対して社会の把握やその背景の事情を提供す

ることができる。というのは，日々多くの努力が傾けられている法解釈や判決をするには社会や人間への豊かな洞察を必要とするからである。しかし，その際，法が理性や真実・正義に基づいているという近代の物語はかえって私たちの現実の複雑で多様な思考や行動を制限したり，また画一的にまた平板に取り扱うことになっていないだろうか。むしろ「法と文学」は，私たちのナラティヴ・語りに近いところから，これまでの法学とは異なる法の見方や考え方を明らかにするのである。

　第Ⅰ部では，「法と文学」研究は文学の観点から法や裁判などにもっと有意義にアプローチすることができることを明らかにする。とくに「法と文学」研究は，多様な発展を示しているが，その主要な四つの形態を検討して，その特質・考え方および分析方法と法学研究としての可能性を探る（第1章）。
　第Ⅱ部では，まず，古くから法学と文学の接点としてよく知られた形態である，法が文学や演劇などを規制する領域が扱われる（法としての文学）。この領域は，著名なチャタレイ裁判に見られるワイセツ表現への介入をはじめ，名誉毀損やプライバシー侵害という形で現れる（第2章）。つぎに，法益がどのように生成され，法体系の中に定着してゆくかを検討している。どのように社会の中で私的空間（プライバシー）というものが次第にクローズアップされ，わが国の法に取り入れられたかを文学作品の検討を通じて時代・文化，生活・法意識の面から明らかにする（第3章）。
　私たちの生活空間や社会は，いわば法が演じる「理性と正義の劇場」でもある。そこでは法は理性や正義に基づいており，また個人の自由や権利が保障されるから私たちが法や掟に従うことが市民としての，また社会の条件であるとされている。だが，法は処罰や法的に保護しないという威嚇・恐怖また遵守への忠誠などを用いて私たちの内面にも影響を及ぼしているが，にもかかわらず法が暴力や権力によって支えられている事実は隠されがちである。そこで法が演じている有り様，つまり法や権力がどのように人々や生活に作用しているかを夏目漱石『門』を素材として取り上げる（第4章）。
　さらに理性と正義の法はユートピアなのかを明らかにするために，法が演

じる現実・リアリティとその作用が描かれる文学作品を取り上げる。法は自由や希望をもたらさないと"絶望の法学"を描き出すフランツ・カフカの『審判』『掟の前』，そして個人と社会・文化との衝突・軋轢から生まれる不条理をテーマとするアルベール・カミュの『異邦人』，さらに，父子のような親愛と同情を超えて法の厳格な適用へと揺れつつ軍艦の安寧秩序のために「海のキリスト」が裁かれる，ハーマン・メルヴィルの『ビリー・バッド』の文学作品を検討する(第5章)。このように，「法と文学」研究は法のオフィシャルな物語の中では考慮されない人々の視点を取り入れる方法でもある。これら文学上のフィクションが法のリアルな姿を浮かび上がらせている。これによって，これまでの法を問い直す視点や考え方を得ることができるのである。

　第Ⅲ部では，解釈としての法を取り扱っている。現代の法の中心的領域である法解釈・法的推論が検討される。まず，伝統法学が有する特徴や法的思考の問題が扱われ，法解釈によって正しい答えが導き出されうるかが議論される(第6章)。

　裁判官は小説家である。法それ自体は，ストーリー・テリングの一つの特別な形式にほかならない。裁判官は事件について自分の物語(ストーリー)を構築して判決を書く。それゆえに，法的ストーリー・テリングの分析には裁判におけるナラティヴが関連しているし，また判決は隠喩や比喩などレトリックにも大いに依存している。事件や物語にはつねに複数の語りがある。志賀直哉『范の犯罪』を取り上げて，法的判断や事実の底にある語りの問題が論じられる(第7章)。

　作者が「意味の所有権」を持っている。伝統的に法学ではそう考えられてきた。法学では立法者や裁判官などの作者が真の意味をもって生きている。つまり，そこでは私たち読者の死が存在する。しかし，これは法解釈の客観性フェティシズムのなせるわざである。これに対して，文学も法学もテクストを読み・書き，解釈する点では変わらないと考えることができる。R.バルト以降，文学などでは作者の死・読者の誕生が前提とされている。こうしてテクスト・意図・作者・読者・コンテクストなど，どれが意味を決定して

iv

いるかが議論される。文学における解釈と同じように，法学においても解釈とは制定法や判例などのテクストの中に私たちが理解しようと欲するものではないか，また法が価値・意味をもつのは社会的・文化的コンテクストとの関連づけにおいてであること，さらに文学であれ法学であれテクストのもつ意味は一定不変ではないことが論じられる（第8章）。テクストの"真の作者"は読者であるというわけである。

「法と文学」研究は法学に役に立つのか。本書は，「法と文学」が事件や紛争を取り上げた物語の分析が法の本質に関する洞察力を生み出す新たな理論・方法であることを明らかにしている。すなわち，まず，文学作品に関する解釈論が，社会的・文化的環境ならびに人間洞察を向上させることによって法の理解をいっそう深め，よりよい法解釈に至りうる。つぎに，「法と文学」は法規範や法の性質についての新しい理解を生み出している。これまで法学があまり得意としなかった，あるいは欠けていた人間や法の文化的側面について法律家たちにもっとよく知らせることができる。さらに，従来の法学では気づかない，法そのものにまで踏み込んで考察する視点をもたらすのである。それはまた，法学教育や法解釈論そして法理学的研究に資する方法・理論としても有益である。この研究分野は豊饒といえよう。

「法と文学」研究は，たとえば「法と経済学」のように具体的な解釈方法を提示できるわけではない。しかし，法的判断には社会的現実をどのように捉えるべきかという読解が深く関わっている。このため「法と文学」は，このような社会の理解や人間性への共感と配慮をより広い視点と内面から検討することを可能としているのである。

理論は現状に満足しない。それは私たちが当然とし，また疑わないものを疑ってみることから始まる。多くの前提を理解することができて初めて，自分が何者であるか，また何をしているかを自ら知ることができる。それはつぎに新しい理解を創り出して，さらに法や社会・文化を変えるための見地を提供することになろう。

法や法的思考が，諸科学・学問に開かれているべきであることはつとに指

摘されてきたが，自分が属する社会や法システムの内部に在って，しかも身体や意識の一部ともなっている諸前提や世界そのものを根本から問い直すことは容易ではない。この点で「法と文学」は，文学・演劇などの作品の検討を通じて人間洞察や社会的現実に対する幅広くまた多様な思考を提供することを可能としている。

　この本のはじまりの一つは，私が民事法における因果関係を研究テーマにしていた 1979 年当時に遡る。アメリカ法においてすでに 1920 年代からリーガル・リアリスト（法現実主義者）の一人で，因果関係縮少論者であり保護目的・保護範囲論の主唱者であったレオン・グリーン教授（学部長）と手紙をやり取りしたことである。保護範囲論やアメリカ法の研究を通じてリーガル・リアリズムの影響を少なからず受けることになり，ついで，それは「法と経済学」研究へと向かわせた。この「法と経済学」は，1960 年代初頭からアメリカ法において盛んになった最も科学的な法学理論であるが，それに対しては多くの批判や疑問が出された。新たな理論や方法について批判や懐疑があるのは止むをえないが，ではもっぱら批判者たちが拠りどころとしている，それまでの法や法学（のイメージ）とは何か，またその背後にある「法は法である」という信念や法学観に立って法だけで自己完結しうるのかという疑問をもった。もう一つは，法はもっと多様であっていいのではないかと考えていた 1988 年に読んだ「法と文学」の本と 1995 年頃に漱石とプライバシーとだけ記した小さなメモである。これらがきっかけで「法と文学」研究にも入ることになった。

　なお，本書が描こうとしたのは「法と文学」の多様な面であるが，なおその広い領域の一部にすぎない。また以前に書かれたものもあり，さらに触れることのできなかった問題や領域については今後の課題としたい。
　本書が広く多様な読者にとって法や「法と文学」へのさらなる関心のきっかけや発展の基礎となり，法を含めた社会と文化への洞察を少しでも提供することができるならばまことに幸いである。

vi

　この本は，北海道大学での私の講義に出席した学生諸君にもその一部を負っている。どう進めたら両者の関連や問題点をうまく浮かび上がらせて，理解してもらえるかなどの示唆を得ることができた。また，法学研究科の同僚はじめ，文学研究者の方々からもさまざまなアドバイスや示唆それに励ましを頂いた。

　また出版にあたり，北海道大学法学研究科・法学部の出版助成を受け，選書に加えて頂いたことに心よりお礼申し上げる。また，既刊論文の収録にあたっては，北海道大学法学研究科の法学論集編集委員会，また各編集者・出版会の了解を得た。記して感謝申し上げる。なお，初出誌については，後掲の一覧表を参照されたい。

　北海道大学出版会の成田和男・添田之美氏には本書ができあがるまで丁寧なアドバイスを頂き，たいへんお世話になった。また，同じく(原稿完成当時所属しておられた)平山陽洋氏も原稿に丹念に眼を通され，多くの指摘を頂いた。三氏には記してお礼申し上げます。

　　　　　2015 年 10 月　　札幌にて

初 出 一 覧

第1章 《法と文学》の諸形態と法理論としての可能性
　　　「『法と文学』の諸形態と法理論としての可能性(1)」北大法学論集
　　　55巻4号(2004年)
　　　「『法と文学』の諸形態と法理論としての可能性(2・完)」北大法学
　　　論集55巻5号(2005年)

第2章 法による文学規制と《法と文学》──チャタレイ裁判再考
　　　「法による文学規制と〈法と文学〉──チャタレイ裁判再考」北大法
　　　学論集57巻2号(2006年)

第3章 私的空間という装置と法──《法と文学》による日本プライバシー前
　　　史
　　　「私的空間という装置と法──〈法と文学〉による日本プライバシー
　　　前史」北大法学論集57巻5号(2007年)

第4章 「理性と正義」の劇場としての法──夏目漱石『門』と掟
　　　「法・社会規範とその遵守に関する〈法と文学〉による考察──夏目
　　　漱石『門』と「理性と正義」の劇場」北大法学論集63巻4号(2012
　　　年)

第5章 文学的フィクションと法の現実──F.カフカ『審判』，A.カミュ
　　　『異邦人』，H.メルヴィル『ビリー・バッド』を素材に
　　　「法・法制度の理解のための文学的フィクションと法の現実──F.
　　　カフカ『審判』，A.カミュ『異邦人』，H.メルヴィル『ビリー・
　　　バッド』を素材に」北大法学論集64巻4号(2013年)

第6章 ポストモダンと法解釈の不確定性
　　　「ポストモダンと法解釈の不確定性」瀬川信久編著『民法学の再構
　　　築』北海道大学図書刊行会(1999年)

第7章 法のナラティヴと法的推論──志賀直哉『范の犯罪』を素材に

viii

「法のナラティヴと法的推論——志賀直哉『范の犯罪』を素材に」
長谷川晃編著『法のクレオール序説——異法融合の秩序学』北海道
大学出版会(2012 年)

第 8 章　意味の所有権——《法と文学》の法解釈論・法的推論
　　　　書き下ろし

目　　次

はしがき　i
初出一覧　vii

第Ⅰ部　《法と文学》とは何か

第1章　《法と文学》の諸形態と法理論としての可能性 ……………3

はじめに ………………………………………………………………3

1 「法と文学」………………………………………………………5

　(1) 英米の動き　5

　(2) わが国の場合　9

2 「法と文学」の諸形態 …………………………………………13

　(1) 文学における法(Law in Literature)　14

　(2) 文学としての法(Law as Literature)　20

　　(A) 法におけるレトリック　21

　　(B) 法のナラティヴ　22

　(3) 文学的解釈と法学的解釈(Literary and Legal Interpretation)　25

　　(A) 文学における作者の死と読者の誕生　25

　　(B) 解釈の不確定性　31

　　(C) 法解釈の快楽　35

　(4) 法における文学(芸)(Literature in Law)　37

　　(A) わいせつと検閲　38

　　(B) 著作権と創作意欲　38

3 「法と文学」の法理論としての可能性 …………………………39

おわりに ………………………………………………………………45

第Ⅱ部　《法と文学》と法

第2章　法による文学規制と《法と文学》
　　　——チャタレイ裁判再考—— ………………………………63

はじめに ………………………………………………………………63

1 チャタレイ裁判再考 ……………………………………………64

　(1) 事実経過と背景　64

目　次　xi

　　(2)　わいせつの規制と問題点　67

　　　(A)　わいせつ性判断　67

　　　(B)　時 の 経 過　68

　　　(C)　ワイセツ規制の根拠　70

　2　リーガル・ディスコースとしてのわいせつ　……………………72

　　(1)　わいせつの不確定性と独占　72

　　　(A)　社会通念という基準　72

　　　(B)　わいせつの独占とその弊害　74

　　(2)　裁判所による「読者の優位」と複数の語り　77

　　(3)　情報としてのポルノグラフィ・わいせつと規制　82

　3　「法と文学」としてのチャタレイ裁判　…………………………87

　　(1)　法のロゴセントリズム(理性中心主義)とチャタレイ裁判　87

　　(2)　特権的解釈と交わらない言説　90

　　　(A)　読者としての裁判所　90

　　　(B)　法学テクストと文学テクストの峻別　92

　　　(C)　法 的 答 え　95

　　　(D)　理性の言語と道徳　96

　　おわりに　………………………………………………………………97

第3章　私的空間という装置と法
　　　　──《法と文学》による日本プライバシー前史──　………………109

　はじめに　………………………………………………………………109

　1　時代のエートス　……………………………………………………110

　　(1)　復讐と制度　110

　　　(A)　連鎖する正義　110

　　　(B)　近代化＝脱亜入欧と風俗改良　113

　　(2)　金 と 意 地　116

　　(3)　愛 と 復 讐　119

　　(4)　近代化と日露戦争前後の社会　121

　2　市民を作る　…………………………………………………………122

　　(1)　男女観，夫婦・婚姻観　123

　　(2)　主張する女　128

xii

　　(3)　一葉と帝国大学　131

　　　(A)　坂　の　上　131
　　　(B)　坂　の　下　132

　　(4)　帝国のユーウツ　134

　　　(A)　夏目漱石『坊ちゃん』『こころ』の私的生活　134
　　　(B)　雪の塩原心中未遂事件　140

　3　私的空間という装置 ……………………………………………141

　　(1)　富 と 権 利　141
　　(2)　反蓄妾キャンペーンとスキャンダル報道　142
　　(3)　私的空間(プライバシー)という法益の誕生と移入　145

　お わ り に …………………………………………………………149

第4章　「理性と正義」の劇場としての法
——夏目漱石『門』と掟—— …………………………………161

　は じ め に …………………………………………………………161

　1　法・社会規範とスティグマ ……………………………………161

　　(1)　スティグマ(烙印)，法の影　161
　　(2)　夫婦・男女をめぐる規範群　164

　2　理性と正義の劇場としての法 …………………………………167

　　(1)　理性と正義の劇場　167
　　(2)　法と法解釈の暴力性　171
　　　(A)　法の暴力性　171
　　　(B)　法解釈の暴力性　172
　　　(C)　まなざし　174

　3　掟 の 基 礎 ………………………………………………………177

　　(1)　門 の 前 で　177
　　(2)　掟の神秘的基礎　182
　　　(A)　権威と従属　182
　　　(B)　生のアンチノミーと正当化　185

　お わ り に …………………………………………………………189

目　次　xiii

第5章　文学的フィクションと法の現実
——F.カフカ『審判』，A.カミュ『異邦人』，
　　H.メルヴィル『ビリー・バッド』を素材に—— ……………197

はじめに ……………………………………………………………197

1　カフカの「絶望の法学」…………………………………………198

(1)　仮想的世界と現実　198

(2)　法と人間　202

(A)　掟　と　人　202

(B)　裁判のベール　205

(C)　掟　の　前　208

2　法と不条理　………………………………………………………212

(1)　"イノセント・マーダー"　212

(2)　法と不条理　217

(A)　不条理と裁判　217

(B)　死刑の背後にあるもの　220

(C)　法の揺らぎ　221

(D)　『異邦人』が示唆するもの　223

3　法と秩序　…………………………………………………………226

(1)　海のキリスト　227

(2)　法と正義が離れるとき　231

(A)　天使の一撃とヴィア艦長　231

(B)　正　当　化——功利主義と形式主義　234

(C)　掟・法規範に従うが人の運命　238

おわりに ……………………………………………………………242

第III部　《法と文学》と法的推論・法解釈

第6章　ポストモダンと法解釈の不確定性 ……………………255

はじめに ……………………………………………………………255

1　伝統法学とは何か ………………………………………………256

(1)　解釈主義　257

(A)　オリジナリズム　258

xiv

　　　(B)　詳細な分類と検討　259

　　　(C)　法解釈の客観性・中立性　259

　　　(D)　強制的テクスト／テクストの優位　261

　　(2)　ロゴセントリズム(理性中心主義)　262

　　(3)　利益衡量論　264

　　　(A)　類　型　化　264

　　　(B)　結果の正当化　265

　2　ポストモダンとは何か …………………………………266

　3　法学のポストモダンと民法の不確定性 …………………270

　　(1)　脱構築と法のイデオロギー　270

　　(2)　法の理性中心主義批判　274

　　(3)　民法＝テクストの解釈と不確定性　277

　　　(A)　意味の根拠　277

　　　(B)　テクストと読者　279

　おわりに ……………………………………………………283

第7章　法のナラティヴと法的推論
　　　——志賀直哉『范の犯罪』を素材に——……………………295

　はじめに …………………………………………………………295

　1　ナラティヴとしての法 …………………………………296

　2　法の物語と隠された物語 ………………………………299

　　(1)　志賀直哉『范の犯罪』　299

　　(2)　法解釈と物語　302

　3　物語を裁く ………………………………………………306

　おわりに …………………………………………………………310

第8章　意味の所有権
　　　——《法と文学》の法解釈論・法的推論——…………………317

　はじめに …………………………………………………………317

　1　客観性フェティシズム …………………………………318

　　(1)　法学テクストと読み・言語　318

目　次　xv

　　(2)　法解釈の手法と客観性フェティシズム　321
　　(A)　法的三段論法　321
　　(B)　解 釈 方 法──文理解釈・論理解釈・目的解釈　322
　　(C)　立法者意思説・法律意思説　323
　　(D)　類推(適用)　324
　　(E)　直　　観　325

2　意味の所有権 ……………………………………………………328
　　(A)　法における「読者の誕生」　328
　　(B)　意味のパトロール(管理)　336

3　「読者の死」とリーガリズム ……………………………………338
　　(A)　「読者の死」が意味するもの　338
　　(B)　コトバ・言語と法　340
　　(C)　良き裁判官とリーガリズム(厳格な法尊重主義)　342
　　(D)　厳格な法遵守と『ヴェニスの商人』　347
　　(E)　「法は法である」論とイデオロギー　350

4　「法と文学」の法的推論 …………………………………………353
　　(1)　テクストの亀裂・何が意味を決定するか
　　　　──「法と文学」による法解釈　353
　　(A)　法解釈のプロセス　353
　　(B)　法解釈とイデオロギー　359
　　(2)　法 的 推 論　367
　　(A)　解釈の暴走──不確定という強迫　367
　　(B)　法と寛容，改善　369

おわりに ……………………………………………………………371

主要事項・人名索引 ………………………………………………385
引用判例索引(年代順) ……………………………………………393

第Ⅰ部　《法と文学》とは何か

第1章　《法と文学》の諸形態と法理論としての可能性

「先づ第一に，法律家ちふやつらを殺しッちまはうね」

「あゝさうとも，おれもさう思っている。何の罪もねえ仔羊の皮で以て羊紙（パーチメント）ちふものを製ってよ，其の上へ何かしら書きなぐると，人間がおじゃんになるなんてのは，酷たらしからうぢゃねえか」

——W. シェークスピヤ『ヘンリー六世第二部』第四幕第二場(坪内逍遥訳)

は じ め に

「法と文学(Law and Literature)」は，近年アメリカ法において展開されている，新しい研究分野である。これは，法と社会や，法と経済学，法とフェミニズムなど「法と○○(何々)」と呼ばれる法理論上の運動の一つであり，独自の学問であり，また文字通りの学際的研究でもある。法学と文学という，一見するとまったく異なった学問体系・分野であると考えられてきたものが，その内実において，つまりテクストを書いたり，解釈したりする作業や営為である点において，両者は実は非常に近似しているのである。裁判官や弁護士，法学者などの法律家が行っていることを見ても，また法学教育においても，判決や準備書面など言語・言葉を使った作業をしており，文章を書いている作者(ライター)であり，先例や関連する判決や記録を読んでいる読者(リーダー)でもある。このような法律専門家の行為も基本的には，言語活動の一つにほかならないのである[1]。

　そこで，本章の目的は，第一に「法と文学」の可能性を探ることにある。

ここではつぎのような偏見や懐疑的態度と直面することになろう。たとえばウィリアム・シェイクスピアの『ヴェニスの商人』に見られるように，文学と法学の関係は個別的には古くから指摘されてきたが，法学と文学とはどのように相容れるのだろうか。また，とくに法が実践学問であるという点からは，「法と文学」といえば，法律家による文学好きの，たんなる趣味や好みに過ぎないのではないかといった誤解やバイアスもつきまとっていると思われる。

　第二に，法学と文学とはどのように関連しているのかを検討する。文学的解釈や法解釈といわれるように両者はテクストの解釈という作業では同じであるように見えるし，また，法や法学は，文学や演劇・映画などの作品に，わいせつや名誉毀損などとしてその内容に直接関与・介入する場合がある。「法と文学」が発現する多様な場面を，いくつかの大まかな形態として見ることによって，両学問の内的な関与を検討することにしたい。第三に，どのように文学や文学研究は法に寄与できるのか。あるいはまた，その逆はありえるのか。また，「法と文学」研究は，どのような影響を法学にもたらすのかを検討する。むろん，「法と文学」は，「法と経済学」のように一貫した分析道具やツールはもたらさないが，その分，検討の在り方や対象となる領域もまた多様である。

　「法と文学」の研究は，以下に見るように，広くかつ多面であり，これをすべて網羅して検討することはすでに不可能に近い。また，個別の研究はすでにわが国でも散見されるが，「法と文学」の諸形態と，その法理論としての同研究の法学への寄与を検討したものはほとんどない。このため，本章は「法と文学」が発現し，研究対象となる諸形態を概観して，「法と文学」研究が法学や法にとって有益であるか否かを検討する。さらに，ここでは文字テクストや文芸作品の場合をおもに取り上げるが，映像や演劇もまた「法と文学」の対象であることには違いない。映像や演劇も，テクストである作品を，監督や演出家が解釈して，それを映像として，あるいは演劇として表現したものであるからである。

1 「法と文学」

(1) 英米の動き

　法学と文学を論じたり，結びつけたりしたものは古くからあるが，ここでいう「法と文学」研究は，アメリカにおいて，1973 年に出版された，J. B. ホワイトの著書を嚆矢とする一連の研究や法理論上の運動を指している[2]。また，1980 年代に入ると，シンポジウムが組まれたりするなど，法と文学に関する運動・研究が活発に展開されてきた[3]。そこで，「法と文学」は，どのような動きや研究であるのか，また，どのように受け止められているのか，さらにどのような成果を上げているのかをつぎに見ておく。

　「伝統法学」と呼ばれる法学観の原型ともいうべきものは，1870 年，C. C. ラングデルがハーバード・ロースクールの学部長になったときに形成されたといわれる。そこでは，法は科学であるという考えが確立された。すなわち，法は芸術・アートではなく，それ自体の論理や方法によって特徴づけられる，専門的な学問であると考えられたのである[4]。法が独立した学問であると考えられれば，その他の科学が入り込む余地は狭まるし，また法はそれ自体として自律的に展開する科学という観念が広まっていった。法は，"法と○○（何々）"などと観念されるものではなく，法は法であることにほかならなかったのである[5]。

　しかし，その後，とくに 1920 年代，30 年代からリーガル・リアリズム（法現実主義）の出現によって，このような法学観は，概念法学として批判されたのである。しかし，戦後に至って，リーガル・プロセス派と呼ばれる今日のアメリカ法学の主流的な考え方は，立法過程と峻別される法過程は理性の客観的行使であり，裁判所は原則化された，また客観的なカテゴリーや類型などを用いて（法的）判断を行うというものである[6]。他方，戦後の諸科学の発展は，法の分野にも及び，法と社会や法と経済学，法と政治，法とフェミニズム，法と人種理論など多様な発展を，今日まで遂げている。「法と文学」も，そのようなアメリカ法における法理論運動の一つの動きである。

6　第Ⅰ部　《法と文学》とは何か

「法と文学」運動の最初の提唱者であるホワイトは，法と文学の可能性について つぎのように述べている。

　　私は，法はたんにルール(諸規範かつ諸原理)の体系であるとは思わないし，ポリシー(政策)の選択や階級の利益に還元できるとも思わない。むしろ，法は私が言語(language)と呼んでいるもの……言い換えるなら，文化と呼ばれるものである。

　　私にとって，法とは芸術(art)である。つまり，存在する材料から何か新しいものを作る方法であり──話したり書いたりする芸術である。7)

　かくして，法とは，法という特別な文学を読む芸術であり，したがって，それはまたレトリックの一つの部門にほかならない。ホワイトにとっては，法はアート(芸術)であるが，この法の見方はラングデルや伝統法学の考え方とは大きく異なるものである。

　また，先頃，法と文学について理論的な関係を明らかにしようとした，R.H. ワイスバーグの考え方を見ておく。

　　社会科学は，これまで，まったくとまではいわないが，より一貫した，公正で，正しい法的環境への道を示してこなかった。伝統法学は，多くのアカデミックス(研究者たち)の生活に触れてこなかったし，多くの実務法曹の生活にもあまり触れてこなかった。文学的法律学(literary jurisprudence)は，制度としての権力的なものと，彼らが判決しようとしている者たちの生活の，両方の価値を理解する方法を提供する。8)

　このように，「文学的法律学」は，裁判官や弁護士あるいは法学研究者など，これまで分離されていた法律における現実を統一しようとして，彼らの間を分かっているいろいろな価値を理解する方法をもたらすのであるが，む

ろん，それらの価値の性質は文学や言語の中から，あるいはそれを通じて見いだされることになるというのである。

さらに，法学と文学とをいわば統合する，ないしは統合したものとして見る見解も存在する。一般に，法や法学は社会科学の一つであるという認識をもっている。しかし，「法と文学」者の一人にいわせれば，法は社会科学の一つではなく，人文科学の一つとして見られるべきであるという主張がなされている。「法の生命はアートの生命であり，他者との言語による意味を作り上げるアートである」[9]。社会科学としての分析方法や道具をもたない面を含めて，法が言語による作業に従事していることは否定できない。とくに科学的志向の強いわが国の伝統法学にとっては法とは何かという問いを改めて投げかけるものである。

同様に，R. M. カバーは，「法解釈は苦痛と死の領域で起こる」として，言葉と暴力の問題に眼を向けている。裁判官は，法的テクストについての自分の理解を表現し，その結果として，誰かが自分の自由や財産，さらに子供や生命すら失うことになるのである。このように法的解釈は他者に暴力を加えることの徴表であり，それを行うことであるとしている[10]。この面での「法と文学」研究は，刑法や法の執行などを含めた法の権力性の問題と密接に関連する作業になることが予想される。

法と倫理とは深いつながりがあるが，「法と文学」によって，この倫理の問題にも答えうるという面からの検討もなされている[11]。この立場によると，法律家が文学を読むのは，人間についての知識や理解を深めることになるからである。すなわち，法律家を倫理的(道徳的，moral)に高めることになるからである[12]。

また，文学は，法律家がたえず直面しなくてはならない道徳的判断をするための訓練を提供することになる。文学はいわば，法から失われている価値の源でもある[13]。しかし，反対に「法が文学である」としたら，文学も法のようなもの，すなわち戦略的な紛争の戦闘場であることを認めることになるという指摘もある[14]。

アメリカ法における，「法と文学」をはじめ「法と〇〇」という法理論面

8　第 I 部　《法と文学》とは何か

での動きの背景には何があるか。一つには，伝統法学の衰退と法学方法の多様化があげられよう[15]。とくに，「法と政治(批判的法学研究＝CLS: Critical Legal Studies)」や「法と文学」に関しては，ポストモダンや脱構築などの動きが背景にあることは否定できない。たとえば，そこでは従来自明のものとされてきた諸前提や価値として承認されてきたモダンな諸理念が疑われ，解体されているのである。すなわち，自由や正義あるいは権利を主張したりすること自体にすでに権力的なものが横たわっていることが明らかにされて，法や法学もその問いから自由ではないのである[16]。そして，文学は近年，大きな変化を遂げたということである。構造主義やニュークリティシズム，ディコンストラクションなどの新しい理論を取り込むことによって，文学理論はテクストに限らず，文化・社会についてこれまでとは異なる新しい見方を提供することができるようになった。このため「法と文学」もテクストはじめ社会や文化それに法も説明することができるのである。かくして，「法と文学」には，さまざまの形態があるが，文学テクストや批評理論それに解釈は，ほかの「法と○○」という動きと同様に，法の理解を豊かにすると考えられたのである[17]。

　しかし，「法と文学」研究に対するさまざまの誤解や偏見が存在することも事実である。法律は，社会に生じている実際的問題を解決するのであって，文学や文芸などというものとは異なっており，文芸作品の中に法律が登場したり描かれたりすることはあっても，法と文学の関係を研究してもあまり多くの成果は法律の側には得られないであろう。また，そのような研究に時間を費やすことは，趣味的なものに過ぎない云々と[18]。

　法律的に見て興味深い題材を扱った文芸作品も多い。「法と文学」に懐疑的な法律家ですら，この点は認めるだろう。一例をあげるならば，シェイクスピアの『ヴェニスの商人』などは，古くから法律家の関心を惹いてきた面をもっている。しかし，懐疑論者にしてみれば，それは法律学の学問そのものに関わる関心ではなく，話題やエピソードの一つにしか過ぎないというだろう。果たしてそのような認識で済むかどうか，今後の「法と文学」の研究の発展を待ってみないとわからない。

(2) わが国の場合

わが国でも，法学と文学を結びつけるような契機と歴史は古くからあり，両者の関係はある程度意識されてきた。しかし，アメリカ法におけるような「法と文学」運動や研究までには，今日も至っていない[19]。この理由の検討自体も興味深いが，ここではつぎの二点を指摘しておけば足りるであろう。一つは，わが国主流の，あるいは伝統的な法学観である。もう一つは，法学と文学の二分と，それを支えてきた意識である。

第一に，わが国でも，法のイメージが，法や法学はこのようなものであるというイメージを作り出し，再生産してきたことにあると思われる。わが国の法のイメージは，簡単に見れば，法は法であり，自律的な学問体系である。また，法は法規範の体系であり，法的問題の答えは法的テクストの中に存在するというものであろう。

これはきわめて古典的な考え方である。この法律観あるいは見方がまだ法曹界やアカデミックにおいてすら通用しているともいえるであろう[20]。この点が，先に見たアメリカ法学との大きな相違点である。アメリカ法学では，1930年代頃のリーガル・リアリズム運動の議論の成果を経て，法律が解釈である，少なくとも法律問題が法解釈によって解決がつくものという見方を克服しているのである。言い換えると法は何らかの主観的判断に左右される政策にこそほかならないと考えられるようになった。

ところが，わが国では意外にも，前記のような伝統法学が今日においてもうまくいっていると信じられているようである。しかし，今般の司法改革の背景には，欧米に比べても規模の小さ過ぎるわが国の司法があり，またサービスの質の低い司法であり，国民や市民が利用しにくいなどの司法サービスへの批判と不満があったのである。さらに，司法制度は，法学といういわばソフトウエアの容器であり，司法改革の中での批判は器に対するものに過ぎないとして，その中身である法学や法学教育までは批判されていないと正当化することはできない。司法改革の根本は，わが国の司法が，そして法学（とその教育）が失敗しているという事実にほかならないのである[21]。わが

国の司法制度そしてそれを支えてきた主流の伝統法学の在り方は，深刻な反省を迫られているといえるのではなかろうか。

　第二に，わが国のこれまでの法と文学に関する動向を概観するかぎりでは，法学系の作者や論者の個人的な関心からなされたものが多く，ある意味では，それらは法学者の個人的趣味や関心に過ぎないのであって，実践を目指す法学にはあまり役に立たない，どちらかといえば法律の枠の外にある，補助的な存在に過ぎなかった。したがって，「法と文学」という独立した範疇での動きといえるものを意識的に形成できなかったのではなかろうか。それは，法や法学が文学に対してもっている見方あるいはバイアスとも深い関係があろうし，また，逆にいえば，法は法自体で成り立っているという自律的学問観，つまり社会科学の一学問としての自負や矜持が働いてもいたであろう。しかし，法をめぐる多様な法理論上の動きから見るとき，法は法であると，自律的学問性を強調し，そこに安住するのは，法理論の観点からは，むしろ学問や科学としての未熟さを示しているように思われる[22]。

　では，このような保守的な，伝統的な法学「理論」が主流である，わが国の法学世界において，「法と文学」はどのような歴史と意義をもっているのであろうか。つぎにこのような視点から，「法と文学」の諸形態と意義を検討する。法律家が文章を書けば，また文芸について書けばたちまち「法と文学」になり，文芸家が法律をテーマにしたようなことを書けばこれまた「法と文学」と広くいえないこともないが，「法と文学」の実体は，もう少し内在的なところ，理論的な洞察にあるように思われる。ここでは「法と文学」の定義を，法の作用や法の概念に関する方法として文学や文芸の作品を用いることに関心をもった研究というカテゴリーとしておく。

　わが国で「法と文学」に最も近いものは，この勝本正晃の著作『文藝と法律』であろう[23]。本書は，勝本博士が，民法の授業の合間にトピックスとして，学生に話されたものが元になっている。文芸作品に現れた法律に関する記述が東西の文献から引用されている。万葉集や古事記などのわが国の伝説古典から，西洋ではシェイクスピアはむろん，当時の作家たちの作品まで実に幅広く取り上げられている。さすがに随所に読ませる点はあるが，むろ

ん時代的な制約もあり，「法と文学」の独自の領域や役割を先取りして意識していたものとまではいえないだろう。

それは，博士の学識や教養の広さを背景にしたものであるが，法と文芸とのごく一般的な関係や関心から書かれたものである。それは，「強いて理屈を付ければ，……法律の研究も，文芸家の目ざす処も，結局，人間そのものの研究に他ならない」という視点である[24]。しかしながら，文芸と法律という独立の分野が意識されていたわけではない。それは文章の端々に現れており，人間研究という同じ目的をもちながら，両者が学問として互いに接近する，あるいは文学研究が法律研究に何かをもたらすものであるという，いわば内的な統合への希望や関心はあまり出ていない。

その意味では，民法学者である法律学者が文学に興味をもって書いた，趣味的な作品であるという印象もまぬかれない。ただ，このような分野の著述はややもすれば，専門である法律学のいわば余技として随想や回想めいたものにとどまることが多いのも事実である[25]。

戦前と戦後における夏目漱石の扱いやその作品の読まれ方はむろん異なるが，戦前において夏目作品は，今日におけるほどには，あまり人気がなかったという。勝本も『文藝と法律』の中で夏目漱石に三度言及しているが，法律との関係で触れたのは二度である。一つは，『道草』で，主人公の健三が死んだ次兄の記念としてその細君から銀時計を貰ったのだが，この銀時計は質に入れてあった。ところが，これを質から出してきた第三者が長兄にあげるといって差し出したが，姉も同じようなことをいった。長兄はじゃあ頂戴することにしますという（『道草』百）。銀時計の所有者である健三と，請け出してきた第三者それに長兄との法律関係がどうなるか面白い法律問題になるという[26]。もう一つは，『吾輩は猫である』の作品中で，寒月君が苦沙弥先生宅で首くくりの力学という演説の稽古を聞くシーンである[27]。

勝本は，別の著書では，「私の見る所では彼の作品の中で，法律的に見て特に意義のあるものは皆無と云っていゝ」と断定している。むしろ，漱石やその作品を指して「何から何まで法律ずくめな世の中に，かくまで法律に無関心な心境が存在し得ると云ふのは面白いではないか」[28]ともいっている。

法律と漱石の関係を知る上ではかえって重要なポイントともいえようか。た
だ，漱石作品の中に法律に関して意義のある叙述がないかどうかは疑問であ
る。見方を変えれば，まだまだ作品の中には法律に関係した内容を発見でき
るし，掘り起こすことが可能である。一例をあげると，三四郎が美禰子から
30 円借金(法的には消費貸借)する箇所で，論者はこの契約が三四郎という男を
女(美禰子)が"買った"と読めるという解釈がされている[29]。これは面白い
視点だとは思うが，明治 30 年代頃の女性の地位を考慮したとしても，なぜ
女が金を貸すことが借りた男を"買う"ことになり，当時の社会の何を明ら
かにするかの説明を要しよう。いずれにせよ「法と文学」の面白みと広がり
は，読手の視点やコンテクストの変化によって，種々の面が浮かび上がり，
また消えてゆくという点でもある[30]。

　穂積陳重は，東京帝大法学部教授であり，また民法起草者の一人でもある
が，わが国の歌舞伎や古典作品を渉猟して，法律と復讐との関係について論
じたのが，『復讐と法律』である[31]。穂積によれば，法律と復讐とは密接な
関連があるとして，「刑法は復讐の進化したるものである」[32] という。そし
て，法における正義として語られるものの多くは，この復讐という正義であ
る。復讐は，後述のように，未文明な社会や国家での感情に裏打ちされた時
代のすでに過去の事柄というのではなく，現代にも多く見られる。とすれば，
法は復讐という感情や正義を，理性的な姿にやつして推し進めていることに
なる。穂積の「法と復讐論」は，J. F. スティーヴンやアメリカの O. W.
ホームズの『コモン・ロー』(1881 年)などの影響を受け，法が復讐を押し進
めていることを主張している。

　先の勝本の作品が，どちらかといえば，法学者から文芸作品を読んで，法
律に関係するところを拾遺したという印象が強いものであるが，穂積の本書
は，文学作品を使い，例にとりながら，復讐と法律との内的な関係を明らか
にしたところが，法と文学の可能性をより広げているように見える。さらに，
「法と文学」のうちの「文学としての法」の形態にあたる領域，とくに法の
言説やナラティヴ(物語)においては今日すでにいくつかの研究が明らかにさ
れている。ここに取り上げ切れないほどの文献があると思われるが，いずれ

にしても，「法と文学」は，わが国では，まだ独自の領域と考えられていない[33]。また，それがことに法律の側にもたらす可能性や視点にしても，まだ十分に検証されていないし，理論化されていない。

さらに，「法と文学」のもつ領域は，豊富であり，また広大でもある。以上までに取り上げなかった法と文学の多様な面もこれから発掘されたり，発展されるに違いない。また「法と文学」は法や法学にとって便利で都合のよいものだけを提供するものではないことは明らかである。むしろ困難で多難な道へ通じているといってもよい。このため，法学サイド，とくに伝統法学主流派は，このような動きやそれがもたらす根本的な問いかけを無視したり，あるいは当座は関係ないものとして座視する態度もありえよう。しかし，法学や法解釈だけが，これらからいわば鎖国的態度をとりつづけることで，法学世界だけに安住していて，法や法学の豊かな発展があるとは思えないのである。

わが国の特徴としては，伝統的に，文学(文芸)作品の中に描かれた法や法律問題をイメージしたもの(後述の「文学の中の法」の範疇のもの)が多いといえよう。そのような傾向の中にあって，最近では，法と文学の解釈方法の相違に着目したり，また「法に関して語られる言説を分析する」研究がなされている[34]。今日でも「法と文学」研究そのものが取り上げられたものは，残念ながら少ない。雑誌「アメリカ法」で取り上げられたものは，一つだけである[35]。やはり，「法と文学」というと，趣味的なものに見えたり，個人の好みであると考えられたりする傾向や誤解があるようである。

2 「法と文学」の諸形態

法と文学にはさまざまのかかわり方があることは，前述までの例を見ても明らかだろう。ここでは，「法と文学」にはどのような分野や形態があるのかを見ておこう。分類の仕方によっては内容を示したものや，もっと多様なものもありえるが，ここでは両学問の関わりという観点からのものである。予めお断りしておきたいのは，第一に，「法と文学」のつぎに挙げる四つの

14　第 I 部　《法と文学》とは何か

分野はごく大まかなもので，便宜的なものであるという点である。第二に，文学といっても，より広く文芸や映像・舞台関係などにも及びうるという点である。ここではおもに文学に限っている。第三に，文学や文芸といっても，現代のものもあれば，古典など古いものも存在する。また，日本文学や外国文学などの応用も可能であろう。ここでは，主として明治期の，しかもわが国のそれに限っている。

　ここでは，便宜的に両者の関連を特徴的に示すカテゴリーとして，「法と文学」の四形態，すなわち「文学における法」「文学としての法」「文学的解釈と法学的解釈」「法における文学（文芸）」を検討する[36]。

(1)　文学における法(Law in Literature)

　文芸作品に法や法現象が描かれることはよくある。作品や映像の中の法廷や裁判の場面など，拾い出せばきりがないほどである。古い作品にも存在する，たとえば万葉集の歌には，習俗としてある地方に乱婚が存在したことが明らかとなっている。また，兼好法師の『徒然草』(93段)には，牛の取引における牛の死亡というリスクの分散に関する慣習の場面が描かれている。

　先に触れた復讐をテーマや背景とした文芸作品は多い。このためこのジャンルは復讐文学とも呼ばれる。古代ギリシア文学の『イーリアス』『オレステイア』，シェイクスピアの『ハムレット』『ジュリアス・シーザー』，わが国でも『忠臣蔵』をはじめ復讐をテーマとしたものは多い。復讐は法や裁判の起源ともなっているし，復讐感情が理性的な法・法制度にどのように進化していったか，また正義や慈悲・寛容との関わりなども興味深いテーマを提供している[37]。また，16世紀ドイツの壮絶な復讐譚である『ミヒャエル・コールハース』は真正かつ健全な権利感覚の例として見られている[38]。

　シェイクスピアも，法や法廷をテーマにしたいくつかの作品を書いた。このため，彼の作品を研究すること自体が，「シェイクスピアのロー・スクール」とも呼ばれる[39]。シェイクスピアの劇作品はいずれもリアリズムあふれるものであるが，有名なところでは，『ヴェニスの商人』があり，また『尺には尺を』もあげられる。

第1章 《法と文学》の諸形態と法理論としての可能性　15

　シェイクスピア研究の法学上の意義はどこにあるのだろうか。シェイクスピアは，『ヴェニスの商人』の法廷劇に見られるように，第一に，統治者としての公爵から司法権限をポーシャ姫が一時的に委任を受けるなど，法が政治権力に起源を発しており，また，それは人々を統治するために政治的目的のために用いられることなどを明らかにしている[40]。

　第二に，ユダヤの高利貸人・シャイロックと，常日頃，彼に暴行したり，侮蔑してやまないキリスト教徒のアントーニオとの間で結ばれた契約の内容に従った法のインフォースメント（実行）を認めれば，心臓近くの肉一ポンドを切り取ることを認めることになり，同意しているとはいえ結果としてアントーニオの死を招くことになる。むろん今日のわが国では，かような契約内容は民法90条の公序良俗に反するものとして初めから無効となるものである。当時のヴェニス公国においては，そのような便利な一般条項がなかったと思われるが，いずれにしても契約内容に従った機械的な法の適用をすれば，法が過酷な結果をもたらすことは明らかである。裁判官となっているポーシャの判決は，「血を一滴も流してはならない」といささか詭弁に過ぎる論法を用いることで，契約や法の機械的適用から生じる結果の過酷さを回避したのである。そこに，法の適用者や法解釈者の英知を見ることができるのである[41]。

　このように，法の適用に関して考えさせる教材として，シェイクスピア作品の研究は意義があるのであり，法や法過程（リーガル・プロセス）についての批判的な説明を提供しているといえるだろう。現に，R. イェーリングや J. コーラーなどの法学者によっても古くから議論されてきたのである[42]。シェイクスピア研究は，私たちの法の理解を豊かにするといえるのではなかろうか。シェイクスピアのほかにも，フランツ・カフカ『審判』，ナサニエル・ホーソン『緋文字』，フョードル・ドストエフスキー『罪と罰』などが対象として議論されている。

　わが国においても，明治期には西洋の近代法概念や法制度が相次いで導入・移入されたが，その過程で人々がどのようにこれらを受容し，また反発したり，とまどったりしたかを検討することは，法の浸透や法文化を考察す

16　第Ⅰ部　《法と文学》とは何か

る上でも重要である。この面はその分析の難しさや資料ほかの存在如何によって，法学の公式の記録からも等閑視されがちである。

　明治初期には，江戸末期からの戯作文学の伝統が残っており，戯作文学は今日でも文学史の中でも比較的マイナーのようであるが，当時もその低俗な娯楽性のゆえに低く見られていた[43]。このため明治新政府は，「三条の教憲」を出すことによって，文芸界の改良を図ろうとした。このため，当時の作者たちは，勧善懲悪や実録による作品を目指すことになったが，明治10年前後には，いわゆる「毒婦もの」と呼ばれる一群の作品を生み出すことになった。「夜嵐阿絹」や高橋お伝などの代表的な作品があるが，毒婦という語は江戸時代からあり，「性的な魅力で男をだまし，悪事を働く女」をいう[44]。戯作文学や毒婦小説は，今日のわが国の文学論においても論じられることは比較的少ないが，高橋お伝の事件を小説化したいくつかの作品(仮名垣魯文『高橋阿伝夜叉 譚 』[45](明治12・1879年2月)と河竹黙阿弥『綴 合於伝 仮名書』[46](明治12年5月))について，最近次のような分析がなされた。

　　　河竹黙阿弥は新しい法律の考え方を理解しない女として阿伝を描き，
　　そのことによって阿伝を毒婦に仕立てていったわけですが，仮名垣魯文
　　の描く阿伝はむしろその反対で，彼女は新しい法律を楯に自分の権利を
　　主張しつづけました。その権利主張の徹底性を当時の民衆は理解できず，
　　その徹底性を恐れて彼女を毒婦に仕立ててしまったのだといえるでしょ
　　う。[47]

　このように分析することによって，高橋お伝に新しい見方が導入されている。当時近代化の途中でもあり，訴訟や権利などはあまり一般的なものではなかったし，権利を主張するなど考えられなかった。そこで，新しい社会を象徴する法廷劇が作られた。しかし，仮名垣もまた黙阿弥も，裁判には批判的ではなく，むしろこれを利用した，教化・啓蒙ないしは民衆を諭すための法廷劇ともなっている。このような明治初期の作品に新しい見方が与えられることによって改めて法の存在や在り方を研究する上での素材と機会が提供

されているといえるのである。

　法の矛盾はさまざまの点で起こりうる。また，社会は日々進展し，変化するが，法律は後からやってくる。どうしても人々の意識と法律の内容とに矛盾や齟齬が生じる。その中で喜劇や悲劇が往々にして起こる。そしてそれは，まず法律問題というよりは，社会の時評的な記事や文芸作品として描かれることになりやすい。森鷗外の『高瀬舟』は，誰もが，わが国の「法と文学」関係の作品として認めうるものであろう。周知のように，この作品は，今日でもまだ法的にも，倫理的にも，社会的にも解決のついていない，自殺関与や安楽死・尊厳死にもつながるテーマを扱った作品である。医師でもあり，また文学者でもあった作者森鷗外が法の空白をつく形で問題提起したものである。

　貧困な家で，兄は弟が不治の病に侵されて苦しんでいるのをかねて不憫に思っていたが，弟は兄の留守の間に自殺を試みていた。しかし，その死にきれない苦しみの口から，自分の喉から剃刀を抜いてくれと懇願され，兄は一時迷うがやがて見かねて剃刀を抜いてやる。そのために弟は死んでしまう。弟殺しの兄は，高瀬舟に乗せられて，朝もやの中を遠島の刑を受けたのである。法がない，つまり法の欠缺(不存在)ないしは法が不備である場合に社会や人間に生じる矛盾を文学作品が浮かび上がらせたものともいえよう。法がないあるいは不備であるがゆえに，人間が欠陥ある法の犠牲となったりする悲劇や不条理が描かれる。そこには，法と倫理の問題が生じることが多いのである。このほか，今日では忘れられてしまった感があるが，ゴールズワージーの『正義』にも，法がもたらす矛盾が描かれている。

　法律家は法の解釈・適用という面に眼を向けるが，それが実社会でどのような影響を個人の内面や行動に与えているかという分析は得意ではない。「法と文学」の研究の発展が，このような面での微妙な，繊細な，隠れた面を明らかにすることができるのではないかと期待できるのである。そうなれば，法を作って制定したり，また裁判所が判決文を書くときに，その成果の一部でも取り入れるチャンスが作られることになろう。法学はたんなる個人や社会の規制を作り，また違法や合法であると判断するだけではなく，規制

することによってどのような影響が生じるかを考慮して初めて，その役割を
完遂することができるのである。

「法と文学」のこの形態においては，文学を読み，これを研究することは，
法律家をより人間らしくすることになる。つまり，法律家のモラルを高める
ことにつながるのである[48]。それは，法律家はもっと私たち人間の性質に
ついて知る必要があるのであって，文学はそのための素材や例などを提供し
て，考えさせることになるというのである。それゆえまた，法律家が抽象的
な人間像を思い描いて判断しがちなのに対して，文学研究はより感情をもっ
た，実在に近い具体的な人間像を研究することを通じて理解することで，前
者の弊害を是正することができるのである[49]。さらに，法的判断にあたっ
ては，道徳・モラルや倫理問題と直面せざるをえない場面があるが，文学研
究はこのために必要な素材や例を提供して，モラル問題へのアプローチの多
様性を保持することができるのである[50]。

法律や判決など法の，人間内面や精神・心理への影響について見ておこう。
前述の勝本は，夏目漱石には法律に関係するものは二，三点を除けばほとん
どないといったが，実はそうではなく，見方や視点を変えれば，勝本が指摘
する以外にも夏目漱石やその作品にも法律の影は色濃く映し出されているの
である。このあたりが，「法と文学」の多様さというべきであろうか。たと
えば，夏目漱石の『門』作品における当時の家族規範に着目したものとして，

　　この刑法の規定[注＝明治刑法183条──引用者]が，文學の主題を，大き
　く制約しただろうことは論をまたない。美とモラルと自我確立の次元に
　おいて漱石が問題にしようとしていたことを，権力が制限した。漱石は
　作中にただの一行もこの法律には触れていない。だが〈家〉の桎梏を脱し
　て代助が自からの心情に従おうとするときのほとんど大仰すぎる狂乱ぶ
　り，あるいは「門」の宗助夫婦が，親を棄て，親類を棄て，友達を棄て，
　社会を棄てて日當りの悪い崖下に住み，御米のかつての夫，安井が近く
　までやって來るときの夫婦の恐れにも，この法律の影がさしている。単
　に人間関係のこじれを恐れるときの恐れではない。作中，御米が「其内

には又屹度好い事があつてよ。さうさう悪い事ばかり続くものぢやないから」と言うと，宗助は「我々は，そんな好い事を豫期する権利のない人間ぢやないか」[51]

という指摘がある。「漱石は制定された〈法〉にしばられる世間に向けて敢て『それから』を書き『門』を書いた。男女の問題を政治の規定から文學の中に取り戻し，男女間の裏切にともなう罪の意識を，法の罰から，精神的な，宗教的な罪の側にとり戻そうとしたのではなかったか」[52] として，「一つの女性像にも，政治が投影する事実を看過すべきではないことを言いたいのである」[53]。文学作品が時代のもの，時代の産物であることは否めないが，その当時の法律や政治を作品が色濃く，あるいは繊細に反映していることも事実である。法律や社会の規範が作者の考えや表現に影響を与えているといってよい。上の引用文は短い評論ではあるが，文芸作品と法律との関係について，深い洞察があるように思われる。

　家族と法との関わり合いの一例として，徳冨蘆花『不如帰』を取り上げる。『不如帰』は明治31(1898)年から「国民新聞」に連載されて，当時好評を博したもので，陸軍大臣大山巌の家庭をモデルにした小説である。『不如帰』では，家族の個々人の幸福よりは，家の維持・継承という面が強調されている。他方，同じような時代でも，夏目漱石の作品では，あまり家の継承というストーリーは出てきておらず，自伝的小説といわれる『道草』では，主人公の健三が幼い頃養子となっていた養家先や金銭問題が主たる問題として描かれ，その中で，夫婦のあまり幸福そうではない，行き違いの多い家庭生活が描かれている。『不如帰』において，家の問題が存在して，漱石の半自伝的小説といわれている『道草』において家問題がないということは，後者がそれを脱却した家族や家庭を意味しているのではなく，漱石の方が家やその継承の問題を考えなくてもよい階層や立場にいたからであり，その当時の社会における家の観念は多様であったともいえる。

　今日の人たちから見れば，戦前までの「家」制度は説明されても実感として理解されないことが多々ある。しかし，小説や演劇作品でこれを見るなら

20　第Ⅰ部　《法と文学》とは何か

ば，家制度というものが実際にどのように機能していたかがわかるのである。家制度は対等としての家族関係ではなく，上下の関係として支配と服従の関係として維持されたのであった。枠としては「家」制度があり，それを貫く倫理は忠孝一本の思想であったことが指摘されている54)。文学研究は，その時代時代の人々を描写しているので，読者が当時の人々の生のナラティヴに近いところで，疑似体験や追体験をする素材を提供しているし，またそれを考察する機会をもたらしているといえる。

　わが国の家族や家族法研究に関してある研究は，「戦前の家族の実態について，実態調査や意識調査など，よるべき資料がはなはだ不充分であり，また過去のじじつであるだけに，現在の時点からする調査がいちじるしく困難である」から，この時期の小説の中に描かれた家族関係を素材として用いることにしたという55)。かくして，文芸作品に家族をテーマとした文芸作品を対象として，家族をめぐる意識やそこに潜む規範を検討とする機会が生まれるのである56)。

(2)　文学としての法(Law as Literature)

　法は言葉・言語を用いており，広い意味でいえば，文学の一つの形態として捉えることができる。法律の条文や判決文などが，文章として見た場合，悪文であるとか，難解であるとか議論されてきたのはこの面であるといってよい。ここに，「文学としての法」という領域を想定することができるのである。この文学としての法という領域では，法律の文章や言語的表現そのもののみならず，法的文章におけるレトリックの面，それに裁判官や法律家の事実としての把握や理解を扱うナラティヴの面が存在する57)。

　おそらく，この「文学としての法」の面が最も法律専門家には違和感があるところだろう。というのは，明らかに法と文学という学問の基本的な相違が正面に出る局面であるからである。法はたしかに言葉や言語を用いるけれども，それはルールや規範を表すためである。そして，法や裁判では言葉や言語のもっている，その内容や実質に着目するのであって，言葉や言語自体はいわば実質を伝達する媒体ないしは形式や記号に過ぎない。これに対して，

第1章 《法と文学》の諸形態と法理論としての可能性　21

文学は言葉や言語そのものを扱う学問であり，言葉や言語で表現されようと
している，実質である規範やポリシーを検討する学問ではない，云々と。

　確かにそうであるが，文学としての法という分野では，法や法的テクスト
の文字テクストそのものが，文学上の理論や文学批評論(literary criticism)な
どを用いて，問われ，吟味されるのである。

(A)　法におけるレトリック

　法は法律問題に答えを提供しなければならない。制定法のテクストは，理
論化され，またテクストとして確立された答えを法律問題に与えなければな
らないのである。このテクストの解釈やコメントには，テクニック・技術が
用いられることになるが，それはテクストや制定法のテクストの範囲を狭め
たり，広げたりするように用いられるのである。判決も文章表現であり，説
得のための文章である以上，何らかのレトリック(修辞)が用いられる。この
ため，書かれた法廷意見のレトリックと，その説得上の効果を，文学研究に
よって増進させることができる。なお，判決や法廷意見が文学の形式そのも
のであると考える立場と，これを批判する考え方とがある[58]。

　レトリックの中でも，メタファー(隠喩)は重要なものとして用いられてき
た。「哲学や法律や政治理論は，詩とまったく同じように，メタファーに頼
る。それゆえみな等しく虚構である」という指摘のように，法律の条文や判
決文なども何らかのレトリックを用いていることに疑いはないが，レトリッ
クやメタファーそのものが法において注目されることはあまりなかった[59]。
しかし，ホームズ判事やカドーゾ判事の意見の中のレトリックは分析された
方である。R. A. ポズナーは，「法と文学」のうちレトリックの面にむしろ
着目する。レトリックの研究が判決(文)や解釈それに立法や議会における議
論や文書など法のスタイルを改善することにつながるという[60]。法や法律
そのものが固有に議論の学であり，より説得的となるためには当然にレト
リックを用いたり，それに頼ることになるからである。むろんレトリック研
究は法学教育にも取り入れられるべきであるという。このように，法学にお
ける文章表現や議会・裁判所における，さらに法学教育におけるソクラテ

ス・メソッド——その当否は今は措くとしても——などにおける議論や弁論
において，文学もそして法学もまた修辞的方法に依存しており，伝統的な法
学の文章や議論のスタイルが再検討される必要があり，「法と文学」は，こ
の領域や形態でも寄与するのである。裁判官は判決においてレトリックを必
然的に用いることになる，文学に書かれ，取り上げられている困難な問題を
考えることよって，文学研究から利益を得ることができる[61]。また，書か
れた意見のレトリック上の効果を増進することができる。判決文そのものは，
文学の形式そのものである。

　さらに，同じ事実は異なった説明がなされうるが，そこで用いられるのが
レトリックであり，それはイデオロギカルな信念と結びついていることが指
摘されている[62]。

(B)　法のナラティヴ

　ナラティヴは，説得するテクニックとして用いられる。法や裁判は本質的
に議論であるから，このナラティヴの面をもっているのは当然であろう。ま
た，ナラティヴには，現実の世界で法がどのように機能しているかについて
の情報を提供するという側面がある。さらに，ナラティヴには，同じ出来事
や事件について異なった話，つまり複数の話が，また矛盾する話が存在する
ということに気づかせる役割がある[63]。この側面は，現実にはいざ知らず，
法の世界では同一の事実が存在し，またそれらについて真実(の発見)があり
うると信じている法学世界には困惑をもたらすであろう。

　法は，ルールや規範の体系と見られるのが一般的であるが，また説明や説
得など言語的コミュニケーションとしての面ももっている。これは，立法で
も，また裁判や訴訟においてもそうである。すなわち，法は議論として存在
しており，それは他者を説得するものとして機能しているのである。すでに
原告(検察)と被告のナラティヴ，それに裁判官の判決というナラティヴが存
在することが知られているが，この方法ではさらに多数のナラティヴを聞く
ことができる。また，この方法によれば警察・検察や裁判所に聞き入れられ
たナラティヴ以外の原告や被告の真のナラティヴを拾い上げることができる。

第1章 《法と文学》の諸形態と法理論としての可能性　23

伝統法学での議論は，法曹仲間の世界や制度の中ですでに承認された価値に
アピールするナラティヴにしかその耳を傾けてこなかった。このため，聞こ
えてこなかったナラティヴや制度として聞き漏らされてきたナラティヴにも
接する機会があることは，事実認定や法的な判断においても重要である。

　立法者や裁判官が意思決定者として語るところのものは，ある事柄が正し
く，どちらかの当事者が訴訟に勝ち，国家の権力をもつ者やそのグループの
ために援用される。法を制定する場合には，基本的には何がどのように問題
であり，そのためにはどのように規定すればよいかを議論するのであるが，
そこには語り手が構成したストーリー(物語)が語られている。訴訟では，原
告や被害者，検察側の事件についてのストーリーが構成されて語られる。他
方，被告や被告人側の物語が語られる。これに対して，判断者である裁判官
の，事件に関する物語が判決や判決文として語られるのである[64]。このよ
うに，ストーリー・テリング，物語を語ること，あるいはナラティヴは，法
実践においても中心的な構成要素である。

　法の制定や事件・訴訟をめぐるそれぞれの語りは，いわば競争関係にある。
議会や裁判所において，どのストーリーがより説得的であるかということが
重要なのである。意思決定者にとっては，どの物語をどのように選択するの
かが問題となるのである。文学とは異なって，「誰が物語を判断するか」が，
法においては必要かつ重要となる[65]。

　法のナラティヴや物語に着目することは，議会や裁判所で語られるものが
唯一の正しいもの，客観的な真実であるという信頼を揺るがす面をもってい
ることも否めない[66]。なぜなら，いくつかあるストーリーのうち，あるス
トーリーが選択され，その背後には否定された複数のストーリーが存在して
いるからである。ある決定をすれば，それはなぜ別のストーリーが選択され
ず，採用されなかったのかという疑問へ導くからである。主流的な法的思考
によって排除されたり，無視されたりした意味を再考させうるし，また，前
述のように，フェミニズム運動や法とフェミニズムにおいては，社会や法そ
のものが男性の優位に立ったものであり，女性の経験は生かされてこなかっ
たと主張されている[67]。これは法理論としては「法とフェミニズム」の動

24　第Ⅰ部　《法と文学》とは何か

きに代表されるが，法が別の声，ここではとくに女性の経験や体験を無視し
てきた面で関係する。すなわち，法が男性中心に成り立っており，社会も男
性優位の仕組みとなっていることは，戦前から指摘されてきたことであっ
た[68]。しかし，この男性中心社会の改善や改良に向かう社会の動きは小さ
かった。わが国でも，男女雇用機会均等法が成立したのは1985年であり，
また，いわゆるセクシュアル・ハラスメント(性的嫌がらせ)が社会問題となり，
訴訟となったのはそんなに古いことではない[69]。

　テクストにはその意味だけではなく，それが書かれた次元──それはたい
ていの場合「隠された次元」──が備わっている。伝統法学のように，テク
ストだけに狭くアプローチする場合はこの点はしばしば見過ごされがちであ
る。フェミニスト・ジェンダー論者にとっては，「普遍的にあてはまる」と
いうことは，「男性特有の見方以外の何ものでもないと解読される」のであ
る[70]。「法とフェミニズム」は，これまで無視されてきた男性優位の文化や
社会に対して女性の経験と視点を生かそうとする試みでもある[71]。

　「法とフェミニズム」の動きは，わが国の法律でも，セクシュアル・ハラ
スメントや雇用をはじめとする男女差別などに対しても影響がある。たとえ
ば民法750条は，婚姻による氏を定めているが，そのテクストである文言上
は，中立のように読めるし，立法当時も男女平等というように説明されたよ
うである。しかし，実生活や婚姻においては男性優位の現実があり，現に
90数パーセントは，女性の側が改姓している。私たちは条文のテクストだ
けに着目すればいいというわけではない。ナラティヴを用いることによって
異なった声や物語があることを聞けるようにすることができるからである。
このようにナラティヴや物語は，少数派の議論にも配慮する形式となりうる
のである。この点では「法と文学」は，テクストもさることながらそのコン
テクストにより着目するものとなっている。

　物語(ナラティヴ)は，法理論的なレベルでは，伝統的な法的推論に対する
批判として批判的法学者(Crits)やラディカル・フェミニストらによって強調
されてきた経緯がある[72]。しかし，その一方で，ナラティヴは，一つの出
来事や事件について複数の物語やストーリーが存在することを当然視するわ

けだから，法や法的判断において前提にされがちな，客観的な事実とか真実の存在に重大な疑念や懐疑をもち込むことにもつながる側面があるといえよう[73]。これは，法では複数のナラティヴを無視すれば足りるという単純なものではなかろう。

いずれにせよ，ナラティヴには，説得のためにストーリーを語る，個人の体験や経験を語る，そして多様な現実を把握するために語る，の三つの役割があるといえよう。いずれも法と密接な関係があるものである。

(3) 文学的解釈と法学的解釈（Literary and Legal Interpretation）

法は言葉から成るものである。また，法の基本的な営為は解釈という作業である。司法を法学(教育)の中心としてきた伝統法学においては，判決を出す場合や判決を吟味する場合においても，解釈という作業は法の中心的・本質的な作業であることはいうまでもない。また立法の場合も法案作成・審議の過程においてそうである。他方，文学においても，これが言語から成り，また解釈をしていることに変わりはない。しかし，両者の解釈は，どのような特徴や相異をもっているのか。その上で，文学的解釈は法学的解釈にどのように関連しており，また寄与できるのか。

(A) 文学における作者の死と読者の誕生

R.バルトは，「読者の誕生は，作者の死を意味する」と述べた[74]。これ以来，テクストを読むことにおいて，テクストの作者の役割が否定される，という文学理論における考え方が流行することになった。バルト理論では，作者はテクストの使用の少なくとも一部をコントロールしてはいるが，読者こそがテクストの意味をコントロールし，解釈を支配するのである。バルトによれば，実証主義は資本主義哲学として，作者の役割を支配的に考えたのであった。その結果，「作者は文学理論では崇められた立場を維持していた」のである。M.フーコーも，バルトと同様な立場をとった。

また，最近でも，T.イーグルトンは，作者の死を肯定している。テクストはそれ自身の意味を作り出すのである[75]。また，U.エコは，「読むことは

26　第Ⅰ部　《法と文学》とは何か

つねにアクティヴで，寄与的な過程である」といい，テクストは，作者が，そのモデルとなる読者を作り出すための欺くための装置であるとする。反対に，読者はテクストを読む際に，モデルとなる作者(a model author)を構築していると見る[76]。かくして，文学理論は"テクストの迷宮"に陥ったとも皮肉られる状況になった。

　さらに，フッサールの影響を受けたといわれる E. D. ハーシュは，テクストが一つの解釈しか許容しないとはいわないし，妥当な解釈が複数存在してもおかしくないという。しかし，フッサールと同様に，テクストの意味はその作者が意思・意図したものであり，その中に存在するというのである。すなわち，作者の意思がテクストの意味を確定するのである[77]。言い換えると，テクストの"意味の所有権"は作者が保有しているのである[78]。かりにこの考え方が通用すれば，法学解釈にとっては受け入れやすいだろう。

　しかし，H.-G. ガダマーは，ハーシュが考えるような，作者の意思が文学作品の意味を決定できるとは考えなかった。あらゆる解釈はそのときそのときの状況によって決まるのである。彼は，ある文化や歴史的コンテクストに応じて，新しい意味が作品から引き出されることがあることを認めている。

　いかなる解釈も，彼が「解釈的状況」と呼ぶものを基盤としてなされる。「解釈的状況」とは，解釈すべきものをあらかじめ理解しておかなければならないという解釈学的循環を含むものである。したがって，解釈とは解釈者があらかじめ理解していたことを，ほかの言い方で言い換えたり，さらに展開することにほかならないのである。私たちは，一定の先入見(Vorurteil)に投げ出されているとされ，いかなる理解もつねにこの先入見を出発点にせざるをえないのである。過去の作品を解釈するとは，作品が置かれている「地平」と，私たちが置かれている現在の「地平」とが融合することである。このとき，「私たちは芸術作品の持つ異質な世界に入り込むが，同時に私たちはその異質世界を私たちの領域へ取込，より完璧な自己理解へと至ることになるのである」[79]。

　とくに彼の「法解釈的解釈学」では，法律に基づいて判決が下されることになるが，テクストの意味を具体的状況に適合させるという適用が必然的に

生じてくる。しかし，ガダマーの解釈論にも種々の問題がある。たとえば，過去と現在の対話の連続が存在し，その奇跡として「伝統」そしてさらに「歴史」の存在が規定されている。誰のどういう伝統なのか，主流をなす伝統が一つしか存在しないように見える点などが批判されている[80]。

　このように，「テクストには意味はない」ということが示唆される。テクストから読者(リーダー)が意味を生み出すのである。テクストの意味をもたらすのは，テクストの作者自身ではないことになる[81]。テクストの意味は読者によって完成されるといった方がいいかもしれない[82]。

　また，ポストモダンである脱構築はあらゆる解釈学に反対して，どんなテクストにも意味はないと主張する[83]。批判的法学研究運動も，この読者中心の読み方という点では，脱構築など文学批評論と交錯している[84]。法が規範を表明するものであるということに疑問を呈しているのである。

　ところが，同じテクストを扱っていながら，法学と文学の最も大きな違いは，テクストの読み方にある。文学作品や制定法・判例がテクストとして存在し，かたや，読者や裁判官・法律家などがこれを読む。しかし，文学では読者が優位する，つまり，読み方によって書かれているテクストの意味が異なってくる。他方，法学ではテクストを虚心坦懐に読み，その意味を探ることが必要であると一般にいわれている[85]。読者である法律家や素人の勝手な読みは許されない，あるいは認められないのである。法学の場合には，テクストが優位するのである。制定法・条文や先例・判決文というテクストは，限られた読み方や意味を読者に強制しているのである[86]。法学的解釈は制定法や判例の作者であった者(制定者や制定法の意思，裁判官)が考えていた意図や意味を探り出すことであって，読者はこの強制的テクストに縛られているのである。法律実務家や法学者はこの意味において意味のたんなる注釈者(コメンテイター)に過ぎないと考えられているのである。

　ガダマーは，つぎのようにいっている。「テクストや法の理解は特定の状況にしたがってつねに新しく，かつ異なっているのである」[87]。たとえば，裁判官は，先例をテクストとして読み，また解釈する作業を行っている。司法では，事件の解決にあたって，類似する事案で先例が存在するときは，こ

28 第Ⅰ部 《法と文学》とは何か

の先例に従って解決されることになる。しかし，このことは，先例とされる
判決のテクスト自体の意味がつねに，誰の目にも明らかであるということを
意味しない。先例もテクストとして，その後の時代の裁判官によって読まれ
ることになるのである。後世に先例と呼ばれるある判決を書いた裁判官と，
その後に先例として読む裁判官との間には大きな開きが存在しうる。まず，
読む主体が異なっている。また，事件も同一の事実ではないし，それが起き
た社会的コンテクスト（文脈）もまた異なっている。両裁判官が生きている社
会や時代，文化・価値も異なっている。さらに，先例のルールとしての範囲
や意味をめぐってたえず解釈的営為がなされなければならない。かくして，
先例は広くも狭くも読まれるのである[88]。

　テクストには一定の意味が存在するのか，あるいは，読者が意味を作り出
しているのか。法学においてもこの問いはあてはまる。しかし，法学におい
てテクストの優位に疑問が挟まれることになれば，条文や判例が読者に勝手
に読まれて法や法規範として存立しなくなり，ひいては法システムそのもの
が成立しなくなるのではないか。このために，法解釈においてはテクストの
読み方や意味の確定についてさまざまな工夫がなされてきた。ガダマーによ
ると，すべてのテクストの歴史性は，歴史的・社会的「偏見」あるいは，予
断(fore-understanding)に従っている読者自身が，歴史的であったテクストを
読み，そして歴史的に位置づけられている作者によって作り出されたテクス
トを読んでいることをいうのである。ガダマーは，また，法解釈(legal her-
meneutics)についてつぎのように述べている。「法解釈は，特に目的的なもの
である。一種のギャップを埋めるのに役に立つような，実践的な手段に向け
られた解釈である」。また，「法的なテクストを用いることの実践は，"テク
ストへの忠誠(fidelity to the text)"を要求するのである」[89]。このように，ガ
ダマーにとっては，テクストの使用とその解釈は，読者がテクストを誠実に
(honestly)使用することを要求するのである。法律家は，テクストを自由な
プレイ（読み）に委ねてはならず，テクストとテクストの作者の社会的―歴史
的な制約に接近しようとするのである。解釈的法律家は，歴史的に読み，
「生産的に」思考することが求められる。ガダマーにとっては，理解すると

は，とくに歴史家にとっては，一定のテクストを，言語や文学形式，スタイルその他の中に置くことであり，最終的には歴史の生きた文脈の中に置くことである[90]。過去を現在に媒介すること，つまり過去と現在の地平の融合にほかならないのである。このように，法律家は意味を補完しているのであり，それを作り出しているのではない[91]。

ガダマーの理論は，O. フィスや R. ドゥオーキンなどの解釈的基礎主義者(interpretive foundationalists)に引き継がれてゆくことになる。ガダマーにとっては，解釈は意味を統一する可能性として維持される。テクストは可能性ある多様な意味を与えるけれども，テクストと読者の，また，読者と読者の，間主観的な関係はあらゆるテクストに関して限定された，あるいは制限された意味を作り出すのである。読者の共同体は意味を共有(シェア)する。法的な状況においても，これがあてはまるという[92]。

S. フィッシュは，テクストは根本的に不確定であるという。テクストの意味が状況によって制限される可能性を否定する。解釈はテクストを作り出すのであり，テクストに対する読者の反応が意味である。かくして，そのテクストを作り出すのは読者である。読者は，フィッシュのいう「解釈共同体」の状況によって決定されるけれども，読者は，テクストそれ自体に関してはまったく自由であるとする[93]。同様に，J. デリダにとっても，読者が自由に読みうるという意味において，テクストが存在するのみである。

フィスによれば，解釈は，文学におけるものであれ，法学におけるものであれ，まったくの裁量ということも，まったくの機械的な行為というわけでもなく，読者とテクストのダイナミックな相互作用(interaction)であるという[94]。この点で，批判的法学研究が裁判の正当性を疑うあらゆるニヒリズムの最も深く，かつ最も暗い面を体現していると彼は批判する。すなわち，彼は合衆国憲法が公共の道徳を体現していると見ており，また，この道徳に基づいた公共の生活は豊かで刺激的だと考えている。またデリダに反対するガダマーに賛成して，客観的な解釈は読者の創造的な役割を含むものであるという。これは，テクストの意味がテクストには存在していないということを承認することによってであるとしている。また，裁判を解釈と見ることは，

30 第Ⅰ部 《法と文学》とは何か

ニヒリズムへ滑り込むことを止めるのに役に立ち，それは法の定立を可能とする。しかも，それは法をモラルとすることに役に立つ。なぜなら，創造的読者は道徳的価値と一致して解釈するからであるというのである[95]。

ドウォーキンは，解釈に関する，右のフィスの基本的な考え方を受け継いでいる。彼にとっては，法的実践とは法解釈であり，法解釈は，解釈学(hermeneutics)における実践(exercise)である。彼によれば，法解釈は，文学批判における実践として最もよく理解される。その文学批判とは，作者の意図の優位を否定して，そのかわりにテクストと読者の権威を優越させ(championed)，またそれらの関係を優越させるものである。また，法解釈を「連作小説(chain novels)」にたとえて，テクストの意味はその過去によって制限され，また読者が共有する過去によって制限されているとするのである[96]。このように見ると，integrity thesis はガダマーの忠誠(fidelity)の概念と同じであるといえよう[97]。

最近では，批判的法学研究の立場から M. タシュネットは，解釈とは，しばしば歴史的先例を装って，ある政治的ドグマを勝たせることに過ぎないとし，テクストは法の政治性から私たちをそらすものであるという[98]。また，R. ウエストは，「法と文学」によりコミットとしてきた研究者であるが，批判的法学研究の考え方にも親近感を示している[99]。このように，タシュネットやウエストにとっては，法とはテクストではなく政治であり，解釈の問題ではなく権力の問題である。さらに「法と文学」研究に関心をもつポズナーは，「文学上のテクストの作者の目的とテクニックは法律テクストの作者(立法者や裁判官など)のそれらとは異なる」[100]という批判をしている。

「法と文学」サイドのうち，J. B. ホワイトは，法テクストの解釈がつねに創造という行為であり，「法の中心には翻訳という行為がある」とする。どのようなテクストも変化なしにはほかの言葉に翻訳されないのである。「それはある特定のテクストを，他のテクストに反応したある個人の精神による作文にほかならない」のである[101]。ホワイトにとっては，法とは言語にほかならず，読み，書き，話すことであり，これらを行うことによって文化が維持されるのである。言い換えると，法は文学であり，テクストを読むこと

はディスコースのコミュニティの間での，創造であり，かつまた翻訳という行為にほかならない。かくして，求められているのは，解釈学(ハーメニューティクス)とか脱構築といった何かほかのテクニックを借りることではなく，ディスコースの新しいコミュニティを作り出し，形成することであり，また，そうしていることを知ることである[102]。

　このように法学では，テクストには意味が存在すると考えられ，かつ，読者は作者の意図を探したりして，テクストの意味を明らかにするものであるというテクスト優位の立場をほとんど多数が前提としている[103]。なぜ法学のテクストの読み方は，このように"強制的"であるのかが説明されなければならない。そして，また裁判官はなぜそのような特権化された解釈を行いうるのか，その正当性はどこに存在するのかが問われなければならない。法学テクストの解釈に優劣を付けることはどのような意味や，そして政治性をもつかが解明されなければならないのである[104]。「法と文学」研究はこの法学の核心部分においても寄与できるのではなかろうか。

(B)　解釈の不確定性

　伝統的な法学や法学教育では，法解釈がその中心的な作業とされており，主要な役割をもっている。この解釈を重視する立場は解釈主義とも呼ばれる。裁判官，検察官，弁護士などの法律実務家の主たる任務は，制定法の条文や先例・判例などのテクストを重視し，このテクストに権威もしくは国家によって裏打ちされた権力を与えることである。そこには，むろん専門的知識を必要とする(法)解釈がなければならないが，法解釈あるいは法的推論のプロセスを経て出された結論は，一般に「正しい答え」であると考えられている。むろん，裁判における三審制にも見られるように，人間が判断することゆえに法的過誤もないわけではないと考えられている。

　伝統的な解釈論では「作者の意図を発見する」という単純なパラダイムがとられている。これは，制定法をめぐる事件の解決にあたって，立法者すなわち作者の意図がどこにあるか，また何を目的としたか(立法目的)あるいは当該法律の意思がどこにあるか(法律意思)を明らかにすることによって，法

32　第Ⅰ部　《法と文学》とは何か

的判断の結果を決定できるとする考え方である。

　この作者の意図パラダイムには，まず，判決に至る推論において，立法の目的がどこにあるかは明らかではないことが多いし，また，多数の立法者が関与しているにもかかわらず，解釈者がこの法律の目的はこれこれであるといえば，それが決め手となって，判決の不確実性や適用の恣意性への疑いを回避することができるのである。議会や立法府で合理的目的で，かつ正当な手続を経て立法された法律を誠実に解釈した結果がこれであると見なされやすいのである[105]。これはまた立法者である作者の意図や法律の目的を発見しながら，選択した解釈の結果に客観性があり，それは解釈者の恣意的な，あるいは個人的な価値判断からフリーや中立であると強調することにもつながりやすい。

　しかし，法律問題に対して確定的な答えを得ることは多くの場合不可能である。それでも裁判所は目前の事件に何らかの判断を出さなければならないから，一応は法的結論を得ようとすることになる。しかし，これは解釈者・判断者の各人のイメージやストーリーが語られているのであり，また何らかの価値判断や政治的な選択がなされた結果ともいえるのである[106]。

　法学において「唯一の正しい答え」があるだろうか。前述のように，法律問題や法的紛争に，唯一かどうかはわからないが，正しい答えがあるというのが法学での暗黙の前提であろう。これに対して，文学では，つとにニーチェは解釈の主体を疑った。すなわち「同じテクストは無数の解釈を許す。ここに正しい解釈などありえない」[107]。また，「解釈によって捏造された意味は，結局はそのつどの『力への意思』の生み出したものである」[108]。解釈は権力への意思にほかならないというのである。周知のように，ニーチェは後のポストモダンの考え方に影響を与えた。

　唯一の正しい答えは，つぎのようにして生まれうる。ドウォーキンは，ハーキュリーズという超人的裁判官を想定する。「私は，……純一性としての法を受け入れ，しかも超人的な知的能力と忍耐力とを備えた一人の想像上の裁判官を利用することにする。彼をハーキュリーズと呼ぶことにしよう」[109]。これによれば法律家や法解釈者個々人は，このような全能の裁判官

ではなくても，それぞれの解釈者にとって都合のよい優秀な裁判官を仮定的にもっていると前提にするのかもしれない。また，前述のエコの理論のように，「標準的な読者」をイメージして，これが作者のいうテクストの名宛人だと解釈者がいえば，正当なあるいは唯一の答えはあるかもしれない。しかし，標準的な読者が誰であり，あるいは多数者の見解をそれと見なすとか，何を意味として理解したかはやはりそれぞれの解釈に委ねられているといわなければならない。

　また「理想的」な，あるいは「スーパーな(超)能力をもつ」読者を想定すれば，意味は正しく，かつ一つの答えを導き出しうるという考え方もありえよう。しかし，人間が作った条文や先例・判決例その他のテクストを神のように読むことはできないはずなのに，神のように読んでどんな意義が存在するというのだろうか。この理想的(アイデアル)あるいは超(スーパー)読者を都合よく，その後ろから操作しているのは解釈者本人にほかならない。これらの解釈上のフィクションは天の声もしくは神がかり的なものであるが，実際には権威的な意味の強制にほかならないのである[110]。

　社会の構成メンバーの誰もが一致すれば正しい答えは存在しうる。解釈と共同体(コミュニティ)論はそのような工夫である。文学作品の「解釈共同体」というものを考えることができるだろうか。文学作品の文章で解釈上の疑義を生じた文を解釈共同体で解決したり，またその解釈を正当化するだろうか。文学の解釈共同体を構成するのが，文学研究者に限られるとすれば，その他の読者の解釈はなぜ採用されないのであろうか。文学作品の解釈は，多くの場合，解釈共同体よりもはるかに広い読者の解釈に委ねられているのである。そこでは，むしろ，作者である作家の意図やその内的な思考過程はきわめて曖昧であるから，書かれた作品の読者や批評家は彼(女)らに都合のよいように解釈するというのが一般的であろう。

　法テクストの解釈や判断を解釈共同体に委ねたものと見なすのは，社会や国の役割から見れば，一種の分業システムにあたるように見えるが，法解釈やルールの正当性を特定の，しかも専門家集団にのみその権限を認めてよいというのはおかしいのではなかろうか。解釈共同体の実態が曖昧であるし，

34　第Ⅰ部　《法と文学》とは何か

そのメンバーが誰なのかも不明確である。まして，専門家集団が納得し，正当化したものは，社会のメンバーや国民の総意や投票を経て得たわけでもなく，それをそのまま受け入れるという決定システムは押しつけに等しい。このように，職業としての法律共同体ないしは解釈共同体に，法解釈の可能性や法解釈の正当性を委ねることは，解釈の可能性や正当性の根拠を制限したり，歪めたりすることである[111]。解釈共同体を使うのは，J. B. ホワイト，フィッシュなどである[112]が，わが国でも，解釈共同体が法命題に具体性を与えていると指摘されている[113]。

　解釈共同体を措定することのもう一つの問題は，共同体のメンバー(成員)の親密な文化的背景を前提にしていることである。似たようなバックグランドや環境に育ち，同じような教育を受けた者が似たような考え方や行動をすることは，私たちの日常経験に照らしてみても十分ありうることである。メンバーでない者の意見や見解はこの共同体の中では肯定されにくいか，少数意見にとどまる可能性が高くなるのである。このため一般的には共同体が暗黙に前提にしたり，また共同体内部ですでに容認されている保守的な価値を前提とせざるをえないので，外部の，異なった声を聞きにくくするのである。

　法学教育は，基本的に，また伝統的に，制定法の条文をどう読むべきか，判決文をどのように読むかの解釈(学)に向けられてきた。そこで養われるべきものは，法律家のように考える技量やセンスであるとされてきた。あるいは，法学教育の究極は，リーガル・マインドの養成にあるといわれることがある。しかし，それは法律専門家集団の中に入って，そこで権威として通用するものや価値を学び，それを生かしていくことにほかならない。それがメンバーとしての資格である。そうと認められて一流の解釈学徒もしくは法律家といえるとされるのである。このような法学教育の発想は，いくら制定法を査読しても，判例や先例を調べて法律解釈者となっても，一般に同じ法律問題は二度と出てこないし，日々異なる新たな問題や事件が出現するために，そこで，これらの新しい問題・事件に対処するための知恵・熟練の養成という意図に出るものでもあったのだろう。

　では，文学におけると同様に，法学テクストにおいても，読者の自由な解

釈を認めるのか。そうしたら，法の適用は無限定，曖昧，一貫しないものとならざるをえないのではないか。逆に，裁判官など法律家に，少なくとも表面上は法学テクストを好きなように読むことを阻止しているのは何か。

（C）　法解釈の快楽

　法解釈においては，テクストが解釈者と解釈の目的や対象を支配している。法学の方法は，解釈者の固定された地平に解釈と意味とを拘束することによって，有りうるべき複数の意味を制限するのである。法学解釈は，静的で安定的というのではないが，解釈者の価値判断や偏見(prejudice)は許された範囲で自由が与えられるとともに，限界を打ち立てることによって制限されているのである。解釈は熟練(skill)を必要とする。これを修得すれば固有に不確定な意味を確定することすら不可能なことではない[114]。こう考える立場では，法学が自律的で，専門的で熟練を必要とする学問であるということを強調することにつながりやすいが，反面では，これは，狭いプロフェッショナリズムに陥りやすいし，社会的に重大な問題を拒絶する口実や手段ともなりやすいものである[115]。

　法学における解釈が，文学におけるそれと比べてきわめて特殊的なものであるということが浮かび上がってくる。伝統的な法学者は，先例や判例を読み，事件の類型や類似性などを見つけ出そうとして——類型化それ自体もある価値判断に基づいているのであるが——，それが存在しない場合には，解釈者自身の価値や見方を押しつけているといえるのである[116]。そこに，法解釈の傲慢もしくは快楽が潜んでいるといえないだろうか。

　また，法解釈は，解釈それ自体ではなく，むしろ解釈の方法に重点を置いたものであると理解する方が，法解釈の実際によく合っているかもしれない。ガダマーの考えによれば，解釈学(ハーメニューティクス)のように法解釈を理解すれば，解釈者はテクストの新しさに"開かれて"いなければならないし，かつまた，当該テクストが浮かび上がらせている先入見や偏見に暴露され，それに挑戦し，あるいはまたそれを批判しなくてはならない。開かれているとは，議論し，耳を傾け，さらに誤りを喜んで認めるということなのであっ

て，レトリックや教育的な問いかけなどで得られるようなものではない。しかるに，法におけるテクストは目的的に読まれるのであって，開かれてはいない。また，テクストが新しさを示すとはいっても，それは議論のための道具として用いられるのであって，理解されために読まれるのではない[117]。

　法解釈のほとんどの努力は，複数の解釈をいかに縮減するか，もしくは一つの結論へ導くかという作業に向けられている[118]。この点で前述したハーシュの解釈の考え方は，法学者にとっては魅力であろう。ハーシュにとっては，テクストの意味を管理するのは，読者ではなくて，作者である。彼によれば，作者こそがテクストの意味を管理する「私的所有権」をもっている。また意味は読者によって作られたりするものではないし，それを掠め取ったり，侵害してはならないし，ましてや意味が読者の「共有財産」となるものではない[119]。しかし，ハーシュが主張するように作者の意思・意図を純粋に明らかにすることはきわめて困難である。テクストの意味は言語を媒介にして生み出されるものであって，前言語的な存在と考えることは難しい[120]。

　法学テクストに限って，唯一の正しい答え（意味）が存在するのではない。また，法学テクストの意味は，テクストの内部に存在し，読者（解釈者）はそれを発見しているのに過ぎないのではない。読者がテクストの意味を創造するのに，積極的に加担しているのである。法学テクストの読者といえども，無垢の存在としてのテクストに接しているのではなく，また，公正無私の精神から虚心坦懐にテクストと向き合っているのでもない。テクストの読解には読者が社会的現実をどう捉えているか，もしくは，捉えるべきかの判断や考え方にかかっているのである[121]。

　以上のような「文学としての法」の領域に対しては，法が，判決や制定法そのほかを書いたり，解釈しているときに，言語やテクストなどを扱っているとしても，それは，文学的解釈や「法と文学」でいうようなものではない，特別な事柄であると，自他を峻別して，法の客観性や解釈の一貫性や論理性を保てる，という反論が予想される。しかし，法解釈や裁判所での判断においては，法そのものが国家によって担保されたものであるから，おのずと文学的解釈とは異なるというのは素朴に過ぎる。なぜなら，国家権力に裏打ち

されたテクストや条文や判決文を扱っているとはいっても，テクストを扱っていることまでも否定することはできないからである。法解釈がテクストを用いて問題の解決をしていることに変わりはないのである。

(4) 法における文学(芸)(Literature in Law)

「法と文学」の中で，最も法がその形を現すのは，この法における文学という形態においてであろう。ここでは，文学は法の規制の対象である。前掲の勝本『文藝と法律』では，「文藝と法律との衝突」の表題の下に扱われている[122]。この面は，「法と文学」にかかわらず，法学にとっても古くから馴染み深いものである。第一に，文学や映像などの表現に対して，法律はその内容から規制をする。その際に，憲法上保障された表現の自由との関係が問題となる。内容の規制とは，公序良俗に反する(かつては風俗壊乱である)とか，猥褻であるという理由から，発禁とされたり，内容を修正されたりする。また，表現内容が個人などの名誉やプライバシーを侵害するという形で，規制が加えられる[123]。

第二に，法が積極的に著作物に保護を与える場合がある。知的所有権制度である。著作などに法的な保護を与えることによって，著作者とその作品を法的に保護しようとするのである。

戦前期においては，発売禁止や文章における伏字に見られるような表現行為そのものの禁止が存在した。しかし，戦後になると，文学に加え演劇や映画においても，1945年11月のGHQ指令によって言論・出版・表現の自由を制限する法律が廃止された。もっとも「反民主主義的」表現については検閲が行われた。戦前には表現行為は警察によって事前許可がとられていたが，戦後にそれがやっと不要となり自由となったのであった。しかし，すべての表現行為が自由になったわけではない。わいせつ・ポルノや名誉毀損，表現の自由，プライバシー，知的所有権などとの関係での諸規制は今日も存在している。これらは，法が文学作品をその直接の対象として規制する領域である。この領域は広大なのでここではつぎの二つに簡単に触れる。

38 第Ⅰ部 《法と文学》とは何か

(A) わいせつと検閲

　有名な「チャタレイ夫人の恋人」裁判[124]では，翻訳者と出版社とを相手どって，小説の内容のわいせつ表現をめぐって争われた。法律や法律家の考える社会通念や社会的良識と作家の立場とは異なる。翻訳者であり，作家でもある伊藤整は，作家として「私の商売は，これは，社会通念が現在いかに間違っているということを考えるのが商売です。必ずしも僕の立場は，いわゆる良識的社会通念に一致することは必要がない」といっている[125]。作家は，法律ないしは法律家が許す社会通念にあまり逸脱しないところで，作家活動をしなければならないのだろうか。法律の立場と作家の物語との間には大きな溝がある。作家の語りとその弁護を担当する弁護士の語りとの間にも何らかの違和感が存在することもありえるのである。この点にこそ，「法と文学」のこれからの議論によって何らかの示唆が得られるならば，表現の自由と文芸におけるわいせつとの接点がいかにあるべきかを再考するきっかけとなりうるのではなかろうか。

　また，フィクションによる名誉毀損およびプライバシー侵害が問題となる場合においては，課題はつぎの二つの利益を調和・調整することにある。一つは，一般の人々が誤って名誉毀損されないという利益で，他方は作者がもっている，実際の人々を自分たちの文芸作品の中で作品化したり，作中のフィクションである人物をより現実的にすることが許される利益である[126]。

(B) 著作権と創作意欲

　現行の著作権法では，著作者の死後50年間は保護が与えられる。これは，著作物に法的保護を与えることによって，小説や戯曲，コンピュータ・プログラムなどの有益な情報の創出を促し，社会に有益な情報が蓄積されることを意図しているものであるといわれる。かりに，著作上の保護が与えられない場合には，著作やプログラムを書こうとする者は，せっかく苦労して作品やプログラムを作り出したとしても，第三者がこれを複製・コピー，頒布しても法的救済を受けることができず，著作やプログラムを書くことへの意欲が低下してしまうからである。

著作権が著作者の作品を保護することによって，社会的に有益な情報の生産に寄与することはいうまでもないが，著作権を認めることによって社会に生じるコストにも注意する必要があろう。一つは，有益な情報の流布につながらないという社会的費用が生じる点と，もう一つは，著作権や知的財産権の保護の強化が創作意欲を高めることにつながるかという知的財産権の根拠や理由とも連なる問題である。たとえば，ポズナーは，アメリカ法における現代の著作権法が与えている保護よりも今後は弱い保護が与えられるべきであるという。また，著作権をはじめとする知的財産権の経済的な意義や創作へのインセンティヴ保護の考え方が万能ではないという指摘もなされている[127]。

　著作権は著作者や作家を保護することになるが，しかし作品を書こうとする意欲を低下させることもある。L. レッシグはサイバー時代つまりデジタル情報化がなされて「著作権保持者が自分のコンテンツをモニターして取り締まる能力が高まる一方」となった社会においてどのような利益がもたらされ，他方，一般ユーザーにはどのようなコストが課せられるようになったかに注目して，情報技術の革新や社会の変化が進んだことによって，法律による保護の強化がかえって創作意欲を減退させることがあることを問題視している[128]。

　「法と文学」のこの領域での寄与は何か。文芸作品の保護という面での寄与はいうまでもないだろう。とはいえ，「法と文学」の研究が，表現の自由と名誉毀損やプライバシーの衝突の困難な問題をすぐに解決できるわけではない。しかし，文芸の規制としての側面では，文芸や演劇などの特徴や特質により着目した，より洗練された規制の仕方が出てくるのではないかと期待できる[129]。

3　「法と文学」の法理論としての可能性

　「法と文学」は，法理論として，まず，どのように学際的か。アメリカ法における「法と〇〇（何々）」の法理論の中での「法と文学」運動の位置を見

40　第Ⅰ部　《法と文学》とは何か

ると，この「法と○○(the law ands)」というのは，アメリカ法の法理論上の運動の一つである。1950〜60年代から，「法と社会(法の社会学，Law and Society)」や「法と経済学(Law and Economics)」などが登場してきたが，その後も，批判的法学研究(「法と政治」)，法とフェミニズム，法と文学，法と人種理論などのさまざまな動きが登場してきた。このような法理論上の動きがなぜ生まれたか，それぞれ法理論上どのような意義をもっているか，伝統法学はどのように対応したかなど，法理論としての研究それ自体も興味深い。いずれにせよ，このような法理論上の多様な動きは，アメリカにおける伝統法学——それはリーガル・プロセス派を主流とするものだが——それ自体の衰退と，これに対する不満や批判から生まれてきたのであった[130]。戦後の諸科学の発展が法への適用にまで広げられてきたともいえるだろう。

　この「法と○○」という動きは，1920〜30年代に盛んだったリーガル・リアリズム(法現実主義)の末裔ともいわれるが，いずれにしても，これらに共通なのは，法がほかの科学や学問の適用や連携によってより豊かになると考えている点である。むろん，ほかの科学や学問が何であるかについては一致していない。

　分析方法として一般的な理論をもたないことで，「法と社会(法の社会学)」運動は批判された経緯がある[131]。わが国では，法社会学は，戦前より注目されて，今日では多くの法学部・法学研究科では講義や教育が提供されるまでになっている。しかし，行動科学の面が強調されて，法社会学は経験科学を法にもち込む契機になると期待されて，主流である法解釈学の欠点を補う役割を果たすものと見なされた面がある。わが国では，法の科学性が求められるが，人間行動を分析する一般理論をもっているかどうかの面はあまり着目されていない。この点で，一般的な理論をもたない「法と文学」も，同様に批判される余地はかなりあろう。

　つぎに，法と文学は，「法と○○」という運動の中では，法社会学や法と経済学のような科学的法理論ではなく，むしろ，法理論としては，解釈的な「法と○○」という性格づけになろう[132]。この点で，学問としては社会科学性に憧憬してきた伝統法学や法学観にとっては，やや躊躇を覚える方法であ

第1章 《法と文学》の諸形態と法理論としての可能性　41

るといえるかもしれない。むろん両者は，法的テクストとその解釈などを行っている点では同一平面にあるといえるのである。

　文学は法に寄与できるか。つまり，文学を理解することは法をよりよく理解することになるか。「法と文学」や解釈上のジレンマを法学や法解釈にもち込むことに対しては批判がありえるだろう。たとえば，それは文学や文学的解釈に特有に存在するものであって，法学と法解釈には関係ないとする見解がありえる。文学解釈と法学解釈とを峻別・区別しようとするものであるが，同じくテクストを扱いながら法テクストには関係ないものとして傍観するという態度で済むものだろうか。近年の文学理論や解釈論の成果はたんに「文学」内部の問いかけや議論にとどまるといえるのだろうか[133]。

　「法と文学」研究は，まず，前述のように，解釈やその方法を洗練させることができる。また，膨大な文学資産を，法学において生かすことができる。つぎに，レトリックやナラティヴの面において，とくに他者の声を聞くことが可能となろう。また，ある話がなぜ公式見解となったか，また本来存する複数の解釈やその曖昧さの余地がどのように“確定”されるのかを考えることができる。これらによって，法の多様化を図ることができ，教義的解釈学の解毒剤としても存在しうるのではなかろうか。

　法学と文学はやはり固有に異なるとする考え方や両者を結びつけることへの違和感もまた存在するだろう。そこで，いくつかの特徴的な相違に着目して検討しておこう。文学と法学との主要と思われる相違をリストにすると，表1のようになるのではないかと思う[134]。

42 第Ⅰ部 《法と文学》とは何か

表1

	法　　学	文　　学
①	意思・理性の行使	感覚・感情
②	客観的	主観的
③	命令的	表現・記述的
④	制度	制度ではない
⑤テクスト	議論のために読まれる	理解のために読まれる
⑥	正しい答え(唯一の答え?)	正しい答えはない(複数の解)
⑦	妥当性	妥当性?
⑧解釈	有資格者	無資格(一般人)・非限定
⑨	多数決	多数決はなし
⑩目的	正義・公平	人間性の解明・審美

　①については，文学といえども感情にのみ訴えているわけではなく，むしろ意思や理性の行使として書いたり，読むという作業が存在している。

　②と③に関して，法の客観性そのものは，すでに法学においても疑いの中にある。客観的テクストというものは存在しない[135]。したがって，法の客観性とは法が万人に適用されるという意味で恣意的に適用されないこと，また法の存在に正当性があるといったことの別の表現でもあろう。法は，その背後にある政治権力が自分の力を維持する手段である。法は多くの場合，制定法であれ，裁判所の判決であれ，テクストとして表現される。法が命令的であるのは，テクストに命令が存在するものとして読まれ，また了解されるからにほかならない。究極には，テクストの背後に政治権力が存在するからである。テクストの読みは解釈や制定法の言説が権力とつねに関わっていることをはからずも暴露しているのである。

　④制度については，法はいうまでもなく裁判制度を中心としており，解釈が権威的に決定される。他方，文学には，裁判制度のような制度はない。ただ，近年では，文学もいかなる読みが許容されるかを決定するという意味において，制度化したものであるとする見方もある。

　表の⑤から⑨までの解釈に関する部分は，前述の通りであるが，裁判官は解釈をする正規の有資格者である。たしかに，この点が文学解釈と根本的に

異なる。しかし，妥当な解釈・判決というのは，裁判官が妥当と考えるものに過ぎない。それは彼・彼女の一つの見解に過ぎないのである。それが通用するのは，彼・彼女の解釈が通用することが特権として認められているからである。それが司法制度・裁判制度の本質である。立法者でもなかった裁判官が制定法の条文(テクスト)や先例(テクスト)を読むことに変わりはなく，なぜ彼・彼女のみが立法者の意図や意思がこうであるとわかるのかは明らかではないのである。さらに，裁判官の解釈が，客観的あるいは正しいものであるのかどうかは別の問題である。

　⑩の正義・公平に関しては，両者の学問体系としての目標が法の場合には正義・公平それに平等・公正などにあり，文学のそれが人間性を解明することにあるとされて，一見すると異なって相容れないように見えるが，多くの論者が指摘するように，両者はいずれも人間の理解を目指すという点では変わりはない。これらの目標が法学や文学のそれぞれの研究対象を厳格に限定するものでないかぎり，一方が他方の研究をしていく上では障害にはならないと思われる。伝統法学の解釈主義に依拠した見方は，個別の具体的事件の妥当な解決に集中しており，この点でもより広い視野をもちうる文学研究の意義は大きいといえる。また，そうすることによって個別事件の正義とともに法原理の一般性に関わる問題としての正義や平等あるいは公平の視点にも注意と関心を向けうるのである。

　人間性の解明に関して，問題となるのは，つぎの点である。作家や文学者にしろモラルを十分に備えているわけではない，またそれを完全に理解しているわけでもないだろう。文学テクストの作者は倫理や道徳をすべて理解した完全な人間ではないし，また彼・彼女らがつねに道徳的であることもないだろう。しかし，文学テクストを対象とすることによって，これまでの法学では対処できなかった細かな解釈や解決の仕方があることを研究し，学ぶことが可能である。法学の解釈が特権的解釈として，その快楽にふけってばかりはいられないだろう。

　法の目指すところは，問題の解決であり，秩序の回復や整序であることが多い。他方，文学の目指すところは，これと異なるものである場合も多い。

44　第Ⅰ部　《法と文学》とは何か

両者の目的は反対であり，両者の研究もまた相容れないのではないか[136]。また，ポズナーによれば，法の目的は紛争・争いをうまく解決したり，まとめることにあるから，法は不貞や姦通の小説よりも，貞節を描いた小説を好み，また，読むには興味深いだろうが，不幸な家庭の話よりは，幸福な家庭の話を好むという。文学的に見れば，幸福な家庭の話は画一的で，似ていることが多いから，不幸な家庭のそれより好まれないという面も存在する[137]。これに関しては，法は権力に関わっているが，文学はそうではないとか，法は国家権力に裏打ちされた存在であり，また制度として発現するが，文学はそうではないとして，この根本的相違を指摘する者は多い。しかし，文学や文学テクストも政治であることが指摘されている。J.-P. サルトルは，文学は政治的であるべき義務をもっているという。「文学を救うためには，われわれの文学において立場をとらねばならないのだ。なぜなら文学は本質的に立場をとることだからである」[138]。さらに，サルトルは文学分析および文学理論はそれらの政治的構造を明らかにすべき，補助的な義務をもっているとする[139]。また，イーグルトンは，英語の興隆は資本主義的イデオロギーの興隆であるとして，その政治性を強調した。同じように，E. W. サイードもまた，文学の政治性を繰り返し強調した。その権力は帝国主義的権力であるといい，文学は，文化と同じように，差別と評価のシステムであるというのである[140]。このように，文学解釈が社会性とはまったく切り離された領分とするのはあたらないとすれば，同じテクストの解釈をしながら，両者はまったく相容れない水と油のような関係にあるといえるのだろうか。また，文学・批評では，問題の実際的・具体的な解決のための処方的な方法を示さないが，法学では，解釈や解釈の態度は処方的である[141] という指摘もある。たしかに，両者の目的と機能の相違は認めなければならない点もある。しかし，法的判断のためには，法解釈だけで結論が得られているわけではない。伝統法学では解釈によってのみ法的結論に至ると考えがち（解釈主義）であり，現に政策ないし価値判断やポリシー判断がそこに存在していることを認めたがらない。しかし，法的結論に至るには，解釈だけでは無理であり，そこには何らかの選択，それも価値判断や解釈以外の社会的ポリシーなどの要素が

入り込まざるをえない。むしろ，法解釈そのものが結論に至るための基礎や結論を正当化するための道具として用いられるのである。

　本章では「法と文学」運動が多様な発展を四つの基本的な形態で遂げつつあることを明らかにした。しかし，「法と文学」の主張者や研究者の間においても，これに対する考え方や評価が統一的なものであるということはできないし，主張や方法に開きがあることも事実である。たとえば，「法と文学」の法学とくに裁判プロセスへの実際的な影響は小さいと見る向きもある。つまり裁判官は，法的テクストとほかのテクストを区別して，法的テクストを優先させる。また，裁判官の道徳的立場は，文学によって影響されるよりも，社会的かつ政治的力によって決定される可能性が高いという指摘もある[142]。また，「法と文学」に一定の意義を認めつつも，その可能性については限定的であるとする立場もある。法を理解する方法として文学を用いて有益であるのは，とくに裁判官が判決において使うレトリックの面を洗練することに寄与しうる点においてであるとする見解がある[143]。

　「法と文学」の研究は，社会科学としての法学と人文科学としての法学という基本的問題を再考する機会を与える。法の自律性，学問としての独立性，法解釈や適用の客観性などを強調する立場では，法は社会科学であるとしたり，科学を志向したりする立場になりやすい。わが国の法学においては，伝統的に社会科学や科学性を志向する傾向が強いために，文学研究は，法の研究や実践から遠く，無縁のものと考えられてきた。実際に，文学との有機的な連携や共同といった作業は，ごく例外的な場合を除いては試みられなかったのである。「法と文学」研究はこのような一般的傾向を再考する機会を提供するものである。

お わ り に

　第一に，「法と文学」の法への寄与については，つぎのようになろう。まず，法律に豊富な資料や例を作品という形で提供する。法の方では，多様な観点から当該の問題を考慮することが可能となろう。つぎに，文学とその作

46 第Ⅰ部 《法と文学》とは何か

品は，法律に欠けている問題を明らかにしたり，また，既存の法において生じている矛盾や不合理な問題，不正義を告発したりして，明らかにすることができる。さらに，文学やその作品に現れた法律問題を検討するとしても，それはあくまで文学作品としてであって，現実の問題解決には役に立たないように思われるかもしれないが，文学作品の中で描かれた法や法律問題を検討することは，問題の在りかとそれに対する(法律も含めた)さまざまな解決の仕方などを知ることであり，そこから得られるインプリケーションや視点は実際の問題や事件を扱う上でも有益である。このように「文学としての法」の研究もまた，法にとって豊かな示唆をもたらすものであるといえるのではなかろうか。「法と文学」による文学上の検討や理論的成果や教訓に私たちが配慮して法の解釈や法の制定などを行っていくことができれば，制定法や判例の解釈などにあたって，あるいは裁判という法実践の場において，有益で参考に値する指針を見いだすことが可能となると思われる[144]。

　第二に，「法と文学」は，より広き地平へ法を置くことが可能である。勝本正晃はつぎのように述べている。「従来の法律家が，法律と云ふ狭い世界に跼蹐して，人生の真相に関する深い理解を缺き，ために，其議論が，往々偏頗に傾き，其所論と，それを適用した実社会における結果との間に矛盾が少なくないことは争はれないだろう。将来の刑法学者は，同時に，社会学者であり，経済学者であり，又，芸術家でゞもなければならないのである」[145]。刑法学者を法学者と一般化して読んでもよいと思われるが，この文章はおそらく法律と文芸の接点における，またその根本的なところで両者が関係しているということの宣言でもある。この点は，現代においてもあてはまっており，近時の司法改革においては，裁判官や法律家の意識と現実社会や国民のそれとの乖離が指摘されている。「法と文学」の研究は，まさしく，法律家のこのような狭い視野を改善するためにあるといえよう。「法と文学」研究は，より広い視野と新しい地平とをもたらす余地がある。

　法学解釈と文学解釈との違いを理解することは，法的解釈の理解を改善することになる。第一に，法律家では思いもよらなかった，あるいは，今までの法律家では予期しなかった，テクストである作品の別の読み方や深い意味

が明らかにされうるからである。法律家は，専門家集団としての彼らのこれまでの習い合わせた手法では明らかにされなかった，あるいは解決できなかったものを解決する，ないしは，その糸口を掴むことができるかもしれないのである。第二に，法文や先例・判例を強制的テクストとして，つまりテクストやその作者の意味を探るという作業に馴染んできた法律家は，法学に伝統的なテクストの優位というような読み方の限界を知り，法的テクストにそのようにアプローチすることを再考するであろう。また，文学作品やテクストをその文脈やほかの観点から読むことの意義を知っている法律家は，法的テクストを文学テクストのように読むことの弊害を知ることにもなろう[146]。

　第三に，伝統法学の狭さや解釈主義の弊を改善することができる。法学教育・訓練および(実務)経験は，法の社会的結果や影響について理解するに必要な道具を提供してこなかった。なるほど法教義学者つまり多くの伝統的な法解釈学者は，法解釈という固有のアートを実践していると信じている。しかし，法解釈は，本質的には，議論をする者の推論・リーズニングであり，この推論＝法解釈は価値の根本的対立・衝突あるいは異なった経験的問題を解決することはないのである。訴訟などは当面の議論，相手の議論に優勢すれば勝ちであるから，根本的問題の解決のための方法や視点をもっていないのである[147]。

　法学者は，法的テクストに没頭しているわけであるが，かりに彼らの"分析的"であるとされる道具を適用したとしても，その道具が別の分野や科学から借りてきたものでなければ，大きな力は有していない。要するに，法教義学的＝法解釈学的研究の力と範囲は固有に限界あるものでしかないのではなかろうか。

　法学教育は，法学専門知識と法技術の習得に集中しており，法学教育や訓練の幅は狭い。したがって，法律家の法の観方や概念も必然的に狭くならざるを得ないのである[148]。この面を是正し，法の理解を助けるために法と文学のコースや研究が必要となる。実際にアメリカのいくつかのロー・スクールでは「法と文学」関連のコースが展開されている[149]。

48 第Ⅰ部 《法と文学》とは何か

　法学教育において，「法と文学」の講義を取り入れることは必要であろう[150]。近年わが国では司法制度改革として日本型ロー・スクールの開設がなされている。従来の司法や司法制度における法曹人口の少なさを改革するために，人口増加とともに，法曹教育の在り方も見直されたためであった。法曹養成や教育に関しては，人間性の幅が狭い，専門知識に偏狭しがちといった従来の法曹人像の反省から，諸科学に開かれた，また人間性に幅のある，新法曹人を養成・教育するために，新たな法科大学院(いわゆる日本型ロー・スクール)が開設された経緯がある。諸大学の開設科目を見ると先端や深化プログラムなど幅広い知識を学べるようになっているように見えるが，残念ながら「法と文学」の成果は今のところ取り入れられていない。法解釈において，「法と文学」の成果を取り入れるならば，従来までの伝統的な法学観に基づいた法解釈——たとえば最高裁判例や学説の暗記，類型化など[151]——よりも，はるかに洗練された解釈や解釈方法をもたらしうると思われる。

　「法と経済学」ふうにいうならば，わが国の法学研究は，法教義学的検討によって独占されてきた。「法と文学」研究は，この独占を終わらせ，新たにここに参入するものである。新時代には，法にも多様なナラティヴやストーリーが必要であるといわねばならない[152]。そのためには，「法と文学」によるアプローチや成果が意義を有していると考えるのである。

(注)
1) Thomas D. Eisele, "The Activity of Being a Lawyer: The Imaginative Pursuit of Implications and Possibilities", 54 Tenn. L. Rev. 345, 360-361 (1987).
2) James B. White, *Legal Imagination: Studies in the Nature of Legal Thought and Expression* (1973). それ以前の文献リストとして，John Wigmore, "A List of Legal Novels", 2 Ill. L. Rev. 574 (1908).
3) いくつかのシンポジウムがなされた。"Law, Literature, and the Humanities", 63 U. Cin. L. Rev. 1 (1994); "Symposium, Law and Literature", 39 Mercer L. Rev. 739 (1988); "Symposium: Law and Literature", 60 Tex. L. Rev. 373 (1982); "Interpretation Symposium", 58 So. Cal. L. Rev. 1 (1985).
4) Robert Stevens, *Law School: Legal Education in America From the 1850s to*

the1980s (1983); Jane Baron, "Interdisciplinary Legal Scholarship as Guilty Pleasure: The Case in Law and Literature", in Michael Freeman & Andrew D. E. Lewis eds., *Law and Literature (Current Legal Issues, Vol. 2)*, 19, 23 (1999).

5) 林田清明『《法と経済学》の法理論』(北海道大学図書刊行会，1996 年)，130 頁以下など。Thomas Grey, "Modern American Legal Thought (book review)", 106 Yale L. J. 493, 495-496 (1996); Grey, "Langdell's Orthodoxy", 45 U. Pitt. L. Rev. 1 (1983).

6) Henry M. Hart & Albert M. Sacks, *The Legal Process: Basic Problems in the Making and Application of Law* (mimeo. tent. ed., 1958). 林田『《法と経済学》の法理論』(前注 5)，221 頁以下など参照。

7) White, *Legal Imagination*, note 2, at xiii-xiv.

8) Richard H. Weisberg, *Poetics: And Other Strategies of Law and Literature*, 212-213 (1992).

9) James B. White, *Heracles' Bow: Essays on the Rhetoric and Poetics of the Law*, xii (1985).

10) Robert M. Cover, "Violence and the Word", 95 Yale L. J. 1601 (1986).

11) Paul J. Heald ed., *Literature and Legal Problem Solving: Law and Literature as Ethical Discourse* (1998).

12) Jane Baron & Julia Epstein, "Language and the Law: Literature, Narrative, and Legal Theory", in David Kairys ed., *The Politics of Law*, 662-664 (3rd ed., 1998); Martha Nussbaum, *Poetic Justice: The Literary Imagination and Public Life*, 5-6 (1995).

13) Linda Hirshman, "Bronte, Bloom, and Bork: An Essay on the Moral Education of Judges", 137 U. Pa. L. Rev. 177, 179 (1988).

14) Guyora Binder, "The Law-As-Literature Trope", in Freeman & Lewis eds., *Law and Literature*, note 4, at 88-89.

15) 伝統法学の衰退の原因と影響の分析については，つぎを参照。Richard A. Posner, "The Decline of Law as an Autonomous Discipline: 1962-1987," 100 Harv. L. Rev. 761 (1987); Gary Minda, *Postmodern Legal Movements: Law and Jurisprudence at Century's End* (1995); 林田『《法と経済学》の法理論』(前注 5)，183 頁以下。

16) 和田仁孝『法社会学の解体と再生——ポストモダンを超えて』(弘文堂，1996 年)，1-2 頁など。

17) Grey, "Modern American Legal Thought", note 5, at 507. むろん，批判的な見解もなお存在する。ほかにも，テクストとしての法よりもむしろ芸術や演劇などパフォーマンスとしての法の面に着目する動きもある。Sanford Levinson & J. M. Balkin, "Law, Music, and Other Performing Arts," 139 U. Pa. L. Rev. 1597 (1991); Balkin & Levinson, "Law as Performance," in Freeman & Lewis eds., *Law and Literature*, note 4, at 729.

18) 法と文学の関係について，はやくから着目していた R. A. ポズナーは，その著『法と文学』に「誤解された関係」というサブタイトルを付けた。

50 第Ⅰ部 《法と文学》とは何か

19) わが国のアメリカ法学研究誌である『アメリカ法』(日米法学会刊行)においても，後注 35 の文献を除いては「法と文学」研究に関する著書や論文を取り上げてはいない。

20) 「法と経済学」の観点からこれまでの伝統的法学観の検討として，林田『《法と経済学》の法理論』(前注 5)。

21) 阿部泰隆「司法改革への提言(上)」自治研究 75 巻 7 号(1999 年)，4 頁。

22) 今日，社会問題や法律問題に対する考え方が多様化して，同じ問題に対する答えが複数存在しえて，また 180 度違うような解答が用意されているような状況にあって，法律問題を解く鍵が，法や法学の中に存在すると言い切れるならば，そのような自信や誇りをもつのは当然ともいえるが，果たしてそのような「鍵」は法の中にのみあるといえるのだろうか。林田『《法と経済学》の法理論』(前注 5)，6-17 頁参照。

23) 勝本正晃『文藝と法律』(国立書院，1948 年)。

24) 東北帝大法学部教授でもあった彼が，法律と文芸に眼を向けたことは，わが国でも重要な出来事であったといわなければならない。読み返してみると，その視点の確かさは優れたものであるといえる。

25) このほか，勝本正晃『法学挿話』(日本評論社，1931 年)，同『岩波講座日本文學・法律より見たる日本文學』(岩波書店，1932 年)などの著作がある。

26) 勝本『文藝と法律』(前注 23)，164 頁。

27) 同上，299 頁。

28) 勝本「法律から見た漱石の一面」『法学挿話』(前注 25)，2 頁。

29) 小森陽一『漱石を読みなおす』(ちくま新書，1995 年)，152 頁。

30) 勝本「法律から見た漱石の一面」『法学挿話』(前注 25)によると，当時漱石はあまり人気がなかったらしいが，法学者の中で漱石を好んで読んでいたのは，東京帝国大学などで民法の教授を務めた石坂音四郎博士であったという逸話も残されている。

31) 穂積陳重『復讐と法律』(岩波文庫，1982 年[初出・1931 年，法律進化論叢])。なお，穂積陳重の夫人であり，渋沢栄一の娘である歌子の日記が残されており，知友，夫婦あるいは一家での歌舞伎などの見物によく出かけている。穂積歌子・穂積歌子日記(穂積重行編，みすず書房，1989)，また陳重の子息である穂積重遠『歌舞伎思出話』(大河内書店，1948 年)がある。なお，歌舞伎を素材にしたものというなら無数にあるが，たとえば川島武宜「「法」の科学理論」(日本放送出版協会，1977 年)，44 頁以下には，争いと紛争の違いを示す例として，河竹黙阿弥「三人吉三廓初買」の有名な場面が用いられている。

32) 穂積『復讐と法律』(前注 31)，274 頁。

33) 事例を集めた飯塚友一郎『演劇と犯罪』(武侠社，1930 年)，また経済学から芸術にアプローチしたものとして大熊信行『芸術経済学』(潮出版社，1974 年)があり，最近では小室金之助『忠臣蔵の事件簿』(東京書籍，1985 年)，奥平康弘「憲法研究者からの，一つの鑑賞」文学 6 巻 2 号(1995 年)，78 頁，同「法と人文科学」法学セミナー1999 年 5 月号，77 頁がある。また，棚瀬孝雄編著『法の言説分析』(ミネルヴァ書房，2001 年)所収の各論文参照。また，その動きとなっているポストモダンや脱構築など

に関しても紹介や吟味がなされている。文献は数多いが，法律寄りのものをあげると，和田『法社会学の解体と再生』(前注 16)；高橋哲哉『デリダ――脱構築』(講談社，1998 年)，第 4 章など。

34) 来栖三郎「文学における虚構と真実」同『法とフィクション』(東京大学出版会，1999 年)，155 頁；棚瀬編著『法の言説分析』(前注 33)。

35) 1973 年から約 30 年分を一瞥したところでは，長尾龍一「(著書紹介)D. J. Kornstein, *Kill All the Lawyers?*」アメリカ法 1998-1 号(1998 年)，71 頁があるのみである。

36) Richard A. Posner, *Overcoming Law*, 472 (1995). このほかに，Anthony Julius, "Introduction", in Freeman & Lewis eds., *Law and Literature*, note 4, at xi も，law as literature, legal and literary hermeneutics, law in literature をあげており，法による文芸の規制があげられていないだけである。Bruce Rockwood, "Introduction: On Doing Law and Literature", in Bruce Rockwood ed., *Law and Literature Perspectives*, 6 (1996)なども，この四形態を基本的類型としている。

37) R. A. ポズナー『法と文学　第 3 版(上)』(坂本真樹・神馬幸一訳，木鐸社，2011 年)，第 2 章。たとえば，女敵討ち，『忠臣蔵』や菊池寛の『仇討三態』『仇討禁止令』『恩讐の彼方に』なども復讐から法・裁判への移行を示す素材として扱えよう。

38) R. イェーリング『権利のための闘争』(村上淳一訳，岩波文庫，1982 年)，97 頁以下。H. V. クライスト『ミヒャエル・コールハース』，『世界文学全集・ホフマン・クライスト篇』(相良守峯訳，河出書房，1951 年)および本書第 5 章「文学的フィクションと法の現実」，202 頁参照。

39) Daniel J. Kornstein, *Kill All the Lawyers? Shakespeare's Legal Appeal* (1994); Anthony Julius, "Introduction", note 36, at xii.

40) *Ibid*.

41) Richard A. Posner, *Law and Literature: A Misunderstood Relation*, 105 *et seq*. (1st ed., 1988); J. D. E., "Shakespeare and the Legal Process", 61 Va. L. Rev. 390, 410 (1975).

42) Rudolph von Jhering, *Der Kampf um's Recht* (21 Aufl. 1925); Josef Kohler, *Shakespeare vor dem Forum der Jurisprudenz* (1883); Ian Ward, "Shakespeare, the Narrative Community and the Legal Imagination", in Freeman & Lewis eds., *Law and Literature*, note 4, at 117; Ward, "Shakespeare Revisited", in Ward, *Law and Literature: Possibilities and Perspectives*, 59 (1995). R. イェーリング『権利のための闘争』(前注 38)。また，彼と此との法文化や社会の相違がその翻訳にも現れていることの指摘は，古賀正義「法と文学」判例タイムズ 496 号(1983 年)，1 頁。また小室金之助『法律家シェイクスピア』(新潮社，1998 年)；石塚倫子「シェイクスピア劇の女たち，歴史の女たち――近代初期イギリスにおける結婚と家族」英米文化学会編『英文学と結婚――シェイクスピアからシリトーまで』(彩流社，2004 年)，93 頁など参照。シェイクスピア研究については，中野好夫『シェイクスピア研究』(新月社，1949 年)など参照。

52　第Ⅰ部　《法と文学》とは何か

43) 中村光夫『日本の近代小説』(改版，岩波新書，1964 年)，13 頁以下；成瀬正勝「明治初期文学入門」『日本現代文学全集・明治初期文学集』(講談社，1969 年)，432 頁；興津要「解題」『明治文学全集 1 巻・明治開化期文学集(一)』(筑摩書房，1966 年)，435 頁など。「文学」は実学中心であった明治開化の「文明」には入っていなかったし，「文学」という言葉自体が登場するのは明治中期になってからであるといわれる。

44) 亀井秀雄『明治文学史』(岩波書店，2000 年)，18 頁。

45) 仮名垣魯文著「高橋阿伝夜刃譚」(初編明治 12・1879 年 2 月～第八編同年 4 月)。ほかに岡本勘造綴・吉川俊雄閲「其名も高橋毒婦の小伝」(初編明治 12・1879 年 2 月～第七編同年 4 月(東京奇聞))などがある。

46) 『黙阿弥全集 24 巻』(春陽堂，1926 年)。

47) 亀井『明治文学史』(前注 44)，30 頁。

48) Baron & Epstein, "Language and the Law", note 12, at 662, 664.

49) 文学は理性のみによって得られる人間理解ではなく，感情や直感を含んだ人間理解を助長するとするのは，Paul Gewirtz, "Aeschylus' Law", 101 Harv. L. Rev. 1043, 1050 (1988).

50) この倫理や道徳的な啓発の面を強調するのは，Martha Nussbaum, *Love's Knowledge*, 5 (1992); Paul J. Heald, "Law and Literature as Ethical Discourse", in Heald ed., *Literature and Legal Problem Solving*, note 11, at 3.

51) 高橋和巳「漱石における政治」『明治文学全集 1 巻・明治開化期文学集(一)』(前注 43)付録月報 12 号，8 頁。なお，本書第 4 章「「理性と正義」の劇場としての法」，162-163 頁参照。

52) 同上，9 頁。

53) 同上，8 頁。

54) 有地亨『日本の親子二百年』(新潮選書，1986 年)，39 頁。

55) 潮見俊隆・阪本美代子「近代日本文学における家族──親子関係を中心として」福島正夫編『家族──政策と法 7 巻・近代日本の家族観』(東京大学出版会，1976 年)，280 頁。

56) この点はつとに戦前においても，玉城肇「明治文学に現れたる『家』の問題──その一・その二」湯沢雍彦監修『「家族・婚姻」研究文献選集第 8 巻・玉城肇著　日本家族制度批判』(クレス出版，1989 年再録)，174-213 頁。また，文芸作品ではないが，当時の新聞記事や雑誌などの資料を丹念に分析したものとして，有地亨『近代日本の家族観・明治編』(弘文堂，1977 年)；同「近代日本における民衆の家族観──明治初年から日清戦争頃まで」福島編『家族』(前注 55)，53 頁；瀬沼茂樹「自然主義文学における家」文学 16 巻 3 号(1948 年)，137 頁など。

57) Binder, "The Law-As-Literature Trope", note 14, at 63.

58) 肯定するのは，Posner, *Law and Literature* (1st ed.), note 41, at 269-316. 批判するのは，Robin West, "Adjudication is NOT Interpretation", 1987 Tenn. L. Rev. 554, reprinted in West, *Narrative, Authority and Law*, ch. 3 (1993).

59) 引用は T. イーグルトン『文学とは何か──現代批評理論への招待』(新版，大橋洋

第1章　《法と文学》の諸形態と法理論としての可能性　53

一訳，岩波書店，1997 年），223 頁。ただし，レトリックと法に関しては，つぎのも
のがある。Ch. ペレルマン『法律家の論理——新しいレトリック』(江口三角訳，木鐸
社，1986 年)；植松秀雄「レトリック法理論——法の賢慮と法律学」長尾龍一・田中
成明編『法理論』(東京大学出版会，1983 年)，103 頁；F. ハフト『法律家のレトリッ
ク』(植松秀雄訳，木鐸社，1992 年)；Guyora Binder & Robert Weisberg, *Literary Criticisms of Law*, 292 *et seq.* (2000); James B. White, "Law as Rhetoric, Rhetoric as Law: The Arts of Cultural and Communal Life", 52 U. Chi. L. Rev. 984 (1985); Gerald B. Wetlaufer, "Rhetoric and Its Denial in Discourse", 76 Va. L. Rev. 1545 (1990).

60) Posner, *Law and Literature* (1st ed.), note 41, at 269-316.

61) Rockwood, "Introduction: On Doing Law and Literature", note 36, at 11.

62) J. M. Balkin, "The Rhetoric of Responsibility", 76 Va. L. Rev. 197 (1990).

63) Jane Baron, "Law, Literature, and the Problems of Interdisciplinarity", 108 Yale L. J. 1059, 1071 (1999). ナラティヴの文献も多いが，さしあたり，Anthony Alfieri, "Reconstructing Poverty Law Practice: Learning Lessons of Client Narrative", 100 Yale J. L. 2107 (1991); Milner S. Ball, *The Word and the Law* (1993); Robert M. Cover, "The Supreme Court 1982 Term, Foreword: Nomos and Narrative", 97 Harv. L. Rev. 4 (1983); Richard Delgado, "Storytelling for Oppositionists and Others: A Plea for Narrative", 87 Mich. L. Rev. 2411 (1989); Jack Cetman, "Voices", 66 Texas L. Rev. 577 (1988); Christopher Gilkerson, "Poverty Law Narratives: The Critical Practice and Theory of Receiving and Translating Client Stories", 43 Hast. L. Rev. 861 (1992); Martha Mahoney, "Legal Images of Battered Women: Redefining the Issue of Separation", 90 Mich. L. Rev. 1 (1991); Carol Rose, "Property as Story-Telling: Perspectives from Narrative Theory, Game Theory, and Feminist Theory", 2 Yale J. of Law and Hum. 37 (1989); Richard Sherwin, "Law Frames: Historical Truth and Narrative Necessity in a Criminal Case", 47 Stan. L. Rev. 39 (1994); West, *Narrative, Authority, and Law*, note 58; Patricia Williams, *The Alchemy of Race and Rights: Diary of a Law Professor* (1991).

64) 豊前火力発電所建設差止訴訟を舞台とした，原告らと裁判からのそれぞれの語りに
ついて，田中克彦『法廷にたつ言語』(岩波書店，2002 年)，142 頁以下など。また，
上石圭一「弁護士の語りにおける法曹の一体性(1・2 完)」民商 118 巻 1 号，29 頁，2
号，178 頁(1998 年)；棚瀬孝雄「語りとしての法援用——法の物語と弁護士倫理(1・
2 完)」民商 111 巻 4 号・5 号，677 頁，6 巻 1 号，865 頁(1995 年)；同「弁護士倫理
の言説分析」法時 68 巻 1 号，52 頁，2 号，47 頁，3 号，72 頁，4 号，55 頁(1996
年)；同「法の解釈と法言説」同編著『法の言説分析』(前注 33)，1 頁など。

65) Peter Brooks, "The Law as Narrative and Rhetoric", in Brooks & Paul Gewirtz eds., *Law's Stories: Narrative and Rhetoric in the Law*, 18 (1996).

66) Paul Gewirtz, "Narrative and Rhetoric in the Law", in Brooks & Gewirtz,

54　第 I 部　《法と文学》とは何か

Law's Stories, note 65, at 2, 5.

67）Robin West, "Jurisprudence and Gender", 55 U. Chi. L. Rev. 1 (1988)は，"masculine jurisprudence"から脱却しなければならないという。Lucinda M. Finley, "Breaking Women's Silence in Law: the Dilemma of the Gendered Nature of Legal Reasoning", 64 Notre Dame L. Rev. 886 (1989); Kathryn Abrams, "Hearing the Call of Stories", 79 Cal. L. Rev. 971 (1991); Catharine A. Mackinnon, *Only Words* (1993).

68）平塚らいてふ「新しい女」では，「新しい女はもはやしいたげられたる旧い女の歩んだ道を黙々として，はた唯々として歩むに堪えない。新しい女は男の利己心のために無智にされ，奴隷にされ，肉塊にされた如き女の生活に満足しない。新しい女は男の便宜のために造られた旧き道徳，法律を破壊しようと願っている」(同『平塚らいてう著作集 1 巻』(大月書店，1983 年[初出は中央公論大正 2・1913 年 1 月号])，257 頁)と宣言されている。また，菊池寛「真珠婦人」(大正 9 年発表)は，女主人公に「妾，男性がしてもよいことは，女性がしてよいと云うことを男性に思い知らせてやりたいと思いますの。妾一身を賭して男性の暴虐と我儘とを懲らしてやりたいと思いますの。男性に弄ばれて，綿々の恨みを懐いている女性の生きた死骸のために復讐をしてやりたいと思いますの」といわせている。

69）わが国の法曹養成機関である最高裁判所の司法研修所においてすら，男女差別やセクシュアル・ハラスメントまがいの言動が行われていたエピソードが指摘されている。山本祐司『最高裁物語・下巻』(日本評論社，1994 年)，190-193 頁。これが真実であるとすれば，文字通り法を適用・解釈する者は，男性マスキュリンでなければならないという男性中心の意識である。平塚らいてふの宣言がここではまだ新しくさえ聞こえる。前注 68 参照。

70）いずれも，H. オームス「テクストと隠れた次元」(黒住真・豊澤一訳)『岩波講座現代思想 9・テクストと解釈』(岩波書店，1994 年)，273 頁。

71）Catharine A. MacKinnon, *Toward a Feminist Theory of the State* (1989)；A. ドウォーキン『インターコース──性的行為の政治学』(寺沢みづほ訳，青土社，1989 年)；同『女たちの生と死』(寺沢みづほ訳，青土社，1998 年)；同『ポルノグラフィ──女を所有する男たち』(寺沢みづほ訳，青土社，1991 年)；C. マッキノン／A. ドウォーキン『ポルノグラフィと性差別』(中里見博・森田成也訳，青木書店，2002 年)；岡野八代『法の政治学──法と正義とフェミニズム』(青土社，2002 年)；野崎綾子『正義・家族・法の構造変換──リベラル・フェミニズムの再定位』(勁草書房，2003 年)など参照。

72）Daniel Farber & Suzanna Sherry, "Legal Storytelling and Constitutional Law: The Medium and the Message", in Brooks & Paul eds., *Law's Stories*, note 65, at 37-38.

73）Kim L. Scheppele, "Foreword: Telling Stories", 87 Mich. L. Rev. 2073, 2088-2094 (1989).

74）ロラン・バルト「作者の死」『物語の構造分析』(花輪光訳，みすず書房，1979)，79

第1章 《法と文学》の諸形態と法理論としての可能性　　55

頁。ジョナサン・カラー『ロラン・バルト』(富山佳大訳，青弓社，1991)など参照。

75) Terry Eagleton, *Literary Theory: An Introduction*, 74-75, 117 (2nd ed. 1996).

76) Umberto Eco, *The Role of the Reader*, 175-199 (1981).

77) Eric D. Hirsch, Jr., *Validity in Interpretation*, ch. 2 (1967).

78) イーグルトン『文学とは何か』(前注59)，105-108頁。なお，本書第8章「意味の所有権」317頁以下，参照。

79) 同上，112頁。

80) 同上，113-115頁。

81) オームス「テクストと隠れた次元」(前注70)，260頁。

82) これは，いわゆる「作者の死」を意味するが，R.バルト『言語のざわめき』(みすず書房，1987年)，M.フーコー「作者とは何か？」(清水徹・豊崎光一訳)『ミシェル・フーコー文学論集1』(哲学書房，1990年)，37頁以下。とくに「ひとはテクスト自体に，素裸のテクストに立ち戻るのであり，といって同時にまた，テクストのなかに空洞として，不在として，欠落として印されているものへと立ち戻るのです」(同上，61頁)という。なお，主体の死と再生に関しては，和田『法社会学の解体と再生』(前注16)，64頁以下を参照。

83) J.デリダ「有限会社abc」(高橋哲哉・増田一夫訳)現代思想16巻6号84頁，127頁以下；オームス「テクストと隠れた次元」(前注70)，275頁。なお，デリダの思想形成と脱構築については，高橋『デリダ』(前注33)；J.カラー『ディコンストラクションⅠ・Ⅱ』(現代選書，1985年)など参照。

84) Posner, *Law and Literature* (1st ed.), note 41, at 178.

85) 宮沢俊義「学説というもの」ジュリスト300号(1964年)，10頁など。なお，本書第6章「ポストモダンと法解釈の不確定性」，256頁以下参照。

86) 来栖「文学における虚構と真実」(前注34)，213頁は，文学理論における解釈理論は法学においても参考になることはたしかであるという。

87) H.-G. Gadamer, *Truth and Method*, 240, 296 (2nd rev. ed., 1989). なお，H.-G.ガダマー『真理と方法——哲学的解釈学の要綱』(轡田収ほか訳，法政大学出版局，1986年)参照。

88) Richard A. Posner, *Federal Courts: Crisis and Reforms*, 251 (1985); 林田『《法と経済学》の法理論』(前注5)，240-241頁。

89) 丸山高司『ガダマー——地平の融合』(講談社，1997年)，152-154頁，226頁など。しかし，客観的なテクストが存在するわけではなく，テクストの意味は解釈者の歴史的状況に応じて理解されるだけである。

90) Gadamer, *Truth and Method*, note 87, at 259-261, 520-522. 丸山『ガダマー』(前注89)，138頁以下。

91) Gadamer, *Truth and Method*, note 87, at 324-330, 518 *et seq.* 法学と解釈学(ハーメニューティクス)については，David Hoy, "Interpreting the Law: Hermeneutical and Poststructuralist Perspectives", 58 So. Cal. L. Rev. 135 (1985); Brad Sherman, "Hermeneutics in Law", 51 Mod. L. Rev. 386 (1988).

56　第Ⅰ部　《法と文学》とは何か

92) Gadamer, *Truth and Method*, note 87, at 292, 392.

93) Stanley Fish, *Doing What Comes Naturally: Change, Rhetoric, and the Practice of Theory in Literary and Legal Studies*, 120-140 (1989).

94) Owen Fiss, "Objectivity and Interpretation," 34 Stan. L. Rev. 739 (1982).

95) *Ibid*., at 744, 750-755, 761-763.

96) Ronald Dworkin, "Law as Interpretation", 60 Tex. L. Rev. 527, 540-546 (1982); Ronald Dworkin, *A Matter of Principle*, chs. 6 & 7 (1985). また，R. ドゥーキン『法の帝国』(小林公訳，未來社，1995 年)，357 頁以下参照。なお，彼の法解釈論につき，長谷川晃『解釈と法思考』(日本評論社，1996 年)，111 頁以下；狩野道徳「法における『解釈的転回』の一局面(一)」早稲田大学法研論集 83 号(1997 年)，57 頁参照。

97) このように，ドゥーキンとガダマーの解釈論はきわめて近い面がある。「解釈というものは，歴史の束縛との格闘であると同時に歴史の束縛を是認することである，というガダマーの説明は正鵠を射ているのである」(ドゥーキン『法の帝国』(前注 96)，103 頁)。

98) Mark V. Tushnet, "Following the Rules Laid Down: A Critique of Interpretivism and Neutral Principles", 96 Harv. L. Rev. 781 (1982).

99) West, "Adjudication is NOT Interpretation", reprinted in West, *Narrative, Authority, and Law*, note 58, at 93-94.

100) Posner, *Law and Literature* (1st ed.), note 41, at 215.

101) James B. White, *Justice as Translation: An Essay in Cultural and Legal Criticism*, 246-254 (1990).

102) *Ibid*., 13-16.

103) 来栖三郎「法の解釈適用と法の遵守(一)」法協 68 巻 5 号(1950 年)，430 頁は，「法の解釈をしているときの気持ちとしては，自分の解釈には自分の主観，自分の意志が交じっていないで，自分の解釈によってえられた判断は，客観的な法規の認識の結果であるように考えているのが普通である」と見ている。大方の法解釈学者や実務家の本音だろうと思う。しかし，来栖博士は，法解釈があらわなイデオロギッシュな解釈として現れるとされ，最終的には「何を妥当とするかに当つては，解釈するものの社会観という主観が影響するであろう」とされる(同上，447-448 頁)。

104) イーグルトン『文学とは何か』(前注 59)，221 頁。

105) このパラダイムはアメリカ法学で多数派を形成するリーガル・プロセス派の考え方やわが国の伝統法学にも見られる。本書第 6 章「ポストモダンと法解釈の不確定性」，参照。さらに，公共選択論の考え方からも疑問であることは，林田『《法と経済学》の法理論』(前注 5)，249 頁以下参照。

106) 本書第 6 章「ポストモダンと法解釈の不確定性」，282 頁。また，「法とは法律家によって理論化された偏見である」というのは，Peter Fitzpatrick, "The Abstracts and Brief Chronicles of the Times: Supplementing Jurisprudence", in Fitzpatrick, *Dangerous Supplements: Resistance and Renewal in Jurisprudence*, 1 (1991). なお，デリダはつぎのようにいう。「かりにまた，殺人者が，『わたしは強盗殺人を意図して

第1章 《法と文学》の諸形態と法理論としての可能性 57

いました』と〈自白〉するとしても，その当人の自己解釈を特別視する理由はない。司法や世間がかれを強盗殺人のかどで断罪するのは，（デリダの言葉を借りれば）『目的論的かつ倫理的』な短絡，しかし社会全体を維持するのに不可欠と考えられる短絡である」（中岡成文「解釈のテロス」『岩波講座現代思想9・テクストと解釈』（前注70），9頁の訳による）。

107) ニーチェ「遺された断想」（三島憲一訳）『ニーチェ全集9巻（第II期）』（白水社，1984年），54頁，397頁など。Hendrik Birus, "Nietzsche's Concept of Interpretation", in 3 Texte: Revue de critique et de theorie litteraire 87 (1984). また，ニーチェ理解については，Alexander Nehamas, *Nietzsche: Life as Literature* (1985); Richard A. Posner, *Law and Literature*, ch. 5 (rev. and enl. ed., 1998); Richard H. Weisberg, *The Failure of the Word*, 16 *et seq.* (1984).

108) 三島憲一「意味への懐疑」『岩波講座現代思想9・テクストと解釈』（前注70），110頁。

109) ドゥオーキン『法の帝国』（前注96），373頁。なお「純一性」は "integrity" の訳である。ドゥオーキンは，ガダマーの解釈論にかなり依拠するが，「唯一の正しい」答えや解釈の点では両者は異なる。ガダマーにとっては，唯一の正しい答えや解釈はありえないのである（丸山『ガダマー』（前注89），156頁）。

110) 「理想的読者の概念は，あくまでも，個々のテクストを『適切に』読むには何かが必要かを決定する，便利な発見（もしくは説明）手段としての虚構の存在にすぎぬのだ」（イーグルトン『文学とは何か』（前注59），187頁）。

111) Peter Goodrich, *Reading the Law*, 219 (1986).

112) James B. White, *When Words Lose Their Meaning* (1984); Ronald Dworkin, "How Law is Like Literature", in *A Matter of Principle*, note 96; Fish, *Doing What Comes Naturally*, note 93.

113) 棚瀬編著『法の言説分析』（前注33），3-4頁。

114) Binder, "The Law-As-Literature Trope", note 14, at 63, 70.

115) Christopher Norris, "Law, Deconstruction, and the Resistance to Theory", 15 J. Law & Society 166 (1988).

116) Richard A. Posner, "Legal Scholarship Today", 45 Stan. L. Rev. 1647, 1649 (1993).

117) Trevor Hartley, "Hermeneutics in Law", 51 Mod. L. Rev. 386, 397 (1988). とすれば，法解釈とは解釈の方法の一種と見るべきではないかという指摘が正鵠を射ている。*Ibid.*, at 399.

118) Peter Goodrich, "Law and Modernity", 49 Mod. L. Rev. 555 (1986).

119) イーグルトン『文学とは何か』（前注59），108頁。

120) 同上，106頁，109頁。

121) 来栖「法の解釈適用と法の遵守（一）」（前注103）；イーグルトン『文学とは何か』（前注59），119頁など。また，同様に，J. カラー『文学理論』（荒木映子・富山太佳夫訳，岩波書店，2003年），100頁も，「それ［＝作品の意味——引用者注］はわれわれが

58 　第 I 部　《法と文学》とは何か

理解するものであり，テクストの中にあってわれわれが理解しようとするものである」(傍点原文)としている。

122) 勝本『文藝と法律』(前注 23)，357 頁。

123) わが国で初めてプライバシーとその侵害を肯定した，三島由紀夫「宴のあと」事件(東地判昭 39.9.28 下民集 15 巻 9 号 2317 頁)，五十嵐清『人格権論』(一粒社，1989 年)，81 頁以下など参照。なお，弁護人による法律家としての見解は，正木昊「チャタレイ裁判における基本的人権論争」鈴木安蔵・染野義信編著『基本的人権の研究』(勁草書房，1954 年)など。

124) この裁判の全貌については，伊藤整『裁判』(筑摩書房，1952 年)，のち『伊藤整全集 12 巻』(新潮社，1974 年)所収。

125) 座談会「チャタレー裁判の核心と伊藤整氏の心理」法律のひろば 10 巻 7 号(1957 年)，4 頁，18 頁。

126) Posner, *Law and Literature* (1st ed.), note 41, at 323.

127) 森村進『財産権の理論』(弘文堂，1995 年)，172-174 頁。

128) L. レッシグ『コモンズ——ネット上の所有権強化は技術革新を殺す』(山形浩生訳，翔泳社，2002 年)，282 頁。

129) 近年では，作家の表現の自由と小説のモデルとなった人物のプライバシーの問題として議論された，いわゆる「石に泳ぐ魚」事件などがこの面での一例である。同事件については，最判平成 14 年 9 月 24 日判時 1802 号 60 頁，五十嵐清『人格権法概説』(有斐閣，2003 年)，203 頁など。

130) Neil Duxbury, *Patterns of American Jurisprudence*, 205-223, 301-309 (1995).

131) Richard A. Posner, "The Sociology of the Sociology of Law: A View from Economics", 2 Eur. J. L. & Econ. 265, 272 (1995).

132) Marc Galanter & Mark A. Edwards, "Introduction: The Path of the Law ands", Wis. L. Rev. 375 (1997).

133) ちなみに，デリダは，脱構築は法と正義にまで行きつくことを明らかにしている。Jacques Derrida, "Force De Loi: Le Fondement Mystique De L'Autorité", 11 Cardozo L. Rev. 920 (1990); J. デリダ『法の力』(堅田研一訳，法政大学出版局，1999 年)。また，仲正昌樹『「法」と「法外なもの」——ベンヤミン，アーレント，デリダをつなぐポスト・モダンの正義論へ』(御茶の水書房，2001 年)；高橋『デリダ』(前注 33)，182 頁以下。

134) Posner, *Law and Literature* (1st ed.), note 41, at 108 を参考。また，ポズナー『法と文学　第 3 版(上)』(前注 37)，206 頁参照。

135) イーグルトン『文学とは何か』(前注 59)，353 頁。

136) Tony Sharpe, "(Pre)versions of Law in Literature", in Freeman & Lewis eds., *Law and Literature*, note 4, at 99. および前注 124 の本文参照。

137) Posner, *Law and Literature* (1st ed.), note 41, at 79.

138) J.-P. サルトル『文学とは何か』(加藤周一・白井健三郎訳，人文書院，1952 年)，260 頁。

第 1 章 《法と文学》の諸形態と法理論としての可能性　59

139) サルトル，同，43-44，60，134，265 頁など。

140) イーグルトン『文学とは何か』(前注 59)，297 頁以下，E. W. サイード『文化と帝国主義 1・2』(大橋洋一訳，みすず書房，2001 年[原著は 1993 年])など。

141) Edward L. Rubin, "Law and The Methodology of Law", 1997 Wis. L. Rev. 521, 530.

142) Richard Delgado & Jean Stefancic, "Norms and Narrative", 69 Tex. L. Rev. 1929 (1991).

143) Posner, *Law and Literature* (1st ed.), note 41, at 353-364. むろん，この限定的な見方に対しては，各方面から批判がなされた。

144) Heald, "Law and Literature as Ethical Discourse", note 50, at 4-5.

145) 勝本『文藝と法律』(前注 23)，114 頁。

146) Posner, *Law and Literature* (1st ed.), note 41, at 355.

147) アメリカにおける伝統法学者の手法については，Posner, "Legal Scholarship Today", note 116, at 1649, 1654.

148) Posner, *Law and Literature* (1st ed.), note 41, at 355.

149) 「法と文学」運動・研究の嚆矢ともなった，White, *Legal Imagination*, note 2 自体も講義用テクストとして編集されたものである。また，アメリカのロー・スクールでのカリキュラムと内容については，つぎを参照。Ellizabeth V. Gemmette, "Law and Literature: An Unnecessarily Suspect Class in the Liberal Arts Component of the Law School Curriculum", 23 Valparaiso U. L. Rev. 267 (1989); C. R. B. Dunlop, "Literature Studies in Law Schools", 3 Cadozo Stud. L. & Literature 63 (1991); Gemmette, "Law and Literature: Joining the Class Action", 29 Valparaiso U. L. Rev. 665 (1995).

150) Posner, *Law and Literature*, note 41, at 351.

151) 阿部泰隆「司法改革への提言(下)」自治研究 75 巻 9 号(1999 年)，30 頁の指摘。

152) Posner, "Legal Scholarship Today", note 116, at 1653.

第II部　《法と文学》と法

第2章　法による文学規制と《法と文学》
――チャタレイ裁判再考――

　　普通の人が自ら毎日を過ごしながら，はっきりと捕えることのでき
　ないで過している自分たちの時代の自分の生命の味，その実質，それ
　を純粋にして味わせるものが芸術であり，……小説がある。

――伊藤整『小説の方法』

は じ め に

　チャタレイ最高裁大法廷判決(1957年)から，60年余りの年月が経とうとし
ている。この間に，世界や社会，生活，人々の考え方など種々の面での多様
な変化があり，当時と事情は大いに異なったように見える。そこで，第一に，
このチャタレイ大法廷判決が示した法ルール(規範)は人々を説得する力を有
していたか，そしてわが国の社会に法的な安定性をもたらしたといえるのか。
もしそうでないとすればそれはなぜか。第二に，約60年という時の経過に
よって，チャタレイ裁判の最高裁大法廷判決のルールが，なお今後ともわが
国の社会や知的生活を規制するものとして考えてよいのかを検討する。第三
に，チャタレイ事件は，法が文学を規制するという「法と文学」研究の主要
な領域にある。この領域において「法と文学」理論はどのように法のパ
フォーマンスを改善することができるかを検討する[1]。
　法による文学規制の領域では，典型的には文学作品による名誉毀損，プラ
イバシー侵害，著作権侵害などがある場合に，法が介入することは一般に肯
定されている。その理由は，たとえば名誉毀損やワイセツなどの場合には小
説や映像作品などが外部費用を生じさせるから，これを内部化するために，

64　第II部　《法と文学》と法

法による介入・規制が肯定されるのである。また，著作権の場合は著作から
もたらされる外部便益を内部化させるために権利の保護を目的とする法制度
と見ることができる[2]。

1　チャタレイ裁判再考

(1)　事実経過と背景

1950年4月から6月下旬にかけて，英国の作家 D. H. ロレンス作 *Lady Chatterley's Lover* の邦訳書『チャタレイ夫人の恋人』(訳者・作家伊藤整)上下巻本が，東京の小山書店から出版・発売された。1950年6月26日，最高検は本書の押収を指令し，同年7月8日に発禁処分とした。回収されるまで，全国で上巻8万29冊，下巻6万9,545冊が販売された。同年9月27日，翻訳者伊藤整と発行者小山久二郎社長の二名は，刑法第175条の「わいせつな文書」販売の容疑で起訴された。日本ペンクラブおよび文芸家協会は，この問題に対応するために特別委員会を設け，また，被告人側は，同委員会のメンバーであった文芸評論家の中島健蔵およびロレンス研究家の福田恆存の二名を特別弁護人とした[3]。

検察側の主張は，「戦傷の結果，性交不能に陥った夫クリフォードを持つその妻コニイが性交の満足を他の異性に求めて不倫なる私通を重ねる物語を叙述せる」本書の12箇所の記述が，「人間の憧憬する美は性交の動態とその愉悦を創造する発情の性器なりと迷信し，蔽もなく恥もなき性欲の遂行に浸り人間の羞恥を性欲の中に殺したる男女性交の姿態と感応享楽の情態とを露骨詳細に描写し」たものであるとした[4]。「これがため我国現代の一般読者に対し欲情を連想せしめて性欲を刺戟興奮し且人間の羞恥と嫌悪の感を催おさしめるに足るワイセツの文書」[5]とすることにあった。そして，これらは，刑法175条およびわいせつに関する戦前・大審院の判決[6]の解釈に従えば，わいせつ文書に該当するというのが主要な論点であった[7]。

1951年5月8日に第一回公判が開始され，同年12月まで36回の審理を経て，翌1952年1月18日に東京地裁で判決が言い渡された。第一審は，わ

いせつの定義として，「一般的に性欲を刺戟するに足る表現があり，これにより人が性的興奮を惹起し理性による制御を否定又は動揺するに至るもので，自ら羞恥の念を生じ且つそのものに対して嫌悪感を抱く文書」[8] という考え方を示した。また，わいせつ文書を罰するのは，健全な社会生活を守るためにあるという。すなわち「猥褻文書として排除せられるのは，これによって人の性欲を刺戟し，興奮せしめ，理性による性衝動の制御を否定又は動揺せしめて，社会的共同生活を混乱に陥れ，延いては人類の滅亡を招来するに至る危険があるからである」[9]。さらに，このような文書や出版は公共の福祉に反するものであって，刑法によって処罰することは基本的人権の侵害とはならない，と判断した。この結果，翻訳者伊藤整無罪，出版人小山久二郎罰金25万円という判決が下された[10]。この判決のわいせつの定義が，前述大正7年の大審院の判例や戦後の最高裁判例と類似していることはいうまでもない[11]。ついで，第二審の東京高裁は，伊藤にも共同正犯の成立を肯定し，小山25万円，伊藤10万円の有罪判決を下した[12]。

　最高裁は，わいせつの定義としてつぎの三つの条件をあげた。「猥褻文書たるためには，［普通人の］羞恥心を害することと性欲の興奮，刺戟を来すことと善良な性的道義観念に反することが要求される」。このうち，羞恥感情は，「普遍的な道徳の基礎」であって，「性行為の非公然性は，人間性に由来するところの羞恥感情の当然の発露である」[13]。

　つぎに，刑法175条の保護法益および根拠については次のように述べた。「猥褻文書は性欲を興奮，刺戟し，人間をしてその動物的存在の面を明瞭に意識させるから，羞恥の感情をいだかしめる。そしてそれは人間の性に関する良心を麻痺させ，理性による制限を度外視し，奔放，無制限に振舞い，性道徳，性秩序を無視することを誘発する危険を包蔵している。……性道徳に関しても法はその最少限度を維持することを任務とする。そして刑法一七五条が猥褻文書の頒布販売を犯罪として禁止しているのも，かような趣旨に出ているのである」[14]。

　さらに，わいせつの判断基準はいわゆる社会通念に基づいて，裁判官が行う法解釈の問題であるとした。「著作自体が刑法一七五条の猥褻文書にあた

66   第II部 《法と文学》と法

るかどうかの判断は，当該著作についてなされる事実認定の問題でなく，法
解釈の問題である。……この故にこの著作が一般読者に与える興奮，刺戟や
読者のいだく羞恥感情の程度といえども，裁判所が判断すべきものである。
そして裁判所が右の判断をなす場合の規準は，一般社会において行われてい
る良識すなわち社会通念である。この社会通念は，『個々人の認識の集合又
はその平均値でなく，これを超えた集団意識であり，個々人がこれに反する
認識をもつことによって否定するものでない』こと原判決が判示しているご
とくである。かような社会通念が如何なるものであるかの判断は，現制度の
下においては裁判官に委ねられているのである」15)。

　そして，刑法175条と表現の自由の関係については，表現の自由といえど
も公共の福祉による制限に服することがあると判断した。すなわち「憲法の
保障する各種の基本的人権についてそれぞれに関する各条文に制限の可能性
を明示していると否とにかかわりなく，憲法一二条，一三条の規定からして
その濫用が禁止せられ，公共の福祉の制限の下に立つものであり，絶対無制
限のものでないことは，当裁判所がしばしば判示したところである[引用判例
省略]。この原則を出版その他表現の自由に適用すれば，この種の自由は極
めて重要なものではあるが，しかしやはり公共の福祉によって制限されるも
のと認めなければならない。そして性的秩序を守り，最少限度の性道徳を維
持することが公共の福祉の内容をなすことについて疑問の余地がないのであ
るから，本件訳書を猥褻文書と認めその出版を公共の福祉に違反するものと
なした原判決は正当である」16)。

　チャタレイ事件の最高裁大法廷判決が，田中耕太郎長官の手になるもので
あることは，その判決文からもわかる17)。判決は彼の法律哲学の実践でも
あった。田中耕太郎は，法の第一の任務は，法的安定性，平和，秩序であり，
第二に正義・衡平であるというラートブルッフの見方に賛成する。法的安定
性とは「社会生活において各人間の争いに解決を与え，各人が歩まなければ
ならぬ道を指示する」18)ことにほかならない。そして，「法の適用者たる司
法官は法の解釈に関しても自己の態度を把持していなければならない。而し
てその態度は単なる主観的のものではなくして，一つの科学的規準に合致す

るものでなければならない」[19] とするものの，どのようにすれば科学的になるかには触れていない。さらに，法の適用に関しては極力主観的な要素の干渉を排斥し「客観的な法に従う」ことを強調しながらも，「裁判官が法に従って裁判するとはいっても，そこに多分の個人的人格的要素が介入する余地があり，裁判官は単なる自働機械でない」[20] というのである。

　また，田中によれば，法と道徳の関係に関して，法は多数の倫理規範を有しているのであって，たとえば偽造，姦淫，殺人，詐欺などは犯罪定型として道徳的にも是認されないものである[21]。法は社会生活の秩序の維持を目的としており，法的安定がもたらされるためには，「法の解釈の使命は法律制度及び法律規定に現はれたる立法者の意思を把握し，法的安定を確保するに存する」[22] という。田中長官時代の判決で知られたものに，尊属殺人罪合憲判決[23]，「踏んだり蹴ったり判決」として有名な有責配偶者の離婚請求事件[24] などがあるが，いずれも田中は多数意見である。これらの判決には，ほかに保守派の論客として齋藤悠輔裁判官の価値観が色濃く出ているという指摘がある[25]。法学者や実務家にありがちな保守的な価値観・イデオロギー，また敗戦によって新生した司法・裁判所の独立した役割と積極的な役割の自覚，法を社会統治の道具と考える法学観などが見て取れよう。

(2)　わいせつの規制と問題点

(A)　わいせつ性判断

　一般に，規制される側は表現行為に関わっているから，チャタレイ裁判の大法廷判決で示されたわいせつ定義の三条件や社会通念に基づく判断基準をめぐって争わざるをえない。チャタレイ以後のわいせつ裁判を見ると，「悪徳の栄え」事件[26] では，翻訳出版されたマルキ・ド・サドの「悪徳の栄え」の 14 箇所にわいせつな箇所があるとされて訴えられた。わいせつの判断については，チャタレイ最高裁判決の三つの条件を踏襲したが，「その章句の部分のわいせつ性の有無は，文書全体との関連において判断され」るとして，いわゆる「相対的猥褻概念」を採用した。また，表現の自由については文書にわいせつ性があれば「性生活に関する秩序および健全な風俗を維持するた

め」には公共の福祉によって制限されるとした。なお補足意見に加えて，田中二郎裁判官ら四名の反対意見がある。また，「四畳半襖の下張」事件[27] では，永井荷風作と伝えられる「四畳半襖の下張」が雑誌に掲載されたことを理由に刑法175条の罪に問われた。最高裁は，六項目をあげて，チャタレイ最高裁判決のわいせつ三要件について検討したが，わいせつありと判断した。チャタレイ判決以降の訴訟の傾向としては，刑法175条の合憲性を問題にするよりは，同条のわいせつ定義，判断基準や方法をめぐって争われてきたといえる。また，同条による規制の対象範囲を限定することで表現の自由を確保し，また広げようという考え方が示されてきた。

　また，学界の事情を見ると，1970年頃は，「この問題[＝わいせつと規制——引用者]に対する法律家の姿勢は，わずかの例外を除いて，内外ともにきわめて消極的かつ保守的であり，たえずブレーキをかけ，しばしばタブーの守護者ないしは文芸の抑圧者の役割さえ演じてきた」という状況であった[28]。判例の打ち出したわいせつの意義やその司法判断に対抗できるものがない以上，口をつぐみ，判例の採用しているわいせつ定義を繰り返すのみで，諸手傍観ということであったのだろうか。また，「刑法175条の規定が，著しく時代遅れであり，憲法や刑法の原則に照らしても，はなはだ不明確・不適切のものであることは疑う余地がない。にもかかわらず，学説や裁判所の一部を除いて，ほとんど本質的な検討はされていない」と指摘されている[29]。

　このようなわが国のわいせつ物規制が特殊であることは，アメリカ法との対比の中でつぎのように指摘されている。「チャタレイの法理は，社会通念，善良な道義観念，普通人，性行為非公然，道徳の退廃等々，本質的に，これ以上の分析を許さない何かがある」[30] というのであるが，正当な指摘であろう。その理由はどこに存するのか。

(B)　時 の 経 過

　チャタレイ裁判とくにその最高裁大法廷判決から約60年が経過したことは，最高裁の判決やそれによるわいせつの規制そのものが，いわば時の裁きにさらされているといってよい[31]。1973年には，ロレンスの『チャタレイ

夫人の恋人』の完訳本が出現した。また，最近になって伊藤整訳の補完訳本も出版されている[32]。

　また，小説など文字・テクストよりは映像・写真に関する訴訟・事件も増加している。ビニール本事件[33]では，刑法175条は憲法21条に反しないとされたが，この点に関して伊藤正己裁判官の補足意見では，ハードコア・ポルノと準ハードコア・ポルノに区別して判断する考え方が示された。ついで，ポルノ・カラー写真事件[34]では，団藤重光裁判官の補足意見で，思想・科学・芸術などの価値と社会環境としての性風俗を清潔に保つ精神的社会環境という保護法益との利益衡量が示された。

　わいせつ性を否定する下級審判決も現れた[35]。映倫を通過した日活のロマンポルノ映画がわいせつ図画公然陳列罪に問われた事件である。また，映画「愛のコリーダ」のわいせつ性も否定された[36]。

　このように，チャタレイ事件の昭和20〜30年代よりもわいせつ概念は変化してきている。しかし，その後は目立った判例はなく，論議も沈静化している。そして，論議はむしろ「風俗営業法，青少年保護条例，売春防止法などの問題に移ってきているように思われる」[37]と指摘されている。さらにインターネットが普及した今日では，「わいせつ」は容易に国境を越えて，全世界から情報が大量に流布される状況となっている。文字テクストよりは映像・写真などによるものへと時代は変化し，それにつれて取り締まりもこちらの方へ動いてきているといえるだろう。

　いわゆるインターネット上の「わいせつ」画像などについては，刑法175条の新たな適用領域として，法解釈による規制が行われている。なかでも，刑法175条は有体物に限られるのではないか，また，サーバーやハードディスク自体が「わいせつ物」となりうるのか，さらに，立法的な解決が必要な場合に法解釈という名の下に規制が自由に行われてよいかなどが議論されている。解釈の自由(融通無碍)という最後の問題は次項で触れるが，まず，インターネット上の「わいせつ」表現にも刑法175条が適用されている。ホームページ上でわいせつな画像を公開することは同条の「わいせつな図画」の公然陳列罪にあたるとした判例がある[38]。また，最高裁や判例は，わいせ

70 第Ⅱ部 《法と文学》と法

つ画像データが蓄積されたサーバーやハードディスクそれ自体をわいせつな「物」として認めた[39]。刑法175条の規定「文書，図画，その他の物」から見て同条が有体物を前提にしていることが考えられるが，判例は有体物であることは重要ではないと考えたようだ。サーバーやハードディスクには，電磁的に記録された記号が存在するに過ぎないが，電子情報も「わいせつな図画」に該当するというのである。

(C) ワイセツ規制の根拠

　わが国の判例および通説は，刑法175条の保護法益を性秩序ないし健全な性的風俗とする点では一致しているといわれる[40]。チャタレイ事件の東京地裁判決は，「猥褻文書として排除せられるのは，これによって人の性欲を刺戟し，興奮せしめ，理性による性衝動の制御を否定又は動揺せしめて，社会的共同生活を混乱に陥れ，延いては人類の滅亡を招来するに至る危険があるからである」と述べた。また大法廷判決は，「猥褻文書は性欲を興奮，刺戟し，人間をしてその動物的存在の面を明瞭に意識させるから，羞恥の感情をいだかしめる。そしてそれは人間の性に関する良心を麻痺させ，理性による制限を度外視し，奔放，無制限に振舞い，性道徳，性秩序を無視することを誘発する危険を包蔵している。……性道徳に関しても法はその最少限度を維持することを任務とする」とした[41]。いずれにおいても，わいせつ文書によって，人々は理性を喪わされて，性秩序を乱し，ひいては社会が混乱に陥り，人類が滅亡することになるからというのが根拠である。しかし，司法・判例では，わいせつ規制(刑法175条)の「処罰根拠，法益論，表現の自由との関連など，憲法問題を含む原則的な論点は依然として実質的に回避されたままであるといってよい」と指摘されている[42]。

　さらに，刑法175条を中心とするいわゆる「わいせつ解釈学(ドグマ)」が限界にきているとの指摘もある。そして，将来的には刑法175条の見直しが必要になるだろうと予測し，その際に「現行175条の解釈テクニックだけでは，もはや，時代の変化に対応できないとかんがえられるときが到来する」[43]と予想されている。このような指摘は，憲法学の立場からもなされて

おり，猥褻文書を規制する根拠が明らかにされなければならないという根本的な疑問が出されている。憲法学的視点から「国家はなにゆえにわいせつ文書を取り締まることができるのか，あるいは取り締まらなければならないのか」と本質的な再検討が求められている[44]。とくに刑法が予定していなかったインターネット上の画像や情報をわいせつ物として法解釈というテクニックを用いて拡大適用することは，かえって規定の明確性や刑法解釈の信頼を損なうことがあることに注意すべきである。刑法の立法者の意図や意思をも考慮しないのでは，たんなるわいせつ画像を規制すべしとの価値判断・政策に基づいたものとの印象を与えるからである[45]。

　わいせつなるものに対する，反道徳的・モラル的，審美性，わいせつ＝低俗・有害・無益という見方や評価が私たちの意識の内に存在している。この問題を問うことは，なぜ今日の社会がわいせつに反対し，刑法175条をはじめとする，わいせつ法(規範群)によって取り締まるのか，その根拠を改めて問うことになる。

　この点はつぎのように説明されよう。キリスト教やプラトニズムなどの影響を受けて，欲望は，精神と身体という区別をないがしろにするものであると考えられた[46]。欲望によって，人間という主体がその精神のコントロールを身体に委ねてしまうことになり，人間はその身体へ服従することになる。このために，欲望は否定的に捉えられ，これを鎮め，コントロールすることが人であるという見方が有力になった。人間は欲望のままに行動する動物とは違った存在である。かくして，人間は理性的な存在である。

　わいせつ規制は，性的欲望の規制の一環である。M. フーコーによれば，性的欲望を社会的にコントロールすることは完全にはできないし，権力によるセクシュアリテ(性的欲望)の規制は一貫したものではないという。

　「性的欲望の装置が伝統的に『指導者階級』と呼ばれてきたものによって設定されたのは，どうやら他者の快楽を制限する原理としてではなかった。むしろそこに立ち現われるのは，彼らがそのような装置＝仕組みをまず自分自身に試してみたということだ。宗教改革について，労働の新しい倫理や資本主義の飛躍的発展に関して言われ尽くされてきた，あのブルジョワジーの

72 第II部 《法と文学》と法

禁欲主義というものの新しい変種であろうか。そこで問題になっていることは，まさに禁欲主義ではない，少なくとも快楽の放棄や肉慾を貶めることではないように思える。そうではなくて反対に，身体の濃密化であり，健康とその機能条件の問題化である。生を最大限にするための新しい技術である。搾取すべき階級の性に対する抑圧であるよりは，むしろ何よりもまず『支配している』階級の身体が，精力が，長寿が，その産み出す子供が，子孫が問題なのであった。そこにおいてこそ，性的欲望の装置が，初めて決定機関となって，快楽の，言説の，真理の，権力の新しい配分の仕組みとして確立されたのである」[47]とフーコーはいう。すなわち性的欲望の装置は，搾取される階級そのものの抑圧にあるのではなく，支配される階級の身体，精力，長寿の維持にあるというのである。性的欲望に関する秩序は，社会的，道徳的，宗教上の規則のみならず，社会秩序を維持したり，また再生産することに奉仕する財産や相続といった制度や法にも埋め込まれているのである[48]。

　エロスには際限がない。また，エロス的な文芸や演劇は，人間と動物の区別を曖昧にする。これらは，社会の既存の価値体系や選好など基本的な価値や社会の安定性・持続性，それに秩序づけられたヒエラルキー(権威秩序)を脅かすことになりかねない[49]。そこで，法がたえずエロスや欲望を監視する必要がある。法がエロスを恐れるのは，性的な越境(逸脱)が，社会秩序を脅かす存在であり，社会に不安定さを生み出す元となるものであるからである。かくして，法は，欲望を規制しなければならないということになる[50]。

2　リーガル・ディスコースとしてのわいせつ

(1)　わいせつの不確定性と独占

　以上のように，わいせつ判断に大きな影響を与えたチャタレイ大法廷判決であるが，司法・大法廷が意図したような法的安定性をもたらしたといえるのだろうか。

(A)　社会通念という基準

第一に，チャタレイ大法廷判決は，「この著作が一般読者に与える興奮，刺激や羞恥感情の程度といえども，裁判所が判断すべきものである。そして，裁判所が右判断をなす場合の基準は，一般社会に行われている良識すなわち社会通念である」とした[51]。社会通念とは，法律学で造語された用語であるが，社会の常識とか良識とかを指すといわれる。社会において一般に行われている，経験則によって認められた判断の集合ともいえる。いずれにしても多義的で曖昧な概念であるが，判例において用いられる「社会通念」には，それぞれ「経験則」「判断基準」「経験則と評価基準(の一体)」「一般常識」を示す，四つの類型があるといわれている。一般に，経験則を示す社会通念は事実認定に使われ，評価基準を示す社会通念は法律解釈に関係するものである[52]。ただし，前記大法廷判決では「文書が与える興奮，刺激や羞恥の感情の程度」を判定する基準も社会通念であるとしている。しかし，これは当該の文書がわいせつ概念に該当するような表現をもっているかどうかは，法的判断ではなく事実判断に属する事柄であり，経験則などに依らなければならない[53] ことを意味している。

第二に，社会通念とはどのようなものであるかというと，「個々人の認識の集合又はその平均値ではなく，これを超えた集団意識」であるとしていたのである。集団意識とは何か，どのように認識するのか。また，それがなぜ規範となるのか[54]。判例は「性行為非公然の原則」を社会通念の代表例としてあげているが，この「原則」の妥当性にしても，性行為を公然と実行しないことと性行為を文章で表現することとの間には開きがあり，またかりに存在するとしてもそもそも刑法175条の対象となるかなどの問題がある[55]。

第三に，何をもって社会通念とするかの決定・選択が裁判官に委ねられている点も問題である。もともと社会通念が裁判官を支配・拘束するはずのものであるはずなのに，裁判官が社会通念とするものが社会通念となるということに帰着するのである。そうなると，すべてが裁判官の主観的判断に委ねられることになるのである[56]。

まず，チャタレイ最高裁判決があげるわいせつに関する三つの要件は「そのどれを取っても決して明確ではない。むしろそういうものを判断基準とし

74　第Ⅱ部　《法と文学》と法

た場合，圧倒的に多くの性に関する文章やフィルムはわいせつになってしまう可能性があるような，包括的，かつ曖昧なものである。したがって大法廷の示した三つのわいせつの意義は，どうしても直ちに判断基準にはなりえない」と指摘されるものである[57]。また，法解釈や推論から見れば，わいせつ性の判断は，刑法175条そのものから導き出すことのできない，言い換えると法テクストには存在しない社会通念というフィクションに依拠せざるをえないのである。刑法の内部のみでわいせつ性を判断することはできないのであり，その意味において法は完結しておらず，その自律的な判断は致命的に欠如しているのである。

　つぎに，何がわいせつかの判断には，裁判官が，特別に諸ファクター(要因)を考量しなければならない点にある。一般条項と呼ばれる公共の福祉，社会通念，公序良俗などは，多様な面をもっているが，それぞれについて，裁判官はその広範な裁量をもって多様で複雑な諸要素を格別に考量しなければ，結論には至ることはできないといえよう。言い方を変えると，わいせつという規範は，それ自体，いわば種々の議論に開かれたテクストであるといえるのである。しかも，その判断プロセスは，判断の基準が曖昧なことから，きわめて「内密」である，つまり私(裁判官)がわいせつであると判断したから「わいせつ」である。このような法的判断は，一般条項のみならず，多くの法領域に共通する作業といってよいが，このような判断の仕方では，かりに判決で意味内容が規定されたとしても，より多くの不確定性が生み出されることは否定できないであろう。

(B)　わいせつの独占とその弊害

　第一に，何がわいせつかは明らかではない。わいせつとは何か，そしてその判断もすべて裁判官・裁判所の手に，いわば独占されたのである。社会通念がわいせつ判断の基本的なところに存在しているが，いつの，また誰(社会のどの階層)の通念なのか。また，なぜそれは将来を拘束するものとなりうるのか。たしかに，社会通念が変化し，ついで裁判所がそれに従って判例を変更し，今度はそれが法律解釈の変化や発展になることも十分考えられる。

社会通念の実態が動き，理論が再構成され，判決が変わるという次第である。しかし，事実認定やわいせつ性の判断も含めて，すべて裁判官の手にあるようでは，十分な理論的発展は期待できない。なぜなら，何がわいせつとなるかが明らかでなくては，罪刑法定主義の趣旨を損ない，ひいては自由な言論・行為が期待できなくなるからである。むしろ，チャタレイ最高裁大法廷のような態度では，チャタレイ事件以後の多くの判決が示しているように，社会通念は一種価値中立的なもの，ないしは社会的にすでに経験的に是認されたものとして扱われる。しかし，それは一種のブラックボックスとして，また裁判官の個人の主観的な価値を規範・ルールとして正当化し，これを社会全般に強制する媒介項や装置となりうる。

　第二に，わいせつ判断の曖昧さは，法適用の不明確さやその説得性の欠如・不足を生み出さずにはいない。それゆえ，わいせつの規制の領域（おもに刑法175条や表現の自由，それに条例も含めた行政規制に関連する領域）は，法的には安定しない，いわば不確定性が支配する領域の一つであるといってよい。曖昧な規範，不都合な，あるいは合理的でない規範は争われることになる。たとえば，著名な浪曲師が吹き込んだレコードの著作権が争われたが，その音楽著作権を否定した桃中軒雲右衛門事件[58] の後には，老舗（のれん）の権利性が争われた大学湯事件[59] を待たなければならなかった。わいせつ規制が不確定な領域に存在するという点は，一つには，制定法や裁判所などの公式のルール・規範があり，これと先鋭的に対立する見解や意見に基づいた規範・ルールが存在しうることにある[60]。

　第三に，わが国の最高裁はじめ司法は，わいせつとは何かの法的判断にのみ眼を向け過ぎていたのではないか。そうした態度では，司法が道徳的退廃から社会を守らなければならないという，いわば性・道徳十字軍をもって自己を任ずるという道徳的積極主義に陥らざるをえない。わいせつの定義・判断は司法に独占されているから，刑法175条は国民指導の理念・根拠となってしまう危険がある。そこには視点欠落があり，わいせつをめぐる議論は閉塞的な状況に閉じ込められているという指摘に，その危険が端的に示されている[61]。

76 第Ⅱ部 《法と文学》と法

そこで，もう一つの視点が必要となろう。規制には，一般的に見てプラスの面とマイナスの面がたえず存在する。刑法175条の規制のプラスの面は，わいせつ性を合理的に制限することである。マイナスとは，言論・表現の自由を制限することである。とりわけ，表現・言論の自由への関心の高いアメリカ法・司法では，後者の面への言及が多い。たとえば，アメリカのミラー事件におけるダグラス判事とブレナン判事の反対意見は有名である[62]。道徳的価値判断を入れた法的判断であるわいせつの吟味・解釈だけでは不十分といわなければならない。刑法175条の規制の根拠や理由がどこに存在するかを今一度再考する必要がある[63]。わいせつの判断だけでは，何をどう規制するのかの結論に至るのは，一般に不明確か，不合理なものとなる。

わいせつ規制は，わいせつ＝道徳的に害悪な，無益なもの，審美的に不快なもの，を公権力が探し回り，社会的悪のレッテルを貼ることによって成り立ってきた。しかし，刑法175条の法益が何であるかはいまだに明らかにされてはいないか，いまだに議論がなされているという曖昧なものである。むろん，法益が何か，明確であることが望ましいが，明確でなくても条文がある以上はその補完や実行は裁判所や警察・検察に委ねられているだけなのかもしれない。ともあれ，法益の明確さが欠如しているために，わいせつ性をいかように定義しても，説得的ではなく，不確定性をまぬかれてはいないし，むしろ増幅しているといえよう。

これを受け止めて，有力な刑法学者はつぎのように指摘している。「日本の実定刑法およびその解釈が戦後の憲法による価値観の転換にもかかわらず，いわば上からの秩序維持，本罪［刑法175条——引用者］の場合についていえば善良な性秩序の維持という観点に傾きやすく，文書による表現の自由という憲法的契機が希薄とならざるをえなかった点の反映と見ることができるであろう」[64]。

わいせつの議論だけでは刑法175条を議論することはできないのである。わが国での刑法175条をめぐる多くの裁判例が「息苦しく」閉塞的であるのは，議論の展望が見えず，裁判所がわいせつなものはわいせつであると同義反復的に判断し，宣言するものがそうであると決定されるからにほかならな

い。そこには対立軸が見えないのである。何のためにわいせつを規制しているのかが議論されなければならないはずである。

第四に、わいせつの法解釈や推論の中立性を疑う必要がある。法的安定性は司法が目指すべき目標ではあろうが、現実的に見れば法的に安定しているものなどありえない。社会が変化し、また発展しており、そもそも法が依存している実態が動いている以上、ある時点では安定的に見えるものでも、たえず、不安定さ・不確実さの波によって洗われているようなものである。法的安定性それ自体が、一つのストーリーに過ぎない。たとえば、D.ケアリズによれば、「法的推論は、特定の法的あるいは社会問題に具体的、現実的な答えをもたらさない。法的推論は、合理的で、優秀な、かつまた公平な精神をもった人々がある特定の事件において特定の結果に導くような方法やプロセスではない。……ある決定(判決)の究極の基礎は、その事件のコンテクスト、当事者たち、それに問題の本質を含めた、多様なファクターから成る社会的かつ政治的判断である。その判断(判決)は法的推論に基づいてはいないし、決定されていないのである」[65]。

裁判所の判決が権威的であるのは、それが政治的に認められた司法権から発せられているからである。社会のメンバーが正しいと合意しているからではない[66]。

「[チャタレイ事件の]最高裁大法廷は、これまでの解釈をほとんど踏襲したのみならず、猥褻性判断に関するオールマイティがその手中にあることを宣するとともに、伝統的な、道徳的・社会的秩序維持者としての役割を再確認したのである」[67]。そこで、つぎに、独占者による法的安定性の押しつけに存在する、わいせつ性判断の独占の弊害を是正する方策は何かが問われなければならない。

(2) 裁判所による「読者の優位」と複数の語り

チャタレイ事件において、検察側、被告人側そして裁判所という、「わいせつ」をめぐるそれぞれの語りが存在しており、また、それぞれ対立し、競い合い、どれが法的な判断として通用すべきかの議論が存在していた。

78　第II部　《法と文学》と法

　これが示唆するのは，司法ではどのように事件という物語が読まれ，また理解されるかということにほかならない。検察官や弁護士も言語活動によって裁判官を説得しようとする。書面で，また口頭の弁論で，あるいは文字からなる証拠書類などによってである。裁判官は当事者の主張・立証を聴いて，解決されるべき法的問題の最善の答え・判断を出そうとする。また，裁判官は，手元にある事件について，提出された書類を読み，何が問題かを吟味する。まず，事件の事実関係を把握するためには，事件についての理解が必要となる。つぎに，何がこの事件の法的な問題・イシューかを洗い出して，これに対してどのような解決や学説・立場があるかを理解しなくてはならない。その上で，判決を下すことになる。事件の事実を理解するということには，裁判官である彼もしくは彼女なりに事実を"組み立てる"，つまりは理解するという作業プロセスが潜んでいるのである。事実関係の把握だけではなく，法律問題の扱い方また法的判断においても，認識や理解が必要であるから，事件がどのような"ストーリー"であるのかについて，ナラティヴという作業がなされなければならない。ここでナラティヴとは，物語をする，もしくはストーリー・テリングという行為である。司法制度が前提にしているのは，弁護士や検察官など法律実務家たちが，言語とくに法的な言葉を駆使して，また，先例や制定法などの権威ある法的なテクストに依拠しながら，裁判官を説得する，また，裁判官も言語を用いて当事者をはじめ背後に存する国民一般を説得するというプロセスである[68]。このように，法律にも言語作用とナラティヴが必須であることはいうまでもなかろう。

　つぎに，物語にはたえず複数の語り・ナラティヴが存在する。ある事件や訴訟においても複数の理解や把握があり，そこには原告もしくは検察，そして被告人(被告)，そして裁判官による，少なくとも三つの物語・ナラティヴが存在しているのである。裁判や司法過程にもたえず複数の物語が存在しているのである[69]。そこで，つぎの疑問が生じる。第一に，伝統法学では，法テクストの優位が前提とされていたわけであるが，これは何を意味するのか。実際は，読者の優位がとられていたと考えてよいのか。第二に，複数の読みや物語が存在するならば，唯一の正解(判決)はどのようにして存在する

のか。第三に，なぜ裁判所の物語が優先するのか，その正当性はどこにあるのか，である。チャタレイ事件(最高裁)では，わいせつ性の判断は「純客観的に，つまり作品自体からして判断されなければならず，作者の主観的意図によって影響されるべきものではない」とされた。裁判所は，作者の意図は問題とならず，作品の読みによってわいせつ性の有無を判断するというのである。これは検察官の考え方とも一致する態度である。ところが，一般に，法学では法条文や判例などのテクストを忠実に読むことが基本的な前提とされている。これはテクスト主義であり，とくに条文や判例などの法学テクストは固有の意味を読者に強制するという「テクストの優位」の考え方がとられる。ではチャタレイ事件において，裁判所がテクストの優位ではなく，「読者の優位」に転換したのはなぜか。また，法学テクスト以外のもの，とくに規制の対象となる作品はむろん，被告人の行為や事実については裁判所が自由──といっても刑法の原則や条文の趣旨に従ってという意味だが──に読むという峻別論や二元論がとられていることを示すものであろうか。法学テクストとそうではないテクストを区別して，異なった読み方をすることは可能か，それはまた何のためかが問われる必要があろう。

　しかし，伝統的に法学においては，裁判官をはじめとする法律家は，事件の解決のために制定法の目的や条文の意図など起草者や立法者などの作者の意図や法律意思の探求に向かうのが通例である。つまり，彼らは，一般に法テクストの中に作者の意図・意思が存在していると考えており，これが法律・条文の意味を明らかにするものである。したがって，法律家は，この意図をテクストの中に，中立的また虚心坦懐に探すことが求められるのである。つまり，伝統的な法律世界では，強制的テクストが存在し，読者の死があるのみであるとされてきた[70]。ところで，罪刑法定主義を謳い，条文や法律の目的に忠実であると思われる刑法にあって，とくにわいせつ規制の領域では，条文や目的・趣旨にあまり固執せず，自由な読みを法解釈者である「読者」が行っているのは興味深い[71]。チャタレイ事件の裁判所は，作者であるロレンスの意図通りには，この小説を読まなかったのである。チャタレイ事件の裁判所も法学テクストの優位という法学的建前とは裏腹に，実は文学

80　第Ⅱ部　《法と文学》と法

理論に沿った読み方をしていたのである。そうであるならば，なぜ彼ら裁判所の読みが通用するのだろうか。

　理由の第一は，前述したわいせつの判断の仕方にある。繰り返すことになるが，刑法175条の「わいせつ」に関する立法者や立法の沿革史などはほとんど考慮されていない。また，「わいせつ」判断が社会通念というフィクションに依拠しており，さらにそれを裁判官が独占して判断するという構造になっている。第二に，現代の問題であるわいせつ規制のインターネット関係への最近の応用を見ても，有体物や電磁的記録などへの適用では，裁判官や法的判断者の自由な読みが肯定されている。これらから，裁判所や検察官の読み方は，文学理論でいう「読者の優位」にあるといえよう。法学はこれまで制定法や判例など法学テクストの優位や強制的テクストの立場にあると考えられたが，実は作者の死を肯定していたのである。

　しかし，つぎの反論もありえよう。それは刑法でもわいせつ規制の領域に限定された方法で，例外的または特殊的に過ぎないのではないか。刑法領域のすべてを精査したわけではないので不明だが，この領域に限定されたものではないと考えられる。つぎに，法学者や裁判官たちは，いわば読みのモードを変更して読んでいるのではないかという反論もありえる。つまり，制定法や判例など法学テクストについては，テクストの優位という立場で読んでおり，その刑罰判断の対象となるテクストや行為については，読者の優位というモードで読んでいるのであって，使い分けているのであると。しかし，対象となるテクストによって読み方を使い分けるという点は疑問であろう（後述の本章第3節(2)(B)参照）。

　本件のチャタレイ翻訳本をめぐるもう一つの語りあるいはオリジナル・インテント（原意図・原意思）はどこにあったのか。伊藤整は当時すでにロレンスの研究者・翻訳者でもあった。彼は原書の著者であるロレンスをよく理解できる立場にあった人物の一人でもある。この点こそは，伊藤整やロレンスなどの研究家である文学者らによって研究がなされてきた領域である。第一審の第一回公判から，検察の起訴状におけるワイセツに対する考え方に疑問が出された。それは，中込検事が起訴状で「『牝犬神』の有夫のコニイ」[72]と

した表現に関して，福田恆存特別弁護人から，世俗的に牝犬から連想される「インワイな女」(コニイを指す)ものとして使われているが，「牝犬神」とはbitch-godes のことで，ロレンスの作品の中では「男性にとっての世俗的な成功」を意味するものであるのに，検察官は誤解しているとの指摘がなされた[73]。

　つぎに「『チャタレイ夫人の恋人』の性描写の特質」は，記録によると被告人伊藤整自身の反論書である。検察の 12 箇所に及ぶワイセツの主張に対して，翻訳者伊藤自身の反論や説明が欲しいと裁判官の間でも希望があったようだ[74]。雨の中で森番人のメラーズとコニイが出会う場面がある[75]。伊藤は，「ここは生命そのものの祭典として，極めて美しい部分を形成していることがわかるはずである。『動物のようになし終えた』というのがいやらしいと思うのは，この形容に対する特定道徳からの反感にすぎない」という。「性はこの作者にとっては人間存在の意義の中心点であり，社会に対しては，正しい性関係が『金銭と機械と，全く猿のような無自覚な世界に対する戦いとなる』という風に意識されている。作者の言おうとしている思想が性行為の新しい認識に基づいていることを，我々は明らかに見て取ることが出来る」[76] と結論している。

　また，最近になって発見された，伊藤整自身が裁判対策としての必要から研究した書き込みのある新資料の分析から興味深い検討がなされている。その一つは，伊藤整自身が裁判の過程で作者ロレンスおよび本件作品の理解を深めていったことである。たとえば，検察側はつぎのように主張することによって，本件作品のわいせつ性を明らかにしようとした。すなわち「完全なる男女の結婚愛を享楽し得ざる境遇の下に人妻コニイはマイクリスとの私通によつてこれを満たさんと企てたが，本能的な衝動による動物的な性行為によつても自己の欲情を満たす享楽を恣にすることが出来ず反つて性欲遂行中の男性に愉悦の一方的利己的残忍性すらあるを窃かに疑い失望したとき，自分の家庭で使用する森の番人で教養の度に優れず社会人としても洗練されて居ない寧ろ野性的で粗笨な羞恥をわきまえざる有婦の夫メラーズを発見するや，不用意な遭遇を機会に相互の人格的理解とか人間性の尊崇に関し些の反

省批判の暇なく全く動物的な欲情の衝激に駆られて直に又これと盲目的に野合しその不倫を重ねる中，漸次男女結合の性的享楽は性交の際に於ける同時交互の性的感応最高潮の愉悦を得るにありと悟」った[77]。これに対して，伊藤整は，「コニイの精神的なトラウマを中心化することで，その後の展開を，メラーズによるトラウマの癒しや，性と愛の一致による『生命そのものの祭典』という，再生と至福の物語として整理していった」[78] とするのである。

　また，上の検討によると，伊藤が裁判という過程の中で，当初は弁護団と同じ次元において，何がわいせつかそうではないかの判断の議論の中にいたが，彼はさらに進化させて，「性の存在論と言うべき言説領域を開いていった」[79] と評価される。かくして「この新しい言説領域の創出なしには，性を政治状況のメタファとする大江健三郎の作品を受け入れる，文学的公共圏は生まれなかった。また，谷崎潤一郎をすぐれて現代的な小説の書き手と評価する，伊藤整自身の新しい批評視点も生まれなかった」のであるという[80]。

(3)　情報としてのポルノグラフィ・わいせつと規制

　わいせつやポルノの規制に関して今日も議論があるが，アメリカのフェミニズム法学，とくにラディカル・フェミニズムにおいては，ポルノグラフィの法的規制を実現しようという動きがある。すなわち，A. ドウォーキンや C. マッキノンは，ポルノは公民権を侵害するものとして，これに対して法的規制をすべきだと主張するのである。これは今日におけるポルノ規制の強力な主張者といえるだろう。実際にミネアポリスやインディアナポリスなどの市における条例の制定を企図する運動やカナダでのわいせつ規制にも大きな影響を与えるまでに至っている。彼女らのねらいはポルノに関してであるが，現在，法的規制をより積極的に活用しようとする点で注目に値する。

　マッキノンによれば，「社会は言語から成り立っており」[81]，言語は抑圧の基礎を提供しているとされる[82]。言語の抑圧的諸形式のうちで最も効果的であるのがポルノグラフィである。ポルノグラフィは，女性の劣位性（男性に比較して）と男性への従属を伝達しているのである。かくして，ポルノグラフィは，ジェンダーの不平等を構築するのに中心的な役割を果たしている

として，"攻撃"されるのである。ただ，フェミニズム法学といっても多様であるから，ポルノグラフィは法的規制すべきというのが異論なく了解されているわけではない[83]。マッキノンの主張はつぎの点にある。第一に，ポルノグラフィは強姦(レイプ)をするように仕向けるものである。第二に，ポルノグラフィのモデルや女優は，ポルノ本や映画のプロデューサーに虐待され，また搾取されている。第三に，合衆国憲法第一修正にもかかわらず，裁判所はポルノグラフィの展示(ディスプレイ)の使用を許している。第四に，ポルノグラフィは，言論の自由と結びついた社会的便益を何ら有していないという[84]。

　上の主張に対しては種々の反論がありうるが，ここでは R. A. ポズナーの批判を見ておこう。マッキノンの主張に対して，ポズナーは，第一に，ポルノグラフィは強制的セックスの代替・補完物であるという。第二に，ポルノモデルや女優の搾取は，ポルノグラフィの違法性の人工的産物である。それは，経営者による不法移民労働者の搾取に似ているという。あらゆるポルノグラフィが合法化されれば，これらの女性たちは，合法化以前の状態よりもより良くなるという意味において"良化する"であろうという。第三に，ポルノグラフィが職場にもち込まれるなら，とくに女性労働者はポルノグラフィに関する話題やまた否応なくポルノを目撃したりすることになるから，その費用は高いといえるが，ほかの場合でなら，低いしまた間接的であるという。第四に，ポルノグラフィの消費者のほとんどは男性であるが，それが便益をもたらすから購入する。しかし，それは重要な外的便益をもたらす類のものではない[85]。

　ポズナーは，言論の自由とその制限においても，いわゆるハンド定式を適用できるとしている。ハンド定式は B<P×L であるが，B は国・政府の介入行為によって思想の蓄積(stock of ideas)が減少することによる費用(コスト)を示し，P とはスピーカー(話し手)によって強調された犯罪が生じる蓋然性(可能性)と定義される[86]。さらに，L とは犯罪が生じたことによる社会的費用である。そこで，かりに，事件において，B<P×L であるときには，思想の蓄積が減少する費用が，犯罪が生起することによる費用よりも小さいの

84　第Ⅱ部　《法と文学》と法

であるから，国や政府がスピーカーに対して措置をとることが効率的であるということになる[87]。

　情報が公共財であるために，情報の価値は市場においても，また政治的にも低く評価されることになりがちである。たとえばフリー・ライダー"ただ乗り"の存在など，その公共財的性格によって，情報は市場では一般に過少生産されることになる。しかし，市場では最適な量の情報が生産されない，つまり過少生産になるにもかかわらず，政治プロセスでは，むしろ情報を過度に制限しようとする傾向にある。一般に政治家は反対の見解や言論を抑制するインセンティヴをもっている。一方，情報の生産者は一般に，情報に対する規制に対して十分にロビー活動して自らの情報を保護しようとするインセンティヴをもたない。言論が政治的なものであればあるほど，これは弱くなる。また，議員や既存の政治家たちは，自分たちの利害を立法上保護する政治的回路や手段，ノウハウに詳しい[88]。このため，彼らは過剰な規制をする傾向がある。

　このような状況において，公共財として情報を位置づけることは，反対に，言論や表現を規制しようとする議論に対して，これを強く保護すべき理論となりうるのである。憲法理論においても情報の公共財の理論は，分析的にも中心的な役割を担うことになる[89]。より具体的に見ると，まず，言論や表現の自由の保護の中心的な対象が，政治的言論であることはつとに指摘されてきた[90]。政治的言論を規制すれば，これらに関わる言動は萎縮することになるから，これを憲法上保護することが必要になるのである。

　つぎに，ポルノグラフィやわいせつ文書や図画の場合は，政治的言論とは異なって，これらは一般に価値がないとも，あるいは有害ともいわれそうである。ポルノグラフィはほとんどの場合，直接の購入者にとって意味があるが，第三者に伝達されるべき事実や考えなどはほとんどない。つまり，エロティックな内容のものは，直接の購入者にとって意味があるだけであり，第三者への便益はあまりないと見られる。この意味で，ポルノグラフィも通常の消費財と同じように見ることができる。したがって，ポルノグラフィだけが過剰に規制されていいわけではない。通常の消費財と同じように扱えると

いう意味ではポルノグラフィを言論(スピーチ)の一形式として扱う必要はない[91]。かりにポルノグラフィやわいせつ物を価値のないものとして規制するとすれば，それにつれて表現行為への意欲低下などによって，結果としてより高い価値をもつ言論までも減少させることになることにも留意すべきであろう。

ワイセツ事件と比較的近いと思われる，いわゆる国旗焼却(flag burning)事件を取り上げてみよう。チャタレイ裁判でも，「春本・エロ本の類……カストリ雑誌云々」と文学作品とを区別・峻別するような考え方は，被告人側にも，検察官側にも，裁判所にも散見されるものである。前者は価値が低いから，文学作品とは異なって扱うべきだという価値観に基づくものであろう。わいせつなものは嫌らしい・下品なもの，見たくない・読みたくない，嫌悪する，役に立たない・メリットはない，規制されて然るべきであるということになるのだろう。マッキノンらが主張するように，社会的便益をもたらさず，また役に立たないものは，有無を言わせず規制されてしかるべきなのであろうか。

国旗を焼却する行為は，それが意思表示として，あるいは政治的メッセージとしてなされる場合には，国民や国全体に対する敵対行為を示すものとしてなされることが多い。したがって，愛国者[92]にとっては，これは不快な・有害な(offensive)行為として映るだろう。前述のハンド定式では，国旗を意図して焼却するのだから，$P=1$ であり，L も些細なものではない。ゆえに $P×L$ は大きいと考えられる。他方，愛国者側から見れば，国旗焼却者は，国旗を焼くという手段よりも，ほかの手段で自分の意思を伝達できるし，また表現することも可能であるから，B は一般に低いか，ゼロに過ぎないともいえる。とすれば，国旗焼却の場合は，つねに $B<P×L$ となるのであり，国・政府は国旗焼却する行為に介入して差し支えないという結論になろう[93]。

しかし，第一に，上記 B については，これがかならずしも無視できるほど小さいことにはならない。というのは，言語よりも映像などの表現行為・パフォーマンスや示威行為の方がメッセージとしての影響力は大きいから，

86 第II部 《法と文学》と法

Bはもっと大きいと評価できるだろう。しかし，その場合でも，言葉による
メッセージだけよりも国旗焼却行為がより大きな影響力をもつと見ても，な
お B<P×L であるかもしれない。

　第二に，この点で前述した市場における情報の供給と最適量に注意する必
要がある。市場では，思想は過小にしか生産されない。つまり，ある思想や
考え方にフリーライドすることが可能であるために，情報は最適なレベルま
での生産が望めない。だれも情報を生産しようとしないからである。焼却を
規制すれば，言論は萎縮して，さらに情報は提供されなくなるという悪循環
に陥ってしまう。この点を評価する必要があるので，Bはさらに大きく評価
されるべきと考えられる[94]。

　第三に，考え方や思想それ自体に価値がない場合でも，それが人々の選好
を明らかにしたり，また将来における行動を解く鍵をもたらす場合には，か
なりの価値をもつことになると見ることができよう。これらに注意を払わな
ければ，政府は国民の要望に応えるようなサービスを提供することができな
くなる。また，そのようなサービスを提供しなければ，政府は国民の要望や
意見にはまったく無関心か，あるいは政府として機能しなくなり，崩壊する
ことになろう[95]。このように，国旗焼却という表現行為は，憲法上保証さ
れたスピーチ（言論）といわなければならない。

　以上から見るとき，わいせつ物に関しても，一般に規制は好ましくないと
いえよう。害のない娯楽雑誌やあけすけな情報のものを読むことを大人から
奪うことの費用は，子供たちをそのようなものにさらさないようにすること
の便益と比較されなければならない[96]。

　なお，現代における文学とくにテクストに対する"検閲"の衰退傾向は，
今日，文学の影響が比較的に小さくなっていることを示している。これは，
第一に，教育水準が高くなることによって，人々がより批判的な読者となり
うる素地ができてきたことによる[97]。第二に，印刷されたものの，メディ
アとしての価値が減少してきたことによる。これに代わって映像や写真，
ディジタル化された情報など，いわば印刷物と競争するメディアが登場して
きており，これらがさらに重要性を増してきている[98]。わが国の規制もこ

ちらの方に重点を移しつつある。

3 「法と文学」としてのチャタレイ裁判

　以上まで，裁判所によるわいせつ概念・定義とその判断には，社会的安定性をもたらすといえるほどには説得的ではないことが明らかになった。第一に，わいせつの司法(法的)判断はたえず不確定性がつきまとっており，それゆえに司法の権威に依存するだけではかえって硬直・拘泥したものとならざるをえず，法規範としては説得的ではない。第二に，法のナラティヴという側面，つまり「法の文学性」という面を再評価すべきではないかという課題が示唆された。つぎに，「法と文学」研究は，伝統法学の問題点を是正して，具体的に法学にどのように寄与できるかを検討する。

(1)　法のロゴセントリズム(理性中心主義)とチャタレイ裁判
　チャタレイ裁判では，わいせつが人間を動物と化し，その理性を喪わしめる点が強調された。チャタレイ最高裁大法廷は，「猥褻文書は性欲を興奮，刺戟し，人間をしてその動物的存在の面を明瞭に意識させるから，羞恥の感情をいだかしめる。そしてそれは人間の性に関する良心を麻痺させ，理性による制限を度外視し，奔放，無制限に振舞い，性道徳，性秩序を無視することを誘発する危険を包蔵している。……性道徳に関しても法はその最少限度を維持することを任務とする」[99]と述べて，法がいわば"理性の言語"であり，その守護神であるべきことを疑わない。そこには法の理性中心主義の観念が強く見られるのである。法が理性に基づいた営為や学問であることをいうためにはどこがどのようにそうであるのかが明らかにされなければならない。とくに裁判所による法的判断の場面においては，論理的帰結，判断の客観性・解決の妥当性，さらには法的判断の真実性や一貫性などが強調されてきた。ここではわいせつ判断と関連の深いと思われる真実性と客観性に触れる。
　前述までの分析によって，第一に，刑法をはじめとして近代法がもつと考

えてきた法解釈の客観性の存在は，ことわいせつ判断に限ってみても懐疑的であることが明らかになった。わいせつの定義とその判断は，裁判官や検察官が思っているほどには客観的ではない。これまでに明らかにしたように，それは不確定であったり，不安定さ・不確実さをもたらすものであった。真実性またつぎに触れる客観性も“解釈の産物”に過ぎないし[100]，法学における偏見の一つである。ナラティヴ法学はこの点を明らかするものといえる。

　第二に，法的ディスコースにおけるわいせつやその法的規制に関して語られる公式の物語には，そこに考慮されていない人々やグループの観点が入っていないことが明らかになった。裁判所の判断や判決は，一つの特権化された読み，もしくはストーリーにほかならない。しかし，それと相争うストーリーや解釈は無数に存在しているのである。それゆえ，わいせつに関しても法的判断としてある一つの見解をとることはそれ自体ある政治的かつ価値的な判断をしていることにほかならない。法解釈の適用について直接の有資格者は，正当である，あるいは妥当であると装う特権的な解釈をしているに過ぎない。いうまでもなく，この社会に公式なものとして通用する見解は政治権力がそれを国民に受け入れるように要請するがゆえに存在しうるのである。

　しかし，それとても永遠に存立しうる規範であることはごく稀である。人々の考え方や社会の変化によっては忘れられ，改められ，新たに確立されていかざるをえない運命のものである。この意味で「法と文学」は，人々や社会の変化に応じてゆく視点やストーリーを法に提供しうるのである。

　第三に，裁判所が論理的に解釈した判断や結論が真実であるならば，それに越したことはないが，つねにそうであるとは限らない。裁判過程そのものは議論のプロセスであり，議論に優位した側が裁判に勝つというシステムである。それは真実を発見するプロセスではないからである。しかも，このプロセスでは，労力・資金，当事者はじめ裁判官の能力それに時間とも限られているのである。たとえば，田中耕太郎最高裁長官時代の判決には有責配偶者の離婚請求を否定した判例があるが，このルールが真実であったかどうかは疑問であった[101]。

　つぎに法的判断の客観性について見るならば，わが国の法学では，判決が

有資格の解釈(判断)者の手になるものであるがゆえ，かつまた，司法権力(それはとりもなおさず国家権力)を背景にもっているものであるがゆえに，これは客観的であると見られているし，またそれが今日でも根強く擁護される傾向がある。判決も裁判官という作者の手になる一つのストーリーに過ぎないものである。ある判決の解釈や推論が客観的であるかどうかを判断することは，一般には困難な作業であるが，つぎのような見解がある。

　　裁判は主観を生じる。裁判官が事件の事実について知らされているときは，彼はそれらに反応する。彼が上訴裁判所の裁判官であるならば，彼は，当事者たちのオリジナルな現実から，幾分かけ離れた事実状況に反応することになる。そして，彼自身の意見は本件をさらに擬制することに奉仕するのである。しかし，彼は，現実の事件の影に少なくとも反応しているのである。(意見を)書きはじめるや否や，彼は自分自身の主観的なアプローチをもって，当該事件に色づけをするのである。彼が事実を表現することによって，以前の視点と同一とはなりえない，法についての視点が生み出される。[102]

　さらに，法は確かにルール(規範)の体系であるが，法制度や法原理を理解するには，法の中にいるだけでは可能とはならない。むしろ，それは社会的，経済的，歴史的，哲学的なコンテンツに依拠しているといわなければならない。

　このような法の理性中心主義とそれがもたらす弊害を除くために，「法と文学」はどのような寄与をなすことができるか。第一に，法もまた言語から成り立っている。法学テクストの解釈は，文学テクストの解釈に近い，あるいは同じものではないか。R. M. カバーは，法そのものが解釈されるべきもう一つのストーリーに過ぎないという[103]。また，法とはそれ自体ストーリー・テリング(物語)の特別な形式に過ぎない[104]。それゆえに，ストーリー・テリングは，個人的経験を記録し，また法言説が被害者のストーリーに眼を向けてこなかったことを明らかにすることが可能となる。

90　第Ⅱ部　《法と文学》と法

　法の本質はナラティヴ(語り)にある。ストーリー・テリング(物語)は，法の実践や法的思考の中心的な要素である[105]。法もまた一つのナラティヴであることは，法や法学テクストがあるイメージに依存していることを示している。それは，法が依って立っている基礎を強固なものとしており，また法の統一性や一貫性を確保するためでもある[106]。これは，逆に見れば，法がもっているイメージが変化すれば法や法テクストもまた変容せざるをえないことを示している。法的イメージもまた変化するものである。

　また，メタファーやナラティヴは，法的な物語の知的分析に従事する仕事にも関連している。ナラティヴを重視するナラティヴ法学は，伝統的な法や法的判断の客観性の主張を攻撃することによって，伝統的なモダン法学の公式的な解釈スタイルを批判する重要な手段となっている[107]。また，この面での「法と文学」は，法言説の内部において法について述べられた公式のストーリーにおいては考慮されていない人々やグループがもっている観点などを取り込むことを可能とすることによって，これまでの法学の改善につながりうる。

　第二に，これに対して，「法と文学」には，法律に本質的な議論はいうまでもなく，変化する新しい知的生活に対応するような，新しい物語を語るというプロセスが含まれている[108]。このために，法律家は，伝統法学に欠けている，あるいは喪われている異なった声を掬い上げるものとして，この方法を用いることができる。この点で「法と文学」の寄与は，法理論，法学教育レベルでも主要なものとなりうるだろう。

(2)　特権的解釈と交わらない言説

(A)　読者としての裁判所

　チャタレイ事件においては，検察官はじめ裁判官も，ロレンスのこの小説の読者に過ぎなかった。ただ，強大な権力をもった名だたる読者だった。伝統法学は，立法者意図や法律意思説などに見られるように，(法)テクストの作者がテクストの意味を所有しており，それを読者に指図しているという考え方をとってきた。作者はテクストを作り出し，読者が意味を探り出すので

ある。しかるに，チャタレイ事件を扱ったそれぞれの裁判所は，いともたやすく作者の死を肯定し，テクストや読者の優位を肯定した。作者ロレンスの意図，またそれに近いと思われる翻訳者・伊藤整の意図は，裁判においては退けられた。だとすれば，法律や条文の解釈・適用においては，テクストの優位が存在し，規制の対象となる小説作品を読む場合には，作者の死つまり読者（＝検察や裁判所）の優位が当然ながら肯定されるという，二元論ないしは峻別論に立っているのであろうか。

　また，このような態度が，"ワイセツ法"に関する裁判所や法律家の一般的な態度だとすれば，法学テクストも読者優位で読まれていることを前提にしなければならない。そして，それは文学批評理論とも軌を一にしていることを再確認する必要があろう。それは，立法者の意図を明らかにすることを伝統的に前提としてきた態度変更のみにとどまらず，法解釈そのものをテクスト中心ではなく，読者の優位の観点から再構築する作業が必要になるのである[109]。

　なぜ法では伝統的に「テクストの優位」をいってきたかという疑問がある。一つは法にまつわる政治的なものである。もう一つは，主観を客観と装うためである。前者はいうまでもないことであろう。司法の判断は，正当性を有するものでなくてはならない。そして，それは権威的，命令的でなければならない。そのためには判決など法的意思決定が個人の主観からではなく，公式のテクストから導き出されたものであることが必要なのである。司法判断や法解釈では合理的にかつ精査・吟味して，正しい結論に至ったと考えられるものでなければならないとされてきた。

　裁判所が出した結論において，なお意見の不一致や残された議論が存在していたのでは，法的判断そのものへ懐疑を生じるからである。そこでは一つの正しい結論が存在するのであって，ほかの語りやストーリーの存在を否定するのが望ましい。もしそうでないならば，法的判断は意味不確定あるいは決定不可能の暗い深淵へと落ちざるをえないことになる。言い換えるなら，それは法自体の虚構性と恣意性とをさらすことになるからである。後者の面は，裁判所の判断も社会的選択の一つであるが，それには必然的に政治的あ

92 第Ⅱ部 《法と文学》と法

るいは道徳的価値判断を伴わざるを得ない。したがって，法解釈者である裁判官は一つの政策決定者として，自分たちのなす選択や決定の基礎となる何らかのものが欲しいのである。判決が主観的判断ではないように装うために法テクストの検討から抽出されたものであることをいう必要がある。

　法における「読者の優位」の意義についてはどうか。むろん読み方自体にも曖昧な領域が存在するが，法において読者の優位を認めることは必要なのか。それは，厳格で，正確でなければならない法テクストの意味を曖昧にし，相対化するのではないか。しかし，肝腎なのは，なぜその当該の言説や物語が選択されるのかの判断プロセスと議論に眼を向けることなのである。チャタレイ裁判の法的結論やわいせつの定義が複数の見解や物語のうちの，一つに過ぎないことを視野に入れることが重要なのである。そこでは，法解釈という行為は，権威に装われている社会的選択の一つであるということを念頭に置く必要があろう。

(B)　法学テクストと文学テクストの峻別

　法律家・法律実務家は，法律問題を分析し，法的な意見を形成し，制定法を解釈し，判例を一致させたり，また区別したりして実践する。ある法理についてその政策的な正当性を提供したり，裁判官などの法的意思決定者の行為を予測したり，顧客にアドバイスしたり，その法的な立場のために説得的な議論を展開している[110]。そこで重要なことは，その法的議論が説得的であることと，また，どちらかというと旧来の議論を整理して詳細に類型化して，裁判所や有力な法律家などの司法上の権威に依拠するやり方が多いが，法らしい形式を備えていることである。そこには，発見や創造の過程というよりも，議論を整理して絞ってゆく手法が大事であり，新しい議論の方法は好まれないのである。しかし，現代社会の変化や人々の意識のたえざる変化を考えれば，このような法学の方法にはたえず限界があることはいうまでもない[111]。

　チャタレイ事件における中込検事や各審の裁判所の言説と訳者・伊藤や多くの文学者たちの言説とは相容れることがなく，両者の言説は交わることは

ないのだろうか。しかし，諦める必要はない。第一に，いうまでもなく法は言語から成っているという事実がある。言語の使用は，たえざる世界の再構築や再テクスト化が必要になるのである。読むことは経験やテクストとの相互作用(インタラクティヴ)であり，また，広く社会や人生経験との相互作用でもある[112]。言い換えると，H.-G. ガダマーがいうように，過去の地平と現在の地平との融合があるのである。テクストは，文化との絶え間ない相互作用であり，これによってテクストの意味は明らかになる。したがって，法学テクストや法言説だけが社会と没交渉で，不変な存在であるとは考えにくいのである。

　第二に，解釈は変化する。法解釈といえども時代の産物であることは今日誰も否定はしないだろう。法解釈はたえず変化するのである。ある解釈によってオリジナルな意味が与えられたならば，それがどこまでも後世の解釈や判断を拘束するというのは一面的な見方に過ぎない。法解釈は発見と創造の両方でなければならない。そこには単一のオリジナルな意味など存在しないのである[113]。解釈の変化をもたらす実態としての社会もそれ自体また変化するのである。社会の変化は技術革新によることも多いが，それとても多くは言語作用を通じてである。

　第三に，ナラティヴあるいは物語の力が存在する。R. ディルガドーはつぎのように述べている。ナラティヴは「法的かつ政治的ディスコースが起こりうる背景に関する諸前提，受け入れられた英知，それに共有された理解といった思考様式を破壊する強力な手段となりうる」という[114]。他方，文学上の言説も固定的なものではなく，たえざる争いの場にあるといってよい。法学における言説は権威に従うが，これとは違って，文学上の競争の場は市場の概念のように分権化されたものである[115]。このように，ナラティヴは，客観性の主張を攻撃することによって，法のモダニズムの，形式的な解釈スタイルを批判する，重要な媒体となりうるのである。

　ところで，法がナラティヴであるとしても，法や法律家が関心をもっているのは，法的言語もしくは法的主題や思考であるという反論があろう。しかし，第一に，法は，自らが作った法的ストーリーにのみ依存できるわけでは

ない。法的ストーリーは現実世界にそれが関わるものである以上，たえず現実の変化に対応して再構成されざるをえない。言い換えると，それはつねに新しいストーリーに依存せざるをえないのである。ちょうどわいせつ概念をある特定の時期の「社会通念」によって定義づけえたとしても，わいせつを支える意識，価値観，それにメディアや技術の進歩がたえず変化する限り，ワイセツ概念もまた一定ではありえない。プライバシー，セクシュアル・ハラスメント(性的嫌がらせ)など，多様な声や経験を，取り入れ，また聴くことによって，法は新しい時代への対応をしてゆかざるをえないのである。このように，文学的ストーリーと法的ストーリーとを区別しようとする試みは不可能である。法そのものが言語的構成の一つに過ぎないのである。この意味で，法は特権化されたテクストではない。

　第二に，一般に，法は現実世界を支配し，君臨するものとして考えられがちである。そのために法は万能と見られたり，法学にはほとんど無限の思考法が蓄積されていて，新しい時代や問題にオールミィティのように振る舞うことができるという考えに陥りやすい。しかし，それはいわば法学の思い上がりに過ぎない。これに対して，ナラティヴは，多様性や声なき声を掘り起こすといった機能を担いうるから，「法と文学」は，法的規制の対象として文学を見る，もしくは読むのではなく，広いコンテクスト・文脈の中に作品を入れて読むことを可能としている。

　「法と文学」は，このような法の一面的な見方や規制の対象としてしか物事を見ない傾向を改善するものとして存在しうるのである。一面で，法の抽象的な言葉や理性の信奉という好みに対して，そこから漏れ落ちた，また無視・軽視され，さらには否定されてきたものに眼を向けることができるのである。他方，それはまた単に“落ち穂拾い”的な，周辺的で補完的なものばかりではなく，中心的なあるいは法の確固たる基礎として考えられてきたものへの懐疑を抱かせ，根本的再考や再構築を促す契機となるものである[116]。このようにナラティヴは，現実の世界を社会的に構築するもの・方法と見られうるのである[117]。

　さらに，チャタレイ事件とその後の「わいせつ」事件の判決は，法的判断

がきわめて直感的であり，そのために解釈という名の下でなされた法的判断の大部分をレトリックに頼らざるをえなかった。わいせつ判断は，論理・ロジックで判断されたのではなかった。また，この判断は，過去の蓄積である同種同様な事件の判決からの演繹的な方法で得られた結論でもなかった。ここでは，法的判断は過去の事例からの経験的な論証によっても判断できなかったのである。この点で，レトリックそのものが法においても重要であることは，法律家といえども否定はしないだろう。法がレトリックの面をもち，これに頼らざるをえないことは，文学研究がこの点で法的判断や法学の理解そのものにも十分に寄与しうるものであることを示しているのである[118]。レトリックそのものは，聞き手を効果的に説得する方法でもあるが，当該の事件で解決されなければならない本質的問題の判断を回避する手法ともなりうるのである。

(C) 法 的 答 え

　文学理論を用いて，法的な結論や正しい答えに至ることができるか。一つの正しい結論に至る明確な方法や判断基準は存在しない。この意味においては，「法と文学」は解釈的に懐疑的な立場に立っているといえるだろう。ある規定や判例ルールが曖昧であれば，この法テクストを解釈する解釈者自身の好みや価値判断が法解釈の中に入り込む。チャタレイ判決でも，刑法175条の「わいせつ」概念は曖昧であるし，また，その判断基準とされる「社会通念」それ自体も，前述のように，不確定であった。ならば，最高裁の判事たちの個人的な──それは政治的支配階層のそれと共通する──価値観や性道徳・秩序観などに関する好み・価値判断が入ったものと見るものである。

　問題は，さらに，このように法解釈が個人的好みや価値判断に帰せられるとすれば裁判所をはじめとする「司法権力は独裁に相当する解釈を強制することができることを意味する」[119] ことになることである。とすれば，刑法にしろ，憲法にしろ，「条文は裁判官の個人的な好み・価値を強制するための正当化として使われかねない」のである[120]。

　「伝統法学では，法的決定は制定法の条文や先例などの権威あるテクスト

の解釈に依拠していると考えられてきた。しかし，『法と文学』では解釈とは，自己と状況との，解釈を必然的に伴うより広い作業として理解される。このため，法解釈は，伝統法学のように，権威あるテクストの解釈によるのではなく，役割，社会的実践，文化的なアイデンティティーの意味にかかっているのである。そして，それは，たえず文化的なコンテクストを再形成し続けているのである。法と文学はより大きな文化の一部として法を解釈・評価することになるのである」[121]。そのための方法や考え方，ここではわいせつに関するナラティヴの力を信じるほかはないように思う。そのためにも「法と文学」の研究方法を取り入れることが重要となろう。

(D) 理性の言語と道徳

まず，法は理性の言語である面が強調されてきた。チャタレイ事件の各判決をはじめわいせつ判断には，必然的に道徳的評価や審美的な視点が入らざるをえない。伝統法学にとっては，「言語は理性による議論のためのルールでなければならない。このため，他者を説得しようとする者は，理性的議論に依拠せざるをえないのである」[122]。

「法と文学」の論者の中には，一般に文学作品は読者やその一部である法律家の道徳を向上させうるとする見方もある。むろん，作家や文学者が道徳的に優れているのではないが，この面は，法を道徳の最小限度とする多くの法律家の考えと相容れるから，わいせつ判断など改善を促す余地があるといえるだろう。

つぎに，前述のように，近代では人間は合理的に欲望をコントロールすべき存在とされた。このため道徳や法はエロスや欲望を支配・コントロールするものという意識が強かった。欲望は人が本能的に振る舞うこと，また性的な動物であることを肯定して，理性が感情や欲望に屈服するものと考えられる。ことに性的欲望であるエロスは，人の身体と結びついており，ときに常軌を逸したものとなりえ，男女や社会の階層を問わずに広がっていく傾向がある。さらに，これは社会の正しく築き上げられている文化や秩序・制度にとって危険な存在となりうる。かくして反文化，反社会的な要素をもつエロ

スは社会の大きな不安定要因となり，社会秩序の安定性を破る強力な源となりうるのである。それは各人が理性的・合理的に自己をコントロールするのが正しいという人間性それ自体を脅かすものとなりうる。それゆえに，法という道具を用いて，社会の安定性をもたらすためには，これを監督し，支配下に置いておくことが重要となる。かくして，法は一定の性的行動を禁止したり，処罰したりすることで欲望を監視し，また，ある場合にはほかの性的行動を一定程度宥すことでこの欲望をコントロールしようとしてきた[123]。このような意味において，「エロティックな劇また作品は動物と人間との区別をなくするような作用をもつのである。再生産を考慮せずに性的行動に走ることは，文字通りに欲望に身を委ねることであり，成果なしに出損する無駄な行為にほかならないという倫理的評価が与えられるのである」[124]。

　以上は法の理性中心主義の特徴を示しているが，法が理性に基づくものであるとするのは一つのストーリーに過ぎない。今日の私たちはより現実の人間を知る方法と考え方をもっている。法は多様に変化する私たちの生活や行動を規律するために，抽象的とならざるをえない面があり，その意味で，私たちの日常生活から分離しているところがある。これに対して，文学は法が抽象化して曖昧にしたものを明らかにすることによって，法と私たちの日常生活とのギャップ(乖離)や法に必然的な曖昧さを再び明らかにしうるのである。法は，齟齬なく統一的・画一的に解釈・運用されることを目指すのに対して，文学は，私たち自身や日常生活，そして世界そのものの複雑さを明らかにする役割を果たすのである。これらの面を明らかにすることによって，文学研究は変化する日常や私たちについて再考し，また改善する機会を提供しているのである。

お わ り に

　第一に，チャタレイ裁判における司法・裁判所のわいせつ判断も一つの見解に過ぎない。それは，判断者のモラルをはじめとする価値判断や法学観・政治的立場に基づいたものである。今日まで約60年，この見解が唯一の公

式のものとしてわが国社会に法的安定性をもたらしたとはいえないことは，その後の幾多の訴訟事件が提起されたことでも明らかであろう。この見解をはじめとしてこれまでの考え方も，さらに多くの語りの出現によって争われるべきである。

　第二に，法学に唯一の正しい答えなど存在しない[125]。また正解が言語作用を駆使することによって求められうるとする態度も改める必要がある。むしろ，複数の解からなぜそれが司法の解として，社会的に正当化されるかのプロセスや議論に眼を向ける必要がある。法学において法学テクストの優位が大前提であるかのように説かれてきたが，ここわいせつ規制の領域においては，それはとられていない。法学のテクスト主義は裁判所や法的判断者という，いわば特権的な法的「読者」の“自由な”読みを，さも客観的なものとして装うための取り繕いに近いものである。

　第三に，あるトピックを用いた法の研究は，重要な法学教育となりうる。法的なトピックを研究することによって法文化を学ぶことができる。「法と文学」はこのようなトピックを提供するのである。こうして法的なトピックは法律実務を特徴づけることになる，理解の共通のツールとなるのである[126]。また，わいせつの法的判断の中核には，前述のように「社会通念」が存在していることを認めるとしても，これには社会構成のメンバーである人間の理解や洞察が前提となっているはずである。どこのどのような階層の人や集団を想定しているかも避けて通れないが，無数の人々の属性や特徴を抽象化して一定の人間がもっている人間性やモラルを法学的に作出しているのである。そこには少なくとも人間性の理解がなくてはならないし，人間性の理解に文学が寄与しうることを誰も否定はしないだろう。

（注）
1) チャタレイ裁判は，わが国の「法と文学」研究の「法としての文学」の領域に属する。本書第1章「《法と文学》の諸形態と法理論としての可能性」参照。なお2005年には，チャタレイ裁判の当事者である作家，「伊藤整生誕100年　市立小樽文学館特別展記念講演会・シンポジウム『よみがえる伊藤整』」(2005年6月18, 19日)などが催された。

第 2 章　法による文学規制と《法と文学》　99

2) Richard A, Posner, *Law and Literature: A Misunderstood Relation*, 320 (1st ed., 1988).

3) 弁護人側は，正木昊主任弁護人，環昌一・環直弥両弁護人のほかに中島健蔵・福田恆存両特別弁護人が加わった。環昌一は，後に三木内閣時代に最高裁判事に任命される（在任期間：1976 年 3 月 27 日〜1982 年 4 月 11 日）。弁護人側の方針は正木主任弁護人の主導で方針が決められたようだ。この事件は，新憲法下での表現の自由の問題として，社会的にも注目を集め，新聞でも「芸術か猥褻か」として，文芸界と検察・取締側といった対立図式で喧伝された事情がある。たとえば，毎日新聞 1951 年 5 月 8 日「文化界も真ッ二つ　ワイセツか文学作品か」，日本経済新聞 1951 年 5 月 7 日「『わいせつ』か『芸術』か」などの記事が見える。

4) 小澤武二『チャタレイ夫人の恋人に関する公判ノート I』（河出書房，1951 年），18 頁；伊藤整「裁判」『伊藤整全集 12 巻』（新潮社，1974 年，9 頁以下［初出は筑摩書房，1952 年]），25-26 頁。原作を問題とせず，邦訳本を問題にすることの奇妙さの指摘は，中野好夫「チャタレーの求刑に寄せて」文芸 9 巻 1 号（1952 年），44 頁など。

5) いずれの引用も伊藤「裁判」（前注 4），26 頁。なお，チャタレイ裁判における検察・弁護側と伊藤整の立場の相違を解明する『『チャタレイ裁判』と検閲の影』（2005 年 8 月）『亀井秀雄の発言』[http://homepage2.nifty.com/k-sekirei/otaru/chatterley.html]（2015 年 8 月現在）がある。

6) 大判大正 7.6.10 新聞 1443 号 22 頁「猥褻ノ文書図画其ノ他ノ物トハ性欲ヲ刺戟興奮シ，又ハ之ヲ満足セシムヘキ文書図画其ノ他一切ノ物品ヲ指称シ，従テ猥褻物タルニハ人ヲシテ羞恥厭悪ノ感^{（ママ）}念ヲ生セシムルモノタルヲ要ス」（ワイセツ性否定）。

7) 中込検察官による検察側の論告によれば，本書『チャタレイ夫人の恋人』が発売された後の，読売新聞 1950 年 5 月 30 日の「編集手帳」，同新聞同年 6 月 5 日の中野好夫筆の記事「風紀」などによって同書が社会的に問題であることが指摘されたようだ（伊藤「裁判」（前注 4），241 頁）。本件被告人伊藤整が裁判そのものをどのように見ていたかは一つの関心である。彼自身が公判にすべて立ち会い，陳述・見聞きし，判決後に公判記録を自ら読み直して書いた『裁判』は記録文学としても一つの方向を示しているが，裁判への熱意と説得とに満ちたものである。

　　なお，チャタレイ裁判に関する文献は多いが，当事者の手になるものとしては，ほかに公判中に連載された，伊藤整「伊藤整氏の生活と意見」（1954 年，後に『伊藤整全集 21 巻』（新潮社，1973 年）所収），主任弁護人であった正木昊「チャタレイ裁判における基本的人権論争」鈴木安蔵ほか編『基本的人権の研究』（勁草書房，1954 年）59 頁，同「チャタレイ事件」『正木昊著作集 1 巻』（三省堂，1983 年）203 頁などがある。

8) 東京地判昭和 27.1.18 高刑集 5 巻 13 号 2524 頁，2528 頁。

9) 同上，2530 頁。また，伊藤「裁判」（前注 4），392 頁。

10) 第一審の相馬貞一裁判長の判決後の談話が新聞（夕刊）に記載されている。それによると，本事件が難しい事件で，「割り切れないものを無理に割り切れといわれるようなもので，苦労した……判決については，賛否両論がやかましく起るだろうが，もっともの事だと思う」との感想を述べた（伊藤「裁判」（前注 4），421 頁）。担当裁判官の

100 第Ⅱ部 《法と文学》と法

感想が聞けるというのは今日では嘘のような話である。この談話そのものが契機と
なったのではないが、田中最高裁長官は、後に裁判について「裁判官は弁明せず」と
して"公開"を禁じた（田中耕太郎「裁判官は弁明せず」初出・ジュリスト87号
(1955年)；同「裁判と世論」『法の支配と裁判』（有斐閣，1960年)，89頁)。裁判所
の語りそのものは，三審制という制度的にも，また制度の背後にある司法権力のヒエ
ラルキーからも，支配や干渉のたえざる過程にある。

11) 前注6参照。また，最大判昭和26.5.10刑集5巻1026頁は，「徒らに性欲を興奮又
は刺激せしめ且つ普通人の正常な性的羞恥心を害し善良な性的道義観念に反するも
の」（同1027-1028頁）を援用して，「我が国現代の一般読者に対し欲情を連想せしめ，
性欲を刺戟し，興奮し且つ人間の羞恥と嫌悪の情を催さしめるもの」とした。本判決
の裁判長であった齋藤悠輔裁判官そして真野毅裁判官も，後にチャタレイ大法廷判決
に参加することになる。

12) 東京高判昭和27.12.10高刑集5巻13号2429頁。

13) 最大判昭和32.3.13刑集11巻3号997頁，判時105号76頁。

14) 同上，1004-1005頁。

15) 同上，1005-1006頁。

16) 同上，1011頁。

17) 彼の考えや著書に依拠した表現や文が随所に見られる。この点を明確に指摘するの
は，団藤重光「チャタレイ裁判の批判」中央公論72巻8号(1957年)，45-46頁。田
中耕太郎は，戦前は1922年から1946年まで東京帝国大学法学部の（商法）教授であり，
日本国憲法の制定時には吉田茂内閣の文部大臣として，その制定に署名している（憲
法前文参照)。のち参議院議員に当選し，1950年3月，やはり吉田茂内閣によって最
高裁判所の第二代長官に任命された（在任期間：1950年3月3日〜1960年10月24
日)。この後，国際司法裁判所の裁判官に選ばれた。田中長官時代に公刊された訓
示・年頭の辞・挨拶・式辞から分析した，石田雄「内容分析による田中耕太郎最高裁
長官の観念構造の究明」社会科学研究22巻1号(1970年)，112頁がある。冷戦構造
期でもあり，また国内の政治的・社会的混乱時期とも重なっており，長官としての立
場またスピーチの性格上，社会における法の役割や司法の独立などを強調したものが
多い。

18) 田中耕太郎「司法官の使命と其の限界」同『法律哲学論集3巻』（岩波書店，1952
年)，172-173頁。

19) 同上，163頁。

20) 田中耕太郎「裁判官の良心と独立について」同『法の支配と裁判』（前注10)，56頁。

21) 田中耕太郎「法と道徳」ほか，同『法律哲学論集1巻』（岩波書店，1942年)，51頁，
129頁。

22) 同上，18頁，29-30頁。また同上，249-255頁参照。

23) 最大判昭和25.10.11刑集4巻10号2037頁（合憲)。真野・穂積の両裁判官の反対意
見と齋藤悠輔裁判官の補足意見がある。後に違憲としたのは，最大判昭和48.4.4刑
集27巻3号265頁。

第 2 章　法による文学規制と《法と文学》　101

24) 最判昭和 27.2.19 民集 6 巻 2 号 110 頁(否定)。

25) 山本祐司『最高裁物語・上巻』(日本評論社，1994 年)，166 頁，178 頁。

26) 最大判昭和 44.10.15 刑集 23 巻 10 号 1239 頁。田中久智「文書とわいせつ(2)・悪徳の栄え事件」『マスコミ判例百選』(第 2 版，有斐閣，1985 年)，32 頁；阪口正二郎「わいせつの概念」『憲法判例百選 I』(第 3 版，有斐閣，1994 年)，112 頁など参照。

27) 最判昭和 55.11.28 刑集 34 巻 6 号 433 頁。江橋崇「わいせつ文書頒布等禁止と表現の自由(1)・四畳半襖の下張事件」『マスコミ判例百選』(前注 26)，36 頁；角替晃「わいせつの概念の再構成」『憲法判例百選 I』(前注 26)，114 頁。

28) 清水英夫『法とマス・コミュニケーション』(社会思想社，1970 年)，171 頁。

29) 同上，227 頁。なお，奥平康弘「わいせつ文書規制と表現の自由」同『表現の自由 II』(有斐閣，1984 年)，1 頁以下参照。

30) 阪本昌成「わいせつ物規制に関する日米の比較法的考察」判タ 422 号 14 頁，26 頁(1980 年)。アメリカにおいて文学との関係で議論するものとして，Felice F. Lewis, *Literature, the Law of Obscenity, and the Law* (1976); William B. Lockhart & Robert C. McClure, "Literature, Obscenity, and the Law", 38 Minn. L. Rev. 295 (1954); Harry Kalven, Jr., "The Metaphysics of the Law of Obscenity", 1960 Sup. Ct. Rev. 1.

31) わが国の猥褻規制の歴史を概観したものに，清水『法とマス・コミュニケーション』(前注 28)，173 頁以下参照。

32) D. H. ロレンス『チャタレイ夫人の恋人』(羽矢謙一訳，講談社文庫，1973 年)；同『完訳チャタレイ夫人の恋人』(伊藤整訳，伊藤礼補訳，新潮文庫，1996 年)など。

33) 最判昭和 58.3.8 刑集 37 巻 2 号 15 頁。堀部政男「わいせつ文書頒布等禁止と表現の自由(2)」『マスコミ判例百選』(前注 26)，38 頁。

34) 最判昭和 58.10.27 刑集 37 巻 8 号 1294 頁(カラー写真事件)。

35) 東高判昭和 55.7.18 刑裁月報 12 巻 7 号 514 頁(日活ロマンポルノ事件控訴審)。

36) 東高判昭和 57.6.8 刑裁月報 14 巻 5・6 号 315 頁。浦部法穂「わいせつ文書頒布等禁止と表現の自由(3)」『マスコミ判例百選』(前注 26)，40 頁。1987 年の刑法改正で第 7 条の 2 に「電磁的記録」の定義が追加された。

37) 中山研一『わいせつ罪の可罰性——刑法 175 条をめぐる問題』(成文堂，1994 年)，187 頁。有害情報の規制については，山口いつ子「風営法改正と青少年保護」法時 70 巻 11 号(1998 年)，41 頁；田島泰彦「青少年保護と表現の自由」法時 74 巻 1 号(2002 年)，49 頁；松井茂記『インターネットの憲法学』(岩波書店，2002 年)，161 頁以下；永井善之『サイバー・ポルノの刑事規制』(信山社出版，2003 年)；尾島明「児童ポルノの規制と表現の自由」ひろば 55 巻 10 号(2002 年)，63 頁；園田寿「児童買春・児童ポルノ処罰法の成立」『宮澤浩一先生古稀祝賀論文集 3 巻・現代社会と刑事法』(成文堂，2000 年)，307 頁；圓谷勝男「表現の自由と刑法 175 条」比較法〔東洋大〕32 号(1995 年)，83 頁など参照。

38) 東京地判平成 8.4.22 判タ 929 号 266 頁(ベッコアメ事件)，大阪地判平成 9.10.3 判タ 980 号 285 頁(朝日放送ホームページ書換え事件)など。インターネットにおけるわ

いせつ規制につき，山中敬一「インターネットとわいせつ罪」高橋和之・松井茂記編著『インターネットと法』(第2版，有斐閣，2001年)，73頁以下；加藤昭「インターネット上のわいせつ画像情報と刑法175条」研修604号(1998年)，91頁；藤原宏高編『サイバースペースと法規制——ネットワークはどこまで自由か』(日本経済新聞社，1997年)，287頁以下参照。

39) 最決平成13.7.16判タ1071号157頁，159頁は「わいせつな画像データを記憶，蔵置させたホスト・コンピュータのハードディスクは，刑法175条が定めるわいせつ物に当たるというべきである」とした。本件判例批評は山口雅高・法曹56巻2号(2004年)，269頁；瀧波宏文・警察公論57巻6号(2002年)，50頁など。同事件の下級審判決は，大阪高判平成11.8.26判時1692号148頁，京都地判平成9.9.24判時1638号160頁(アルファネット事件)。また，堀内捷三「インターネットとポルノグラフィー」研修588号(1997年)，3頁；前田雅英「インターネットとわいせつ犯罪」ジュリスト1112号(1997年)，77頁；山口厚「コンピュータ・ネットワークと犯罪」ジュリスト1117号(1997年)，73頁など。

40) 中山『わいせつ罪の可罰性』(前注37)，5頁。

41) 前注13，1004-1005頁。

42) 中山『わいせつ罪の可罰性』(前注37)，189頁，注2。ほかに，奥平康弘ほか『性表現の自由』(有斐閣，1986年)；曽根威彦『表現の自由と刑事規制——刑法学』(一粒社，1985年)。

43) 武田誠『わいせつ規制の限界』(成文堂，1995年)，171頁。

44) 奥平康弘「わいせつと『社会通念』」法セ1979年12月号，2頁，4頁。

45) 山中敬一「インターネットとわいせつ罪」高橋・松井編著『インターネットと法』(前注38)，83-87頁は，刑法上物とされている規定を情報に拡大することは法解釈の限界を超えると指摘している。このほか，園田寿「わいせつの電子的存在について——サイバーポルノに関する刑法解釈論」関大法学47巻4号(1997年)，1頁；同「メディアの変貌——わいせつ罪の新たな局面」『中山研一先生古稀祝賀論文集4巻・刑法の諸相』(成文堂，1997年)，167頁；松井『インターネットの憲法学』(前注37)，127頁以下など。刑法解釈一般につき，福田平「刑法の解釈」同『刑法解釈学の基本問題』(有斐閣，1975年)，3頁以下；阿部純二「刑法の解釈」中山研一ほか編『現代刑法講座1巻』(成文堂，1977年)，101頁など参照。

46) Richard A. Posner, *Sex and Reason*, 357 (1992).

47) M. フーコー『性の歴史I・知への意志』(渡辺守章訳，新潮社，1986年)，156頁。

48) 同，108-113頁，136-146頁。

49) Terry Eagleton, *William Shakespeare*, 48-57 (1986).

50) フェミニズムの立場からは，女性はエロティシズムの中心に位置するが，それはしかし，矛盾した対象としてである。法によるエロス行為の規制は女性をその支配下に置くことでもある。Maria Aristodemou, *Law and Literature: Journeys from Her to Eternity*, 86 (2000).

51) 前注13，1005頁。

第 2 章　法による文学規制と《法と文学》　　103

52) 石井良三「判例から観た社会通念」同『民事法廷覚え書』(一粒社, 1962 年), 256 頁, 258 頁以下；阿部純二「刑法判例と社会通念」法時 52 巻 5 号(1980 年), 35 頁。

53) 大法廷の社会通念の扱いについての考え方が誤っていると指摘するのは, 石井「判例から観た社会通念」(前注 52), 259 頁。「そうでなければ, 事実の認定が裁判官の裁量に左右され, 客観性を失ってしまうからである」と指摘する。

54) 日活ポルノ事件第二審判決(東高判決昭和 55.7.18, 前注 35)は, チャタレイ事件最高裁判決のこの部分を引用して,「猥せつ性の判断基準たる一般社会における社会通念とは規範的概念といわなければならないことに帰着する」といったのである。

55) 本最高裁判決の真野裁判官は少数意見で「公然であろうと秘密であろうと, 訳書そのものが性行為を実行することはありえない」と述べた。なお, 団藤「チャタレイ裁判の批判」(前注 17), 54 頁；武田『わいせつ規制の限界』(前注 43), 57 頁など。

56) 清水『法とマス・コミュニケーション』(前注 28), 192-193 頁；阿部「刑法判例と社会通念」(前注 52), 40 頁；武田『わいせつ規制の限界』(前注 43), 63 頁など。

57) 奥平「わいせつと『社会通念』」(前注 44), 2 頁, 6 頁。

58) 大判大正 3.7.4 刑録 20 輯 1360 頁(桃中軒雲右衛門事件)。

59) 大判大正 14.11.28 民集 4 巻 670 頁(大学湯事件)。

60) 法規範の不確定性の検討をつぎに負っている。Lawrence Solum, "On the Indeterminacy Crisis: Critiquing Critical Dogma", 54 U. Chi. L. Rev. 462 (1987). 本文にあげた以外にも, カテゴリー上の理論的な区別からも不確定性が生じる。循環的な理由付けのプロセスに陥るからである。Duncan Kennedy, "The Stages of the Decline of the Public/Private Distinction", 130 U. Pa. L. Rev. 1349 (1982). また, いわゆる政策的判断と呼ばれるパブリック・ポリシーに法的判断が依拠することである。Kennedy, "Cost-Benefit Analysis of Entitlement Problems: A Critique", 33 Stan. L. Rev. 387 (1981). わが国でも法解釈が価値判断やポリシー判断に依拠することを嫌うことからもその点が窺えよう。

61) 阪本「わいせつ物規制に関する日米の比較法的考察」(前注 30), 19 頁。

62) Miller v. California, 413 U.S. 15, 93 S. Ct. 2607, 37 L. Ed. 2d 419 (1973). ポルノグラフィーを文学的, 芸術的, 政治的もしくは科学的な価値を本質的に欠いた, 好色でエロティックなもの(material)と定義する。『英米判例百選』(第 3 版, 有斐閣, 1996 年), 48 頁。

63) 武田『わいせつ規制の限界』(前注 43), 1-23 頁参照。

64) 中山『わいせつ罪の可罰性』(前注 37), 34-55 頁(原注略)。ほかに前田信二郎「わいせつの意義」『刑法講座 5 巻』(有斐閣, 1964 年), 166 頁。

65) David Kairys, "Law and Politics", 52 Geo. Wash. L. Rev. 243, 244-247 (1984). 法規範の不確定性(論)はいわゆる批判的法学研究(CLS: Critical Legal Studies)の出発点ともなっているもので, 不確定性テーゼとも呼ばれるが, これにつき, Duncan Kennedy, "Form and Substance in Private Adjudication", 89 Harv. L. Rev. 1685 (1976); Kairys, "Legal Reasoning", in Kairys ed., *The Politics of Law: A Progressive Critique*, 1-9 (1982); Joseph W. Singer, "The Players and the Cards: Nihilism

104　第II部　《法と文学》と法

and Legal Theory", 94 Yale L. J. 1 (1984)など参照。しかし，法規範の不確定性の議
論は新しいものではなく，つとに1920〜30年代のリーガル・リアリズム(法現実主
義)の理論運動にも見られた。

66) Sanford Levinson, "The Rhetoric of the Judicial Opinion", in Peter Brooks &
Paul Gewirtz eds., *Law's Stories: Narrative and Rhetoric in the Law*, 187, 194
(1996).

67) 清水『法とマス・コミュニケーション』(前注28)，192頁。

68) Daniel A. Farber & Suzanna Sherry, "Legal Storytelling and Constitutional
Law: The Medium and the Message", in Brooks & Gewirtz eds., *Law's Stories*,
note 66, at 37, 40. わが国でも司法制度のこの基本的な側面は異ならないだろう。な
お，"法的言語"ではない言語コードが使われるときの不利さにつき，田中克彦『法
廷にたつ言語』(岩波現代文庫，2002年)，140頁以下参照。

69) 芥川龍之介の短編に今昔物語に題材をとったといわれる『藪の中』(大正11・1922
年1月「新潮」初出)があるが，これは，ある一つの事件をめぐって，多様な読みや
語りが存在することを示している。

70) 本書第1章「《法と文学》の諸形態と法理論としての可能性」，参照。

71) 前注43〜45の本文参照。

72) 伊藤「裁判」(前注4)，26頁。

73) 同上，29-30頁。

74) 同上，162頁参照。反論を口頭でなされると困るので，文書にして提出し，公判で
は読み上げたことになったという。

75) 伊藤「裁判」(前注4)，177頁。

76) 伊藤「裁判」(前注4)，178頁。

77) 小澤『チャタレイ夫人の恋人に関する公判ノートI』(前注4)，17-18頁。これに対
する検察官の意見は，小澤武二『チャタレイ夫人の恋人に関する公判ノート　論告・
弁論・判決篇』(河出書房，1952年)，20頁，亀井秀雄「戦略的な読み──〈新資料〉伊
藤整による『チャタレイ夫人の恋人』書き込み」隔月刊・文学6巻5号(2005年)，
151頁，161頁参照。なお，亀井秀雄『伊藤整の世界』(講談社，1969年)参照。

78) 亀井「戦略的な読み」(前注77)，168頁。

79) 同上，169頁。

80) 同上。

81) Catharine MacKinnon, *Only Words*, 30, 106 (1993). 邦訳は，C. マッキノン『ポル
ノグラフィ──「平等権」と「表現の自由」の間で』(柿木和代訳，明石書店，1995
年)。

82) *Ibid.*, at　13. なお，C. マッキノンの考え方に対する批判は，Emily　Jackson,
"Catharine MacKinnon and Feminist Jurisprudence: A Critical Appraisal", 19 J.
Law & Soc. 195 (1992).

83) フェミニストのすべてがポルノグラフィの積極的規制に賛成しているわけではない
ことは，V. ブライソン『争点・フェミニズム』(江原由美子監訳，勁草書房，2004

第2章　法による文学規制と《法と文学》　　105

年），226頁など参照。

なお，ポルノグラフィに対する見方や定義についてほぼマッキノンと同じ見方をするのは，Catherine Itzin, "Pornography and the Social Construction of Sexual Inequality", in Itzin ed., *Pornography: Women, Violence and Civil Liberties*, 57 (1992).

84) MacKinnon, *Only Words*, note 81; Andrea Dworkin, *Pornography* (1979).

85) Richard A. Posner, *Economic Analysis of Law*, 698-699 (6th ed., 2003).

86) 一般には，不法行為の過失あるいは損害賠償の存否の基準として適用される。United States v. Dennis, 183 F.2d 201 (2d Cir. 1950), aff'd, 341 U.S. 494 (1951).

87) Posner, *Economic Analysis of Law* (6th ed.), note 85, at 694; Posner, "Free Speech in an Economic Perspective", 20 Suff. U. L. Rev. 1 (1986). 性規制全般につき，Posner, *Sex and Reason* (1992).

88) Daniel A. Farber, "Free Speech without Romance: Public Choice and the First Amendment", 105 Harv. L. Rev. 554, 564 (1991).

89) *Ibid.*, at 556.

90) わが国の政治的言論に関しては，佐藤幸治「政治的言論制約の法理」『法セ増刊・言論とマスコミ』(日本評論社，1978年)，64頁；奥平康弘『表現の自由Ⅲ』(有斐閣，1984年)，221-290頁；君塚正臣「扇動罪と破防法」阪大法学41巻4号(1992年)，501頁など。

91) Farber, "Free Speech without Romance", note 88, at 565.

92) 愛国(的)というのは，それ自体曖昧な概念であるが，国旗を焼く側の者もある意味では愛国的といえるだろう。

93) 国旗焼却・冒涜におけるシグナルの意味と機能については，E. ポズナー『法と社会規範——制度と文化の経済分析』(太田勝造監訳，木鐸社，2002年)，168頁以下参照。

94) Farber, "Free Speech without Romance", note 88; Posner, *Economic Analysis of Law* (6th ed.), note 85, at 699.

95) Posner, *Economic Analysis of Law* (6th ed.), note 85, at 699. 刑法やとくに刑事政策の面では欠かせないデータ収集と解析が必要であろう。また，フーコーも性の語りが隠蔽される以前の社会が存在したことの意義を説き明かしている。フーコー『性の歴史Ⅰ・知への意志』(前注47)，第2章；桜井哲夫『フーコー——知と権力』(講談社，2003年)，257頁参照。

96) Richard A. Posner, *Economic Analysis of Law*, 737 (5th ed., 1998).

97) Posner, *Law and Literature* (1st ed.), note 2, at 333.

98) Richard A. Posner, *Law and Literature*, 343 (revised & enlarged ed., 1998).

99) チャタレイ大法廷判決，前注13，刑集11巻3号1004-1005頁。

100)「真理は，解釈の産物であり，事実は，ディスクールによって構築されたものであり，客観性は，眉唾ものの解釈がいつしか大手をふってまかりとおるようになったものであ[る]」(T. イーグルトン『文学とは何か——現代批評理論への招待』(新版，大

106   第II部 《法と文学》と法

橋洋一訳, 岩波書店, 1997 年), 353 頁)。

101) 最判昭和 27. 2. 19 民集 6 巻 2 号 110 頁(「踏んだり蹴ったり」事件)の有責配偶者に よる離婚制限も, 後に最大判昭和 62. 9. 2 民集 41 巻 6 号 1423 頁によって一部緩和された。

102) Richard H. Weisberg, *Poetics: And Other Strategies of Law and Literature*, 17 (1992).

103) Robert M. Cover, *Justice Accused*, 1-7 (1975).

104) 法とナラティヴの関係は多様である, Guyora Binder & Robert Weisberg, *Literary Criticisms of Law*, 201-291 (2000); Paul Ricoeur, *The Rule of Metaphor* (1981).

105) Peter Brooks, "The Law as Narrative and Rhetoric", in Brooks & Gewirtz eds., *Law's Stories*, note 66, 14, 16 (1996).

106) Peter Goodrich, *Law in the Courts of Love: Literature and Other Minor Jurisprudences*, 112 (1996).

107) Gary Minda, *Postmodern Legal Movements*, 155 (1995).

108) Richard Rorty, *Consequences of Pragmatism*, 221-223 (1982). R. ローティ『プラグマティズムの帰結』(室井尚ほか訳, ちくま書房, 2014), 573-577 頁。

109) アメリカではすでに読者の優位(reader-response theories)から法解釈を捉え直すべきだとする議論がある。Elizabeth Fajan & Mary R. Falk, "Against the Tyranny of Paraphrase: Talking Back to Texts", 78 Cornell L. Rev. 163 (1993).

110) J. M. Balkin, "A Night in the Topics: The Reason of Legal Rhetoric and the Rhetoric of Legal Reason", in Brooks & Gewirtz eds., *Law's Stories*, note 66, at 215.

111) 伝統法学の基本的内容と考え方および問題点につき, 本書第 6 章「ポストモダンと法解釈の不確定性」, 参照。

112) James B. White, "Law as Language: Reading Law and Reading Literature", 60 Tex. L. Rev. 415, 419, 425 (1982).

113) 本書第 1 章「《法と文学》の諸形態と法理論としての可能性」, 25-37 頁。また, イーグルトン『文学とは何か――現代批評理論への招待』(前注 100), 108 頁など。

114) Richard Delgado, "Storytelling for Oppositionists and Others: A Plea for Narrative", 87 Mich. L. Rev. 2411, 2413-2414 (1989).

115) 文学もまた政治的な制度にほかならない。Aristodemou, *Law and Literature*, note 50, at 7.

116) 本書第 6 章「ポストモダンと法解釈の不確定性」, 266-270 頁など参照。

117) Paul Gewirtz, "Narrative and Rhetoric in the Law", in Brooks & Gewirtz, *Law's Stories*, note 66, at 13.

118) Posner, *Law and Literature* (1st ed.), note 2, at 372. 文学のレトリックの面が法に寄与できるとしている。

119) Sanford Levinson, "Law as Literature", in Levinson & Steven Mailloux eds., *Interpreting Law and Literature*, 155, 168 (1988); Binder & Weisberg, *Literary*

Criticisms of Law, note 104, at 154-160.

120) Levinson, "Law as Literature", note 119, at 162.

121) Binder & Weisberg, *Literary Criticisms of Law*, note 104, at 199-200.

122) Farber & Sherry, Legal Storytelling and Constitutional Law", note 68, at 51.

123) Aristodemou, *Law and Literature*, note 50, at 87.

124) *Ibid.*, at 85. そこには功利主義や資本主義，キリスト教の精神などがある。わが国でも，すでに明治期において自慰行為や夫婦間の性以外のすべてを「浪費」とする考え方があったことにつき，上野千鶴子「解説(三)」『日本近代思想大系 23 巻・風俗 性』(岩波書店，1990 年)，534 頁参照。

125) 伝統法学でも比較的リベラルサイドからの指摘として，「1 つだけの正しい解釈があるというわけではない」「妥当な解釈あるいはそれと同じ意味での正当な解釈を，われわれは求めることになる」伊藤正己・加藤一郎編『現代法学入門』(第 3 版，有斐閣，1992 年)，72-75 頁。

126) Balkin, "A Night in the Topics", note 110, at 221.

第3章　私的空間という装置と法
——《法と文学》による日本プライバシー前史——

"The Law is utilitarian. It exists for the realization of the reasonable needs of the community."

——*James B. Ames, "Law and Morals", 22 Harv. L. Rev. 97, 110 (1908).*

は じ め に

　明治 11(1878)年 3 月から 9 月にかけて，イザベラ・バードは，東京から奥州・北海道までを旅したが，途中宿泊した宿屋の部屋は障子に囲まれたもので，その破れからは人の眼が覗き込んでおり，女中や主人がひっきりなしに部屋へ出入りし，隣の部屋では遅くまで騒いでいた。このため彼女は「私的生活は思い起こすことのさえできないぜいたく品であった」と書いた[1]。また，明治 20〜30 年代にかけて日本での生活をしたラフカディオ・ハーンも，「日本人の生活には内密といふことが，どんな種類のものも殆ど無い」としている[2]。

　ところで，近年でも，たとえば他人の住居の覗き見禁止(軽犯罪法)，相隣地の観望の制限(民法 235 条)，信書開披罪(刑法 133 条)などプライバシー保護の片鱗も法律中には存在している。しかし，ドナルド・キーン著 *Living Japan*(1959 年)は，プライバシーに相当する日本語はないというなど，ごく最近まで，日本にはプライバシーは存在しないとする欧米人の見解が伝えられている。

　これらはいくつかのことを示唆している。第一に，戦前や明治にも『宴のあと』のようなモデル小説は多数存在していた。にもかかわらず，なぜ当時

110 第Ⅱ部 《法と文学》と法

プライバシーは問題にならなかったか。言い換えると，わが国においては「プライバシー(の権利)」は戦後1964年(「宴のあと」事件東京地裁判決)まで存在しなかったのか[3]。

　第二に，たしかにプライバシーの概念は欧米のものかもしれないし，それも法的に確立されたのはほんの昨日に過ぎない[4]が，それを成立させた社会的条件，またプライバシーを法益や権利として成熟させるための条件は何だったか。そこでプライバシーの観念や権利がわが国の社会にどのようにして認められるようになってきたかを検討する。また，私的空間の装置を認める功罪はどこにあるのか。ここでは，プライバシーが存在しなかった時代や社会においてそれに相当する概念としてやや広い意味で「私的空間」の語を用いる。

　第三に，明治といういわば壮大な近代化運動(社会の改良)の中で，法や法文化も発展してきたが，それを理解するためには当時の社会的コンテクストから検討する必要があろう。ここでは，日本の近代化・近代法化の一面としての，個人や生活に密接な空間の法構造を「法と文学」および比較法文化研究の視点から検討する。

1　時代のエートス

(1)　復讐と制度

(A)　連鎖する正義

　どの時代や社会もある概念や言葉ですべてを規定することは不可能ではあるが，明治社会の重要な特徴を示すものとして復讐という観点から見ておきたい。この観念は，一見すると私的空間やプライバシーとは遠く，無関係のように思えるが，実は密接な関係がある。

　薩長土肥の兵士たちを中心とする官軍は，会津をはじめとする奥羽列藩同盟の諸藩と戦った。幕府・藩そのものを倒され，家族は殺されたり，自刃したりした。明治10(1877)年の西南戦争では，旧薩長が実権を握る政府軍と鹿児島県の私学校の生徒たちを中心とする軍との間で争いが起こった。熊本な

ど各地で政府軍は苦戦しているので，戦況を打開するために警察官なども部隊の一部として送り込まれた。警察隊などとして編成された政府軍の精鋭部隊として，頑強に抵抗する鹿児島の軍を打ち破らせるためであった。この警察官の部隊には旧会津藩などの士族たちが多く入っていたのである。

　　十四日田原坂の役我軍進て賊の堡に迫り殆ど之を抜かんとするに当たり残兵十三人固守退かす其の時故会津藩某巡査隊の中身を挺奮闘し直に賊十三人を斬る其闘ふとき大声呼て曰く戊辰の復讐戊辰の復讐と
　　是ハ少々小説家言の様なれとも決して虚説に非す此会人ハ少々手負しと云[5]

　この記事は熊本の現地に派遣されていた新聞記者の犬養毅が，激戦の模様を書き送ったものである。
　当の旧会津士族は，実際につぎのように見ていたのである。つぎに出てくる四朗兄とは，兄の柴四朗のことで，明治の若い人たちの血を沸かせた政治小説『佳人の奇遇』の作者・東海散士である。柴の母親と姉は会津戦争のときにすでに自刃している。維新後，会津藩は，下北半島の荒涼とした荒蕪地に移封（斗南藩）されて辛酸をなめた。柴五郎本人は西南戦争勃発の当時，まだ新政府の軍人として教育を受けていた。

　　[明治十年]三月二七日　四朗兄の書に接す。
　　「今日薩人に一矢を放たざれば，地下にたいし面目なしと考え，いよいよ本日西征軍に従うために出発す。凱旋の日面会すべし。学業怠るなかれ」
　　……余もまた征西の志，胸中にたぎり，闘志炎となれる砌なれば……[6]

　正義としての復讐や勧善懲悪という観念が，色濃くこの時代を覆っていたというべきだろう。これは後に見るように，たんに当時の支配階層であった

112　第II部　《法と文学》と法

旧武士間のみならず，また明治10年代ばかりではなく，明治期全体を覆っていたといえるだろう。

　では，復讐が支配的である社会では何が起こっていたのか。第一に，復讐するためには復讐する主体の，社会評価および，その中に存在する自己評価がまず存在しなければならない。この自己評価の面は一種の世界の把握でもあるが，自己のプライドや名誉と結びついた感覚でもある。

　復讐と名誉との関係に触れると，名誉(honor)は，他者よりも自分が優れているという感覚であるが，このような自己評価，自己主張・誇示を前提にしている[7]。J.ロールズによれば，自己評価は重要なプライマリー財であり，消費財の一定量が満足など(pleasure)を導き出すための前提として，この自己評価を必要としているのである[8]。一般には，AはCの面前でBに面目を失わせることによって名誉を得るのである。このように，自己評価を媒介として復讐と名誉との間には密接な関係がある。したがって，幕末から明治は名誉を重んじる伝統や社会でもあったといえるのではなかろうか。

　第二に，なぜ理性人は復讐を行うのか。復讐をしようとするのは，復讐する主体が評価している秩序が第三者によって毀損されたり，破壊されたりしたためである。復讐は決して未開人や未開社会に特有に存在するのではない。かつまた，復讐はむろん感情と結びついた場合も多いが，合理人・理性人も復讐に従事するのである。

　復讐には，他人の行為によって悪化した状態を元に戻すための秩序の回復という面がある。これは目には目を歯には歯をという考え方であり，また矯正的正義(論)といえるだろう。秩序を元に戻したり，また回復する方法や手段は復讐だけに限られない。法が整備された現代では法や裁判制度を使うことが考えられる。しかし，復讐が公認・容認されるような社会では，前述からも示唆されるように，法はあまり整備されていないか不十分であるから，自力による救済や解決方法である復讐が用いられやすい。むしろ，復讐をしなければ共同体や社会のほかのメンバーから軽蔑されたり，疎外されたりする。このような社会では，復讐は重要な役割をもっているのである。維新後の「刑法」である仮刑律や新律綱領(明治3・1870年)の父祖被殴などには，祖

父母・父母が殺された即時および予め届け出がある場合には仇討は公認されていた。明治6(1873)年の仇討禁止令(太政官布告第37号)を受け，改定律例(明治6年)において「謀殺」をもって論じることになって明確に禁止された。これらは自力や復讐による解決を否定し，国家や法がこれを新しく解決するメカニズムとなり，またそれを提供するものであるという宣言であったが，復讐を取り込むべき法による解決ルートは完全に整備されたとはいえなかった。

(B) 近代化＝脱亜入欧と風俗改良

西洋とわが国では物事の見方がまったくといっていいほど異なっていたものがある。その一つは，プライバシーや私的空間とも密接な関係がある裸体に対する見方である。黒船で有名なペリー提督は，伊豆下田の浴場での男女混浴を見て，日本人は淫蕩な人民と評した。また『ペルリ提督日本遠征記』も「裸体を頓着もせず男女混浴をしている」のは「疑いもなく淫蕩な人民なのである」と見た[9]。

しかし，ペリーのときからは幾分時間が経過しているが，対照的な見方も外国人には存在した。E. モースも婦人の入浴を目撃した一人であった。ペリー一行の淫蕩という見方とは異なって，彼は自分たちの方が「よほど野蛮人」であったと書いている。人力車を連ねて日光を通っているときのエピソードである。

> 一軒の家の前の，殆ど往来の上ともいう可き所で，一人の婦人が例の深い風呂桶で入浴していた。かかる場合誰しも，身に一糸もまとわぬ彼女としては，家の後にかくれるか，すくなくとも桶の中に身体をかくすかすることと思うのであろうが，彼女は身体を洗うことを中止せずに平気で我々一行を眺めやった。人力車夫たちは顔を向けもしなかった。[そこでモースは連れのドクターの注意を呼び起こしたが]するとその婦人は私の動作に気がついて，多少背中を向けたが，多分我々を田舎者か野蛮人だと思ったことであろう。[10]

114　第II部　《法と文学》と法

　モースは，自分たちと日本人たちの裸体に対する見方が異なっていること
に気づいたのである。

　しかし，この日本人の"美徳"もしくは風俗も，明治35，36年頃になる
と崩れてきたようだ。向島の三囲稲荷の近くで，「それらの家の竹垣の間か
らは夕月に行水をつかっている女の姿の見える事もあった。蘿月宗匠はいく
ら年をとっても昔の気質は変らないので見て見ぬように窃と立ち止まるが，
大概はぞっとしない女房ばかりなので，落胆した……」[11]。

　明治新政府は，裸体を野蛮もしくは悪しき風俗として禁止する立場をとっ
た。西洋人の手前，彼らの文化や価値にそぐわないものは，上から禁止しよ
うというものである。これはつぎの諸政策に現れている。明治5(1872)年，
「東京違式詿違条例」は，現在の軽犯罪法にあたるものであるが，府や各県
で公布された。東京府のものは第22条に「裸体又はハダヌギし或いは股脛
(モモハギ)を露し醜体をなす者」として裸体になることを禁止している。ま
た，明治5年の神奈川県布達でも，裸体禁止を謳っている。さらに，明治
22(1889)年11月の内務省告示では，絵草紙屋での裸体美人画販売禁止が命
じられた[12]。

　引用しただけでも，これだけの数の規制が出されたこと，また当時の見聞
されたトピックスからすれば，日常生活は裸体かそれに近いものだったとい
えよう。また，裸体を禁じる規範はなかったか，限定的なものであったこと
が知られる。この当時，わが国では「男も女も裸体を人目にさらすことを無
作法とも不都合とも考えてはいなかった」[13]のである。

　ではなぜ裸体などを禁止するのか。とくに，明治4年11月29日の東京府
達は，外国人に裸体は恥ずかしいものといわれるから，これを禁止するとい
う。

　　　府下賤民共衣類不著裸体ニテ稼方致シ，或ハ湯屋ヘ出入候者モ間々有

　　之，右ハ一般ノ風習ニテ御國人ハ左程相輕シメ不申候得共，外國ニ於テ

　　ハ甚ダ之ヲ鄙ミ候ヨリ，銘々大ナル恥辱ト相心得，我ガ肌ヲ顯シ候事ハ

　　凡一切無之由，然ルニ外國ノ御交際追々盛ニ相成リ，府下ノ儀ハ別而外

國人ノ往來モ繁ク候處，右様見苦敷風習此儘差置候テハ，御國体ニモ相
拘リ候ニ付，自今賤民タリトモ，決シテ裸体不相成候條，稼方ニ付衣類
ヲ著シ不便ノ者ハ，半纏又ハ股引腹掛ノ内相用ヒ，全身ヲ不顯様屹度相
愼ミ可申，萬一相背候者有之ニ於テハ，取締組ニテ差押ヘ可申筈ニ候條，
此旨兼テ相心得候様，小前末々無洩様申諭者也。[14]

　新（維新）政府は，裸をはじめとするわが国の固有の風俗や慣習を禁止・改
善する必要を認めた[15]。それは第一に，西欧に追いつき，肩を並べるため
には，基本的に彼らの風俗と同じようなレベルにまでもっていく必要があっ
た。それはすなわち，西欧列強と不平等条約を廃止するための交渉の前提と
して，西欧化したことを国家として示す必要があったからである。脱亜入欧
が国家としての基本的ポリシーの一つであった。
　第二に，脱亜入欧がわが国社会や日本人の信条やモラルと結びつくには，
規制する側である国家の官僚が旧下級武士の出身者が主で，彼らが価値や行
動規範としていたと思われる儒教道徳が動員されたと考えられる。この府達
が，西欧を意識し，また丁寧に旧武士階級の道徳にも触れている点では，い
わゆるヴィクトリアン・プルーデリィ（ヴィクトリア期の上品さ）を意識した面
があることはよく指摘される通りであろう[16]。このようにして，法による
一般的な規制となって，裸やそれに近い日常の行動を制限または取り締まる
ことになったのである。また，これは，規制や取り締まりだけではなく，よ
り広範に“旧態”たる生活習慣や社会そのものの改良へとつながるべく，庶
民に対する日本固有の風俗の改良や啓蒙そのものが意識されることになった
といえよう。
　ひるがえって，なぜ当時の日本人たちは，裸を恥ずかしいことでも，さし
て悪いことでもないと考え，またそれを隠すことも考えないでよかったのだ
ろうか。つぎが示唆的である。

　　裸体をエロティックにするものは裸体そのものではない。それに向け
られたエロティックなまなざしの方なのである。裸体をさらすことを禁

止し，隠蔽することによって，覗く視線が形成される。そして，この視線がエロティックな価値を創出する。エロスは裸体そのものにはなく，裸体を取り巻く装置にあるのだ。

したがって，明治になって起こったことは，混浴の禁止をはじめとする，さまざまな隠蔽作業を通じた女性の裸体の性化《セクシュアリゼーション》だった。[17]

明治社会の為政者たる旧下級武士階級の倫理観と体面が，国家の政策が結びつくことによって，西欧のまなざしの方を取らせたのである。

(2) 金 と 意 地

つぎに，このような「まなざし」をまだ広範にもっていなかった社会の意識や当時の人々の気質というものを見ておく。それが自己と他者との意識や関係を捉えることになるからである。

夏目漱石『坊ちゃん』につぎのような事件が書かれている。松山に赴任した坊ちゃんと同僚教師である山嵐とは親友であったが，その山嵐が自分を裏切った旨の讒言をやはり同僚の教師から耳にした。坊ちゃんと山嵐にはつぎのようないきさつがあった。

　こゝへ来た時第一番に氷水を奢つたのは山嵐だ。そんな裏表のある奴から，氷水でも奢つてもらつちや，おれの顔に関はる。おれはたつた一杯しか飲まなかつたから一銭五厘しか払はしちやない。然し一銭だらうが五厘だらうが，詐欺師の恩になつては，死ぬ迄心持がよくない。あした学校へ行つたら，壱銭五厘返して置かう。おれは清から三円借りて居る。其三円は五年経つた今日迄まだ帰さない。返せないんぢやない。返さないんだ。清は今に帰すだらう杯と，苟めにもおれの懐中をあてにはして居ない。おれも今に帰さう杯と他人がましい義理立てはしない積りだ。こつちがこんな心配をすればする程清の心を疑ぐる様なもので，清の美しい心にけちを付けると同じ事になる。帰さないのは清を踏みつ

けるのぢやない，清をおれの片破れと思ふからだ。清と山嵐とはもとより比べ物にならないが，たとひ氷水だろうが，甘茶だらうが，他人から恵を受けて，だまつているのは向うを一と角の人間と見立てゝ，其の人間に対する厚意の所作だ。割前を出せば夫丈の事で済むところを，心のうちで難有いと恩に着るのは銭金で買へる返礼ぢやない。無位無冠でも一人前の独立した人間だ。独立した人間が頭を下げるのは百万両より尊とい御礼と思はなければならない。[18]

　夫れ以来山嵐はおれと口を利かない。机の上へ返した一銭五厘は未だに机の上に乗つて居る。ほこりだらけになつて乗つて居る。[19]

　ルース・ベネディクトは，坊ちやんのこの行為を異常もしくは特異な事件と見ている。「些細な事柄についてのこのような神経の過敏さ，このような傷つきやすさは，アメリカでは，不良青年の記録や，神経病患者の病歴簿の中で見受けられるだけである」[20] とするのである。

　これをベネディクトはつぎのように理解する。つまり，日本では「恩を着る人がいかに腹を立てやすいか」[21]，また「日本人は安んじて恩を負担する」一定範囲の親密な者たちがいる反面，「一旦これらの条件が当てはまらなくなると，恩は堪えがたい苦痛となる。相手から蒙った負債が，どのような些小なものであっても，それを不快に感じるのが立派な態度である」[22] となる。

　周知のように，ベネディクトはこの背景には「恥の文化(shame culture)」と「罪の文化(guilt culture)」の相違が存在していると説明する。すなわち，『菊と刀』のタイトルに示されているように，日本人はたいへん矛盾した，また相対立した行動，つまり人を殺す道具である刀と美しい菊の花の両方を愛するといった特徴的な傾向を示す人々として映った。日本人の行動は，パターンとして見ると，内気で従順あるいは恥ずかしがり屋であると同時に，他面では攻撃的であると見られる。ベネディクトによると，日本人に典型的な気質は，「人に対して，世間に対して恥をかかない」という基本的価値観

118　第Ⅱ部　《法と文学》と法

に規定されており，このような文化類型を彼女は「恥の文化(shame　cul-ture)」と見るのである。これに対して，キリスト教を価値の中心にしている文化を「罪の文化(guilt culture)」と呼んで，対置している[23]。

　では振幅の大きい日本人の心情はどのように見たらよいのだろうか。心理学者の土居健郎は，ベネディクトとは反対に，『坊ちゃん』の日本人の「多くの読者は……やや極端であると感じても，非常に異常であると感じる者はほとんどいないであろう」と指摘している[24]。

　土居の分析によると，坊ちゃんは，讒言を信じ込んで友人であると考えていた山嵐に裏切られたと感じた[25]。坊ちゃんが，山嵐におごってもらった氷代の1銭5厘の執拗な返還闘争を繰り返すのは，坊ちゃんにとっては，山嵐から受けた「借りを返す」意味があり，彼との関係を清算することを意味している。土居は「山嵐も清のように彼の肩をもち，もっぱら彼の利益だけをはかる人間と思いこんでいたのである。そこには彼の非常にナイーブな甘えが正体をのぞかせている」[26]というのである。

　なお，土居は『「甘え」の構造』の中で，『菊と刀』の問題点として，まず，罪と恥という考え方の中にベネディクト自身の価値判断——つまり罪の文化が優れており，恥の文化は劣っている——をしのばせており，ついで彼女の考え方において罪と恥の感情が相互にまったく無関係であるかのごとく前提されている点を指摘している[27]。土居が指摘するような，文化の類型把握や恥の文化・罪の文化に潜む西欧的な価値判断などの問題点はあるにせよ，明治のこの時期の社会は，恥の文化と特徴づけられるような気質がまだ濃厚に充満していたと見ることができる。「恥の文化」では他律的であり，正義より名誉が優先される。個人の道徳心は，他者により左右されてしまう，また，集団の名誉という全体の利益の前には，個人の権利などはたんなる利己やエゴイズムとされる傾向がある，と土居は指摘している。「日本人の場合は，……自分がそこに属している人たちの信頼を裏切るということに最も強く罪悪感を感じるのである」[28]という。

　自尊心や矜持が，家族や隣人や社会から監視されるという外的な行動基準と合致していればよかったし，またそうすることが要請される社会では，

人々は何ものにも恥じないという誇り高く行動することを尊重していた。い
わば宗教規範や法規範からもたらされる，自己の内面による監視——それは
罪の文化につながる——はまだ大きな役割は果たしていなかった。恥の文化
的であったからこそ，衆人の監視は効いており，プライバシーは少なかった。
このため，その限りにおいてプライバシーの法による保護も必要ではなかっ
たのではなかろうか。

(3)　愛　と　復　讐

　現代でもそうであるが，自分が好んでいる共同体や社会の秩序そのものの
破壊やアンバランスが生じた場合には，司法制度や裁判システムを使うと
いった回路が存在しない社会や，まして，一般には司法制度が十分には整っ
ておらず，また費用やその他の理由から庶民(市民)からは裁判制度を利用す
ることがあまり現実的ではなかった時代には，実力行使に訴えるよりほかは
なかった。たとえば，自分が愛する恋人を第三者である他人に奪われた場合
には，法的にも救済の道はほとんどないし，婚約成立後などごく例外的な場
合に限られた法的な救済が用意されているだけである。まして，恋人や婚約者
の合意が存在する場合には，奪われた者の好む秩序を取り戻すのは難しくなる。
　最近はあまり読まれていないが，かつてはベストセラー作家であった，尾
崎紅葉の『金色夜叉』は新派劇として演劇化もされたが，そのような事件を
主要な場面にしている[29]。この作品のはじめの方のいきさつはつぎのよう
である。主人公の間貫一にはすでに両親はなく，そのため貫一の父に生前世
話になったという鴫沢の家に引き取られて，彼は一高に通っている。鴫沢家
には宮という一人娘がいるが，ある夜カルタ会に二人で出掛ける。そこで新
興の銀行家の息子で，金剛石(ダイヤモンド)の指輪をしている富山唯継にお宮
は見初められた。宮は両親の勧めもあり，従順にも富山との結婚を承諾する。
富山と鴫沢母娘が熱海で会合しているときに，貫一が東京から駆けつける。
つぎは有名な熱海の海岸の場面である。

　　　「吁，宮さん恁して二人が一処に居るのも今夜限りだ。…(略)…可いか，

宮さん，一月の十七日だ。来年の今月今夜になつたならば，僕の涙で必ず月は曇らして見せるから，月が……月が……月が……曇つたならば，宮さん，貫一は何処かでお前を恨んで，今夜のやうに泣いて居ると思つてくれ。」

宮は挫ぐばかりに貫一に取着きて，物狂しう咽入りぬ。[30)]

　貫一と宮との間で二人が将来の結婚を約束したことも記されてはいないようだし，鴫沢の両親が貫一とお宮との許婚を認めていた，ないしは黙認していたこともないようだ。しかし，貫一が思い込んでいるのか「姦婦」の語が用いられている。また，宮の方でも，両親の富山との結婚の勧めに対して，明白に反対や同意の意思表示をしたわけでもない。

　　「それぢや断然お前は嫁く気だね！　これまでに僕が言つても聴いてくれんのだね。ちえゝ，腸の腐つた女！　姦婦!!」

　　その声とともに貫一は脚を挙げて宮の弱腰をはたと蹴たり。地響して横様に転びしが，なかなか声をも立てず苦痛を忍びて，彼はそのまま砂の上に泣伏したり。

　　　　　　　……　中略　……

　　「宮，おのれ，おのれ姦婦，やい！　貴様のな，心変をしたばかりに間貫一の男一匹はな，失望の極発狂して，大事の一生を誤つて了ふのだ。学問も何ももう廃だ。この恨の為に貫一は生きながら悪魔になつて，貴様のやうな畜生の肉を啗つて遣る覚悟だ。富山の令……令夫……令夫人！　もう一生お目には掛らんから，その顔を挙げて，真人間で居る内の貫一の面を好く見て置かないかい。」[31)]

　一高生の間貫一が選んだのは，ほぼ当然視されていた官途への道ではなく，どちらかというと当時社会的に蔑視されていた高利貸しへの道であった。一高生がすすんで高利貸しになろうというのである。それは，お宮が自分を「裏切った」と思い込んでいる貫一の男としての意気地でもあった。自分を

侮辱したり，裏切ったりした相手を，出世して見返すというのは，今日でもないわけではないが，いずれにしても自分の半生をいわば復讐にかけるということを意味する。金のゆえに愛するお宮さんを奪われたからこそ，金の世界で成功することによって，お宮さんを見返してやろうというストーリーである。復讐に捧げた半生が幸福なものであるかどうかはまた別問題であるが[32]，復讐に成功すること，つまり出世したり，高利貸しでいっぱしになることが，金・カネの夜叉になりきることとなり，貫一その人の効用を増すことにはなりうる。

『金色夜叉』は，日露戦争前後の明治35～37年頃の時代設定であるが，お宮さんの結婚相手が，新興銀行家つまり成金の息子であるということも注意する必要がある。なぜなら，社会にそれだけの階層が生れていて，富の蓄積がなされつつあった時代であった。他方，成功組はいいが，社会には貧困な人たちもまた生み出されつつあったといえる。金剛石（ダイヤモンド）に象徴される新興の富・金[33]とこれに対する復讐心というものが明治の中・後期の社会の文脈（コンテクスト）の一部を通貫して，彩っていたことはたしかといえよう。

(4)　近代化と日露戦争前後の社会

日清戦争後の講和条約（下関条約・1895年）において遼東半島・台湾ほかの割譲と賠償金の支払いなどが定められたが，独・仏・露によるいわゆる三国干渉によって遼東半島を返還するに至った[34]。このために国内では，三国干渉を不満として，これを屈辱としてそれをそそぐべき日まで臥薪嘗胆して，富国強兵・産業振興などに努めることが国家や社会の目標とされた。これは国家としてのメンツや民族主義の高まりなどを背景として，いわば国家として一種の見返しや"復讐"を誓ったものといってよい。

復讐と法制度との関係について言及すると，復讐は法のない，あるいは十分ではない社会で起こりうるのである[35]。先に見たように法による復讐の回路が存在しないか，または不十分である社会では，復讐とそれを支える名誉観念が強く結びついて働いていたものと考えられる。そこでは相互監視や

社会による監視または社会規範による規律がより可能であり，法に頼らなくても，秩序を維持することは十分可能であった。

また，わが国でも，穂積陳重『復讐と法律』は，「刑法は復讐の発展したものである」[36] という。これによると，法とくに刑法は，復讐という感情と同根であり，また不法行為・契約違反などの損害賠償や原状回復など，さらには民法・取引法それ自体も復讐と同じルール・原理に立っていると考えられる。それは破壊された秩序を元に復元することである。このように復讐と交換の正義(矯正的正義)とは密接な関係がある。これは正義論では矯正的正義(corrective justice)と呼ばれるものである。アリストテレスは，矯正的正義をつぎのように説明する。

> 裁判官が均等化しようと努めるところのものは，こうした意味における「不正」──「不均等」がそこに存するのだから──にほかならない。詳しくいうならば，一方が殴打され他方が殴打するという場合とか，ないしはまた一方が殺し他方が殺されるという場合にしても，するとされるとで不均等に区分されることになる。だからして，裁判官は，一方から利得を奪うことによって罰という損失でもってその均等化を試みるのである。[37]

ならば，犯罪や不法行為に限らず，交換においても均等化は必要とされるから，これは交換・取引における正義でもある。かくして，私法もまた矯正的正義で説明づけることが可能となる[38]。

2 市民を作る

明治新政府が封建社会を否定して西欧列強に倣った国家制度や社会のシステム・文化を輸入するにしても，それを運営できる近代的人間の存在が必要であった。わが国の場合には，文明開化や風俗改良などによる物質的な改善とともに，思想的，内面的に成熟した"市民を作る"必要があった。これは

第3章　私的空間という装置と法　123

文明の利器を輸入して，すぐに使うという具合にはいかない。しかし他方で，明治政府は市民としての成熟を阻害するような政策や教育を目指したのである。

　ここでは，たいていの場合，最初に自己や自我を意識する場合と思われる男女観や婚姻あるいは夫婦観を見て，ついで，自己の意思に基づいて行動しようとする人々，また，帝国における知識人の自立の程度を検討する。彼らが，一個の市民として自立するとき自己の内面空間，そして，それに引き続く自分の私的空間をどのように意識していたか，もしくは意識できなかったかを探るためである。

(1)　男女観，夫婦・婚姻観

　明治の人々は，後世の今日から見ればまことに古い男女観や家族・婚姻(結婚)観をもっていた。当時の多くの個としての人間は，いわば過去の系譜の継承のためのエージェントとして動いているようなものである。また，個はそれが帰属する集団や多数の中に埋もれている存在であるかのようである。

　小泉八雲は，16歳の少年の作文からの文章をつぎのように紹介している。

　　　「ワタシタチガハナハダ奇妙ニ思ウコトハ，ヨーロッパデハ，妻ガ両親ヨリモ夫ヲ愛スルトイウコトデス。日本ニハ，両親ヨリモ夫ヲ愛スル妻ハ，一人モイマセン。」

つぎは松江中学の教室でのやりとりからである。

　　　「先生，ヨーロッパ人が，かりに自分の父と妻と三人して，いっしょに海に落ちた場合，自分だけが泳げるとしたら，まず第一に妻を助けるという話ですが，ほんとうですか。」
　　　「たぶん，そうだろうね」とわたくしは答える。
　　　「なぜですか。」
　　　「その一つの理由はね，ヨーロッパ人は弱い者を第一に助けるのが，男子の義務だと思っているからです。——ことに，女の人や子どもを

ね。」

「ヨーロッパ人は，お父さんやお母さんよりも，妻の方をよけいに愛するのですか。」

「いつもそうだというわけではないが，――まあ，だいたいそうだね。」

「へーえ。でも先生，ぼくらの考えからいうと，ずいぶん道にはずれていますね。」[39]

今日の結婚や夫婦観からすると，生徒たちによって語られる当時の結婚や夫婦は，祖先の祭祀を継承し，家産を継続するための装置のようである。これらのエピソードから示唆されるように，当時の結婚は両者の愛情があるから結ばれるというような近代的なものではない。婚姻適齢期に達すると，つまり本人は婚姻の時期も選択できないが，親の勧める見合い結婚を余儀なくされ，つまりそれには反対できず，親に従った結婚をすることが本人の幸福と家族全体の安泰への道であるように信じられている。また，多くの場合，結婚の相手を本人自身が選択する自由もほとんどない。

結婚すれば，多くは過酷な家事労働に従属するよりほかなく，夫婦関係も，個人差はあるとはいえ，一般的には疎遠とならざるをえない。夫との関係も，愛情によるのではなく，夫の支配・妻の服従であり，男性優位の家庭が構築される。

この八雲の松江での例に見られるように，当時の民衆の間には多様な家族観や婚姻観があったといわれる。

たしかに，明治維新後に採用された欧化政策により西欧の近代的な家族思想，婚姻思想がいちどはわが国にも持ち込まれた。そのような事実があっても，当時の民衆の間に，慣行として存していた儒教主義の孝道や男尊女卑などの五倫八行の家族の諸徳目や村落の「いえ」に民間信仰として伝わっていた伝統的な祖先崇拝を基礎にした家族観などが日常生活の中に生きており，民衆の精神生活においてはかなりの比重を占め，

一朝一夕に消滅せしめられるようなものではなかった。このように，民衆の家族観，婚姻観のなかには新旧が混在し，相互に対立，抵抗しながら揺れ動いた。それにしても，明治政府の対応策は素早く，しかも，有効であった。したがって，当初においては，これらの新旧の観念の中に，上からの家族主義イデオロギーが持ち込まれ，これらの諸観念相互の抗争は激しく，民衆はそれらの諸観念の渦中に投げ込まれたと言ってよい。[40)

前述の八雲自身の男女・婚姻観はやや異なる[41) のだが，欧米人にはそのように映ったようである。すなわち「欧州に於ける社会組織の単位は夫婦なれども，日本に於ける社会組織の単位は親子なり。……既婚の人と雖，夫として将父として義務を尽くすよりは，寧ろ子として父母に事へ，及び祖先の霊に奉仕する義務を尽くすを重しとす。妻たる道の内にて最も重要なるは，己を抑へて舅姑に服従すること是なり。此家族及び社会関係の根底として孝道偏重主義の道徳は，国家の利益の上より大観すれば，個人性の発現を妨げ，其の発達を遏止し，延いて独創力を失はしめ，自頼心を殺ぐの結果を有して，疑ひもなく幾多の不利益を内蔵す」[42)。

尾崎紅葉『二人女房』(明治24・1891年)は，明治20年代のある下級官吏の二人の娘の対照的な結婚や生き方をテーマとした作品である。どこか西洋の小説を翻案かヒントにでもしたようなストーリーである。姉は親の勧める上級の官吏で姑のいる男の後妻となり，妹は幼なじみの職人と結婚する。

　　貞女は両夫に見えざる事になつてゐて。……どのやうにも辛抱をしろ。死ぬとも夫の家を出るなとまでに訓へられてある。……三界に家無しと諦めねばならぬ事にしてあるから。一種の居候で。また一種の終身懲役でもあらうか。

　　一家内には米塩薪炭の筆頭たる大事の品物で。家内(ホオム)の女王(クヰン)であるから内君といひ。内寶といふから寶でもある。さほど有難

くもまた尊き品でありながら。給金を貰つた例もなく。褒美を戴いた話も聞かぬ。而して居候のごとく。懲役のごとき。境界に堕とされて。花散りて空しく梅法師となり。嫁古うして姑となる頃。やうやう楽をするのでもあらうが。其頃にはもう戒名が出来てゐる。[43]

　家族観は多様だが，ここでも夫婦愛ではなく，祖先崇拝に基づく父母・家が第一という考え方が根強い。婚姻は女性にとって今日よりも重要な問題であったが，親の勧める結婚に従うことが美徳とされた。そこには，自分の理想や主張を述べる個としての発達は未成熟なものであった[44]。いわば個人は「いえ」に埋没していたのである。

　つぎに，ホウム・家庭という語が登場したのは，明治23年頃であるといわれる。前記引用の『二人女房』には，「家内(ホオム)の女王(クヰン)」とも称せられる婦人の一生のリアリズムがシニカルに述べられている[45]。舅や姑，夫それに婚家に対する務めや心がけ，また日常生活や家政についての細々とした気配りが描かれている。

　この小説が示しているように，明治20年前後に家庭の「団らんや心的交流に高い価値を置き，女性の妻・母としての家内的役割を賛美する西欧的『家庭(ホーム)型家族』が称揚される」ことになって，西欧流の家庭をモデルとして，これを模倣する近代的な新家庭論が出現したのであった。

　ところで近代の家族の価値やイメージは，イギリスの近代初期において作られたものである。「結婚生活は地上の楽園であり，夫婦の愛は神の愛に類似する……。夫婦関係は今や，ほどよくロマンティックでかつエロティックで親密なものであり，当然，豊かな満ち足りた家庭生活をもたらす」ものであったが，さらに19世紀になると，「どんなに慎ましい環境であろうと，富や快楽よりも子供たちを愛する誠実な夫と妻の結びつきがあれば，幸福はみんなの手に入るものである。愛し支えあう家庭は規律正しい幸せな子供たちを作り出し，彼らは成長するに及んで，然るべく統制された社会の市民になる」[46]と家族や婚姻は神聖化されたという。しかし理想や愛情ばかりが輝いているわけにはいかなかった。『二人女房』のリアリズムは，この近代家族

第 3 章 私的空間という装置と法 127

の価値やイメージを問い，それに影をもたらすものでもあった。

そして，家族は裏切りと苦痛と忍耐と暴力など，不安の源でもある。家庭内や人間関係におけることとして「感情を注げば注ぐほど，そして関わり合いが真剣であればあるほど，裏切られ苦しむことへの恐怖はなおさら深くなる」[47]のである。『二人女房』の世界は，時代や開化が進んだために近代的家族のような様相を呈しているとはいえ，その内部には，前近代的家族から引きずってこざるをえない，あるいは近代化のゆえにむしろ強化されるものに対する，半ば予見的な，そして閉塞的な諦念が存在すると見るべきかもしれない。

さらに，個人の形成という面における学校教育の在り方も問題であった。というのは明治および戦前の学校教育は，忠孝道徳を中心としたものであり，個人の領域へ踏み込み過ぎているという指摘がある。明治 23(1890)年には教育勅語が発布されるが，周知のように忠孝を中心としたものであり，国家が教育という面から個人の内面に大幅に関与するものであった。丸山真男はつぎのように述べている。「日本国家が倫理的実体として価値内容の独占的決定者たることの公然たる宣言であった」[48]。

すでに明治期の欧米人の目にもそのように映っていたのである。「小学校の徳育なるものは，忠信孝悌等の個人的道徳を初めとし，国家社会に尽くす道を教へ，以てあらゆる方面に徳性を涵養せんことを計るものなり」[49]と見ている。

　　日本の普通教育の方針は，国民の道徳的意識に於いて，従来の社会組織の骨子となり来れる社会的行為の標準に関する思想，及び主義を維持して国民性を存続し，同時に泰西日新の科学を輸入して智見を広め，技能を増進せしめんとするにありと謂ひ得べし。この二個の目的は種々の接触点に於て相衝突す，殊に個人性に関する東西両洋の観念の相違を調和する事に於て失敗すべし。其故何とならば，日本に於いては封建時代の専制政治の結果として個人性は抑圧を受けて萎縮凋落せるに反して，欧州の近世における教育の傾向は益々個人性を発達し奨励するの実あれ

128   第Ⅱ部　《法と文学》と法

ばなり。[50]

　このように，まず，「小学教育で，忠信孝悌の個人道徳と国家，社会に奉
仕する道たる国家道徳を同時に教えるのはあまりにも徳育の範囲が広く，西
欧では宗教の領域に入ることまでその中に含ませしめて」おり，ついで「教
育の方針においても，一方では，従来の伝統的な家族主義的儒教倫理を徳育
の方針として用いながら，他方では，泰西の近代的な科学に拠って知見，技
術の向上を図る教育をしているが，これら二つの教育目的は衝突し，矛盾す
るから，やがては，あい相違する東洋と西洋の観念を調和させることに失敗
し，個人性の発達を抑圧し，萎縮させてしまう結果になるのではないかと予
見しているのである」[51]。文字通り和魂洋才は理想ではあろうが，かならず
しもうまくいくとは限らず，とくに個人の内面や個性の発達を阻害するので
はという危惧は，今日から見てもきわめて重要である。

　しかし，当時の人たちが人間として無為な，従順な，また諦念した人たち
であったとはいわない。個々の人々が何かを主張するには，未成熟であった，
もしくは前述のようにその発展は阻害されていたといえるだろう。また，内
面にも自己の固有の領域が存在しない分，他者ことに国家による内面関与や
干渉の自由度は高かったといえよう。これはとくに精神面での国家政策に見
られる。教育面での教育に名を借りた忠孝教育はその典型例であろう[52]。
さらに戦後も画一的＝平等的取り扱いや道徳教育面での干渉や介入の実態は
存続してきた。いずれにせよ，私生活は公生活に優先され，また後者への義
務づけがあり，国民の内面や良心までが統制されることになる契機が存して
いた[53]。

(2)　主張する女

　河竹黙阿弥の戯曲『人間万事金世中』は，開化の社会や人情を描いたいわ
ゆる散切物の一つだが，フランス法を勉強したり，代言人が登場したり，遺
言が汽船で届いたりと，新開港横浜を舞台にした新時代の息吹きあふれる作
品である。福地源一郎の訳で河竹黙阿弥が書いた『人間万事金世中』は，英

国の作家 E. B. リットンの『マネー』を翻案した作品である。明治 12(1879)年 2 月末から 4 月下旬にかけて当時の一流の座である新富座で上演された。場所は横浜で，廻船問屋の主人である逸見勢左衛門は甥の恵府林之助と姪のおくらの二人を引き取って養っているが，下男下女同様にこき使っている。逸見には娘のおしながいるが，この娘は活発であり，ちょっと偽悪的に描かれている。恵府林之助は自分の乳母が病気なのでその見舞いにと借金をおしなに申し出るが，おしなは誠意がなさそうである。かわりに恵府林に好意を寄せるおくらがこの金を黙って用立てて，乳母に送ってやる。おしなは持参金さへたんとあれば，男振りには構いませんと言う。

　　　おしな「どんな醜い男でもお金のうんとあるのが好き，わたしやお金
　　にや惚れるけれど，男に惚れはしませぬわいな。」
　　　　　　　…………
　　勢左「おゝお金に惚れるは開化進歩，さてさて開けた娘だなあ。」[54]

　ここまで，ずけずけいえるのは，やはり比較的裕福な船問屋の一人娘で，わがままに育てられてきたという経緯もあろう。このように明確に自分の好みや意思をいってのける若い女性は明治中期の社会では少なかったと思われる。西洋小説の翻案であるとはいえ，そのように言わせることで台頭してくる新しい女性の姿が映し込まれているともいえる。小栗風葉の『魔風恋風』[55]に当時普及してきた袴姿に靴姿で自転車に乗って女学校へ通う行動的な若い女たちの日々が描かれているのもちょうどこの頃である。反面では，伝統的に従順で控えめな貞女・淑女のイメージ以外のものがありうることを示したのかもしれない。

　この当時では，戯画的に描かれて突出した，異端児的な，新しい女・娘たちの誕生でもあったが，文明開化の影響が人間の行動や内面までに及べば，彼女らが，やがて「男性と対等に渡り合い，自己主張をする芯の強い女性である」[56]という予感も，まんざら遠いことのようではない。

　また，明治も 30 年代になるまでは，婦人が外出することは滅多になかっ

130 第II部 《法と文学》と法

たようである。江戸ではなく，水戸の武家の婦人の話であるが，「良家の婦
人が外へ出るのは盆暮に実家への挨拶，親戚の吉凶，親の命日の墓参り，神
社の参詣くらいのもので，他にはまず出ませんでした。女の一人歩きは，主
人の顔にかかわる，はしたないこととされていた時代のこと」[57] であったと
いっている。

　その女性を家から出すことはかなり大変であったろうと思われる。どうや
ら消費，とくに消費者としての女性が登場するのが一般的になっていくのが，
日露戦争後の時期といわれている[58]。そして，それは買い物や消費という
行動ではあったが，消費することによって，自己を実現するという意味合い
ももっていたのである。

　夏目漱石の『三四郎』には，三四郎が朝湯に出かけて，そこで三越呉服店
の広告看板に気がついて，そこに描かれている綺麗な女性は，三四郎が恋心
を抱いている美禰子に似ているとするシーンがある。

　　今年は例年より気候がずっと緩んでゐる。殊更今日は暖かい。三四郎
　は朝のうち湯に行つた。閑人の少ない世の中だから，午前は頗る空いて
　ゐる。三四郎は板の間に懸けてある三越呉服店の看板を見た。綺麗な女
　が画いてある。其女の顔が何所か美禰子に似てゐる。能く見ると眼付き
　が違つてゐる。歯並が分らない。

　このように広告とそれから推測される消費生活が庶民の間にも次第に浸透
してきたものといえるかもしれない。また，美禰子は，自分名義の預金通帳
さえもっているのである[59]。そこから出金して三四郎に貸してやった。女
性といえども消費や買い物をするのが一般的になってきたことがわかる。そ
して，消費や買い物をすることに，自己の欲望や自分そのものを実現すると
いう，ある意味での主体的な行動や意識がしだいに生まれてきたのではない
だろうか。自分は何が欲しいか，何にどれくらい使えばよいかを自ら判断し，
意思決定をしなければならない。そのためには前述のように，自己評価が自
己の内に存在しなければならないのである。

第3章　私的空間という装置と法　　131

　近代化は，封建権力や社会から人々を解放し，市民社会を形成することに
よって発展してきたと説明されるが，そこでは市民には私的利益や営利の追
求をすることによって，「自己の幸福を実現しようとする資本家精神」[60] が
存在している。合理主義的な考え方とともに，個人の自由や平等などの価値
をもついわゆる個人主義の考え方が広まっていなくてはならない。自己の存
在や自我の確立をその特徴として見ることができ，「人間が独立した個人と
しての社会，国家の普遍性に優先し，この独立的個人と本来の人間の姿を認
め」[61] ることが必要であった。

　法においても法的主体としての近代的人間の確立は重要となる。主体がな
ければ権利の行使のしようがない。自己もしくは自我の確立は近代社会にお
いては避けて通れない問題である。自己には個性や性格など内面的プロセス
が必要であって，そこに普遍的な人間性や人間尊厳，個人主義といったもの
が価値として重視されるのである。

(3)　一葉と帝国大学
(A)　坂　の　上

　夏目漱石の『三四郎』には，本郷台地に位置する東京帝国大学の建物の描
写がある。

　　　銀杏の並木が此方側（こちら）で尽きる右手には法文科大学がある。左手には少
　　し退（さ）がつて博物の教室がある。建築は双方共に同じで，細長い窓の上に，
　　三角に尖つた屋根が突き出してゐる。其三角の縁に当る赤煉瓦と黒い屋
　　根の接目（つぎめ）の所が細い石の直線でできてゐる。さうして其石の色が少し蒼
　　味を帯びて，すぐ下にくる派出な赤煉瓦に一種の趣を添へてゐる。さう
　　して此長い窓と，高い三角が横にいくつも続いてゐる。

　　　　　　　　　　…… 中略 ……

　　　法文科の右のはづれから半町程前へ突き出してゐる図書館にも感服し
　　た。よく分らないがなんでも同じ建築だらうと考へられる。其赤い壁に
　　添けて，大きな棕櫚（しゅろ）の木を五六本植ゑたところが大いに好い。左り手の

132　第Ⅱ部　《法と文学》と法

ずつと奥にある工科大学は封建時代の西洋の御城から割り出した様に見えた。[62]

　台地の上には西洋煉瓦造りの建物が聳え，それは若者にとっては希望と機会のシンボルでもあった。

(B)　坂　の　下

　この帝国大学のある台地のへりである，すぐ隣の坂の下には，樋口一葉が明治23年から26年にかけて住んだ本郷菊坂町があり，その路地には住まいがあった。ここで貧困な生活を送りながら，一葉は一家を支えるために小説家を志そうとする。一葉自身は，森鴎外はじめ当時の文壇の若い人たち——彼らは書生であり，学生でもあり，菊坂の一葉の家を足繁く訪れたりした——との交流があったにもかかわらず，その作品には，書生や学生の姿や大学はほとんど出てこない。書かれた作品は，社会の底辺ないしは貧困な人々の生活や人情を描いたものが多い。作品の舞台や作風・テーマとの違いがあるとはいえ，東京帝大前の法真寺を舞台にした『たけくらべ』もあるにもかかわらず，ほとんどといっていいほど書生・学生や大学が描写されていないのは実に不思議な気がする[63]。

　政治に回路をもつことのできる階層の人々は，その意見や価値を政治に反映させることも可能である。わが国の第一回帝国議会選挙が行われたのは明治23(1890)年7月のことであった。民権史上画期的なことといってよいが，その内実は憂うるべきものであった。政治的回路をもっている，またその機会と資力がある一握りの人たちにとって議会開設は重要なことであったろう。しかし，明治23年のこの選挙を境にして，議会開設への理想や希望は，幻滅と失望に取って代わらざるをえなかった[64]。議会において自分たちの利益を擁護し，伸張させるために地主・実業家たちは，それまで支持や支援をしてきた民権論者など旧士族を中心とするインテリゲンチャーを押しのけて，自らが政治や選挙に参加し，このために地主や実業家の力や金の力が政治や議会を支配するようになったという[65]。特権的な階層にも政治に対する落

胆と失望が広まりつつあった。

　わが国最初で当時唯一の大学は明治10年に創立され，明治19(1886)年3月の帝国大学令によって東京帝国大学と改名したが，帝国大学が多くは税金から営まれたことはいうまでもない[66]。それを支えた大多数の民衆の状態はどのようなものであったろうか。たとえば明治21年9月4日の新聞記事はつぎのように描写する。

　　　彼等(平民)は身を粉にし骨を砕き僅かに租税を納むるも其の納むる所以を知らず，彼等は珠なす汗を流して辛くも露命を繋ぎ尚ほ且つ租税を絞り取らるるの苦を知るも之を訴ふるの術を知らず，彼等は片蔭に於ては鼻水を啜り汚れたる古手拭を手にして戸長様の非を口説くも，車声鱗々高帽の洋服役人を載せて田畔の里道を走り去るを見れば，恐怖低頭出る所を知らず，彼等は苦しき中に教育費を絞り出して田舎に不相応なる西洋造の学校を建てしめられ，田畝の稼ぎの手助にもと思ふる女を駆つて欧羅巴亜米利加の講釈を授けられ，而して其何の故たるを知らず，彼等は最愛の子弟漸く年頃になりて一方の片腕としも頼むべき場合，突如として兵役に徴せられ，三年の期限漸く済んで村に帰れば心と体とは別の人になりて手に鍬を持つべしともせず，口に小理窟を囀るのみ，而して親は其の何の為めたるを知らず，嗟呼彼等は無心なり罪なきなり，之に付けても最ど憐れむべきは彼等多数の平民にぞある。[67]

　近代的な制度が整う背後には，旧態のごとき大多数の人々の生活があったことがわかる。政治や社会は少数である旧武士階級によって支配されていた。明治15(1882)年頃の全国の族籍別構成によると，総人口は3670万118人で，そのうち平民は80％近くを占め，士族は実に平民の5％ほどに過ぎない[68]。大多数の農民は唯々諾々として労働するのみで，支配者は由らしむべし知らしむべからずの統治で支配しやすかったものと思われる。さらに，大多数の者は，自分たちの窮状や主張を訴えるだけの政治的回路ももっていなかったし，この当時は議会開設もまだであった。彼らは貧困や無知の中にあり，た

んに搾り取られるだけといっても過言ではない[69]。

　民衆をその生活から規律することになる民法とて，政治のごく一部で，ま
た特権的な議会でわずかに議論されただけで，一般の人々はほとんど関心を
もつこともできなかった[70]。それは政治を牛耳る「武士のつくつたわが民
法」に過ぎなかった[71]。彼らは，法や規制の対象となるだけであり，法典
論争などはるか雲の上の出来事で，それへの参加など覚束ないものであった。

　明治21(1888)年に出された「第一草案」は，とくに人事篇は男女同権の考
えに立っていたとされる。その後に寄せられた意見を考慮して法律取調委員
会は再調査案を発表したものの，当初の「第一草案」よりも後退したものに
なっていたが，修正を経て明治23年9月に元老院で可決され，枢密院の議
を経て同年10月に公布された。これが「旧民法」(明治23年民法)である。
1889年頃から民法典に関する論争が始まったが，明治24(1891)年に出され
た穂積八束の「民法出テゝ，忠孝亡フ」論文[72]などによって，民法典の内
容よりもむしろセンセーショナルな形で支配階層の家族イデオロギーが擁護
された結果，施行延期派が勝利を収めた[73]。しかも，性格上も旧民法は，
とくに身分関係の規定において明治民法(明治29年法律89号)と内容的には異
ならなかったにもかかわらずである[74]。坂の上に雲は見えても，坂の下に
は雲は沸かない。希望のもてる者と希望などもちたくとももてず，その日の
暮らしに呻吟しなければならなかった人々が大多数であった。そこには民法
典論争の虚実と危うさが存在している。

(4)　帝国のユーウツ

(A)　夏目漱石『坊ちゃん』『こころ』の私的生活

　私的生活の平穏さの侵害といえば，夏目漱石『坊ちゃん』にはいくつかの
事件があげられている。この作品は日露戦争後の明治38(1905)年以降の時代
設定だが，東京出身の「坊ちゃん」は松山中学に英語教師として赴任す
る[75]。ある晩に蕎麦屋で天麩羅蕎麦を四杯食したことが，そこに居合わせ
た中学生によって知れわたり，翌日の教室の黒板には天麩羅先生と大書され
た。また，団子事件や，温泉へたびたびゆくので手拭が湯に染まったため，

第3章　私的空間という装置と法　　135

赤手拭とからかわれた。東京から来た新人教師に若い中学生たちが興味を
もっているという図でもあるのだが、当人は「一時間もあるくと見物する町
もない様な狭い都に住んで、外に何も藝がないから、天麩羅事件を、日露戦
争のように触れちらかすのだろう」と憤慨している[76]。狭い土地に住んで
いると何事も知れ渡ってうるさいものだと、プライバシーのなさに閉口して
いるのである[77]。

　つぎに、私有地への無断侵入(住居不法侵入)またはプライバシーの侵害の例
が漱石の『吾輩は猫である』にもいくつかあげられている。夏目漱石がロン
ドンから帰京して、千駄木の家に引っ越したのは明治36(1903)年3月であっ
た。その頃の実話が元になっていると思われるが、隣の私立落雲館中学の生
徒たちが、境に垣根がないために、空き地に侵入したり、話をしたり、また
ゴミを散乱させたりなどの行状があげられている。

　争いの元は曖昧な境界であり、自己の私的空間の確保である。つぎの記述
は自己の所有地や占有地の物理的境界に関する個人の意識であるが、より広
く私的空間の在り様についてもあてはまるものとして読んでもいいであろう。

　　　彼[＝猫の主人である苦沙彌先生──引用者]は垣は踰ゆべきものにあらず
　　との仮定から出立して居る。苟も学校の生徒たる以上は如何に粗末の垣
　　でも、垣と云ふ名がついて、分界線の区域さえ判然すれば決して乱入さ
　　れる気遣はないと仮定したのである。次に彼は其仮定をしばらく打ち崩
　　して、よし乱入する者があつても大丈夫と論断したのである。四つ目垣
　　の穴を潜り得る事は、如何なる小僧と雖も到底出来る気遣はないから乱
　　入の虞は決してないと速定してしまつたのである。

そして、さらに隣の中学の生徒のボールが庭に飛び込んでくる。

　　「貴様等はぬすつとうか」と主人は尋問した。……
　　「いえ泥棒ではありません。落雲館の生徒です」
　　「うそをつけ。落雲館の生徒が無断で人の庭宅に侵入する奴があるか」

136　第Ⅱ部　《法と文学》と法

　　　　……
　「ボールが飛び込んだものですから」
　　　　……
　「以後注意しますから，今度丈{だけ}許して下さい」
　「どこの何者かわからん奴が垣を越えて邸内に闖{ちんにゅう}入するのを，さう
容易{たやす}く許されると思うか」[78)]

　物理的と精神的とを問わず，私的空間をより確保し，安心するためには，
垣根に加えて，より強固な手段である法的な後ろ盾が必要となるのである。
しかし，そこにはなお超えなければならない「心の平安」の問題も生じるの
である。

　　　去ればと云つて人間だものどこ迄積極的に我意を通す事が出来るもの
　　か。西洋の文明は積極的，進取的かも知れないがつまり不満足で一生を
　　くらす人の作った文明さ。日本の文明は自分以外の状態を変化させて満
　　足を求めるのぢやない。西洋と大に違ふところは，根本的に周囲の境遇
　　は動かすべからざるものと云ふ一大仮定の下{もと}に発達して居るのだ。
　　　　　　　　　　…… 中略 ……
　　　只出来るものは自分の心丈{だけ}だからね。心さへ自由にする修業をしたら，
　　落雲館の生徒がいくら騒いでも平気なものではないか……[79)]

　また，漱石自身が向かいの下宿屋に向かって叫ぶ事件が起こった。この家
の向かいには下宿屋があり書生・学生たちが住んでいた。そこの二階の部屋
から通りを挟んで漱石自身の書斎が見下ろせる格好になっていた。このため
か学生たちが音読したり，友人と話したりしていると，漱石は自分の方が覗
かれて監視されていると思い込んだらしく，毎朝「おい，探偵君。今日は何
時に学校へ行くかね……」と叫んでいたという[80)]。洋行帰りの漱石にはノ
イローゼなどの病的症状もあって，近隣の騒音や覗かれているという意識の
ために私的空間の侵害や確保に過敏に反応した時期でもあったようだ。

第3章　私的空間という装置と法　　137

　さらに，漱石の『こころ』にも，下宿人であった私(後の先生)と，下宿先
の奥さんと娘の三人が，日本橋の呉服店に出かけて反物を購入する場面があ
り，ちょっとしたプライバシーが問題とされている。こちらは日露戦争後の
時代設定であるが，下宿人の私とそこの娘が将来の結婚を前提としたような
買い物であった。

　　奥さんは自分一人で行くとは云ひません。私にも一所に来いと命令す
　るのです。お嬢さんも行かなくてはいけないというのです。今と違つた
　空気の中に育てられた私共は，学生の身分として，あまり若い女などと
　いっしょに歩き廻る習慣を有つてゐなかったものです。
　　　　　　　　　　……　中略　……
　　三人は日本橋へ行つて買ひたいものを買ひました。買ふ間にも色々気
　が変るので，思つたより暇がかゝりました。奥さんはわざわざ私の名を
　呼んで何うだらうと相談をするのです。時々反物をお嬢さんの肩から胸
　へ竪に宛てゝ置いて，私に二，三歩遠退いて見て呉れろといふのです。
　私は其度ごとに，それは駄目だとか，それは能く似合ふとか，兎に角く
　一人前の口を聞きました。
　　　　　　　　　　……　中略　……
　　月曜になつて，学校へ出ると，私は朝つぱらそうそう級友の一人から
　調戯はれました。何時妻を迎へたのかと云つてわざとらしく聞かれるの
　です。それから私の細君は非常に美人だといって賞めるのです。私は三
　人連で日本橋へ出掛けた所を，其男に何処かで見られたものと見えま
　す。81)

　未亡人の奥さんとその娘，そして下宿人の私が楽しそうに買い物をしてい
る図式であるが，友人にはそのように見えたのであった。「私」も友人にそ
のようにからかわれてまんざらでもないというような気持ちもあったかもし
れない82)。ひるがえって，どこへ誰と出かけて何をしたかは，むろん今日
では個人のプライバシーに属するといえるが，若い者同士ではそのような遠

慮はないもののようであったのかもしれない。この点は今日でもあまり変わらないところだろう。

　自立する知識人の苦悩は依って立つべきところ，つまりより内面的な私的空間の確保にあるともいえる。一例として夏目漱石の場合を取り上げるが，この問題は森鴎外などにも見られる。夏目漱石にとっては，明治文化は「蛙が牛を呑むように」日本が西洋の文明を無理矢理取り入れようとして，また，それに追いつこうとして，駆けめぐった時代として見える。また漱石はほぼ一貫して，当時の知識階級を作品の素材として扱っている。

　漱石は，「西洋文明の圧迫によって生じた国民生活の精神的空白という現象を，その代表者である知識階級の倫理の問題としてはっきり捕らえ」[83]たのである。彼は"人の借着をして威張っている"内心の不安と向き合わなければならなかった。そのために，

　　　一口でいふと，自己本位といふ四字を漸く考へて，其自己本位を立証する為に，科学的な研究やら哲学的の思索に耽り出したのであります。

　　　　　　　…… 中略 ……

　　　私のこゝに述べる個人主義といふものは，決して俗人の考へてゐるやうに国家に危険を及ぼすものでも何でもないので，他の存在を尊敬すると同時に自分の存在を尊敬するといふのが私の解釈なのですから，立派な主義だろうと私は考へてゐるのです。

　　　　　　　…… 中略 ……

　　　個人の幸福の基礎となるべき個人主義は個人の自由が其内容になつてゐるには相違ありませんが，各人の享有する其自由といふものは国家の安危に従つて，寒暖計のやうに上つたり下つたりするのです。……国家が危くなれば個人の自由が狭められ，国家が泰平の時には個人の自由が膨脹して来る，それが当然の話です。[84]

　ここでいう，個人や自我など主体の問題が，法的な主体と一致するわけではないが，法的主体が前提にしているという点では重要である。すなわち，

主体や自己を意識することは，物理的な空間であれ，抽象的・社会的な空間であれ，自己の領域や領分を意識することになる。上掲の漱石の場合は自己本位と国家との関係を何とか調和させることに腐心したのである。主体の確立は，権利者として目覚めたり，権利行使や自己を主張する，自己の領域を主張する基本的な前提となるのである。

　自己の確立とそれへ配慮する社会のシステムは一朝一夕には形成されない。また，そこには，よく指摘されるように，わが国の特殊な事情も存在しているのである。個人や市民を作る方向に展開していくべきところに，明治国家は，封建的なものと争いながらも，それから脱却できず，為政者たちの統治意思にかなう都合の良いものは，温存させて，これを人々に押しつけたのである。ようやく伸びようとする個性や個人への目覚めは国家との関係においては変質し，また苦悩する個人は引き裂かれなければならなかったのである。そうした事情はつぎのように指摘されている。

　　わが市民社会において，明治維新は封建制度の重要な根幹であった身分制度を撤廃し，人間的自由と平等とを名目的に実現したが，なお絶対主義王政が支配し，立憲君主政となってからも，市民的なものは封建的なものと争い・かつ妥協しながら成長していった。経済的に市民階級は勢力を伸長し，資本制生産を強力に推進せしめていったが，なおそこに封建的な家父長的雇傭関係を残存せしめ，家族関係も経済的には金銭関係に次第に還元されていったにもかかわらず，そういう矛盾を藏しながら家族的個人主義としての家族主義が持続され，家族から個人が完全に解放されたわけではなかった。政治的に，あるいは法律的に，この家族主義を初めとする封建的色彩が多分に温存せられ，その基礎の上に封建的な儒教倫理が蟠踞し，立憲君主政も根を下ろしていた。これこそ昭和年代に入り，市民階級の発展が行き詰りに逢着したときに，この封建的関係を基礎とする絶対主義がファシズム的支配を可能ならしめていった根拠である。[85]

140 第II部 《法と文学》と法

さらに，ポストモダンの視点からは，「近代性とは，たとえば真実とか理性とか科学とか進歩とか普遍的な解放といった，啓蒙主義よりこのかた，近代思想の特徴としてみなされてきたものをめぐる大きな物語のことである」[86]。その中での私的空間をめぐる苦悩が存在するといってよい。

(B) 雪の塩原心中未遂事件

　明治41(1908)年3月21日から24日にかけて，夏目漱石の弟子で，妻子ある森田草平と，後に青鞜社を創設した平塚明子(はるこ，後の，らいてふ)が，塩原で心中未遂事件を起こした。当時の若い男女の生き方を示す，また知識階級における一種のスキャンダルとして，当時の世間の耳目を集めた事件であった。平塚は，日本女子大を卒業した後で，読書会(「金葉会」)のメンバーの一人で，森田はその講師の一人であった。両者はいわゆる閨秀文学会での知り合いであった。平塚明子は会計検査官吏の娘であった。幸いに未遂に終わったのだが，この事件は当時のプライバシー感覚を示している。しかし，この事件をプライバシーの問題として取り上げる者はほとんどなかった[87]。なお，『三四郎』の"美禰子"は平塚明子がモデルだともいわれている。ただ，この心中未遂事件の後でも，夏目漱石と平塚明子が直接会った記録はなく，森田から聞いた印象でモデルが作り上げられたのだという[88]。

　平塚明子のプライバシーが新聞報道によってスキャンダルとして扱われている。このため事件後，母親光沢(つや)は，漱石宅を訪れ，小説としての掲載の断りを入れるも，漱石に押し切られてしまう。漱石は，この男は今では書くほかに活きる道がない。活きることは人間に許された最後の権利であると擁護し，正当化したという[89]。そして，森田の小説『煤煙』は，翌明治42年1月1日より「東京朝日新聞」に連載が開始された。

　平塚明子にも活きる権利はあるはずだが，モデル小説によってさらに苦痛を被り，また多くの機会を喪い，好奇の目にさらされるのである。漱石サイドからの発言などでは，「漱石には，森田草平の場合のように，身を挺して弱い者を庇ってやる，親切と勇気はあった」[90]といわれており，弟子の森田草平の方が"弱い者"となっているようにもとれる。また，この事件につい

て書かないという平塚家と森田との約束もその後遵守されなかった。

　個人の自律や内省が存在していてもそれだけで行動の自由や私的空間・プライバシーを互いに尊重したりすることになるわけではなかった。当時の社会全体としては，まだ相互に監視的であり，詮索的なシステムや“眼”・“耳”が存在していたのである。これらに対抗する装置として他者の介入を嫌う行動の自由への配慮や私的空間・プライバシーへの要請がようやく意識されはじめた時期といえるのではなかろうか[91]。

3　私的空間という装置

(1)　富と権利

　明治中期の東京の下層民の生活実態をルポルタージュした松原岩五郎『最暗黒の東京』によると，妻子ある者は裏店で世帯をもっているが，労働仲間の二，三人を同居させていることもあるという。独身者は部屋頭が住居を貸し与えて，「天井を張らざる二階の十畳あるいは十二畳の広間に五人ないし七，八人くらいを同居せしめて」[92] いるという。妻帯者で家を構えている者はまだしも，広間に数人が雑居している個人の場合には私的空間やプライバシーはほとんどないといってよい[93]。

　つぎもやはり，明治中期の東京の長屋生活を描写したものである。

　　　同じ新開の町はづれに八百屋と髪結床が庇合のやうな細露路，雨が降る日は傘もさゝれぬ窮屈さに，足もととては處々に溝板の落し穴あやふげなるを中にして，両側に立てたる棟割長屋，突當りの芥溜わきに九尺二間の上り框朽ちて，雨戸はいつも不用心のたてつけ，流石に一方口にはあらで山の手の仕合は三尺斗の椽の先に草ぼうぼうの空地面それが端を少し圍つて青紫蘇，ゑぞ菊，隠元豆の蔓などを竹のあら垣に挧ませたるがお力が處縁の源七が家なり，……

　　　　　　　……　中略　……

　　おゝ左様だと思ひ出したやうに帯を解いて流しへ下りれば，そゞろに

昔しの我身が思はれて九尺二間の臺處で行水つかふとは夢にも思はぬも
の，ましてや土方の手傳ひして車の跡押にと親は生つけても下さるまじ，
あゝ詰らぬ夢を見たばかりにと，……94)

「九尺二間」とは長屋のことを指すこともあるが，六畳間の広さくらいを
いう。そのうち一畳半分が土間，四畳半に一家が居住する。畳が敷いてある
のはそのうち二，三畳分で，板の間で内職をする95)。四畳半一間きりなの
で，各人のプライバシーはほとんどない。お風呂も行水で済ませているが，
それも土間でである。

　貧困な下層民には，住居の環境や構造から見てもプライバシーが保障され
る立場になかった。また，誰もプライバシーを求めようとも思わなかっただ
ろう。さらに，家族間のそれもすべて見通せるものであった96)。経済学者
の T. ヴェブレンは『有閑階級の理論』の中でつぎのように見ている。「同
じ差別の派生的な結果として，人々は自らの個人的な生活を監視の目から守
るという習慣を身につける。……こうして，産業的に発展した大部分の共同
社会では，個人の家庭生活は，一般的に排他的なものになる。したがってま
た，かなり間接的な派生物ではあるが，プライバシーと遠慮という習慣──
あらゆる社会の上流階級がもつ礼儀作法の規範体系(コード)のなかでも，き
わめて重要な特徴──が生じることになった」97)。このように，ヴェブレン
も富の蓄積とほかの階級との差別化から自分たちを"隠す"必要が生まれた
ことを指摘している。

(2)　反蓄妾キャンペーンとスキャンダル報道

　「万朝報」紙は，明治31(1898)年7月7日から9月11日にかけて490名に
ものぼる，当時の名士たちの蓄妾を批判するキャンペーン記事を掲載した。
同社は，明治25(1892)年11月1日に黒岩涙香によって創刊された新聞社で
あるが，ゴシップ報道や政界など権力者のスキャンダル(醜聞)を熱心に追及
したことがある。数の上からも各界の多方面に渡っているが，政治家では犬
養毅や大江卓ら，また民法起草者の一人であり，当時法制局主官であった梅

第3章　私的空間という装置と法　　143

謙次郎らの名があがっている(明治31年7月8日付)。大体において妾の名前，年齢，出身やいきさつが簡略に記されている。陸軍軍医総監でもあった森鴎外もあがっている。ほかにも弁護士や実業家など当時の著名人の名が連なっている。しかし，これらの当事者たちに対する反響や社会的影響についてはあまり検討がない。この蓄妾批判キャンペーンの動機は，第一に，「万朝報」の記事によると，やはり一夫一婦制や家庭のモラルにもとる行為がずいぶん大っぴらになされていることを公知するためになされたものである[98]。すでにこの時期は旧刑法・旧民法制定の前後であるが，「法律は一夫一婦を制定すれども，社会の習慣は多妻主義の実況に制裁を加へざるなり」といった状況であった[99]。第二に，蓄妾が可能な夫・男性の層は，一般に余裕のある金持ちであり，その意味では富裕層を批判するねらいもあったといえよう。ただ，妾契約がどのようなものとしてなされたか，違法な点はないかなどに踏み込んでいれば，さらに影響は大きかったかもしれない。

　第三に，「万朝報」のこのキャンペーン・新聞報道を，その後にまじめに検討したものは今のところないようだが，それは，これらの一連の記事がくだらないゴシップ記事と見なされているためか，あるいは，いわゆるイエロー・ジャーナリズムの類と見なされているためであろうか。いずれにせよ，プライバシーや報道の自由などの観点からは興味深い記事であるといえよう。なお，このキャンペーンで，私生活を暴露され，苦痛を被ったとして訴訟を提起したという話や，新聞社にクレームを付けたという話は，寡聞にして聞かない。

　ちょうど時期を同じくして，アメリカではやはり新聞などによるスキャンダル記事や報道から個人を守るためにプライバシーを法益として承認すべきとするS. ウォーレンとL. ブランダイスの論文が出された。

　　新聞は，妥当かつ礼儀に適った明確な境界線を，あらゆる分野において踏み越えている。ゴシップは，今や怠惰で不道徳な記事で充たされているばかりではなく，厚かましさと勤勉さを売物にする商売になっている。読者の野次馬的な嗜好を満足させるために，性的関係が日刊紙のコ

144 第II部 《法と文学》と法

ラムの中で詳細に報道されている。怠惰を穴埋めするために，コラムというコラムが退屈なゴシップで満たされている。しかし，そのゴシップは，家庭内部に侵入することによってのみ獲得されるものなのである。文明の発展に伴う生活の緊密化と複雑化は，人々に，世間からの避難所の必要性を感じさせている。そして，文化の変転絶えざる影響の下で，人々は世間の目にさらされることに対してより敏感になり，孤独とプライバシーとが個人にとって一層本質的に重要なものとなってきたのである。しかし，現代の企業発展と技術革新の進歩は，プライバシーへの侵入を通じて，個人に精神的苦痛や苦悩を与えてきたのである。この苦痛は，肉体的な傷害によって生み出されるものよりもはるかに大きなものである。のみならず，プライバシーの侵害による苦痛は，新聞雑誌およびその他の企業によって，侵害の対象とされた人だけにとどまらない。ここにおいては，他の商業部門と同様に，供給が需要を生み出すのである。醜悪なゴシップの生産物は，収穫された後により多くの種子となり，その撒布の割合に直接対応して，社会的基準および道徳の低下を引き起こす結果を導くのである。[100]

　彼らが主張しているのは，つぎの点である。①新聞は，故意に，読者の嗜好の品性を落としめようとしている。②新聞が掲載しているゴシップは，肉体的な傷害よりもはるかに重大な苦痛をゴシップの対象とされた人々に与えている。③ゴシップが提供されればされるほど，読者の需要は高まる。④ゴシップ・コラムを読むことは，知性と道徳の水準を低下させる[101]。
　当時のわが国でプライバシーや私的空間への要請はどうであったか。近代化する中で支障になるのは，当時のわが国の社会に習俗や慣習あるいは制度として事実上公認されていた妾の存在であった。明治初年の啓蒙思想家たちによって一夫一婦制に基づく対等な夫婦からなる家族を理想とする新しい家族ないしは夫婦論が提唱されていた。このため妾の存在を公認する社会や国家は，「地球上ノ一大淫乱国」と酷評された[102]。
　明治3(1870)年の「新律綱領」の「五等親団」には夫から見て妾は妻と並

んで二等親とされた。また明治 13(1880) 年までは改定律例などの刑事法典には，妻妾とも身分が規定されていた。武士では妾は嗣子確保の面，町家では蓄妾の奢侈の面があった。また妾には情欲の対象としての面が存在するが，これは元老院会議や福沢諭吉や森有礼など啓蒙思想家からも「淫乱放逸」「卑賤」などと批判された[103]。

　山川菊江は，とくに武家社会では妾が家の存続・継承のために必要とされた旨を書いている。「性道徳そのものが今日とは違っていたので，形式的には一夫一婦であっても，妾という名で，事実上の一夫多妻が認められていたのでした」[104] という。

　家父長制の強化は，父親・男子の権力強化と女子の無力化・差別化という形で登場したが，個人の自律性への願望をも抑圧した。個人の意思は，集団としての家(イエ)や他者(国，社会なども含めた)の利害関係や願望に従うよう求められた[105]。家庭内権力を一種のゼロサム・ゲームであると考えると，家長や父そして男子に権力が集中していると，妻や子の自律性はごくわずかなものかゼロに近い。父や他者から何らの束縛を受けない自我充足の追求は，個人の幸福追求であるが，そうした個人としての要求は家族の維持・家産の継承などをはじめとする公共的利益に従属されることになる。

(3)　私的空間(プライバシー)という法益の誕生と移入

　人はなぜ自分(の情報)を隠し，またなぜ他人を詮索するのか。私的空間あるいはプライバシーはどのように必要とされ，どのように発展したのか。イギリスでプライバシーの要求が出現しはじめたのが 17，18 世紀の上流階級においてであったという。それ以前の社会ではプライバシーは存在しなかったのである。それは性的プライバシーを守るための物理的な隔離から始まった。それまでの邸宅の内部は大きな部屋が連続しているものであり，他人の部屋を通り抜けて移動するよりほかなかった。17，18 世紀になると，廊下が設けられて部屋は細分化されて物理的なプライバシー空間が生まれた。また下層ヨーマン層・商人層にもこの建築上の様式は広がっていった。さらに農民や小売商人・職人たちの間でも徒弟や未婚の賃金労働者たちは親方の世

146　第II部　《法と文学》と法

帯から離れ，自由を求めるようになると，親方の方もより大きなプライバシーを得たのである[106]。プライバシーを要求する動機は，エラスムスなどの人文主義者らによる礼儀（シヴィリティ）やジェントルマン・レディたちが自己を他者と区別する文化を創り出すための繊細さ（デリカシィ）とがあったという。

　このようにプライバシーの出現は，まず物理的プライバシーつまり隔離にあった。さらにプライバシーが人格的利益や人格的権利として法的にも承認されるために，人間の尊厳・個性，愛情・友情・信頼や精神的健康などさまざまな根拠づけが試みられて説明されてきた[107]。

　わが国では明治および戦後そして今日まで，婚姻は家同士の結びつきという形をとっていた。他家から来る嫁は婚家先の家族共同体のメンバーによって承認された者・相手でなければ，婚姻は成立しがたかった。そこには今日の個人同士の自由な意思に基づく合意によって婚姻が成立するという考え方や制度とは大きな開きがある[108]。多くの場合，配偶者は家族共同体によって選ばれたのである。

　なぜ，そのような家父長的，あるいは干渉的な家（制度）であったのだろうか。経済学者の G. ベッカーによれば，家や家族共同体の評判はそれに属するメンバーの幸福や，生活したり，出世したりする上での機会に大きな影響を与えた。このために，家族共同体の評判を落とさないように，家族共同体の各メンバーの行動を仕向けたり，また，それらを監視したりしていたのである。この結果，家族共同体はそのメンバーのプライバシーに介入したり，侵害することになるのである[109]。

　個人が自由にある意思決定をしようとするとき，家との間で利害が対立することはよくあるが，明治期の場合はそれから生じる苦悩ははるかに大きくて強いものがあったと想像できる。これらの例に事欠かないが，婚姻の際の若い女性の苦悩やトラブル，また社会運動に参加する場合にはよく見られたのである。

　旧武士の家にとっては，後継者がいることは祖先崇拝とも絡んで重要であった。『不如帰』の姑は，軍人である一人息子の嫁（浪子）が結婚後ほどな

くして肺結核という不治の病に罹ったことによってその期待が望めないことをもって，離縁しろと迫るのであった。

　「なぜ？　なぜもあッもんか。妻の肩ばッかい持って親のいう事は聞かんやつ，不孝者じゃなッか。親が育てたからだを粗略にして，御先祖代々の家をつぶすやつは不孝者じゃなッか。不孝者，武男，卿は不孝者，大不孝者じゃと」
　「しかし人情──」
　「まだ義理人情をいうッか。卿は親よか妻が大事なッか。たわけめが。何いうと，妻，妻，妻ばかいいう，親をどうすッか。何をしても浪ばッかいいう。不孝者めが。勘当すッど」[110]

　上の『不如帰』は，戦前の「イエ」制度を象徴する典型的な例としてよくあげられる[111]が，不治の病気という不可抗力にもかかわらず，あるいはそれゆえに，姑がなお家族共同体の名誉とその維持を監督・監視しているという面が存在する。かりに息子の武男が不治の病に罹った場合には姑はじめ嫁や家の立場はどうなるのか。この作品が示しているように，嫁してきた妻に対する一方的な処遇が容易に想像されるのである。近年の女性学では，近代化がかならずしも女性を解放するのではなく，むしろ近代家族に拘束するプロセスでもあったことが指摘されている[112]。
　つぎに，作家北村透谷の友人で民権家であった大矢政夫は，明治18(1885)年8月に後の大阪事件として発覚する謀議に呼び出されて，資金調達のために犯罪行為(強盗)を決行するように促されるが，数日にわたって煩悶・苦悩したことが記録されている。「上は祖先の霊を辱め，下は子孫に拭うべからざるの汚辱を加ふ，嗚呼是を忍ぶべからざるか」[113]。色川大吉の研究によれば，「『祖先の祭りを絶やし，子孫に消しがたい汚辱を残す』『家』の共同体の破壊は，自分の死によっても代えがたい苦しみだという点に帰着している」という[114]。また，戦前戦後を問わず社会運動や左翼運動に携わった者たちにも，またいわゆる転向問題にしても，家族共同体との何らかの軋轢は

148　第II部　《法と文学》と法

見られた。このように家の評判に今日よりもより高い価値を置いていた社会
や時代が存在していたのである。このために，犯罪行為や家名を毀損するよ
うな行為はむろんとして婚姻の相手の選択など評判を低下させるような日常
的な行動や機会に対しても家族共同体の監視や干渉が大きく存在していたと
見ることができる。

　個人が自分の望むところを，家族のほかのメンバーに気兼ねせずに自由に
行動するようになり，また，自分が気に入った相手と婚姻するようになって
くると，家族の内部においては私的空間やプライバシーが次第に増加してく
る。私的空間が価値あるもの(財)として認められてくると，私的空間を保持
する利点や便益と，家族内における非行や望ましくない行動を減少させるた
めにメンバーのプライバシーを侵害することによる便益とが比較されること
になる115)。この見方をさらに家族から広く社会に拡大して適用すると，社
会における犯罪行為や不法な行為を検知するより効果的な技術やシステムが
確立されれば，個人の私的空間への要請は次第に強くなることが考えられる
のである。

　なお，プライバシーとは私的空間を保障することだが，これはたとえば家
庭生活でのプライバシーが家庭の幸福を高めたり，家族の絆や癒やしを深め
たりするばかりではなく，むしろ，家族のメンバーの肉体的また精神的苦痛
や虐待を密かに隠す面があることも次第に明らかになりつつある116)。

　　　幸にして自然は緩和剤としての歇私的里(ヒステリ)を細君に与へた。
　　発作は都合好く二人の関係が緊張した間際に起つた。健三は時々便所へ
　　通ふ廊下に俯伏になつて倒れてゐる細君を抱き起して床の上迄連れて来
　　た。真夜中に雨戸を一枚明けた縁側の端に蹲踞つている彼女を，後から
　　両手で支へて，寝室へ戻つて来た経験もあつた。
　　　そんな時に限つて，彼女の意識は何時でも朦朧として夢よりも分別が
　　なかつた。瞳孔が大きく開いてゐた。外界はたゞ幻影のやうに映るらし
　　かつた。117)

第3章　私的空間という装置と法　　149

　洋行帰りの大学教師らしい夫と身重の妻それに幼子二人のいわゆる核家族において，夫との日常的な諍いとお互いの軽い侮蔑，それに妊娠という生理的変化から，女はヒステリー症状を呈している。これらは家庭という家の中のプライバシーとして，第三者が垣間見ることはできないし，それに無関心でさえある。このように，プライバシーの出現と尊重は，かえって家庭内における不和，苦痛，暴力といったものを隠蔽する作用や機能を併せもっているのである。なお，M.フーコーによれば，「女の身体のヒステリー化」は三重のプロセスを経てなされるという。一つは社会集団によって，つぎに家族の空間それに子供たちの生とによってである。「《母》というものが，その否定的＝陰画的イメージとしての『神経質な女』と共に，このヒステリー化の最も目に見える形を構成するのである」という[118]。

お わ り に

　明治社会は近代法化の中の端緒にあるが，まだ私的空間ないしはプライバシーを必要とする段階にはなかった。ただ，それを必要とする胎動の中にはあったといえよう。第一に，国家も社会も，まだ名誉や復讐という観念にたぶんに色濃く覆われており，自分たちの力や社会規範に基づく相互監視が効いていた。このために，私的空間の余地はあまり存在しなかった。第二に，個人という主体は，まだ未成熟であり，自ら私的領域や空間を主張するレベルにはなかった。教育は，個々の個性や自律よりも国家や親などへの従順を強調していた。第三に，法とくに国家法による規律はまだ弱かった。その反面，慣習や伝統的生活規範など社会規範による規律の方が大きかったといえる。たとえば，碧海純一はつぎのように述べている。「この型の集団［＝共同社会（ゲマインシャフト）──引用者］においては，伝統，習俗，ゴシップ，嘲笑，非難などのようなインフォーマルな，非制度的な統制手段が非常に有効であり，法の役割はそれだけ軽いのが普通である」[119]。これまでの検討に見たように，明治社会は，とりわけ私的空間やプライバシーの社会的要請，そしてそれに引きつづく法的保護はまだ見られない。まだ社会規範の規律が十分に

効いている社会ではあるが，次第にこれが弱まってきているといえよう。また，私的空間やプライバシーを認めることは逆に社会規範の遵守を弱めることにつながるのである。社会規範やそれによる規律が曖昧になり，また弱まってくると，人々を監視する膨大な国家法システムや規律が必要となる[120]。明治社会は，この近代法による支配の確立と整備の過程の中にあったのである。

　さらに，碧海は，法制度が整備され，法の役割は必然的に増大するが，そうなれば「国家的統制の過剰とそこから生ずる市民の個人生活への圧迫をもたらすが，こうした副作用に対する対策それ自体が，やはり新しい法技術を要求するということも，また見逃せない」[121] としている。明治期よりはるかに私的空間やプライバシーが尊重される社会になった現代では，この私的空間・プライバシーを突き抜けたり，透視する新たな道具が出現しているのである。最近では盗聴装置や店内・街頭の監視カメラなどの技術の発展に加え，法律面でも不正アクセス禁止法(2000年)や通信傍受法(犯罪捜査のための通信傍受に関する法律(1999年))など私的空間を暴く法も増加しつつある。暴いたり，また隠したりする法もさらに増大する過程をたどるのである。

　おわりに，「法と文学」は生活様式や倫理・道徳，性・ジェンダーなど，多様でかつ広範な視点やナラティヴ・語りを利用することによって法がもっている価値や正義の意味をより明らかにすることができる。そうすることで法を新しくする，つまり法の新しい見方を提供するものである。このように「法と文学」は法がもっているほかの可能性を明らかにすることができ，また，法が表現しようとしていることを別の表現で示すことが可能である[122]。「法と文学」は，法のたんなる言い換えの形式ではなくて，法を現実の社会・生活という社会的文脈(コンテクスト)の中に置くことによって法を脱構築するものである。むろん，法による社会的・法的問題の解決が法の内部にあるものだけで解決可能であれば問題はないのだが，法そのものが言語的形式をとっている点から見ても，それには限界や困難がつきまとっているのである。

　ここでは，文学の古典の中に法がどのように描かれているか，また用いら

れているかを研究することによって，私たちは法規範や法律学(ジュリスプルーデンス)の性質それ自体についての洞察を得ることができた[123]。むろん法律の論文ならば，制定法や判例それに学説などを対象とするのが一般的である。しかし，とくに判例や学説もない時代の法概念やシステムを扱うときには，当時の新聞や記録文書はむろん，フィクションであるとはいえ同時代の小説作品など文学テクストに依拠せざるをえないのである。

(注)
1) イザベラ・バード『日本奥地紀行』(高梨健吉訳，平凡社ライブラリー，2000年)，86頁。同様に米沢の小松では，宿屋の向かいの屋根に群衆が登って彼女の部屋を眺めていたという(同上，216頁)。
2) 小泉八雲『知られざる日本の面影』，ただし引用は前田愛『近代読者の成立』(岩波現代文庫，2001年)，169頁によるが，詳細な出典は示されていない。なお「子供の精霊の-潜戸」(落合貞三郎訳)『知られぬ日本の面影・上』(第一書房，大正15年)，267頁，とくに285-290頁には，宿に滞在中に多数の村人たちから覗かれた記述があるが，ハーンは不快感を示してはいない。
3) 「宴のあと」事件の東京地判昭和39.9.28下民集15巻9号2317頁はプライバシーをつぎのように定義した。「公開された内容が(イ)私生活上の事実または私生活上の事実らしく受け取られるおそれのあることがらであること，(ロ)一般人の感受性を基準にして当該私人の立場に立った場合公開を欲しないであろうと認められることがらであること，換言すれば一般人の感覚を基準として公開されることによって心理的な負担，不安を覚えるであろうと認められることがらであること，(ハ)一般の人々に未だ知られていないことがらであることを必要とし，このような公開によって当該私人が実際に不快，不安の念を覚えたことを必要とする」。
4) L.ストーン『家族・性・結婚の社会史──1500年―1800年のイギリス』(北本正章訳，勁草書房，1991年[原著は1979年])，205頁は17，18世紀からとしている。法的な保護が表明されたのは，Samuel Warren & Louis Brandeis, "The Right to Privacy", 4 Harv. L. Rev. 193 (1890)である。
5) 郵便報知新聞明治10年3月28日「戦地直報第二回　犬養毅郵寄」。なお，原文「戊辰の復讐戊辰の復讐」に白丸傍点あり。
6) 石光真清『ある明治人の記録──会津人柴五郎の遺書』(中公新書，1971年)，114-119頁。
7) Jon Elster, "Norm of Revenge", 100 Ethics 862, 884 note 65 (1990).
8) John Rawls, *A Theory of Justice*, 440 (1971).
9) 『ペルリ提督日本遠征記(四)』(土屋喬雄・玉城肇訳，岩波文庫，1968年)，30-31頁。また，ペリーの通訳官として日本遠征に随行したウイリアムズはすでにマカオや中国

152 第II部 《法と文学》と法

での生活の経験もあったが，やはり裸同然で往来を歩き，婦人は胸をはだけたり，混
浴の銭湯へ通うなど「私が見聞した異教徒諸国の中では，この国[日本・下田のこと
——引用者]が一番淫らかと思われた」と記した(S. W. ウイリアムズ『ペリー日本遠
征随行記』(洞富雄訳，雄松堂書店，1970年)，303頁)。

10) E. S. モース『日本その日その日1巻』(石川欣一訳，東洋文庫，1970年)，89-90頁。

11) 永井荷風「すみだ川」同『すみだ川・新橋夜話』(岩波文庫，1987年)，30頁。

12) 朝野新聞明治22年11月17日。新政府による「最初の管理方式」であった条例は，
明治9年には1万960人の処罰者を見た(小木新造「解説(一)」『日本近代思想大系
23巻・風俗　性』(岩波書店，1990年)，468頁，470頁)が，その実効性については，
神谷力「地方違式詿違条例の施行と運用の実態」『手塚豊教授退職記念論文集・明治
法制史政治史の諸問題』(慶応通信，1977年)，165頁；山崎晶「明治初年大阪での違
式詿違条例の受容」社会学評論224号(2006年)，915頁；尾佐竹猛「改題」『明治文
化全集13巻』(日本評論新社，1957年)，15頁参照。

13) 荻野美穂「性差の歴史学」思想768号(1988年)，82頁。

14) 明治4年11月29日東京府達。

15) 「明らかにこれ[＝明治初年の混浴禁止——引用者]は混浴の風俗を外国人に見せた
くないという政府の配慮を反映している」(ヨコタ村上孝之『性のプロトコル』(新曜社，
1997年)，144頁)。

16) 荻野「性差の歴史学」(前注13)，82頁。また，ひろたまさき『文明開化と民衆意
識』(青木書店，1980年)参照。

17) ヨコタ村上『性のプロトコル』(前注15)，149頁。ほかに指摘するのは，中山昭彦
「裸体画・裸体・日本人——明治期〈裸体画論争〉第一幕」金子明雄ほか編『ディス
クールの帝国——明治30年代の文化研究』(新曜社，2000年)，31頁など。裸体と文
化一般に関しては，H. P. デュル『裸体とはじらいの文化史』(藤代幸一・三谷尚子訳，
法政大学出版局，1990年)；N. エリアス『文明化の過程・上——ヨーロッパ上流階
層の風俗の変遷』(赤井慧爾ほか訳，法政大学出版局，1978年)；同『文明化の過程・
下——文明化の理論のための見取図』(波田節夫ほか訳，法政大学出版局，1978年)な
ど参照。

18) 夏目漱石「坊ちゃん(六)」『漱石全集2巻』(岩波書店，1994年)，306頁[初出は明
治39・1906年4月]。なお，返すを「帰す」の表記は原文のママ。

19) 夏目漱石「坊ちゃん(八)」『漱石全集2巻』(前注18)，341頁。

20) R. ベネディクト『菊と刀』(長谷川松治訳，社会思想社，1967年)，125頁。菊と刀
のテーマは，すでにつぎにも示されていた。「外国の観察者の眼に映ずる日本人は，
反対せる二重の性格を有せるが如し。……又一方に於いては復讐心及び嫉妬心強くし
て残忍刻薄なるは，日本の歴史及び日本人の生活の示すところなれども，他方に於い
ては仁慈の情厚くして深切心に富む」(大日本文明協会編『欧米人之日本人観・中編』
(明治41・1908年)，75頁)。言い換えれば前者がスウォード(刀)の面で，後者がク
リサンティマム(菊)である。

21) ベネディクト『菊と刀』(前注20)，124頁。なお，その背景には日常を支配する価

第 3 章　私的空間という装置と法　　153

値や美徳の変化があるとも見うる。名誉や権力欲から利益が価値の中心となり，しかもその追求が理性的と見做されてきたことにつき，A. O. ハーシュマン『情念の政治経済学』(佐々木毅ほか訳，法政大学出版局，1985 年)。

22) 同上，127 頁。

23) C. ダグラス・ラミス『内なる外国——「菊と刀」再考』(加地永都子訳，時事通信社，1981 年)，148 頁以下は文化の型を捉え直す。恥の文化につき，作田啓一『恥の文化再考』(筑摩書房，1967 年)参照。

24) 土居健郎『漱石文学における「甘え」の研究』(角川文庫，1972 年)，27 頁。

25) 坊ちゃんが大嫌いな「野だ」の讒言を素直に聞き入れたのもおかしい気がする。

26) 土居『漱石文学における「甘え」の研究』(前注 24)，27 頁。

27) 土居健郎『「甘え」の構造』(弘文堂，1971 年)，48-49 頁。なお，わが国の自律的罪悪感の存在につき，小此木啓吾『日本人の阿闍世コンプレックス』(中公文庫，1982 年)，79 頁以下参照。

28) 土居『「甘え」の構造』(前注 27)，50 頁。土居は「相手が自分に一番近い身内殊に親の場合は，ふつうあまり罪が自覚されないが，これは両者が密着していて，どんなに裏切っても許されるという甘えがあるからである」と「甘え」概念によって説明する。しかし，親に限らず第三者や組織でも親密な関係にあると当人が判断している場合には甘えがあるというよりも，帰属集団に対して逸脱行為などを容易に説得できる可能性と機会があるためではなかろうか。なお，後注 113，114 の本文(北村透谷の友人で民権家である大矢政夫の場合)を参照。

29) 穂積歌子は，法学者穂積陳重夫人だが，明治 38(1905)年 6 月 14 日の記述に，夫の陳重が「山田(三艮)仁井田(益太郎)の諸君の案内にてまさご(本郷)座夜芝居見物，十二時過ぎお帰り」(穂積重行編『穂積歌子日記　1890—1906』(みすず書房，1989 年)，894 頁)とある。日付からして編注の指摘のように「(本郷座)」は誤りで，真砂座が正しい。これは伊井蓉峰一座によるものであった。また，夏目漱石も明治 38 年 7 月，大学近くの本郷座で高田実一座のを観劇した。夏目漱石(談)「本郷座金色夜叉」『漱石全集 25 巻』(岩波書店，1996 年)，123 頁以下[初出，神泉一巻一号(明治 38 年 8 月)]。両座は，明治 30 年代半ばから 40 年代にかけて新派劇の中心であり，その黄金時代を築いた。

30) 尾崎紅葉「金色夜叉前編」『紅葉全集 6 巻』(博文館，明治 37・1904 年)，104 頁。なお原文ルビを省略した箇所がある。

31) 同上，115-116 頁。

32) 菊池寛『仇討三態』などにはその悲惨さや仇討の費用と効用とが描かれている。

33) 前田愛『近代文学の女たち——「にごりえ」から「武蔵野夫人」まで』(岩波現代文庫，2003 年)，57 頁以下。なお，尾崎紅葉については，岡保生『尾崎紅葉——その基礎的研究』(日本図書センター，1983 年)；同『尾崎紅葉の生涯と文学』(明治書院，1968 年)など参照。

34) 遼東半島還付条約(1895 年 11 月)。

35) Elster, "Norm of Revenge", note 7, at 876.

154   第II部　《法と文学》と法

36）穂積陳重『復讐と法律』(岩波文庫，1982年[初出は1931年，法律進化論叢])。

37）アリストテレス『ニコマコス倫理学(上)』(高田三郎訳，岩波文庫，1971年)，第5巻第4章，182頁(原文の傍点略)。竹内靖雄『市場の経済思想』(創文社，1991年)，62頁以下。

38）Ernest J. Weinrib, *The Idea of Private Law* 56 & 75 (1995).

39）いずれも引用は，小泉八雲『日本瞥見記・下』(平井呈一訳，恒文社，1975年)，150-151頁。

40）有地亨「近代日本における民衆の家族観——明治初年から日清戦争頃まで」福島正夫編『家族——政策と法7巻・近代日本の家族観』(東京大学出版会，1976年)，136頁；同『近代日本の家族観・明治編』(弘文堂，1977年)。ほかに，色川大吉「天皇制イデオロギーと民衆意識」歴史学研究341号(1968年)，4頁以下；川本彰『近代文学に於ける「家」の構造——その社会学的考察』(社会思想社，1973年)，210頁，213頁など参照。

41）八雲の婚姻観については，大東俊一「ラフカディオ・ハーンにおける東西の結婚と倫理」英米文化学会編『英文学と結婚——シェイクスピアからシリトーまで』(彩流社，2004年)，285頁参照。

42）大日本文明協会編『欧米人之日本人観・中編』(前注20)，58-59頁。

43）いずれも引用は，尾崎紅葉「二人女房」『紅葉全集1巻』(博文館，明治37・1904年)，764-765頁。原文ルビを省略した箇所がある。

44）『二人女房』よりも時代は下がり，日露戦争後の社会を背景とした田山花袋『蒲団』(明治40・1907年)に登場する，「新派の女」と表現されたいわゆる新しい女であっても，親の厳格な指示や監督の対象であった。

45）三橋修『明治のセクシュアリティ——差別の心性史』(日本エディタースクール出版部，1999年)，189頁，191頁；牟田和恵「戦略としての女——明治・大正の『女の言説』を巡って」思想812号(1992年)，211頁。

46）いずれもC.ベルシー『シェイクスピアとエデンの喪失——家族の価値の文化史』(高桑陽子訳，法政大学出版局，2003年)，28頁，29-30頁。

47）同上，33頁。

48）丸山真男「超国家主義の論理と心理」世界1946年5月号，5頁。

49）大日本文明協会編『欧米人之日本人観・中編』(前注20)，73頁。

50）同上，73-74頁。

51）有地「近代日本における民衆の家族観」(前注40)，137-138頁。川島武宜『日本社会の家族的構成』(日本評論社，1950年)，22頁も，近代日本の教育が民主主義の原理と対立するとする。

52）明治初期から20年代の自由民権運動それ自体も政府による抑圧や制限・統制に苦心していたわけだが，明治23(1890)年には婦人の政治活動も全面的に禁止された。政治集会への参加禁止(集会及政社法(法律第53号)4条)政治結社への加入禁止(同25条)。

53）川本『近代文学に於ける「家」の構造』(前注40)，209-217頁。

54) 『黙阿弥全集 13 巻』(春陽堂，1925 年)，99-100 頁。

55) 小栗風葉『魔風恋風』(1903〜1904 年)。

56) 門野泉「言葉の絆——『空騒ぎ』の恋人たち」英米文化学会編『英文学と結婚』(前注 41)，74 頁。

57) 山川菊栄『武家の女性』(岩波文庫，1983 年)，23 頁。なお，わが国の親子の変遷について，有地亨『日本の親子二百年』(新潮選書，1986 年)参照。

58) 小平麻衣子「もっと自分らしくおなりなさい——百貨店文化と女性」金子・高橋・吉田編『ディスクールの帝国』(前注 17)，143 頁。また，神野由紀『趣味の誕生——百貨店がつくったテイスト』(勁草書房，1994 年)。

59) 夏目漱石「三四郎(六)」『漱石全集 5 巻』(岩波書店，1994 年)，443 頁。小平「もっと自分らしくおなりなさい」(前注 58)，156 頁。

60) 瀬沼茂樹『近代日本文学のなりたち——家と自我』(河出書房，1951 年)，3 頁。

61) 同上。

62) 夏目漱石「三四郎(三)」『漱石全集 5 巻』(前注 59)，309-310 頁。

63) 一葉文学については，塩田良平『樋口一葉研究』(中央公論社，1956 年)；和田芳恵『和田芳恵全集第 4 巻・一葉研究』(河出書房新社，1978 年)；亀井秀雄『明治文学史』(岩波書店，2000 年)，181 頁，205 頁など。

64) 柳田泉「政治小説に現れたる国会選挙」同『随筆明治文学 1 巻・政治篇・文学篇』(谷川恵一ほか校訂，東洋文庫，2005 年)，81 頁。

65) 柳田，同上，98 頁(福地桜痴『嘘八百』(明治 27・1894 年刊)が描く選挙干渉で有名な第二回国会選挙)。同旨の指摘は，平野義太郎『日本資本主義社會の機構——史的過程よりの究明』(改版，岩波書店，1948 年)，9-10 頁。また，柳田泉『政治小説研究・上中巻』(春秋社，1935 年)；同『政治小説研究・下巻』(春秋社，1939 年)参照。

66) 『東京帝国大学五十年史・上下冊』(東京帝国大学，1932 年)；『東京大学百年史・通史 1』(東京大学，1984 年)など参照。

67) 東京朝日新聞明治 21 年 9 月 4 日社説「日本人民の思想如何」。本記事の所在を，有地「近代日本における民衆の家族観」(前注 40)，117 頁に負う。

68) 平野『日本資本主義社会の機構』(前注 65)，9-10 頁に拠って推計した。大久保利謙「社会事情の変遷」渋沢敬三編『明治文化史 11 巻』(洋々社，1955 年)，60-61 頁も同じ。

69) 「多くの民衆は日日の生活に追われ，政治，法律に関心をもち，これを語る余裕すらなかったのである。彼らは営々と汗水垂らして働くのみで，高額な租税がなんのために徴収されるかをさえ知らず，苦しい生活の中で多額の教育費を絞り取られ，不相当に立派な学校が建てられても，不平一つ言わず，また，片腕と頼む息子を徴兵にとられ，除隊されて帰ってくると，もはや鍬すら持たない状態になっても，黙々として働くのみで，まことに憐むべき悲惨な状態にあったと，……リアルに描いている」(有地「近代日本における民衆の家族観」(前注 40)，117 頁)。明治期の庶民の生活状態については，小木新造『東京庶民生活史研究』(日本放送出版協会，1979 年)；小木新造『東京時代——江戸と東京の間で』(日本放送出版協会，1980 年)など参照。

156   第II部　《法と文学》と法

70) 東京朝日新聞明治 25 年 6 月 4 日社説「法典実施延期は果たして学理上及び政治上
の問題に止まる乎」。有地「近代日本における民衆の家族観」(前注 40)，118 頁，注
77。

71) 川島『日本社会の家族的構成』(前注 51)，9 頁；同『イデオロギーとしての家族制
度』(岩波書店，1957 年)；福島正夫『日本資本主義と「家」制度』(東京大学出版会，
1967 年)。なお，民法典論争については，宮川澄「日本民法典論争の社会・経済的基
礎について」明治史料研究連絡会編『明治史研究叢書 7 集・明治権力の法的構造』(御
茶の水書房，1968 年)200 頁以下；遠山茂樹「民法典論争の政治史的考察」明治史料
研究連絡会編『明治史研究叢書 4 集・民権論からナショナリズムへ』(御茶の水書房，
1967 年)，281 頁以下；中村吉三郎「法典争議について」同『明治法制史第 1 輯』(清
水弘文堂書房，1967 年)，145 頁；星野通編著『民法典論争資料集』(日本評論社，
1969 年)など参照。

72) 法学新報 5 号(1891 年)，後に穂積重威編『穂積八束博士論文集』(有斐閣，1943 年)，
246 頁以下所収。

73) 井ヶ田良治「明治民法と女性の権利」女性史総合研究会編『日本女性史 4 巻・近
代』(東京大学出版会，1982 年)，56 頁。

74) 手塚豊「明治二十三年民法における戸主権(一)(二)」法学研究 26 巻 10 号，27 巻 6
号・8 号(1953〜1954 年)，後に同『手塚豊著作集 8 巻・明治民法史の研究・下巻』(慶
應通信，1991 年)，215 頁以下所収。有地亨「明治民法と『家』の再編成」『講座家族
8 巻・家族観の系譜』(弘文堂，1974 年)，28 頁参照。

75) 作品中では坊っちゃん先生の月給は 40 円とされているが，作者夏目漱石の松山中
学の英語教師時代の月給は倍の 80 円であった。「注解」古川久編『漱石全集 3 巻』(岩
波書店，1956 年)，358 頁。校長の 60 円よりも高かったというのは，『漱石全集 2 巻』
(前注 18)，449 頁。月給のいくらかもプライバシーに属することだが，漱石が“正直
に”書いていないのはつぎの理由もあると思われる。経済学者の G. スティグラーに
よれば，給料や収入を低めにあるいは不正直に書くのは，国による所得税が存在する
ことが影響しているためであるという。R. A. ポズナー『正義の経済学』(馬場孝一・
国武輝久監訳，木鐸社，1991 年)，441 頁，注 29 による。わが国の所得税の導入は明
治 20(1887)年であった。林健久『日本における租税国家の成立』(東京大学出版会，
1965)，294 頁以下。

76)「坊ちゃん(三)」『漱石全集 2 巻』(前注 18)，276-278 頁。

77) ちなみに勝本正晃「法律から見た漱石の一面」同『法学挿話』(日本評論社，1931
年)，2 頁は，夏目漱石の小説には「法律的に見てとくに意義のあるものは皆無と
いっていい」とまで結論して，むしろ法律に無関心な心境が存在したということが面
白いという。戦前の時代と今日では事情が異なるが，漱石作品は見事にプライバシー
の観点にも触れているのである。なお，勝本と漱石の法学面での関係については，同
『文藝と法律』(国立書院，1948 年)；本書第 1 章「《法と文学》の諸形態と法理論とし
ての可能性」，11 頁参照。

78) いずれの引用も，夏目漱石「吾輩は猫である」『漱石全集 1 巻』(岩波書店，1993

年），316 頁，336-337 頁。ただし省略した部分がある。舞台となったのは(旧)駒込千駄木町 57 番地の家であるが，実際に起きた事件につき，夏目鏡子(述)『漱石の思い出』(松岡譲筆録，文春文庫，1994 年)，141-142 頁。

79) 夏目漱石「吾輩は猫である」(前注 78)，356-357 頁。

80) 小宮豊隆『夏目漱石・中』(岩波文庫，1987 年)，167 頁，174 頁参照。また夏目鏡子『漱石の思い出』(前注 78)，156 頁。当時の家の見取り図も同頁にある。

81) 夏目漱石「心」(下「先生と遺書(十七)」)『漱石全集 9 巻』(岩波書店，1994 年)，196-197 頁。なお原文のルビを省略した箇所がある。

82) 当時の川柳にも「貧間あり賄附娘附」というのがあった。唐澤富太郎『学生の歴史——学生生活の社会史的考察』(創文社，1955 年)，99 頁。

83) 中村光夫『日本の近代小説』(改版，岩波新書，1964 年)，169 頁。

84) 夏目漱石「私の個人主義」『漱石全集 21 巻』(岩波書店，1957 年[大正 3・1914 年 11 月 25 日学習院での講演])，140 頁，152 頁，154 頁。川本『近代文学に於ける「家」の構造』(前注 40)，122 頁参照。

85) 瀬沼『近代文学のなりたち』(前注 60)，8 頁。原文「家族的個人主義」に傍点。

86) T. イーグルトン『文学とは何か——現代批評理論への招待』(新版，大橋洋一訳，岩波書店，1997 年)。

87) ただ，平塚家への配慮から論調として私事を示唆するものはある。堀場清子『青鞜の時代——平塚らいてうと新しい女たち』(岩波新書，1988 年)，30 頁以下。平塚らいてう『わたくしの歩いた道』(新評論社，1955 年)，58-69 頁。

88) 佐々木英昭『「新しい女」の到来——平塚らいてうと漱石』(名古屋大学出版会，1994 年)，212 頁以下など。なお，『三四郎』は明治 41・1908 年 9 月 1 日から東京朝日新聞に連載。

89) 堀場『青鞜の時代』(前注 87)，32 頁では，父定二郎宛の漱石からの手紙には[森田が]中学教師の職を失なっており，小説として書くことを認めて欲しい旨の記載があり，平塚家の苦しみを増幅させるものであったという。また，瀬沼茂樹『日本文壇史 19・白樺派の若人たち』(講談社文芸文庫，1997 年)，224-232 頁参照，森田草平『漱石先生と私上・下巻』(東西出版社，1947・48 年)。

90) 小宮豊隆『夏目漱石・下』(岩波文庫，1987 年)，31 頁。

91) ストーン『家族・性・結婚の社会史』(前注 4)，180 頁。

92) 松原岩五郎『最暗黒の東京』(岩波文庫，1988 年[明治 25・1892 年 11 月国民新聞連載])，158-159 頁。また，呑天鈴木梅四郎「大阪名護町貧民窟視察記」西田長寿編『明治前期の都市下層社会』(光生館，1970 年[初出は 1918 年])，123 頁以下。

93) ほかにも同様の記述は横山源之助『日本の下層社会』(岩波文庫，1949 年)，また当時の貧民やそのルポルタージュを含めた意義につき，三橋『明治のセクシュアリティ』(前注 45)，77-171 頁，紀田順一郎『東京の下層社会』(ちくま学芸文庫，2000 年)など。

94) 樋口一葉「にごりえ(四)」『樋口一葉全集 2 巻』(塩田良平ほか編，筑摩書房，1974 年[初出は明治 28 年 9 月文藝倶樂部])，15-16 頁。原文のルビを省略した箇所がある。

158　第II部　《法と文学》と法

95）前田『近代文学の女たち』（前注33），23-24頁。

96）当時の庶民の生活については，小木『東京庶民生活史研究』（前注69）参照。

97）T. ヴェブレン『有閑階級の理論──制度の進化に関する経済学的研究』（高哲男訳，ちくま学芸文庫，1988年［原著は1889年］），129頁。また，資本主義の勃興・隆盛となるにつれ利益が価値や理性の中心となってきたことにつき，ハーシュマン『情念の政治経済学』（前注21）参照。

98）明治の初期から妾については議論がある。たとえば，森有礼「蓄妾論」明六雑誌8-27号（1874〜1875年）ほか，熊谷開作「法律編纂期における妻妾論」『高梨公之還暦祝賀・婚姻法の研究・上巻』（有斐閣，1976年），44頁；野崎衣枝「森有礼の家族観──『妻妾論』を中心として」福島編『家族』（前注40），229頁；浅古弘「明治前期における妾の身分」法律時報47巻13号（1975年）；手塚豊「元老院の『妾』論議」法学セミナー15号（1957年）；小山静子「明治啓蒙期の妾論議と廃妾の実現」季刊日本思想史26号（1986年）；金津日出美「明治初年の『妾』論議の再検討──近代的一夫一婦制論をめぐって」永原和子編『日本家族史論集5巻・家族の諸相』（吉川弘文館，2002年），236頁など参照。

99）大日本文明協会編『欧米人之日本人観・中編』（前注20），57頁。

100）Warren & Brandeis, "The Right to Privacy", note 4. 邦訳はポズナー『正義の経済学』（前注75），227-228頁による。なお，ブランダイス＝ウォーレン「プライバシーの権利」（外間寛訳），戒能通孝・伊藤正己編　プライヴァシー研究（日本評論新社，1962年），1頁参照。

101）ポズナー『正義の経済学』（前注75），227頁。

102）森「蓄妾論」（前注98）。

103）妾の地位やそれをめぐる議論については，金津「明治初年の『妾』の論議の再検討」（前注98），236頁。なお，新律綱領および改定律例については，さしあたり水林彪「新律綱領・改定律例の世界」『日本近代思想大系7・法と秩序』（岩波書店，1992年），454頁参照。

104）山川『武家の女性』（前注57），135-137頁。ただし，それにはいくつかの守るべき規範が存在していた。

105）戦前の「家」制度については，磯野誠一・磯野富士子『家族制度──淳風美俗を中心として』（岩波新書，1958年）など参照。明治民法と女性の立場について，井ヶ田「明治民法と女性の権利」（前注73），41頁など。

106）ストーン『家族・性・結婚の社会史』（前注4），205-209頁。

107）William L. Prosser, "Privacy", 48 Cal. L. Rev. 383 (1960); Edward J. Bloustein, "Privacy As an Aspect of Human Dignity: An Answer to Dean Prosser", 39 N. Y. U. L. Rev. 962 (1964); Charles Fried, *An Anatomy of Values: Problems of Personal and Social Choice*, 142 (1970); Fried, "Privacy: Economics and Ethics: A Comment on Posner", 12 Ga. L. Rev. 423 (1978).

108）このため戦後の新憲法はわざわざこの旨を規定しなければならなかった（憲法24条）。

第 3 章　私的空間という装置と法　　159

109) Gary S. Becker, "Privacy and Malfeasance: A Comment", 9 J. Legal Studies 823, 824-825 (1980); Becker, *A Treatise on the Family* (1981).

110) 徳冨蘆花「不如帰(六の四)」。武士型家族と庶民型家族の観念について，青山道夫「日本の『家』の本質について」福島編『家族』(前注 40)，42 頁，のち青山『日本家族制度論』(九州大学出版会，1978 年)，3 頁所収。

111) 潮見利隆・阪本美代子「近代日本文学における家族──親子関係を中心として」福島編『家族』(前注 40)，283 頁など。

112) 江原由美子編『フェミニズムの主張』(勁草書房，1992 年)；落合恵美子『近代家族とフェミニズム』(勁草書房，1989 年)；山川『武家の女性』(前注 57)，135-137 頁。

113) 色川大吉「天皇制イデオロギーと民衆意識」(前注 40)，17 頁より引用。なお，大阪事件について，平野義太郎・福島新吾編著『大井憲太郎の研究』(風媒社，1968 年)参照。

114) 色川「天皇制イデオロギーと民衆意識」(前注 40)，17 頁。大矢は文久 3(1863)年，多摩の中農の生まれであったが，ほかの地域でもこのような苦悩は起こりえた。なお，色川は，このような苦悩の中に「近代的な個人原理は，その脱出の契機としてついには現れなかった。これは他の多くの民権家一般にもいえる」としている。透谷は不参加だが，大矢は結局参加して，のちに刑を受けた。また，色川大吉『明治精神史・上』(講談社学術文庫，1976 年)，166 頁以下参照。

115) Becker, "Privacy and Malfeasance", note 109, at 825.

116) ベルシー『シェイクスピアとエデンの喪失』(前注 46)，29 頁。

117) 夏目漱石「道草(七十八)」『漱石全集 10 巻』(岩波書店，1994 年)，237-238 頁。原文ルビを省略した箇所がある。なお，本書の視点とは異なるが，吉田凞生「家族=親族小説としての『道草』」『講座夏目漱石 3 巻』(有斐閣，1981 年)，248 頁，262 頁など。

118) M. フーコー『性の歴史 I・知への意志』(渡辺守章訳，新潮社，1986 年)，134 頁。また「家族は性的欲望と婚姻=結合の交換器である。それは，法と法律的なるものの次元を性的欲望の装置の中に運び込む。そして快楽の産出・配分の構造(エコノミー)と感覚の強度とを婚姻の体制の中に運び込むのだ」(同上，139 頁)。

119) 碧海純一『法と社会』(中公新書，1967 年)，115 頁。この文の直後に前述の『坊ちゃん』のエピソードが挙げられている。川島『日本社会の家族的構成』(前注 51)，126 頁，注 52 は，わが国の家族では孝の規範が中心であり，それは恩によって条件づけられている。このため，「恩知らず」という非難や評判・面子などによって道徳規範が遵守されることになると指摘する。本書の主張と同じように，これらによって家族メンバーをコントロールすることになるといえる。

120) Richard A. Posner, *Frontiers of Legal Theory*, 239 (2001).

121) 碧海『法と社会』(前注 119)，117 頁。

122) Peter Goodrich, *Law in the Courts of Love: Literature and Other Minor Jurisprudences*, 6-7 (1996).

123) Richard H. Weisberg, *Poetics: And Other Strategies of Law and Literature*

160 第Ⅱ部 《法と文学》と法

(1992); Weisberg, "How Judges Speak", 57 N. Y. U. L. Rev. 1 (1982).

第4章 「理性と正義」の劇場としての法

——夏目漱石『門』と掟——

　　法律を案山子同様の物にしてはならない。いつまでも同じ格好の
まゝで樹《た》てゝおくと，悪い鳥どもが，終《しまひ》には慣れて，怖がらないで，
それを止まり木にしてしまふ。

——W. シェークスピヤ『以尺報尺』第二幕第一場（坪内逍遙訳）

は じ め に

　本章は，第一に，法規範はじめ社会規範がなぜ遵守されるのかを検討する。これは法や社会規範の本質に関する課題であるが，人々が規範の下でどのように行動するかの解明なしには法・社会規範を理解することはできない。第二に，そのために，ここでは夏目漱石の作品『門』を取り上げて検討するが，それは社会のルールとしての掟が人々にどのような影響を与えているかを当事者のナラティヴに近いところで分析することができるからである。

　第三に，「法と文学」研究は，規範の分析において有益な方法たりうるか，また，法の理解に寄与しうるかを考察する。それは，この方法が，従来の法学よりもより広い視点から法・社会規範と，これらが前提とする社会そのものの大きな物語にも検討を加えることができるからである。

1　法・社会規範とスティグマ

(1)　スティグマ(烙印)，法の影

　法とは論理的な思考に基づいており，判決に至る方法は科学的である。そ

162　第II部　《法と文学》と法

こには人間の理性が働いているのであり，社会の発展とともに法もまた進展している。大方は，法や法律をこのように見たり，信じたりしているのではなかろうか。夏目漱石の作品『門』の主人公である夫婦は，過去のある行為のゆえにつぎのような生活を余儀なくされている。

　　曝露の日がまともに彼らの眉間を射たとき，彼らはすでに徳義的に痙攣の苦痛を乗り切っていた。彼らは蒼白い額を素直に前に出して，そこに燄に似た烙印を受けた。そうして無形の鎖で繋がれたまま，手を携えてどこまでも，いっしょに歩調を共にしなければならない事を見出した。彼らは親を棄てた。親類を棄てた。友達を棄てた。大きく云えば一般の社会を棄てた。もしくはそれらから棄てられた。学校からは無論棄てられた。ただ表向だけはこちらから退学した事になって，形式の上に人間らしい迹を留めた。

　　これが宗助と御米の過去であった。(『門』十四)[1]

　主人公の宗助・お米夫婦が，世間から排除され，暗い影を落とした一生を送る姿が描かれている。何がそうさせているのか。

　これまで漱石作品が法的観点から取り上げられることはごく少なかったであろう。現に，勝本正晃は，「私の見る所では彼[＝夏目漱石──引用者]の作品の中で，法律的に見て特に意義のあるものは皆無と云っていゝ」とまで断定しているし，漱石とその作品を指して「何から何まで法律ずくめな世の中に，かくまで法律に無関心な心境が存在し得ると云ふのは面白いではないか」ともいっている[2]。今日から見れば，これは「法と文学」研究が登場する以前の読み方であるのでやはり限界はある。

　さて，宗助夫婦の烙印(スティグマ)を押された生活と精神に至った原因が法規範の存在にあり，批評において『門』という作品の政治性をつとに指摘したのはつぎである。

　　この刑法の規定が，文學の主題を，大きく制約しただろうことは論を

またない。美とモラルと自我確立の次元において漱石が問題にしようと
していたことを，権力が制限した。漱石は作中にただの一行もこの法律
には触れていない。だが〈家〉の桎梏を脱して代助が自からの心情に従お
うとするときのほとんど大仰すぎる狂乱ぶり，あるいは「門」の宗助夫
婦が，親を棄て，親類を棄て，友達を棄て，社会を棄てて日當りの悪い
崖下に住み，御米のかつての夫，安井が近くまでやって來るときの夫婦
の恐れにも，この法律の影がさしている。単に人間關係のこじれを恐れ
るときの恐れではない。3)

「この刑法の規定」と高橋和巳が指摘するのは刑法 183 条の姦通罪(1947 年
削除)である。上の引用が指摘するように，作者「漱石は作中にただの一行
もこの法律には触れていない」ことが，かえって法規範の中に「隠された不
可視のもの，……掟を掟たらしめているもの」4) があるように思われて示唆
的である。若い夫婦の心や精神にスティグマを押し，法律が暗鬱な影をもた
らしている。その意味では，法・法規範が人生や生活のメタファー(隠喩)に
なっていると見ることができる5)。
　ナサニエル・ホーソーンの『緋文字』では，群衆が詰めかけている広場に
据えられた処刑台に立たされたヒロイン，ヘスター・プリンはその不貞・姦
通ゆえに裁かれ，さらされる。胸には姦通を意味する「A」の緋文字が縫い
つけられて，文字通り烙印を押されている。しかし，『門』の場合には裁判
手続はまだ開始されてはいないけれども，いつ発動されるとも限らないがゆ
えに，法規範がさらに重い影と不安を増している。宗助・お米夫婦は，広い
意味ではスケープゴート(生け贄)といえるかもしれない。
　まず，主人公夫婦は，将来の長い生活に渡って「無形の鎖で繋がれ」て，
またその内面において「烙印」を押し続けるであろう法規範や道徳規範など
の社会規範，言い換えるなら掟になお従おうとするのはなぜか。彼らが「社
会を棄てた」としても，実際的には社会の中にいて従うより仕方がないので
あろうが，そのように余儀なくさせているものとは何かが問われる6)。この
ため，これらの規範が人々の行動や内面にどのような影響を与えているかを

検討することは法の本質を考察する上でも重要である[7]。なお，規範とは一定の行動が命じられ，また許可され，授権される行為の意味としておいていいだろう[8]。一般に，掟・規範とは，ただそれだけの理由で遵守することが要求されるのである。つぎに，法規範やルールをその内部の構成要素とする社会とはどのようなものであり，掟・規範が私たちに自由や幸福をもたらすのかも問題となる。『門』では，法は社会がもっている基本的な価値を体現するものであることが暗示され，これに違反する者には批判的なまなざしを投げかけて，社会の秩序を保とうとするものであるかのようである。社会の掟が人間の生にどのような影響を与えているかは，法や諸規範を前提とする社会が人々に自由や幸福をもたらすものであるかにも関わっているのである。

(2)　夫婦・男女をめぐる規範群

　『門』では，主人公である野中宗助は，大学時代の親友であった安井の妻であるお米と結婚した。このことから，友人を裏切った罪の意識に悩み，安井の出現に怯え，社会から逃れるようにひっそりと暮らす夫婦の日常や内面が描かれている。『門』が書かれたのは明治43(1910)年3月であるが，すでに明治31(1898)年に民法が施行されており，戸主を中心とする家父長的な家制度が採用され，妻を無能力者とするなどの規定があった。また，明治41(1908)年には刑法が施行されている。公式には一夫一婦制が正式な婚姻形態であり，これを正常とする制度が動き出したといえる。『門』の舞台もほぼ同年代であるといってよい[9]。

　また，『門』で想定される罪は前述のように姦通罪であるが，この罪は明治13年の旧刑法353条として規定されたが，明治41年施行の刑法183条に引き継がれた[10]。姦通罪は，夫のある妻と，その姦通の相手方である男性の双方に対し成立する。また，姦通罪は夫を告訴権者とする親告罪であった。告訴権者である夫が姦通を容認していた場合は，告訴は無効とされ罰せられないものと規定されている[11]。夫の告訴には，姦婦との婚姻を解消していること，または離婚の訴を提起した後であることが前提とされている。また，むろん内縁の夫のある婦女がほかの男性と私通しても姦通罪は成立しないと

された。とくに妻にのみ適用があり男女平等ではないなど比較法的に見ても特異な立法であったと指摘されている[12]。さらに，この法条には旧民法第768条が関連しており，姦夫姦婦の婚姻を禁じていた[13]。当時の刑法や家族法には，男系家長による家族の支配や維持，また血統の重視など当時の支配層の家族観や価値観を反映した，ないしは特権化した規定が存在したといえる。とくに「家(いえ)」制度を規定していた戦前の家族法に関しては「武士のつくったわが民法」という評もある[14]。姦通や男女関係をめぐるこのような法規範群の背後もしくは周辺には，さらにモラルや道徳などの社会規範群が存在しているのである。とくに当時の婚姻についてはつぎの指摘が重要であろう。

　　明治四〇年頃では，男女が相思相愛で新しい家庭を作り上げるという自由恋愛を基礎にした婚姻が行われる時代はいまだ訪れておらず，妻が夫の先祖伝来の家の嫁として迎えられるという婚姻から，夫自身があらたに築きあげた家庭の嫁として迎えられる婚姻習俗に変化した……。
　　妻が夫へ従属する状態は変らず，伝統的な「いえ」の規制が緩和され，従来の婚姻習俗に多少の変化がみられるというのがこの頃の都市を中心にした婚姻とみて差し支えない。しかし，農村を中心にして多くの男女は伝統的な「いえ」と「いえ」との婚姻によって結ばれ，また，「いえ」のために，相思相愛の男女が婚姻することができない状態に陥り，みずからの意思を貫き通すことができず，そのために痛ましい事件が生ずることも依然として多かった。[15]

　たとえば，とくに戦前においては，当時の民法・家族編では，子は結婚するにあたり「父母ノ同意ヲ得ル」(旧772条)とされていたが，実際には慣行として親が子の結婚を親の単独の意思で決めていたとされ，まだしも形の上では法律の方が"先行"していた[16]。この時期の社会は，表向きは自由や愛情など個人の意思を尊重した方が良いとは思っていたが，実際には新しい考えや倫理観を実現するような「社会的な，あるいは心理的な秩序が成立して

いなかった」のである[17]。

『門』においては，姦通罪は安井の告訴を受けて適用されるような事案だったのだろうか。夏目漱石の『それから』では，主人公の代助は三千代を愛していたにもかかわらず，親友の平岡に打ち明けられると，友情や一種の義俠心から両人を結婚させるために立ち振る舞う[18]。しかし，代助は三年後に再会すると，三千代への思いを断ち切れず，かえって三千代に愛を打ち明け，平岡に三千代を譲るように懇願する。この過程での他人の妻に対する主人公の不徳義が問題とされた。これに引き続く作品である『門』では，京都の大学時代の友人の安井は，お米を妹であると宗助に紹介している[19] が，宗助は本当にそうだろうかといぶかしがっている。かりに安井の「妻」であったとしても，当時婚姻の届けはあまりなされていなかったという事情からすれば，それは事実婚とも考えられるのであり，法律上の婚姻とはいえないものであったかもしれない[20]。また，宗助がどのようにお米と婚姻するに至ったかは詳らかにされていない。ただ『門』に関する評では，姦通もしくはそれに準じる過ちがあったとするのがほとんどである[21]。作品では「世間は容赦なく彼らに徳義上の罪を背負した」(「十四」)とされている。姦通罪が適用される典型的な事件であったかやや疑問は残るが，それに近い道徳上非難される過ちがあったと見るべきかもしれない。

この背徳の夫婦が日々，精神的に苛まれている規範の大本が男女に関する当時のモラルにあるのか，当時の刑法183条にあるのか，あるいはその両方にあるのかはわからない。この問題は法と道徳との関係として論じられる問題でもある。不貞や姦通に関するモラルや法などの一群の社会規範が，先の刑法183条をはじめ，当時も存在したし，今日でも一定程度は残っており，維持されている。法と道徳は，前者が行為という外的面に関係して後者が内面に関係するものなどとして区別されるとするのが一般的だが，法規範は道徳の最低限を定めるものであるとかあるいは道徳が法規範を推し進めるものであるとかの考え方もある[22]。ここでは法と道徳の関係についての議論は措くが，私たちは，当時も今も，道徳規範や法規範も含めた種々の社会の掟・ルールを外れては生きてゆくことはできないと心の底では思っているの

である。

　ところで，刑法 183 条の姦通罪は戦後削除されており，現在では存在しないために，この規範を素材として論じても現在にはあてはまらないのではないかという指摘もあろう。しかし，姦通罪はなくなったとはいっても，まだそれを取り巻く道徳あるいは法規範は一定程度存在するし，また一般的に社会規範や法規範が私たちにもたらす影響と，その背後にある法や社会への視点の分析は依然として必要である。また，姦通罪は復讐との系譜的な関連が強い規範でもあった。このため法は復讐に由来するという見解もある[23]。法や裁判システムは，社会の要請に応じて，復讐を合理化し，復讐の連鎖を断ち切り，復讐の感情を癒やす効果的な手段でもある[24]。復讐が，人間の本性的な感情に根ざしたものであるとすれば，今後とも形や程度，手段を変えて残ってゆかざるをえないものと思われる。

2　理性と正義の劇場としての法

(1)　理性と正義の劇場

　「社会あるところに法あり」という法諺が意味するように，社会生活を営む上では一定の秩序や決まりが必要であると見られている。近代社会においては，法はその社会秩序を正しく維持するための行為の基準として，種々のルールを体系としてもっている。すなわち，法は，社会生活において，私たちが遵守すべき規範やルールの総体である。そして，これらの決まりや規範に従って行動し，生活することが近代社会の基本的な条件の一つである。かりに遵守されない場合には，法に基づく罰や制裁を受けたり，不利に扱われるし，反対に遵守すれば，法的な保護を受ける。このように，法の遵守は近代的人間の行為の基準となり，またこれを守ることが市民や人間としての責務の一つとなっている。

　近代社会は，理性や真実あるいは科学といったものに信頼を置いており，それらに基づいて社会や人間の発展や進歩があると考えてきた。法もまた，理性・真理や科学性それに客観性というものを確固たる基礎としてきた。法

が理性的なものに基づき合理的な規律であることは，法律家にとっては疑い
えない前提である。たとえば，ドイツの法学者 B. ヴィントシャイトは，「あ
らゆる実定法の究極の根源は国民の理性である」[25] という。憲法や実定法の
諸規定は，私たちが行動したり，生活をしていく上で依拠すべき行為基準を
定めている規範であり，それに基づいて振る舞うことが市民として求められ
る重要な条件である。したがって「法とは人間の行動を規則の支配に服せし
める企て」である[26]。また，私たちの行為はその理性的な意思に基づくも
のであり，かつまた，明確な目的に従った結果にほかならないと見なされる
のである[27]。

　さらに，社会的コントロールの道具としての法が，社会にもたらすのは，
社会的安定と正義であるとされている[28]。法を遵守すること，また裁判所
の判断を尊重する(受け入れる)ことによって，自己がいる社会全体が合理的
に運営され，個々人の人間的本質をうまく調和させてくれるだろうという期
待や前提がある。

　法は理性的で合理的なものと考えられるにつれて，法は作られたものに過
ぎないが，いつの間にか正か不正か，また真理の基準となって運用されるよ
うになった。かくして，法律がいつも正しいものであるかのようになってい
る。そこでは，私たちは法や掟に従うよりほかはないと思い，また，従わな
い者は法によって制裁や排除，無視されてもやむをえないと考えるまでに
なっている。そういった法を遵守しないような人間，あるいは，フランツ・
カフカの『審判』における主人公 K. やアルベール・カミュの『異邦人』の
主人公ムルソーのように，法の前で自分を主張しない，もしくは主張できな
いような人間は，この社会に協調しない人間と見なされる。そして，彼(女)
らはいわばこの社会の失格者あるいはアウトサイダー(異邦人)として排除さ
れても止むをえないと信じられて，人々はかような人間を白眼視するように
なる。

　法に対するこのような見方や信頼は，つぎのことからも生まれる。社会の
基本的なルールを提供する法が，不滅の真理や正義を含むものである，つま
り，法は理性に基づいて定立・運用(適用)され，市民がそれを遵守すること

によって，正義や平等などが実現されるのであるという信念がある。社会は法律によって支配・規律されており，いわば私たち市民は「理性と正義の劇場」を見せられて，その中にいる存在であるとされるのである[29]。

しかし，私たちは本当に「理性と正義の劇場」の中にいるといえるのか。それはどのように理性的であり，また正義や自由が演じられているか。また，それはフィクションに過ぎず，一種の「法の神話」とでも呼ぶべきものの一つではないのだろうか。

違反に対する制裁などがあるのは当然であって，それが問題となるならば，法律は何のために存在するのかという反論があろう。社会生活を送っていく上で，守るべきものを表したのが法規範であるのだから，それを守らなかったり違反したりする者に刑罰をはじめとする法的制裁が科されてどこが悪いのか，と。

『門』でテーマとされているこのような刑法規範や社会規範が絶対的に正しく，また真理であるといえるだろうか。これらの規範が普遍的な価値とされるものや原理を体現したものともいえないであろう。たとえば，前述のように「武士のつくつたわが民法」[30]といわれたのは，当時民法の制定に携わった人々の階層の意図や価値それに理念を反映したものであるという意味の指摘であろう。また同様に，刑法典といえども，当時の支配階層の価値観や好みを色濃く反映したものであることも想像に難くない。また，法・法律といえども時代や人々の意識の変化を受けて変わることがあり，それを固定的なものとして捉えるべきではなかろう。前述のように，姦通罪は，現に男性(夫)には適用されず，女性(妻)に対してのみ適用されたし，戦後削除されている。今日の価値観から見ると差別規定にほかならなかった。したがって，『門』は姦通もしくはその周辺の規範に抵触したがために，罪の意識に苛まれる生涯を送ることを余儀なくされる人々の生活や内面の陰影を描いているが，当時の価値や正義あるいは時代的な制約を考えざるをえないし，それは『門』が置かれた政治性を問うことにもなろう。

つぎに，人を殺すなかれなど，法は行為を命じる規範でもあり，人間の行為を直接的に規律する面が強調されるが，他方では法規範は私たちの内面や

170 第II部 《法と文学》と法

精神もコントロールしているといえないだろうか。それは刑罰によることも
あれば，愛情や忠誠といったものを通じても，内面的つまり精神的に規制・
規律しているのである。

> 彼らが毎日同じ判を同じ胸に押して，長の月日を倦まず渡って来たの
> は，彼らが始から一般の社会に興味を失っていたためではなかった。社
> 会の方で彼らを二人ぎりに切りつめて，その二人に冷かな背を向けた結
> 果にほかならなかった。外に向って生長する余地を見出し得なかった二
> 人は，内に向って深く延び始めたのである。彼らの生活は広さを失なう
> と同時に，深さを増して来た。(「十四」)

このように，法が作った家族という枠組みの中で，夫婦や親子の愛情とい
う形で法とくに身分・家族秩序を守らせようとしているし，あるいは年齢や
地位の上の者や権威ある者への忠誠・忠節を尽くさせることによって，さら
には熱意をもって遵守させようとしている。これらは直接的な権力による威
圧や影響のためではない。

『門』の夫婦は，『緋文字』の主人公ヘスターのように，群衆の前で裁かれ
てはいないし，また胸にＡの文字を縫いつけられてはいないけれども，
心・精神の中に「烙印」を押されており，また彼らが違反した掟の前に繰り
返し，繰り返し日常的に「出頭」させられているのである[31]。

さらに，近代において，規範とくに法規範は，社会における行為の基準と
なり，また，自己や他者を見る目や評価をする基準として正常であることや
普遍的であることを意味するようになった。そして人々の身体や精神もこと
ごとく管理され，見えない権力への自発的な服従を余儀なくされるのであ
る[32]。『門』における宗助・お米夫婦は過去の過ちを背負い，罪の意識を背
負って生きていかなくてはならない。それは道徳的ないし社会規範群の上に
当時の刑法183条が存在するからであるが，これらの掟は，先の引用が示す
ように，社会との隔絶を強いることによって，夫婦の生き方や内面にも影響
を与えている。そして，彼らやその内面は，有無をいわさず暴力的に支配・

規律されているといえないだろうか。すなわち，宗助・お米夫婦は，社会が定立した規範に強制的に従わされているのであって，その他の余地はなく，もし従わないならば処罰や制裁，不利益や不作為，法的な無視などを甘受しなければならないのである。

　上の三つの観点からは，法が理性的なものであることを私たちに信じ(信憑)させ，また，法の中に合法化された暴力性が潜んでいることを隠蔽しようとしているといえるのではないか。

(2)　法と法解釈の暴力性

　『門』の主人公夫婦は「徳義上の罪を背負」(『十四』)されて生きていかなければならないのだが，罪を犯したがゆえにそこから来る制裁を受けて当然であることもわかる。この意味では，それを描く小説は「社会規範を内面化する強力な装置である」といえる。しかし，読み進んでいくにつれて感情移入が起こり，主人公たちに同情的にもなる。そこでつぎのような問いが生じる。第一に，自分たちに忠実であろうとしたために押された社会的な烙印(スティグマ)は正しいか。つまり『門』は人間と社会それに掟はどうあるべきなのかという疑念も生じさせている。言い換えるとこれは作者漱石のテーマが何であるかにも通じるものがある。また，この面は「物語は社会に対する批判の仕方も教える」ことがあるということにもなるだろう[33]。

　第二に，前述のように，法が理性に基づいて自由や正義を実現するものとして語られるのはなぜか。法は「理性と正義の劇場」であるかのように装われているに過ぎず，そう信憑しているに過ぎないのではないか。

(A)　法の暴力性

　法が暴力もしくは権力によって定立されていることは明らかであろう。わが国でも明治新政府が旧江戸幕府に取って代わって政権を樹立した。その下に各法典を制定し，ことに死刑や拘束，行為の自由の制限といった刑罰を想起すればこのことは容易に想像もつく。今日の法の定義でも，権力をバックボーンにしていると説かれている。たとえば「法規範とは政治的に組織され

た社会の，その成員によって一般的に承認され，かつ究極においては物理的強制力にささえられた支配機構によって定立されまたは直接に強行される規範である」[34]。J. デリダによれば，法の定立作用はそれを正当化しうるものがないし，また，これを批判することも難しい[35]。そして「この暴力は，法／権利が自分自身を定立するために，自分を承認しない者をすべて暴力的だ（ここでいう暴力的とはアウトローの意味である）と布告する」のである[36]。このように，反対する者は排除され，抹消されることになるのである[37]。そして，法の暴力的定立がなされた以降は，社会のメンバー全員の合意の下で（法が）定立されたというイデオロギーが創出されるのである[38]。

　では，そのような近代法が普遍的で妥当かというと必ずしもそうではない。「デリダは，われわれが法や権利と言うときのその法ないしは権利の主体が，『肉食的供犠の能力のある成人男性の白人ヨーロッパ人』を意味した時代があったし，今もそれは終わっていないとする。こうしてデリダは，普遍的とされる法／権利の概念が何ら普遍的ではないことを暴くのである」[39]。このように，法といえども一時代の産物であり，一つの大きな物語に過ぎないのである。

　国家の中心的な機能として，あるいは法の主要な目的としても，社会秩序の維持や社会的安定を保つことがいわれる。社会学者の M. ウェーバーによれば，国家は「正当化された暴力」を独占しているという[40]。

　また，復讐と刑法とが同じ根（ルーツ）をもっていることはつとに指摘されるところである。穂積陳重博士は「刑法は復讐の進化したるものである」といわれる[41]。近代に至って公訴権を国家が独占しているのである[42]。復讐は矯正的正義のカテゴリーに含められるが，この正義論をとる見解からすれば，民法・取引法の規定などもこれに含まれることになる[43]。近代法では厳正な手続や適用のための要件が定められているが，全部ではないにしろ，法が復讐の体系であることに変わりはない。

（B）　法解釈の暴力性

　法に暴力が潜んでいることは，たとえば刑事事件などで，死刑や懲役・禁

固などの刑罰はまさしく（合法的）暴力（公権力の行使）によるものであるということは，比較的わかりやすいであろう[44]。けれども，法の暴力性は，そのような刑罰のみにとどまるわけではない。裁判官は，通例は条文や先例などの法テクストの処理に追われているので，刑事事件などの場合を除けば，判決として書いているテクストは理性や正義の行使であり，ましてや暴力などとは考えていないであろう。法が権力や暴力によって定立・維持されていることは明らかだが，それは物理的な暴力のみにとどまるのではない。R. カバーは，「法解釈とは一つの暴力行為である」といい，これを認識して解釈することは重要だという。

　法解釈は苦痛と死の領域で起こる。これは，いくつかの意味において真実である。すなわち裁判官は，あるテクストについての自分の理解を表現する。その結果，誰かが，その自由や，財産を，また自分の子供を，あげくには自分の生命さえも失う。法における解釈は，また，すでに起こった，あるいはこれから起きようとする暴力に対する正当化を行うのである。解釈者たちがその仕事を終えたとき，彼らはしばしば，暴力のこれらの組織化された，社会的実践によって引き裂かれた生活をもつ被害者たちを置き忘れている。法解釈も，あるいはそれがもたらす暴力も，それぞれが別個では，適切には理解されないであろう。[45]

　ただ，法に暴力がある，また法解釈は暴力行為の一つである，といっても，実際的な解釈の上ではあまり問題として意識されないだろう。そんなことはないとか，たしかにそうなのだけれどとかいわれるだけで済まされよう。けれども，まず，カバーが指摘したように，法解釈においても解釈という名の下にそのような力・権力（暴力）を行使していることを考慮しておくこと自体にも意義がある。刑事事件の判決にのみ暴力の行使があるわけではない。民法やその他の事件にも必然的に伴うものである[46]。今日でも，たとえば，一票の格差が問題となる議員定数訴訟では，一票の不平等のために選挙権の正当な行使を保障されない人々がいる。また，国旗・国歌に関する訴訟では，

職務命令を出されることによって，それに従うことを強制される人々がいる[47]。民法900条は，嫡出ではない子の相続分は，嫡出子の半分であることを規定して，婚外子を相続において平等に扱っていなかった[48]。さらに，子の引渡訴訟では，人身保護法などの解釈として，子の最善の利益という正当化の下に，生理学的な親子が引き裂かれる事例もある[49]。夫婦同氏(姓)原則をとる民法750条の規定は一見中立的に見えるが，とくに実際に姓を変える女性の側に苦痛や不利益を強いることが多いなどあげればきりがない。

　裁判官や法解釈に従事する者は，もっぱら当該の条文や先例・判例といったテクストを基に事件や紛争の答えを導き出す作業に追われている。また，判決を出しても，社会的・経済的弱者や訴訟の当事者の利益を守ったとか，ある者の自由が侵害もしくは制限されるのを阻止したとか，正義を実現するとかのために法解釈をしたという認識をもつに過ぎないであろう。

　つぎに，判決や法的結論は，条文や先例などの法学テクストの解釈から出てきているのではなく，テクストの外に存在するものによって出てきているのである。法的判断者や解釈者の価値観や選択によって行使されているのである。そのためには，別の見方や物語があることを明らかに理解しておく必要があろう。

(C)　まなざし

　『門』の宗助やカミュの『異邦人』の主人公ムルソーも，自分に忠実に生きていこうと，あるいは真実のままに生きていこうとしたことは同じであろう[50]。しかし，宗助は，ムルソーの場合とはおよそ異なっている。ムルソーは，自分とは相容れない法や法システムを無視した。宗助は無視することもできず，そのままその中にいるのである。法規範や掟は沈黙している。宗助夫婦や彼らを知る者たちが掟を意識しているのである。また，作者は法規範自体については何も語っていない。

　『それから』においても，主人公の父親は事情を知らされて，子である主人公・代助と義絶するし，兄もまた弟の代助を叱咤する[51]。『門』の宗助らは友人だった安井の出現に怯えなければならない夫婦であったし，お米もま

第 4 章 「理性と正義」の劇場としての法　175

た流産や死産という不幸や，易者の芳しくない因果話などに心を痛めざるを
えなかった[52]。宗助は社会的な評判を落とし，それがために親族や知り合
い，そして世間一般との関係も気まずいものになっている。評判を落とすこ
とは，社会的に非難され，その外的な強制力として規範の遵守を促す。この
ようにして，世間からのこの夫婦を見るまなざしが存在している。その視線
には，正や不正といった判断が含まれざるをえないし，そうでなくとも二人
とは距離を置き，沈黙にさらすことで批判や排除を待っているふうでもある。

　　「宗さんはどうもすっかり変っちまいましたね」と叔母が叔父に話す
　事があった。すると叔父は，
　　「そうよなあ。やっぱり，ああ云う事があると，永（なが）くまで後（あと）へ響くも
　のだからな」と答えて，因果（いんが）は恐ろしいと云う風をする。叔母は重ねて，
　　「本当に，怖（こわ）いもんですね。元はあんな寝入（ねい）った子（こ）じゃなかったが
　──どうもはしゃぎ過ぎるくらい活溌（かっぱつ）でしたからね。それが二三年見な
　いうちに，まるで別の人みたように老（ふ）けちまって。今じゃあなたより御（お）
　爺（じい）さん御爺さんしていますよ」と云う。（「四」）

　一般の人々は不徳義あるいは反社会的な振る舞いをした者と関わるのを回
避するというシグナル行動をとる。自分はそのような行動には賛成ではない
という態度をほかの人々や社会に対して示すのである。『門』の場合も，上
の引用が示唆するように，世間のまなざしが，後述するカフカの『掟の前』
の門番であり，「裁判官」にほかならないのである。法廷や法の前に立たず
とも，いわば世や社会による監視があり，本人は社会に対して軛（くびき）を背負い，
繰り返し反省することを余儀なくされることによって，生活や行動はむろん
精神や内面をも支配されることになる[53]。

　　二人の間には諦（あきら）めとか，忍耐とか云うものが断えず動いていたが，未
　来とか希望と云うものの影はほとんど射さないように見えた。彼らは余
　り多く過去を語らなかった。時としては申し合わせたように，それを回

避する風さえあった。御米が時として，

「そのうちにはまたきっと好い事があってよ。そうそう悪い事ばかり続くものじゃないから」と夫（おっと）を慰さめるように云う事があった。すると，宗助にはそれが，真心（まごころ）ある妻（さい）の口（くち）を藉りて，自分を翻弄（ほんろう）する運命の毒舌のごとくに感ぜられた。宗助はそう云う場合には何にも答えずにただ苦笑するだけであった。御米がそれでも気がつかずに，なにか云い続けると，

「我々は，そんな好い事を予期する権利のない人間じゃないか」と思い切って投げ出してしまう。細君はようやく気がついて口を噤（つぐ）んでしまう。そうして二人が黙って向き合っていると，いつの間にか，自分達は自分達の拵（こしら）えた，過去という暗い大きな窖（あな）の中に落ちている。（「四」）

過去に犯した過ちから罪を逃れることのできない夫婦は，世間から隔離され，抑圧される日常生活を送らざるをえない。彼らは社会の規範のために暗鬱に覆われた生から逃れることはできない。宗助夫婦は訴えられているわけではないが，たえずこれら掟の前に呼び出され，出頭させられているのである。そして，暗黙裡に社会の規範・掟に従うことを求められるのである。人々を無意識のうちに捉えて支配する規範・掟が存在し，そこには人を規律して止まない権力の構造が内在されていると見ることができよう。

その構造として，遵守すべしという無条件の義務づけが，ここには存在しているというべきではなかろうか。掟は，自分が社会に存在しているという事実やいわゆる類的本質によって，自己の意思の外から，無条件に従うべきものとして条件づけられ，また社会からは当然視される存在である。そして，社会において個人はその理性に基づく意思が当該の規範や掟を自発的に自己の内面に取り入れて，以降これを遵守するというように，掟を内在化することになる。ここに至って，掟は規範として妥当性を獲得し，現実的なものとなるのである。このように，掟を遵守するように促すものや力が実質的には強制的であるにもかかわらず，現実的には当人の意思にかかる「自由」として立ち現れる[54]のはパラドックスである。

第 4 章 「理性と正義」の劇場としての法　　177

　これまでいわばミクロ的視点から検討したが，つぎに個人と掟・社会という
マクロ的視点から検討する。掟を信奉するのは社会に対する何らかの期待
や，またそうすることに利益があるからと思われる。「理性と正義」の劇場
たる社会において，私たちは主体(subject)とされるが，掟の前に従属させら
れる(subjected)存在ではないのか。そして，宗助夫婦の状況は別の局面では
私たちが置かれるものかもしれない。掟は私たちの救いとなり，また社会は
私たちの自由や欲望を満たしうるかが問題である。

3　掟 の 基 礎

(1)　門 の 前 で

　『門』では，刑法183条に抵触することが想定されているので，法律に
よって宗助夫婦が法的に救済されることは考えにくい。ひるがえって，そも
そも法は社会の紛争や事件を解決するとはいうが，法による解決や救済は現
実にはどのように存在しているのだろうか。

　周知のように禅による問答や境地に到達することによって，救いが得られ
るものと一時は期待したが，結局，宗助は思わしい魂の救済を宗教から得る
ことはできなかった。とすれば，今一度，宗助は，自分たちが社会から排除
されている現実と直面しなければならない。この点で，漱石は「男女の問題
を政治の規定から文学の中に取り戻し，男女間の裏切りにともなう罪の意識
を，法の罰から，精神的な，宗教的な罪の側にとり戻そうとしたのではな
かったか」[55] という指摘があるが，これは，逆説的ではあるが，今一度法の
在り方を問い直す契機ももっているのである。

　法はどのような意味において救いとなることができるか。このような問い
自体，通常は法の内部にあってはあまり出されないものであり，むしろ法の
外側にあるものからの指摘によって浮かび上がる問題でもある。法の対象と
なる，法の「門」を入ってきたところから，法の処理が始まるからである。

　漱石の『門』は裁判を扱った小説ではないために，法や裁判がどのような
ものであるかについては描かれてはいない。それには沈黙している。おそら

178　第Ⅱ部　《法と文学》と法

く作者のねらいは法や裁判による裁きや制裁を超えたところの，人間の生を
描くことにあるように思われるので，法・法廷が個人の自由を伸張したり，
あるいは社会の正義を実現したりするものとしては考えられていないであろ
う56)。作品の年代が異なるので安易な比較はできないが，カミュの『異邦
人』の主人公ムルソーは裁判や法それ自体に背を向けているし，カフカの
『審判』や『法の前』ではそれらが正義を実現するものとしては描かれてい
ない。むしろ，それらが個人にとって桎梏となり，不条理な結果や状況をも
たらすものとして描き出されている。

　カフカの『審判』につぎのくだりがある。「裁判所は君に何も求めはしな
い。君が来れば迎え，行くなら去らせるまでだ」57)。掟とは，ここでは一般
には法とその規範が念頭に置かれるのだが，デリダは「道徳律，法律の法，
政治の掟さらには自然の法則等々のうちからいかなる種類の掟なのかが明ら
かではない」として，むしろ「掟そのもの，掟を掟たらしめているもの」を
指すとしている58)。が，掟の前にやってきても，なかなかその中へ入らせ
てもらえない。許可されないのではなく，後に見るように引き延ばされてい
るのである59)。

　　　掟の前に一人の門番が立っていた。この門番のところへ一人の田舎の
　　男がやってきて，掟の中へ入れてくれと願った。しかし門番は，今はは
　　いることを許せない，と言った。男は考えていたが，それでは後でなら
　　はいっていいのか，ときいた。『それはできる』と，門番は言った，『だ
　　が今はだめだ』……60)

　形式上は来る者拒まずだが，制度的に中立を装った無視や法律や法的手
続・訴訟についての高い専門的知識や形式的で煩瑣な手続などのためになか
なかアクセスできない。そこには，制度のもつ権威もまた存在する。

　　　『いったい，いまさら何を知りたいんだ』と，門番はきいた，『お前はよ
　　く飽きもしないな』『誰でもみな掟を求めているのに』と，男は言った，

『私のほか誰も入れてくれと求める者がいなかったというようなことに、どうしてなったのですか？』門番は、男がすでに臨終にあるのを知り、薄らいでゆく聴力に届くように、大声でわめいた。『ここではほかの誰もが入れてもらえなかったのさ。なぜなら、この入口はただお前のためときまっていたからだ。どれ、わしも出かけよう。そして門をしめよう』[61]

　男はほぼ一生かけて掟の中へ入らせてもらおうとするが、その願いは門を叩いても開かれず、虚しく届かない。理性的で合理的な仕掛け(システム)のはずなのに、何のために、そんな理不尽なことが起こるのか。デリダはいう、「男は自分の終わり(fin)には辿り着くが、自分の目的(fin)には到達しない」[62]。門番は法や裁判手続という知識の鍵を取り上げ、自らは入らず、入ろうとする人々を妨げている[63]。訴訟や法を使うことには、高い障壁があり、たくさんの時間と費用とが費やされなければならないことを象徴しているようである。

　法を使うことになる一般の人々は、法律ジャーゴン(専門用語)に手をこまねいて、理解してもいないのにわかりましたと答えざるをえない面もある。あるいは、自分の裁判であるはずなのに、自分の知らないところで事が運んでいるというような、カミュの『異邦人』で描かれる状況でも示されるように、専門家たちによって法は独占されている[64]。また、現代では専門的な知識が社会のシステムを構成しているといってよいだろう。専門的な知識がなければ、意見を述べたり、反論したりすることすらできない。裁判においても事実が争われるにしても、当事者の力関係とくに大きな社会的な力・権力をもった者や組織が主張するものの方が、あたかも真実であるように聞こえ、それに突き動かされて裁判官もそれが正しいあるいは"真実"として認定することがある。今日の裁判手続は当事者の主張立証するものに依存しているとはいわれるが、法的正義が、当事者の組織や金銭それに伴う名声や社会的影響力・権力などという司法手続の外にあるものによって決められているのではと気づかされることもまた多い[65]。このように、知ろうとしても

知に阻まれる。そこにフーコーが言うように，知と権力が結びついていると考えられる。知は権力と化して，他者をコントロールするのである[66]。

　知はシステム化され，組織となり，その中にいる人々によって，同じメンバーであった社会の成員の，秩序を乱す行為や逸脱を監視することになるのである。法は社会や正義の名において私たちの生に介入する。法を無視する者は，それが形成する社会から排除される。かくして，法に対するもう一つの視線を私たちが必要とするとき，伝統的な見方に対抗する新たな知を獲得する必要がある。「法と文学」はこのような新たな見方や理論を提供することができるといえよう。

　宗助は，この不安や苦悩に満ちた日常の世界を脱却して心の平安のある理想的な世界へと至ることによってしか，自分たち夫婦の生を生かしてゆく可能性はないと考えているようだ。生きていく上では苦悩や心配がなくなるのは，幸福が増えることを意味するから，人はなるべく幸福に生きたいと願うものであろう。考えられる救済には，世俗的救済と精神的救済があるが，前者の一つが法的救済であろうし，後者には宗教的救済が含まれよう。

　宗助にとっては，法的救済をはじめとする世俗的救済には格別救いとなる方法や道は見あたらない。むしろ，法的救済からは遠ざけられているし，排除すらされている。そこで，精神的な救済を求めるのであった。現在置かれた状況よりも苦しみを減ずることによって，より安んじて日々を送ることができるために，宗助は鎌倉の禅寺の門を叩く。

　　自分は門を開けて貰いに来た。けれども門番は扉の向側にいて，敲いてもついに顔さえ出してくれなかった。ただ，
　　「敲いても駄目だ。独りで開けて入れ」と云う声が聞えただけであった。彼はどうしたらこの門の閂を開ける事ができるかを考えた。……彼自身は長く門外に佇立むべき運命をもって生れて来たものらしかった。……前には堅固な扉がいつまでも展望を遮ぎっていた。彼は門を通る人ではなかった。また門を通らないで済む人でもなかった。要するに，彼は門の下に立ち竦んで，日の暮れるのを待つべき不幸な人であった。

（「二十一」）

　宗教も広い意味では，復讐の連鎖を断ち切ったり，また復讐の念や感情を
癒やしたりする方法の一つと見ることができる[67]。たとえば，宗教的な儀
式や祈りや教え・諭しによって復讐の感情を別の回路に転換することができ
る。それは多分に曖昧ではあるが，復讐を予防したり，またすでに受けた暴
力などを癒やしたりする方法である。復讐される側の宗助にしてみれば，禅
寺の門を叩くことは，自分の精神的な救いや過去の行為を正当化する観念を
求めることでもある。復讐する側にいる安井が，同じような宗教の儀式や悟
りの意味を理解しているとすれば，安井からの復讐を防いだり，あるいはそ
れを慰撫し軽減してくれる方法であるともいえる。

　心の平安を得るための修行や悟りの境地を得るのも容易ではない。そうな
らば，残された贖罪の共同体の内部では，互いの救いや慰安となるものがあ
るのだろうか。つぎのように指摘されることがある。『門』は，宗助とお米
夫婦の仲むつまじい生活や夫婦愛を描いているという見方である[68]。

　　　彼らは自然が彼らの前にもたらした恐るべき復讐の下に戦きながら跪
　　ずいた。同時にこの復讐を受けるために得た互の幸福に対して，愛の神
　　に一弁の香を焚く事を忘れなかった。彼らは鞭たれつつ死に赴くもので
　　あった。ただその鞭の先に，すべてを癒やす甘い蜜の着いている事を
　　覚ったのである。（「十四」）

　このゆえに，「実際，漱石は他のどの作品に於ても，これほどしみじみと
した夫婦の愛情を描いたことはなかった。宗助とお米の平凡な日常の描写の
かげから，作家の幸福な視線がのぞかれる。そのような視線に，ぼくらは魅
せられるのだ」という評もなされている[69]。たしかに，理想的な夫婦愛を
描いたものであるかもしれないし，また主人公夫婦たちもそれを目指そうと
したのかもしれない。それは今ある苦痛と不安に満ちた日常よりも，もっと
安らぐことのできる二人だけの世界を見つけ出したともいえ，そこはまた一

182　第II部　《法と文学》と法

種の陶酔ともいえるだろう。だが，その幸福も一時的なものに過ぎないと目ざめ，やがて以前の日常が蘇ってくる。完全で満足のいく日常は望みえないことに気づくであろう。夫婦だけの愛情の高みから贖罪を余儀なくさせる世間・現実へと落ち，それを絶えず繰り返して往き来する生は，「シーシュポスの神話」のようでさえある[70]。

(2)　掟の神秘的基礎[71]

　前述のように，理性は合理的な規律を作り，何が正常であるか否かの基準・規範(ノルム)をもたらして，私たちはそれに従うべきものとされている。そこで，まず，なぜ私たちは法や社会規範などの掟を信奉するかについて検討する。掟の基礎はどこにあるのか。つぎに，法は人に正義や自由を約束するが，それは社会と矛盾しないのか。掟が前提としている社会と私たちは"和解"できるのか。

(A)　権威と従属

　私たちは，法が設定する「理性と正義」の劇場の中にいて，理性に基づいた正義や自由が演じられるのを見ている。私たちは，そこが私たちの生にとって望ましいものだといわれてきた。私たちは法システムが人間の目的を社会において実現するために存在すると考えてきたのである。その際，何が善で，悪であるか，また実現しようとする欲望や自由とその限界などについて規律することになるが，そこには何がほかに優先するかなどの特権化が含まれているのである[72]。

　そうであるとすれば，そこでは本当に理性と自由とが演じられているのか。それは法の「茶番劇」ではないのか[73]。また法や社会は本当にこれらを約束できているのか，かりにそうでない場合，そうであるとか実現できるとか，あるいは少なくとも今はその過程にあると私たちを信じ込ませてきたものは何か，さらに，法とその前提となる社会は私たちを幸福にするものかなどが問われている。いわば近代法がもってきた法の神話を今一度問い直す必要があるといえるだろう。

これらの問題に関心を向けさせるのは，いわば外的な視点をもった「法と文学」の力であるといえよう。ないわけではないだろうが，このような問いかけは，一般に現状を維持することに腐心する法の内部からは出てきにくい。

第一に，法が暴力であることを覆い隠すことは法に対する信頼や信憑を増すことにつながりうる。なぜ人は法をはじめとする社会規範(もしくは掟)に従うのか。モンテーニュのつぎの言葉は有名である。

「さて法律が信奉されているのは，それらが正しいからではなくて，それらが法律であるからだ。これが法律の権威の不可思議な基礎で，ほかに基礎はないのである」[74]。デリダも，「人が掟に従うのは，それが正義にかなうからではなくて，権威をもつからである。……人が掟を信奉すること，これこそが掟の唯一の基礎である」という[75]。法を遵守するのは，法をもつ権威(その背後には権力や暴力が存する)からであり，普遍的な正義が存在するためではない。また，信奉することに法の基礎があることは，法が宗教などと同じ基礎をもっているに過ぎないことを意味する。

第二に，法が真実を明らかにすることに関わっていると考えられることも法への信頼や信憑を増幅させることになろう。近代において，真理は存在するものと考えられてきた。近代においては，理性や真実ということが強調されてきたが，「真理は，解釈の産物であり，事実は，ディスクールによって構築されたものであり，客観性とは，眉唾物ものの解釈がいつしか大手をふってまかりとおるようになったものであ」る[76]。そして，法律もこの真理の発見や探求と何らかの関係があり，それらに寄与したり，あるいは真実の原理に基礎を置いたりしていると考えられてきた面もある。しかし，真理も一つの解釈に過ぎないとすれば，法律も普遍の「真実」とは関係がないということになる。

そうならば，さらにつぎの問いが出てこよう。存在しないものをあたかも真理や真実が存在するように信じてきたわけであるが，それはなぜか。社会において，お互いに「真実」が存在するものと，いわば作り出して，これに納得して信じてきたということであろうが，なぜこのようなものを私たちは必要としているかが問われなければならないだろう。

184 第Ⅱ部 《法と文学》と法

　ただ，注意しなければならないのは，『門』が法規範や道徳規範そのもの
の是非を問うて，問題としているわけではない点である。むしろ，これらの
規範を前提にして，人間の心理や行動を描写しているのである。おそらく作
者の漱石も，姦通とそれを取り巻く規範群の当否を問題にしたかったわけで
はないだろう。

　これらの規範をひとまず承認した上で，その影響を描写したのである。し
たがって，作者漱石は法規範や道徳規範そのものに批判的な視線を投げかけ
ているのではない。むろん，法や裁判が秩序や規制はともかく人々に自由を
もたらすものなどとは描かれていない。ましてや，カフカの『審判』のよう
な，法や裁判制度そのものに対する批判的あるいは懐疑的な姿勢もないよう
に思われる。むしろ，これらの規範に対する時代的な評価と制約を作者自身
ももっており，それを反映したものといえるだろう。

　『門』における宗助とお米も，あくまでも法規範の中にいて，苦悶して，
なお生きていこうとしている人たちである。作者漱石は，宗助夫婦が法規範
やその背後にある権力によって自発的に服従してゆく主体へと導かれてゆく
こと77)を明らかにしようとしたかどうかはわからないが，この点は，作者
や明治というわが国の近代化のプロセスにおける主体の問題として分析の視
野を広げることになるのではなかろうか。

　とすれば，今日の私たちはみな宗助やお米夫婦ではないのか。『門』の描
く状況以外でも，今日，社会や法秩序が正当と認めず，法的に保護せずに排
除することは，私たちの周りにもたくさんあるからである。たとえば，公害
病の認定，輸血をめぐる意思決定，国旗・国歌をめぐる争い，一票の格差，
市場や民法などで保護される取引の第三者として認められないなど，誰でも
広い意味でのアウトサイダーとなり，排除・無視される可能性はたえず，ま
た十分にある。

　これに対して，社会が不法・違法であるとして，正当と認めない者や事柄
にあえて眼を向けたり，配慮したりする必要はないという意見もあろう。し
かし，法は当該の社会がどうあるべきかについての一定の理解や物語の上に
成り立っており78)，いわば社会の隠喩ともいえる。人々が変化してゆくの

と同じように社会もまた変化してゆくので，現在の支配的見解や物語がそのまま将来を固定することは保守的あるいは桎梏とならざるをえない。したがって，現在とは異なる社会や文化がありうることを示すことは理論の役割であるといえる。ここでは，問題となっている法や社会規範を否定しているのではない。とくに「法と文学」は，当該の社会がこれらの掟を肯定し，特権化する中で見過ごされてきた人間の可能性を再び浮かび上がらせる機能をもっている。

（B）　生のアンチノミーと正当化

　社会およびそのルールとしての法・社会規範は，人々の自由や幸福を保障するために存在すると考えられる。人がその自由やエゴ(欲望)を実現するとき，これらのルールそしてその背後にある社会は人々の自由や幸福・正義を本当に保障するのであろうか[79]。そのとき，とくに法はどの位置にあり，どのような役割を担っているのか。

　近代社会において自己主張や自己の欲求の実現を図ることは，自分以外の第三者や社会にも大なり小なり影響を与えたり，また利害対立などを招くものである。資源が限られたものであればあるほど，その影響は大きい。個人の内面や，自由な意思に基づいて行為すべきかが主たる関心事となっているのである。その結果のために生じる，友人への裏切りや迷惑をかけるということは，どのように正当化できるのか，あるいはできないのか。その点で，社会との関わりは見えるが，法や法規範の影響はどのようなものか，あるいは無視できるものなのか。むろん，そもそもが明らかに不法な行為だったりする場合は別である。

　かつて安井とお米も彼らの各々の自由や欲求を追求しようとして婚姻した。そこへ，安井の友人である宗助が旧知であるお米と結婚したいとし，お米もまた自由な意思でそれに同意するのである[80]。作者の漱石は，『それから』『門』さらに『こころ』において，自由と自由との衝突の調整を結局は道徳の側に立つことを主人公らに表明させたのであるが，つぎの点を問題にしたかったのであろうか。「自己意識は……行為を他の人たちおよび自己自身に

186　第Ⅱ部　《法と文学》と法

とって善であると主張することができる。……そのような行為を他の人たち
にとって善であると主張するのはいつわりないし偽善であり，……悪のこの
最後の最も難解な形式によって，悪が善に，善が悪に転倒され，意識はおの
れをこのような力であると知り，そのためにおのれを絶対的であると知る。
──これは，道徳の立場における主観性の最高の先端である」[81]。すなわち，
自己を善となす悪である。個人に自由と他者のそれ，ひいては社会との衝突
や矛盾が発生しているのであるから，それが道徳や良心のレベルで解決でき
るものか，さらに別の解決の方法や新しいルールが打ち立てられるのか，さ
らには，法をはじめとする諸規範に頼らなければならなくなるのか。その意
味では，掟・ルールは一般的なルールとして背後に存在するに過ぎない。個
人は自己が考える善の基準から，既存の一般的な諸ルールを踏まえて，行動
することになる。そこには，J.-P. サルトルの「人間は自由の刑に処せられ
ている」[82] という指摘があてはまろう。

　『それから』の代助と平岡のつぎのやり取りは，代助と三千代の行為が正
当化できるのかに迫っていると考えられる。この状況は，『門』における，
宗助・お米と，これに対する安井との関係でも，同じである[83]。

　　　「法律や社会の制裁は僕には何にもならない」と平岡は又云つた。
　　　「すると君は当事者丈のうちで，名誉を回復する手段があるかと聞く
　　んだね」
　　　「左様さ」
　　　「三千代さんの心機を一転して，君を元よりも倍以上に愛させる様に
　　して，其上僕を蛇蝎の様に悪ませさへすれば幾分か償にはなる」
　　　「夫が君の手際で出来るかい」
　　　「出来ない」と代助は云ひ切つた。(『それから』「十六の八」)

　『門』の安井の立場にある平岡は，法的なものまた社会的な制裁という世
俗的な救済を問題にしているのではないというのである。代助と三千代ない
しは『門』の宗助とお米の行為に，自分と三千代との関係以上のもの，つま

り平岡が新たな二人の関係のために譲ってもよいといえるような理由があるかと問いかけているのである。

　宗助夫婦は法的にも社会的にも自分たちの不徳義な行為が許されないことによって罪を意識し，自己に絶望している。その罪の原因となった過去の過ち以来それは現在まで，そして未来までも継続するものであるから，罪の中にとどまっているといってよい。宗助らの絶望がどのようなものであるかはわからないが，できれば「他人と同じようである方がずっと楽でずっと安全だというような気持ち」[84] が欲しいのかもしれない。

　人間は社会的な存在であるから，自分と社会との関係について，また社会について考えてみることには意義があると誰しも一応は思っているであろう。しかし，自分にとって社会がどのような存在であり，意味をもっているかについて考えることは滅多にない。罪を意識し，また絶望の中にある人間はそれを考える機会をもつといえるかもしれない。今度は，そうすることが自分にとって意味があるからである。

　姦通罪も使われず，民事の賠償となる夫(妻)たるの権利の侵害[85] に対する訴訟も提起されていないこの段階では，法や法ルールは，個人の内部では潜在化しており，いわば一般的ルールとして背後から包囲している。そこには表面的には法規範の影は見えない。中心にあるのは，代助と三千代の(不徳義な)行為を，とりわけ平岡に対する関係で，道徳的に，あるいは宗教的に，はたまたその他のものであるにせよ，どのように正当化できるのかであろう。

　社会においては，私たちの自由は他者との関係で実現されなければならない。他者は，私たちの自由に必要であるが，他者の自由とは相容れない。また，私たちに自由が実現されるためには，社会や国家による強制力が必要であるが，それとは相容れない[86]。そこには，人間と社会との根源的な矛盾ないしはアンチノミー(二律背反)が存在する。自分が欲するままに行為したことによって，他人や第三者(社会)に与えた影響を考慮して，自分の行為を正当化できるのか。自己の欲望を抑制しないで追求することは，モラル的には悪ではないのか(G. W. F. ヘーゲルの「自己を善とする悪」の問題ともいえよう)。

近代における個人は，自己の自由とその行使による他者の自由との衝突や対立といったアンチノミーにたえず逢着しているのである。私たちは社会と"和解"できるのか。

漱石自身の「則天去私」や『こころ』の「明治の精神」に基づいてエゴや自由を調整したり，また社会との融和を図ることは早晩破綻することは目に見えている[87]。当事者のすべてや社会のメンバーの全員が満足できるような行為などがあればよいが，それは全員一致が認められる場合をいうのであろう。しかし，それはきわめて稀にしか成立しないといえる。そこで，ある行為が一方では幸福や利益をもたらすと同時に，他方では，他者には迷惑や不利益を招来することが，たいていの場合には起こりうると考えられる。この場合に，かりに前者の幸福や利益が，後者の迷惑や不利益といった悪を上回っていると推定できれば，かような行為もまた社会的にはまだ容認できるという考え方や原則が成立する必要がある。伊藤整によれば「白樺派のものの考え方の，夏目漱石や森鷗外と違うところは，他人と力を合わせて作り出すところの社会の善を考えはじめた，ということである」という[88]。これは，個人とその自由とを尊重し，調整しようとする考え方といえるが，当時の社会や発展しつつあった資本主義経済や市場での考え方を背景にしているものでもあろう。明治期に形成されつつある近代社会は，このような考え方をもちはじめていたといえる。現実の取り引きや市場から出てくる，かような新しい倫理を，『門』が書かれた時代は迎えつつあったのではないか。そして，武者小路実篤の『友情』(大正8・1919年)では，そのような価値観が前提されているといえるかもしれない。

作者漱石個人もこのような倫理が登場してきつつあることを認識していたのではないかと思われる。しかし，彼は，『こころ』で示したように「明治の精神」(『こころ』「五十六」)に従うといい，また個人としてはいわゆる「則天去私」に見られる自己抑制という当時の伝統的倫理の側に立ったのである[89]。

お わ り に

　以上までの検討から，つぎのことがいえよう。第一に，大きな物語として
の法は誰かが定立したものであり，それ自体フィクションにほかならない。
法の定立と運用には暴力と権力が存在するが，にもかかわらずいったん定立
されるとそれ以降は，社会の合意があったかのように法は作られていく。な
かでも，法は理性に基づく制度であり，私たちの自由や社会に正義を実現す
るものであるというふうに喧伝されて，合法的とされる暴力性や権力性を覆
い隠している。私たちは法をそのようなもとして信憑する。法を遵守するこ
とは，社会における人間としての責務であり，作られたものであるにもかか
わらず，いつかそれは人々の正常の基準・規範(ノルム)として作用すること
になる。そうなると，法は私たちの行為の外的な限界づけのみならず，私た
ちの内的，精神的な面をも構造化するのである。さらに，逸脱や不法な行為
に対しては，社会や周囲からのまなざしがあり，そこには批判的あるいは否
定的な視線が含まれ，掟の遵守を促すものがある。法をめぐる知と権力の問
題もあり，人々が法システムと対抗するのは容易ならざるものがある。この
ように，法の遵守にはさまざまな位相の力が働いているのである。
　第二に，『門』が描かれた明治後期の社会は，「理性と正義」の劇場を標榜
するような社会にはまだなりえておらず，反政府勢力の排除や人々の支配，
それに社会の統制が色濃く支配していたであろう。やっと近代社会が登場し
はじめた時期であるし，社会に暮らしていく以上，社会の掟に従うほかはな
く，その意味では社会に何らかの期待をもちはじめていた時代ではなかった
か。人々はおずおずと自由を行使しはじめるが，その早々に自由どうしの衝
突が生まれてきた。法やそのルールは，宗助・お米夫婦がそうであったよう
に，人々が実際の生活を送っていく上での現実的な理由を構成している。そ
の意味では，法や社会規範は社会の隠喩として，人々の日常や内面を浮かび
上がらせている。他面で，多くの人々にとってある法規範が抑圧的ないし不
自由なものと感じられる場合には，人々の生に形式や基準を与えている法を

はじめとする諸規範(とそれを取り巻く道徳や宗教などの社会規範)は，人間の心に葛藤を生じさせ，矛盾を引き起こし，場合によっては社会のルールとしての普遍性を失うこともありえる。

第三に，『門』は表向き法を明確には取り扱っていない文学作品であるが，法的な観点から考察することで社会規範や法規範をより深く理解することが可能となる。小説や文学作品は，法規範やその他の掟によって，社会の周辺や外へと追いやられた人々の矛盾や窮地を暴き出す物語を描き出すこともできる。文学は，法学インサイダーには欠けている，あるいは内部では無視されてきた人間への理解や洞察を提供することができる[90]。すなわち，「法と文学」は，これまでの法学的分析においてしばしば見失われた人間の条件についての洞察をもたらすのである。また，この研究方法は，法に関する新しい理論の可能性をもたらすことができ，さらに踏み込んで考察するための視点(パースペクティヴ)を提供する。これによって，法学のより洗練されたパフォーマンスに寄与できるのである。

(注)

1) 夏目漱石『門』(明治43・1910年朝日新聞連載。翌年，春陽堂刊行)。以下，作品の引用は断りないかぎり『門』による。

2) 勝本正晃「法律から見た漱石の一面」同『法学挿話』(日本評論社，1931年)，1頁。勝本博士(1895〜1993年)は，民法や著作権法を専門とし，東北帝国大学などの教授を務めた。また，勝本正晃『文藝と法律』(國立書院，1948年)では，夏目漱石に三度言及があり，法律との関係で二度触れている。一つは，『道草』で質草である銀時計の所有をめぐる法律関係で，ほかは，『吾輩は猫である』である。これは今日の「法と文学」研究から見れば「文芸作品の中の法」という形態に属するが，「法と文学」研究ではもう少し違った読み方がこれからも生まれてこよう。たとえば，プライバシーの側面から，本書第3章「私的空間という装置と法──《法と文学》による日本プライバシー前史」や，本章もまた法や社会の問題に関係している。

3) 髙橋和巳「漱石における政治」『明治文学全集第1巻・明治開化期文学集(一)』付録月報12号(筑摩書房，1966年1月)，8頁。

4) J. デリダ『カフカ論──「掟の門前」をめぐって』(三浦信孝訳，朝日出版社，1986年)，27頁。

5) Nancy Cook, "Shakespeare Comes to the Law School Classroom", 68 Denver L. Rev. 387 (1991).

第 4 章 「理性と正義」の劇場としての法　191

6) 一例をあげると，T. モリソン『青い眼がほしい』(大社淑子訳，早川書房，1994 年〔原著は 1970 年〕)は，法よりも広範で，強力な社会規範が存在することを描いている。

7) E. ポズナー『法と社会規範──制度と文化の経済分析』(太田勝造監訳，木鐸社，2002 年)，17 頁。

8) 井上茂『法規範の分析』(有斐閣，1967 年)，278 頁。

9) 作中に英国のキッチナー将軍の来日(明治 42・1909 年 11 月)や伊藤博文暗殺(同年10 月)などの話題がある。

10) なお刑法 183 条は昭和 22 年法 124 号により削除された。刑法(明治 40 年法律第 45号)第 183 条は「有夫ノ婦姦通シタルトキハ二年以下ノ懲役ニ處ス其相姦シタル者亦同シ　前項ノ罪ハ本夫ノ告訴ヲ待テ之ヲ論ス但本夫姦通ヲ縦容シタルトキハ告訴ノ効ナシ」と規定していた。また，戦後の廃止の経緯や状況については，團藤重光「姦通論」同『刑法の近代的展開』(弘文堂書房，1948 年)，89 頁；奥平康弘「女と男の関係と国家権力──姦通罪考」法学セミナー346 号(1983 年)，8 頁；井田恵子「『姦通罪』に想う」時の法令 1182 号(1983 年)，2 頁など参照。

11) 瀧川幸辰『刑法讀本』(大畑書店，1932 年)，142 頁；小野清一郎『全訂刑法講義』(有斐閣，1945 年)，525 頁など。戦前に，この罪がどれほど適用されたかは興味があるが，自己や家の名誉それに私生活が裁判で暴露・公表されることになるためあまり用いられなかったのではないかと推測される。また，後述(後注 41 とその本文参照)の復讐との関係では，この罪のルーツは姦通相手と妻とを殺害する権利を認めた，いわゆる女敵討であろう。

12) 最近の研究として，林弘正「明治四十年刑法第百八十三条についての一考察」清和法学研究 6 巻 1 号(1999 年)，57 頁。

13) 旧民法第 768 条「姦通ニ因リテ離婚又ハ刑ノ宣告ヲ受ケタル者ハ相姦者ト婚姻ヲ為スコトヲ得ス」。

14) 川島武宜『日本社会の家族的構成』(日本評論社，1950 年)，9 頁。

15) 有地亨『近代日本の家族観・明治篇』(弘文堂，1977 年)，196 頁。

16) 夏目漱石の『こころ』などにも，それに近い状況が描き出されている。主人公の「私」が奥さんに「お嬢さんを私に下さい」と申し出たとき，軍人の未亡人である奥さんは，「宜ござんす，差し上げましょう」と即座に返事する。さすがに私も「親類はとにかく，当人にはあらかじめ話して承諾を得るのが順序らしいと私が注意した時，奥さんは『大丈夫です。本人が不承知の所へ，私があの子をやるはずがありませんから』といいました」(『こころ』『四十五』)とある。その頃の川柳「貸間あり賄附娘附」という状況があるのかも知れないが(唐澤富太郎『学生の歴史──学生生活の社会史的考察』(創文社，1955 年)，99 頁)，親の意思・意向は本人の意思という実態を示したものといえようか。なお，川島『日本社会の家族的構成』(前注 14)，87-90 頁参照。

17) 伊藤整『改訂文学入門』(光文社，1986 年)，74 頁。

18) 明治 42(1909)年 6 月発表。

19) 「安井は御米を紹介する時，『これは僕の妹だ』という言葉を用いた」(『門』十四)とある。

192　第II部　《法と文学》と法

20) 小野『全訂刑法講義』(前注 11)，527-528 頁。

21) たとえば，「宗助とお米とは姦通によって出来上つた夫婦である」とするのは，谷崎潤一郎「『門』を評す」『谷崎潤一郎全集 20 巻』(中央公論社，1968 年)，3 頁。

22) 古くからのテーマであり，一般には峻別されるが，異なった見方もある。つぎを参照，H. L. A. ハート『法の概念』(矢崎光圀監訳，みすず書房，1976 年)，202 頁以下；G. ラートブルフ『法哲学』(田中耕太郎訳，東京大学出版会，1961 年)，158 頁；R. ドゥウォーキン『権利論』(木下毅ほか訳，木鐸社，2003 年)；同『原理の問題』(森村進・鳥澤円訳，岩波書店，2012 年)；井上茂「法による道徳の強制」同『法哲学研究 3 巻』(有斐閣，1972 年)；矢崎光圀『法哲学』(青林書院，2000 年)；加藤新平『法哲学概論』(有斐閣，1976 年)；深田三徳『法実証主義論争──司法的裁量論批判』(法律文化社，1983 年)；長谷川晃『解釈と法思考──リーガル・マインドの哲学のために』(日本評論社，1996 年)，32 頁以下，など。

23) Oliver Wendell Holmes, Jr., *The Common Law*, 2-25 (1881); René Girard, *Violence and the Sacred*, 24 (translated by Patrick Gregory) (1977) (復讐の観念も人類の正義の原理も同じとする)。また，法と復讐(文学)との関係については，R. A. ポズナー『正義の経済学──規範的法律学への挑戦』(馬場孝一・國武輝久監訳，木鐸社，1991 年)，8 章；同『法と文学・上巻』(坂本真樹・神馬幸一訳，木鐸社，2011 年)，97 頁以下；本書第 3 章「私的空間という装置と法」，119-122 頁など参照。

24) Girard, *Violence and the Sacred*, note 23, at 22.

25) Bernhard Windscheid, *Lehrbuch des Pandektenrechts*, § 15, S. 39-40 (1906).

26) Lon L. Fuller, *The Morality of Law*, 96 (1964). L. L. フラー『法と道徳』(稲垣良典訳，1968 年)，162 頁。

27) Peter Goodrich, *Reading the Law*, 209 (1986).

28) 伊藤正己・加藤一郎編『現代法学入門』(第 3 版，有斐閣，1992 年)，21 頁以下。

29) 「理性と正義」の劇場という表現は Goodrich の "theatre of justice and of Truth" からヒントを得た。Peter Goodrich, "Introduction: Psychoanalysis and Law", in Goodrich ed., *Law and the Unconscious: A Legendre Reader*, 16 & 26 (1997); Maria Aristodemou, *Law and Literature: Journeys From Her to Eternity*, 142 (2000).

30) 川島『日本社会の家族的構成』(前注 14)，9 頁。

31) デリダ『カフカ論』(前注 4)，76 頁。

32) 桜井哲夫『フーコー──知と権力』(講談社，2003 年)，265 頁。

33) いずれの引用も，J. カラー『文学理論』(荒木映子・富山太佳夫訳，岩波書店，2003 年)，138 頁。

34) 碧海純一『新版法哲学概論』(弘文堂，1964 年)，75 頁；五十嵐清『法学入門』(第 3 版，悠々社，2005 年)。同様に，「法は実力によって作られ」たとするのは，伊藤・加藤編『現代法学入門』(前注 28)，23 頁。

35) J. デリダ『法の力』(堅田研一訳，法政大学出版局，1999 年)，125 頁。デリダと法に関しては，堅田研一「脱構築と法律学──合法性の暴力と正義」愛知学院大学論叢[法学研究]44 巻 4 号(2003 年)，79 頁；長谷川晃・角田猛之編『ブリッジブック法哲

第 4 章　「理性と正義」の劇場としての法　　193

学』(信山社出版，2004 年)，222 頁以下(住吉雅美筆)参照。

36) デリダ『法の力』(前注 35)，104 頁。

37) 同上，167 頁；堅田研一「脱構築と正義——訳者解説」デリダ『法の力』(前注 35)，207 頁。

38) デリダ『法の力』(前注 35)，167 頁以下；堅田「脱構築と正義」(前注 37)，207 頁。

39) 堅田「脱構築と正義」(前注 37)，214 頁。

40) M. ウェーバー『職業としての政治』(西島芳二訳，角川文庫，1959 年)，10-11 頁。

41) 穂積陳重『復讐と法律』(岩波文庫，1982 年[初出・1931 年])，274 頁[原文傍点・略]。なお，「復讐の念は，現今文明の社会においては，固より賤しむべきもの嫌うべきものと看做しており」(同頁)ますが，と断っている。なお，ヘーゲル『法の哲学』(藤野渉・赤澤正俊訳，中央公論社，1967 年)，§§101-103(302-306 頁)，§220(452-453 頁)。

42) 福沢諭吉『学問ノスゝメ』第六篇「国法ノ貴キヲ論ス」(1872・明治 5 年)。

43) Ernest J. Weinrib, *The Idea of Private Law* (1995); Jules L. Coleman, "Tort Law and the Demands of Corrective Justice", 67 Indiana Law Journal 349 (1992).

44) G. W. F. ヘーゲルによれば，第一の強制である犯罪は，つぎに来る強制つまり刑罰によって止揚され，法を回復するという。ヘーゲル『法の哲学』(前注 41)，§§93-99(293-300 頁)。

45) Robert M. Cover, "Violence and the Word", 96 Yale L. J. 1601 (1986). カバーはイェール大学ロー・スクール教授(1943〜1986 年)。この論文は「法，言語，暴力」に関する分野の先駆けとなった。

46) ウィリアム・シェイクスピアの有名な『ヴェニスの商人』について，その法解釈をめぐる暴力の問題が論じられている。ポーシャ姫(裁判官)による判決の後で「秩序の暴力性はシャイロックに代表させられ，彼が排除されたとき，暴力も世界から消えたのである」とする論(柴田正樹「『ベニスの商人』における秩序と暴力」高知大学学術研究報告 38 巻(人文科学その 1，1989 年)，121 頁，引用は 128 頁)もあるが，社会すなわち裁判所側の暴力性がなお支配していると見るべきであろう。

47) 最判平成 24. 1. 16 裁判所時報 1547 号 3 頁，最判平成 24. 1. 16 裁判所時報 1547 号 10 頁，最判平成 23. 6. 21 裁判所時報 1534 号 1 頁，最判平成 23. 6. 14 民集 65 巻 4 号 2148 頁，最判平成 23. 6. 6 民集 65 巻 4 号 1855 頁，最判平成 23. 5. 30 民集 65 巻 4 号 1780 頁など。

48) 同条 4 号の規定。最高裁はこの規定を合憲であるとしてきた。最[大]決平成 7. 7. 5 民集 49 巻 7 号 1789 頁。「誰かを罰する道具として罪のない別の人を扱ってはいけないという重大な道徳的規範を破っていることになる」との指摘もある。ポズナー『法と社会規範』(前注 7)，124 頁。なお，わが国でも最近見直された。本書第 6 章「ポストモダンと法解釈の不確定性」，281 頁，第 8 章「意味の所有権」，360 頁参照。

49) 最判昭和 49. 2. 26 家月 26 巻 6 号 22 頁など。

50) 『門』とほぼ同じテーマである，先行作品の『それから』では，主人公・代助は平岡に対して「矛盾かも知れない。然し夫は世間の掟と定めてある夫婦関係と，自然の

194　第II部　《法と文学》と法

事実として成り上がつた夫婦関係とが一致しなかつたと云ふ矛盾なのだから仕方がない。僕は世間の掟として，三千代さんの夫たる君に詫まる。然し僕の行為其物に対しては矛盾も何も犯してゐない積だ」(『それから』「十六」)という。

51)『それから』「十七」。

52) なお，夏目漱石『こころ』においても，「子供はできっこない」「天罰だからさ」と「先生」に語らせている(『こころ』「八」)。

53) なお，小宮豊隆「解説」夏目漱石『漱石全集第9巻・門』(岩波書店，1956年)，204頁に，「言わば烙印を打たれて，社会の外に追い出された二人は……」とか「かうして彼等は，社会の外に住むことの寒さと侘びしさとに堪へて来た」とあるのは，社会やコミュニティから異端視され批判的なまなざしで見られていることをいっていると思われる。「社会の外」がまったくの社会の外つまり完全なアウトサイダーを意味しているのではない。彼らは，自分たち夫婦を縛っている法や社会の規範の中にまだいて，生活しているのである。

54) 川島『日本社会の家族的構成』(前注14)，125-126頁参照。ただし，同箇所は家族における「孝」意識の文脈である。

55) 高橋「漱石における政治」(前注3)，8頁。

56) なお，救済という面で，すでに西欧流の訴訟によって黒白を付けるようなやり方では心の平安は得られないとし，日本的に心を平安にする方法があげられている(『吾輩は猫である』「八」)。

57) F.カフカ『審判』(原田義人訳，新潮文庫，1971年)，302頁。

58) いずれの引用も，デリダ『カフカ論』(前注4)，27頁。

59) 同上，36頁。

60) カフカ『審判』(前注57)，290-291頁。

61) 同上，292頁。

62) デリダ『カフカ論』(前注4)，72頁。

63)『ルカ伝』第11章第52節。

64) F.ローデル『禍いなるかな，法律家よ！』(清水英夫・西迪雄訳，岩波書店，1964年)，7頁，9頁。

65) たとえば公害訴訟における科学論争と呼ばれる現象のもう一つの面がそうであろう。文献は多いが，阿部泰隆「原発訴訟をめぐる法律上の論点」ジュリスト668号(1978年)，16頁など。裁判所も詳しくない専門的な事柄・事象については，組織や社会的地位のある者・側の主張に傾きがちとなることがある。一例として「原発とメディア139・司法(19)『追認』への警告」朝日新聞2012年4月26日夕刊はじめ同連載記事参照。

66)「権力は至る所にある。……至る所から生じるからである」「権力の関係は他の形の関係(経済的プロセス，知識の関係，性的関係)に対して外在的な位置にあるものではなく，それらに内在するものだということ」(M.フーコー『性の歴史I・知への意志』(渡辺守章訳，新潮社，1986年)，120-121頁)。

67) Girard, *Violence and the Sacred*, note 23, at 23.

第 4 章 「理性と正義」の劇場としての法 195

68) 谷崎「『門』を評す」(前注 21)，7 頁。

69) 江藤淳『江藤淳著作集 1・漱石論』(講談社，1967 年)，71 頁。

70) A. カミュ『シーシュポスの神話』(清水徹訳，新潮文庫，1969 年)。

71) この表現は J. デリダ『法の力』(前注 35)，26 頁以下の，掟の「権威の神秘的基礎」による。

72) J. M. Balkin, "Deconstructive Practice and Legal Theory", 96 Yale L. J. 743, 762 (1987).

73) ローデル『禍いなるかな，法律家よ！』(前注 64)，199 頁は「法は"万人のための平等な正義"を象徴するものだという法の広言の茶番劇」という。

74) モンテーニュ『随想録第 3 巻』(関根秀雄訳，白水社，1960 年)，414 頁。

75) デリダ『法の力』(前注 35)，27-28 頁。

76) T. イーグルトン『文学とは何か』(新版，大橋洋一訳，岩波書店，1997 年)，353 頁。

77) 桜井『フーコー』(前注 32)，273 頁。

78) 棚瀬孝雄「法の解釈と法言説」同編著『法の言説分析』(ミネルヴァ書房，2001 年)，15 頁；宮沢節生『法過程のリアリティ——法社会学フィールドノート』(信山社，1994 年)，64-65 頁など。

79) ヘーゲル『法の哲学』(前注 41)，189 頁は，「法の地盤」である自由な意志という。

80) この明治後期の婚姻もとくに都市部においても今日のように"自由"であったわけではないことは，有地『近代日本の家族観・明治篇』(前注 15)，196 頁。

81) ヘーゲル『法の哲学』(前注 41)，348-349 頁。ただし，傍点略。

82) J.-P. サルトル「実存主義とは何か」『サルトル全集 13 巻』(伊吹武彦訳，人文書院，1955 年)，32 頁。

83) たとえば，猪野謙二「『それから』の思想と方法」『明治文学全集 55 巻』(筑摩書房，1971 年)，412 頁は，「『それから』につづく，『門』における宗助のわびしい贖罪の姿——世間の良識にそむいたかれを責める罪の意識と罰への恐れを経て，『彼岸過迄』『行人』『こころ』『道草』『明暗』と，かれの主題はもっぱら，人間意識の内部における暗側面にその真実をさぐり，主我的個人主義的な欲求をただちに人間本来のエゴイズムの悪として，その悪や孤独の摘出と実験小説風な追求にすべてを賭ける，いわば一種の道徳小説のかたちで展開されてゆく」と見る。

84) キェルケゴール『死に至る病』(齋藤信治訳，岩波文庫，1957 年)，54 頁。しかし，これは「自分の自己を『他人』から騙り取られ」た姿である。

85) 大判明治 36.10.1 刑録 9 輯 1425 頁，大判昭和 2.5.17 新聞 2692 号 6 頁，最判昭和 54.3.30 民集 33 巻 2 号 303 頁など。この民事の賠償もまた復讐・刑罰の進化したものと考えられる。穂積『復讐と法律』(前注 41)参照。

86) Duncan Kennedy, "The Structure of Blackstone's Commentaries", 28 Buffalo L. Rev. 205, 211-13 (1979).

87) 伊藤『改訂文学入門』(前注 17)，147-150 頁。

88) 同上，154 頁。

89) 江藤淳「明治の一知識人」同『決定版夏目漱石』(新潮文庫，1979 年)，239 頁。ま

196 第II部 《法と文学》と法

た，猪野謙二「漱石における自我の自覚と崩壊」世界 36 号(1953 年 12 月)，23 頁。

90)「かかる文学理論[が]……少なくとも法律解釈論にとり参考になることが多いことは確かだと考える」とするのは，来栖三郎「文学における虚構と真実」同『法とフィクション』(東京大学出版会，1999 年)，213 頁。

第5章　文学的フィクションと法の現実

——F. カフカ『審判』，A. カミュ『異邦人』，
　H. メルヴィル『ビリー・バッド』を素材に——

　このままではいつも虚しいだけだ。だが，こうして居る方がかえって安泰なのかもしれぬ。

——W. シェイクスピア『マクベス』第三幕第一場

は じ め に

　法は理性に基づいて定立され，私たちの社会の秩序や安寧の維持という正義の目的をもっているとされる。法が支配している社会は，いわば理性や正義が日々演じられる社会としてイメージすることができる。そのような法とは私たちにどのように振る舞っているのか，また，矛盾や非合理的なものをもたらすことはないのかを検討する。

　本章が取り上げるフランツ・カフカの『審判』，アルベール・カミュの『異邦人』，ハーマン・メルヴィルの『ビリー・バッド』の作品は，法・裁判と人間の関わりをそれぞれの視点から描き出している。むろん，これらは文学上のフィクションであるが，それを超えて現実を浮かび上がらせている。いずれも法によって人間が過酷な運命にさらされていく姿が描かれているのである。

　文学作品はいわば法の外にある。それらを検討することは，むしろ法の内部にあっては見えにくい問題点や課題などを分析する上で有益であろうと思われる。すなわち，文芸作品の分析を通じて法の内部では扱いにくい，また扱うことができない問題を外から見ることによって，法システムという法の

198 　第II部 《法と文学》と法

大きな物語の有り様を明らかにすることができるのではないか。

1 カフカの「絶望の法学」

私たちはいわば法によって演じられる「理性と正義の劇場」の中にいる[1]。法や制度は本当に理性に基づき，正義を実現しているか。また，この必要で正しいとされるものが私たちに不正義や矛盾をもたらすことはないか。

(1) 仮想的世界と現実

銀行の支配人ヨーゼフ・K. は，30歳の誕生日の朝，突然訪れた二人から，「お前は逮捕された」と告げられるが，どんな罪を犯したのか知らされない。しかし，逮捕後も，これまで通り勤めに出ていいといわれる。通告を受けて，K. は日曜日に裁判所での審理に向かうが，苦労してやっとのことで古いアパートの一室を探し当てると，そこが裁判所であった。中には大勢の人間がいて，胸には例外なく役所のバッジが付けられていた。K. は逮捕の不当さや裁判手続のずさんさを訴えた。翌週も同じ場所に出向いたものの，以前にK. を案内した若い女が，今日は審理は行われないという。近くに裁判所事務局入口の標識を見つけ，この安アパートの屋根裏に事務局があるらしいとわかった。

叔父のカールが弁護士を紹介してくれるというので，二人で弁護士のもとを訪れた。そこにはちょうど裁判の事務局長を務める人物が同席していたが，K. は弁護士の女中レニとの情事に夢中になる。その後も裁判はなかなか進展しない。K. は弁護士を解任しようとする。そんなとき，顧客の工場主から法廷画家ティトレリを紹介されたので，何か有利な情報が得られないかと考えて彼を訪ねた。イタリア人を案内するはずだった大聖堂の中に入ると，教誨師が説教壇の上からK. の名を呼び，裁判について次々と質問し，また掟についての挿話を語って聞かせた(「掟の前」)。

31歳の誕生日の前夜，K. はシルクハットにフロックコート姿の二人の処刑人の訪問を受け，町外れの石切場に連れていかれた。「一度も見たことの

ない裁判官はいったいどこにいるのだ？」。そこで心臓を一突きにされ，処刑人に見守られながら，K. は「犬のようだ！」といって死んだ。

『審判(Der Prozeß)』(1927年)が提示する問題は何であろうか。作者のフランツ・カフカ(1883〜1924年)はプラハ生まれで，プラハ大学法学部で無味乾燥な講義には馴染めなかったものの，司法修習を経て法律実務家として保険会社やボヘミア王国労働者災害保険局に勤務した法律家であった[2]。このような話は現代ではありえないし，作品の舞台となっている社会や刑事裁判手続も違うし，今日の私たちがまじめに受け取る必要はないのではないか。また悲惨だが空想的な物語(ファンタジー)に過ぎないのではないか。より現実的な制度である裁判所や法を検討するために，そもそも空想的世界や寓話のようなイメージによる作品を扱う意義はあるのか。また，法学というすぐれて実践的な制度とは関係ないのではないかなどの疑問が出てこよう。

だが，架空的で寓話的な話がむしろ現実の法制度や法についての考え方を端的に浮き彫りにすることもありえる[3]。また，私たちが「厳然たる」もしくは「確固たる」とか「客観」的な現実や事実と言っているものも，検察官や裁判官はじめ誰かが解釈して再構築したものに過ぎないのである[4]。また，カフカの『審判』が想像力に富んでいて，今日も多くの読者を惹きつけているのも事実であろう[5]。私たちが現在の法や制度を合理的なものとして信じて当然の前提としてきたがゆえに，かえって見えなくなっている事柄や忘却している視点をカフカの仮想的世界は再び思い起こさせるものといえまいか。

ヨーゼフ・K. は支配人の地位にあり，銀行頭取代理とライバル関係にあるとはいえ，成功した銀行員であり，独身で質素な生活を送っている[6]。逮捕されるが，自分が犯罪行為を行ったこと自体を思い出せない。自分に対する嫌疑が何であるのかそもそもわからないこと自体，そしてそれを動かしているのが見えない国家権力の制度の一つであることは一市民にとっては恐怖をさらに倍加させるものである。しかし，K. にとってはいやが上でも裁判に関わっていかざるをえない日々となる。K. の日常の「生活には介入しないと偽善的にいいながらも，彼の内面に罪悪感を生じさせ，結局その感情に支配されて，彼は，死刑執行人に従順に従ってしまう」のである[7]。

200　第II部　《法と文学》と法

　高度に専門的な職業や学問がそうであるように，部外者の一般の人々は，
それらがどうなっているのかわからない。この情報の格差の上になお，適用
される法律は何かやどのような手続の下に裁判が進行してゆくかは，実体法
や手続法があらかじめ定められているとはいえ，一般の人々には具体的にど
の場合に何が適用されるかあるいはされないかは不案内である。種々のテク
ニックや適用する上での準則(コード)などが隠されて存在するのが普通であ
るからだ。いわば，法は裁判官の手中にあり，しかもその実体は秘密とされ
ているようなものである。『審判』の中では裁判手続や審理そのもの，さら
には裁判官の姿すら明らかにされないまま裁判が進行だけはしていく。そし
て「裁判所の権威を支える暴力の暴露」[8] は，K. が処刑人に心臓を刺される
ところにかろうじて明らかに見えるだけである。

　裁判所とは権威によって紛争や事件を解決する仕組みである。裁判官はじ
め法律実務家は一般に自尊心が高く，またその特権的な地位が保持されるこ
とを強く求める。このために，いやが上でも法の神秘性は増す[9]。カフカの
『判決』(1913 年)という短い作品では，父親が息子を断罪して死刑を宣告する。
ベッドの上に仁王立ちになった「パジャマ姿の父親が，同時に告発人であり
裁判官というイメージ——滑稽というにはあまりにも恐ろしいこのイメージ
は……インパクトがある」[10]。父親すなわち父権＝裁判・判決という精神分
析的なイメージとも重なって，掴み所のない司法の実体が，すさまじい驚愕
と恐怖の中で描き出されている。その意味は「表面の現実の下にある真実を，
引きずり出すものである」といってよい[11]。権威のシンボルとしての「父
親は一般化され，非人格化されて，告発する裁判所にまで高められている」
が，他方，息子は被告人となり，死刑判決を下されるという物語の背景には
エディプス・コンプレックスの葛藤があると指摘される[12]。そうして，こ
れを前提に，法の前に在る私たちも裁判やその制度に対して不安や恐れを抱
くことになる。しかも，私たちは，裁判手続をするために膨大な時間と労力
とが掛かることも知っている。一旦裁判に巻き込まれれば，人生ともどもい
いように扱われる結果になりがちであるという恐怖を私たちが抱いても決し
て不思議ではない。

第5章　文学的フィクションと法の現実　201

　この意味ではこの作品は，否応なく裁判に巻き込まれる市民の悪夢を描い
たものといえるかもしれない。法律や法文は一般の人にとっては，専門用語
もあり，ちんぷんかんぷんであろう[13]。また，裁判でも自分のことなのに，
何が起こっているか知らされないし，何がどう進んでいるかわからないとい
う不安や恐怖もある。さらに，それが国のシステムとして機能しているので
あるから，自分を超えている何かが動いている予感もする。法律専門家であ
るプロだけが扱える何かが作用しているように思えるし，そこでは個人的コ
ネがものをいうのではないかという疑心も生じる。これらは法が理性に関わ
るものでありながら，本当に人間や人生を理解しているかという懐疑を私た
ちに生じさせるのである。

　しかし，法とは全体そういうものだという反論もあろう。たとえば，法に
無関心であったり，反抗的である者は法の恩恵それに法的保護の対象にすら
なれないのは当たり前ではないか，と[14]。しかし，これは法を善や正義で
あると前提とした場合であり，形式主義的な帰結であるようだ。もっと柔軟
に，またきめ細かく法の作用を見ていくべきではなかろうか。私たちは内部
にある感情や欲望それに意思をもって社会という外の世界に働きかけている。
生きるとは，生活するとは，そういうことである。けれども私たちの内部に
あるものやそれを実現しようとする意思と，外部の世界がつねに一致するわ
けではない。そして必然的に人々との対立や葛藤が生まれるから社会との衝
突が生じて調整が必要となる。とくに対立・衝突するときには，私たちは失
望や落胆することにもなろうし，希望や欲望が容れられないときや満足され
ないときは，怒り，不安や不快あるいは恐怖や苦悶に陥り，さらに憂鬱な気
分にもなる。その中で法や裁判制度の役割は大きい。カフカは，現実の世界
がこうした不安や恐怖の世界にほかならず，その中で人がどのように生きて
行こうとするかを描いたのである。

　『審判』には全体を通して，実体や形が見えず，またとてつもなく大きく
感じられる現代の不安が描かれているといえるだろう[15]。法や裁判制度は
正義や自由を実現してくれるはずなのだが，むしろ得体の知れない社会の仕
掛けの一つとして登場する。そして，人間はこれにただひたすら翻弄された

挙げ句に，次第に自分を見失っていく。不法なことを何もなしていない主人公ヨーゼフ・K. が死刑判決を受けて抹殺されるプロセスはどこかリアルで，また掴み所のない現代の社会の中にいる明日の自分であるかもしれないと読者に思わせる。

なお，カフカは史料に基づく『ミヒャエル・コールハース』(H. v. クライスト作，1810 年)を『審判』執筆までに三度読んでいる[16]。16 世紀のブランデンブルクでザクセンの貴族から馬二頭を奪われたコールハースは「足蹴りにされるくらいなら人間よりか，犬でいる方がましさ」として自分の権利実現のために徒党を組んで断固として復讐へと向かう[17]。しかし，裁判権を手にする君主たちもまた不法の味方に過ぎず，主人公は裁判や手続に翻弄されたあげく従容として死刑にされた。

(2) 法と人間

人間が作った理性的で合理的な"仕掛け"であるはずの法や裁判がどうして人間と乖離して，私たちの運命は過酷にさらされることになるのか。カフカが法や裁判をどのように捉えていたかは一つのテーマとなりえるが，カフカは想像力ある作家だけに，その作品の意味や示唆は一義的ではない。『審判』は，市民が裁判に不条理に巻き込まれ，結果として法が死を意味するという法や裁判がもつ不正義の側面を描いたものか，あるいは裁判＝父そして被告人＝息子というように精神分析的に見て，そこに権力関係が存在していることの示唆を導き出すべきなのか。ただ，そこに権力・権威が存在していることはわかるとしても，さらに分析的となるには理論などの今後の展開を待たなければならないだろう。さらには，主人公 K. が法を犯したと考えられるようなことは一切していないとすれば，彼の生活の在り様そのものが罪として扱われ，父＝裁判を意味して，そこで裁かれるという寓話もしくは形而上学的テーマが扱われているといえるかもしれない。

(A) 掟 と 人

裁判はじめ法的手続は，人々の実情と乖離しているのではないか。『審判』

はこの面を明らかにしようとしたともいえる。ヨーゼフ・K. は，屋根裏部屋にある裁判所を探し出し，その正体が何かを探ろうとした。無罪判決は古い伝説の中にしかなく，現実には有罪判決ばかりだと話す法廷画家のティトレリや「掟の前」の寓話を語る教誨師とのやり取りを通じてその手がかりとなるものを得ようとする。しかし，その組織・制度は依然として謎と不思議な闇に包まれている。裁判所の所在を示す表示や看板もない。またそのような施設と思わせる飾りや印もない。読者もこのような「裁判所」から果たして正義を獲得することができるだろうかとやがて気がつくだろう[18]。また，そこでの法の解釈は合理性のレベルすら下回っているのではないかと感じさせる。なお，C. ディケンズの『荒涼館』(1852〜53 年)にも衡平法裁判所での延々と続く裁判・審理のために自分の財産を費消してしまった話が取り上げられている。

　また『審判』に現れている刑法の考え方は，被告人の犯罪行為よりも犯罪者の人格に対するものであるように思われる。当時のオーストリア刑法の影響があり，そこでは人格に対する評価は被告人の動機が有罪かどうかの重要な決め手となると指摘されている[19]。この点が，読者にわが国のそれと異なる感じを抱かせるものでもある。さらに，『審判』に描写される裁判手続は全体主義体制に見られる手続と特徴が類似しているように読者に連想させる。『審判』が書かれた時期は 1910 年代であるので，その後のヒットラー時代のドイツやスターリン時代の旧ソ連邦のそれの予兆とも思われるのである。とくに作品の随所に見られる裁判所の秘密主義や官僚主義，また不明確で曖昧な犯罪や何度も逮捕・再訴追される可能性がある一事不再理の原則がないことなどがそうである[20]。

　今日においても裁判制度における官僚主義の問題は存在する。この作品では，やっと探し当てた裁判所であるアパートの一室にはたくさんの人がいたが，胸にはみな一様にバッジを付けているというくだりがある。また，笞刑吏がつぎのようにいう。「おれは買収なんかされないぜ。おれはなぐるのが役目だからこうしてなぐるまでだ」[21]。むろん笞刑吏は行政官かもしれず，また権限や裁量という点でも，裁判官と同列に論じるわけにはいかないが，

204　第Ⅱ部　《法と文学》と法

上からの命令や指示に忠実に従うことが示唆される。

　司法における官僚制の問題は広範に及ぶが，官僚とは組織の秩序に身を委ね，そのヒエラルヒー・システムのあらゆる決まりやコードにかなうように努力した者ということになる[22]。M. ウェーバーは，人が外側からの指示に依存して，自立的な信念ある人としての決定を下せない「官僚的人間」へと変容することを懸念した[23]。そうした彼らが結局のところ依拠するのは，「官僚制自らの勢力関心」[24] であるが，それは一般に大衆の利害とは反対に作用することが多い。わが国では上ばかり見る裁判官は「ヒラメ裁判官」といわれる[25]。このような裁判官の中には上からの指示を待ってあるいはその意向に配慮して判断することしかしない者や聞こえはよいが先例に従って判決しただけとする者などが出てこよう。制度や組織が明示的にまた黙示的に示す選好や考えに従ってしまい，自分の考えや価値を捨てあるいは劣後させてしまうことになる[26]。そして，ウェーバーの懸念のように，彼らの関心がエリートとしての栄達など野心や世俗的利害が強いことを窺わせる。

　わが国の裁判官は建前では良心に従って判決することになっているが（憲法76条Ⅲ項），官僚主義的裁判官でもこれを表明することはできるので，良心に従った判決というのは一つの擬制に過ぎない[27]。また，わが国でも司法官僚と呼ばれる裁判官の中から選ばれたエリート集団の存在はしばしば指摘されており，司法エリートがもつ制度的な弊害や問題点も種々あげられている[28]。司法エリートという少数者が権力をもち，司法制度を支配・運用し，裁判においては自分たちの価値観や考えに基づいてこれを多数者に押しつけることになる[29]。このような姿勢は一般的な審理において裁判所が多数決をとっている制度の趣旨と反することにもなる。また，このようなエリートによる寡占的支配が，その権威主義とともに，法の素人たる市民を遠ざけて近寄りがたい制度にすることも事実であろう。『審判』では「訴訟手続は一般に世間にたいしてばかりでなく，被告にたいしても秘密にされている」[30] として，裁判所は，多くの巧妙な仕掛けに覆われていて見えなくなっているが，万事この仕掛け次第になっているとも描かれる。

　司法官僚制は，制度を合理的に運用するために必要であるとの正当化がな

されるが，組織や自分の利害が優先し，国民の利益がないがしろにされる危険も十分ある。このために，法や司法・裁判制度そのものにも不正義があるのではないかとの疑念も生じさせる。法や裁判がいわゆる(法的)正義——それが何であるかも不明だが——によって純粋に貫かれているわけではない。社会における法やルールの適用上，現実では，それは政治的あるいは道徳的などの種々の色彩を帯びざるをえない。現代でも裁判官，検察官や弁護士はじめ法律専門家そして裁判システムそれ自体も「政治的野心と個人的野心により一層蝕まれている」[31] という指摘もある。官僚主義と結びついたもう一つの面は，権力や権威の中枢がどこにあるのか見えにくくなっているという点である。すなわち，「権威とは，権威のパフォーマンスの，そして犠牲者によるそれへの黙従の結果だということである」[32]。裁判官は過剰な権力を行使するが，では市民を裁くように，いつどのように自己や主体を構築したといえるのか。

(B)　裁判のベール

　人は法の門に入るとき，法学上の約束事や専門的知識に依拠すること，つまり法の世界の掟を受容することを余儀なくされる。そこで何が行われているか。まず，法においては，立法者や裁判官といった法学テクストの作者が意図した意味は，時代が変わっても永久に固定されていると考えられている。そこには「読者の誕生」はなく，後世の読者が入る余地はない。裁判所はオリジナルな意味からの逸脱や誤用や悪用がないかどうかを監視(パトロール)する。裁判所は法的意味の管理者である。また，裁判官は「特別の事情のないかぎり，云々である」や「……と解するのが相当である」とテクストを公式に宣言すれば，いずれにしてもそれが執行される。

　一般に似たようなバックグラウンドや教育をもつ者は似たような発想をする傾向にある。それらの者たちが"共謀"したらどうなるか。英米法の権威で学者出身の最高裁判所裁判官となった伊藤正己は，当時の経験をつぎのように述べている。「わが国の裁判所における判例尊重の程度はきわめて高いものであると考えてよいであろう。私には判例法国といわれる英米法系の

206　第II部　《法と文学》と法

国々と比較しても，判例の価値がより高く評価されているのではないかと感じられることが多かった。そこには裁判官的思考がつよく働いていると考えられる。……そこには法的安定を最も重視し，判例変更は法的安定を害して法そのものへの信頼を揺るが……[すことに]なるという考え方がつよい」[33]。

　問題はこの「裁判官的思考」の実体である。これは，第一に，伊藤自身の指摘のように，判例法国でもないのに必要以上に先行する判例に根拠づけたり，関連づけたりする態度を指している[34]。これは自らの判決や判断を先例に関連づけて正当化するためのテクニックであろうが，必要以上の先例への固執は，それ自体価値判断ないしは政策判断を意味するのであって，現実の問題の解決には資さないこともあり，裁判所を使用する人たちの利益と合致しない恐れもある。このような態度・思考はリーガリズム（厳格な法尊重主義）の一種といえよう。リーガリズムとは，事件の解決にあたり，伝統的な法学のテクスト——憲法や制定法の諸規定，それに権威ある判例たる先例——に従って解釈して判決する態度を指す。すでに存在している法規範・ルールの適用が中心であって，いわゆる価値判断やポリシー判断をなるべく回避しようとする立場をいい，また「法は法である」というように法を自律的体系と考えて，法は法知識とテクニックの領域であると見る[35]。

　第二に，「裁判官的思考」とは，専門的裁判官に通用する価値観や見方に権威を与えるものであって，同僚ではあるが裁判官出身ではない「裁判官」の意見を婉曲に排除したり，考慮しないために用いられることも示唆されているように思われる。後述するメルヴィルの『ビリー・バッド』でも見られるが，専門家同士がある事柄について同意を得たり，確認するために「目配せ（ウィンク）」することであり，仲間内の一種の暗黙の共謀ともいえる。伊藤・元裁判官は最高裁内部での経験をつぎのように語っている。「練達した裁判官の経歴をもつ同僚裁判官から，判例がないとすれば伊藤の意見に賛成であるが，判例が存在する以上それに従うべきであって伊藤の意見に同調できないと主張されたことが一再ならずあった」[36]という。かような態度は裁判官をさらに選別して，司法プロフェッショナル中のプロとして自らを権威づけることになるのである。

裁判や司法において，合理的な判断がなされているかについての明らかな疑いは誤判や冤罪事件であろう。裁判官の捜査の実態・実情についての認識不足や捜査官への同僚的庇護意識，捜査結果への無批判的信頼などがその要因であるという指摘もある[37]。これらにおいては，法において確かさの基準はあるのかという疑念を抱かせるものである。

さらに，裁判官の思考のあり方の一部に触れると，判決や法的判断というのは一種のアート(技術)であるといえよう。末弘厳太郎博士はこれを嘘の効用と評した。

> ここに一つの「法」があるとする。ところが世の中がだんだんに変わって，その「法」にあてはまらない新事実が生まれたとする。その際とらるべき最も合理的な手段は，その新事実のために一つの例外を設けることであらねばならぬ。それはきわめて明らかな理屈である。しかし人間は多くの場合その合理的な途をとろうとしない。なんとかしてその新事実を古い「法」の中に押し込もうと努力する。それがため事実をまげること——すなわち「嘘」をつくこと——すらあえて辞さないのである。[38]

このような嘘つまり擬制・フィクションは「事実上法を変化させているのに，あたかも変化させていないような外観を作ること……は已むを得ない」[39] 面があるとはいえ，つまり法解釈上の実際的な解決方法であると見るだけでは法解釈は改善しない。そこにはいくつかの問題が潜んでいる。第一に，(制定)法や先例を新しい事象や問題に適用するのだから，そこには，時間的に古い規範・ルールを法解釈する者が新しく読んでいるという行為が存在している。言い換えるなら，これは法学においても読者の優位が存在することの証左でもある。この点を正しく認めずに，擬制としてあるいは実際的な嘘として法を適用していくことは，当該の法現象や法律問題を正しく認識することにならない。このような擬制は法解釈の洗練された手法とはいえないのである。

208 第Ⅱ部 《法と文学》と法

第二に，このようなテクニックが裁判官の手でいとも簡単になしうるのは，一般の人たちにとっては言葉の操作や手品のような技巧的手法にも思える。「問題は裁判所が多くの瑣事にばかりかまけている点にあるんです。やつらはそうやってかまけているうちに，最後にはしかし，もともとなんにもなかったところから大きな罪を引き出してくるんだ」と描かれるように，それは裁判所における法的判断という過程に秘密のベールをかけることにもなる[40]。

第三に，こちらの方が影響も大きいが，裁判官や法律家の内部では，当該の法律問題を扱う場合に，解釈上一つのコード(準則)を作り出していることである。後にこの種の事件を扱う場合には，先の判例で用いられた嘘・フィクションを考慮せざるをえないからである。まして，一般の者は，関連する条文や判例のほかに解釈手法である擬制というコードが潜んでいることには思い至らないだろう。法的な嘘に実際的な解決という方便は認められるが，このような法律家の態度は前述のリーガリズム(厳格な法律尊重主義)の一種である。

このようにして，教義学的な思考や態度，曖昧さを認めずまた経験に開かれておらず，さらに秩序と組織を重んじるなどの権威主義的な特徴が生み出されるのである。また，わが国はじめ大陸法系の法律家・裁判官の方がよりリーガリストになりやすいという。制定法の文言を字義通りに正確に解釈する方が簡単で容易であるし，また裁判所以外での経験がほとんどないからである[41]。『審判』では以上の点は，いうなればつぎのようになろう。「掟の前」の挿入逸話では田舎から来た男は法に救いを求めるのだが，その意味では法に期待をしているようである。だが，結局のところ，作者カフカの語りはそれを断念しているように思われる。それは，主人公が犬のように処刑されることが最後の抗議を示すことである点に象徴されているといえるのではないか。

(C) 掟 の 前

法や司法制度は秩序と安全をもたらすといわれ，それは正義に基づいてい

るとされるが，本当にそうなのか[42]。法システムは不透明であり，人間の
ための制度となっているのか，さらに理不尽なことをもたらさないか。この
点で示唆的な『掟の前』はカフカの生前に出版されたが，後に『審判』の中
の一節として含まれている。

　『掟の前』にいう門と門番の存在は何を意味しているのか。訪れた大聖堂
の教誨師という僧から，『掟の前』という寓話をヨーゼフ・K. は聞かされる。
法の前に一人の門番が立っている。田舎から来た一人の男が，法の中に入れ
てくれと頼むが，今は入ることを許可するわけにはいかないと断られる。入
れるのを待つことにするが，覗くと次から次へいくつもの門があり，それぞ
れ屈強な門番がいるという。門番を買収しようとして男は貴重なものなどを
使い果たしてしまう。長い年月が経ち，男は法の前で死に瀕しているが，ま
だその目的はかなえられない。この間，自分のほかにこの門に入れてくれと
求める者はいなかったのかと訊ねる。すると門番は答えた──

　　　門番は，男がすでにいまわのきわの時にあるのを知り，薄れてゆく聴
　　覚にもとどくように大声でどなる。
　　　『ほかのだれもここで入る許可を得るわけにはいかなかった。なぜな
　　らこの入口はおまえだけに定められていたからだ。では行って門を閉め
　　るとするか。』[43]

　なぜ田舎から来た男は掟の門の前にいたのか。J. デリダはいう。「掟は超
越的であり，暴力的であると同時に暴力的でない。なぜなら掟とは，掟を前
にしている者──したがって掟の以前にある者──を唯一の拠り所にするか
らである。つまり掟を前にしている者とは，絶対的な行為遂行性において掟
を産出し，基礎づけ，権威あらしめる者にほかならないが，この絶対的な行
為遂行性が現にそこにあるということを彼自身が把握しようとしても，それ
は常に彼の目を逃れ去るのである。掟とは超越的で神学的なものである。つ
まりそれは，これからやって来るという状態に常にあるものであり，約束さ
れているという状態に常にあるものである」[44]。

210 第II部 《法と文学》と法

確かにそうなのだが，男は何を期待しているのだろうか。「けれどもいま
その暗闇の中におそらく彼は，法のいくつもの扉の中から消えることなく射
してくる一条の光を認める」[45]。これによれば，男がその生涯をかけて求め，
死にゆく中でかすかに見たものは，この光明すなわち正義であったかもしれ
ない[46]。ただし，皮肉にも死の直前ではあるが。門前に男が死ぬまでいる
のは，この社会における法がまだ正義にかなっており，なお権威をもってい
ると信じているからである[47]。

　門と門番を法や裁判というシステムをめぐる仕掛けを表すものであると考
えることができるならば，田舎から来た男と門番をめぐるこの寓話は，人間
らしい正義を求める努力も空しく，また馬鹿げた愚かなこととあざ笑うもの
のようである。それは，一般の人が法の門の中に入り，正義を求めることは
自分の権利であると感じて，それを得ようとするとき，訳のわからないリー
ガリズム（形式的な法律尊重主義）のために苦しめられている姿である[48]。つま
り，そういうものとして法や裁判制度が存在することが描き出される。

　このように『審判』においては，法や裁判は正義を実現するための制度と
期待されたが，実はそれとはほど遠く，裁判に巻き込まれた人間とくに素人
はこの世界を理解しにくく，細かで複雑な手続の網の中に投げ込まれた格好
である。そしてそれに翻弄され，理不尽に扱われる結果，それがとても正義
を実現してくれるものとは考えられない[49]。

　『審判』で扱われている法や裁判制度はじめ社会の仕掛けは人間が作った
ものであるはずなのに，個人が立ち向かうのはあまりにも困難になってし
まっている。個人の不安はますます大きくなっていく。システムの何かが根
本的におかしいのだが，いっこうにその正体が見えず，また掴めない。この
ため，ますます不安になる。法や法制度はそうした不安や恐怖の現実世界や
社会を構成している重要な要素である。「K. は裁判所に象徴される世界に人
間の意味を見いだそうとしたが，そこは人間にとって親しみやすく，あるい
はわかりやすく作られてはおらず，むしろ恣意的で，非人間的で，残酷かつ
欺瞞的で，掴まえ所のないものである。この世界は『掟の前』の門番のよう
である……」[50]。

第5章　文学的フィクションと法の現実　　211

　そして，カフカが法や裁判をしばしば描いているのは，そこにおける権力や権威が人間にとっていかに過酷に作用しているかを表現するためではなかったろうか51)。カフカは，法や法廷(裁判所)が正義を実現するところであるとか，また，法と道徳を守ることが社会や共同体を繁栄させることになるとか，あるいは，法は個人の自治や尊厳を保障し，また行為の自由を推し進めるものであるという見方をしていない。

　この点に関して精神分析的な見方によれば，権威主義的な人格や態度は，エディプス・コンプレックスを経験すること，つまり幼児期に家庭内において形成される。父親や母親の権威や叱責によって幼児期の空想的・魔術的思考や全能感が去勢される。そして，自分の思い通りにならない現実・社会・権威が世界に存在することを実感することによって，社会性(社会規範)を獲得したり超自我(内的な道徳規範)の形成が起こるとされる。

　権威主義的な人格(パーソナリティー)は，他者を自己に依存させて支配しようとし，自己の外側に存する力や秩序に依存して服従する傾向をもつ。権威がもっている考え方と異なる思想や方法は，これに挑戦するものとして非寛容的な態度がとられる。さらに支配者や裁判官などは権威を尊重し，それに服従しようとするが，かつまた自らも権威であろうと欲して，他者を服従させることを願望している。カフカも前述『判決』に見られるように権力のメカニズムとしての掟を家族関係とくに父親との関係との対比において考えるようになった52)。

　『父への手紙』(1919年)に見られるような実父との葛藤もあり，また前述の『判決』にも描かれているように，カフカが訴訟を父(権)と見て，精神分析でいうエディプス・コンプレックス的に裁判や法を捉えているという見方はよくなされる。親は自分が内在化している規範に基づいて，息子がもついい加減さやだらしなさなどといった言行や生活態度も含めて裁くことによって，人がもっている多様性を秩序化しようとする。彼が期待する秩序の中に息子が組み込まれることを望むのである。そうすることでこの社会に人として実在しうるのである。とすれば，自分の罪が何であるかを探す過程，そしてその罪が自己を抹殺してゆくプロセスに『審判』が描く裁判の目的があるとも

いえよう53)。

　このように，カフカが意図した，法を父性的権力になぞらえるエディプス・コンプレックス的なイメージは，法が男性優位の権力性や社会・世界の真理を抱えもつと同時に，抑圧的な装置であることも示唆している。それはまた，法の理性や自由・平等・正義といった理想的な要素とともにそれ以外のものが法の中に滑り込んでいたり，あるいは潜在しているのではないかと感じさせる。「父」とは誰か，掟(法規範)とは何かなど，法や裁判とは本当は何であるかについて問題を提起している。

　社会や法は人々に自律的で自由な主体であることを奨励し，そうあるべきと私に呼びかけてくる。私は法や裁判をはじめそうした社会構造に縛られて，むしろそこに浸透した考え方やコードに無意識に従ってよき市民として行動する。しかし，そこで肝心なのは個人の自由や満足ではなく，社会秩序の維持である。『審判』は法に関するそのような視点をもっている。K. が「犬のようだ！」と叫んで処刑されるのは，殺害されることによって判決や裁判に反駁するものではなかったか。これは裁判や判決の正当性に対する，最後の絶望的な反論であるように思われる。

2　法と不条理

　法が支配する社会では私たちは自由なのだろうか。思ったほどには自由ではないのではないかと感じたとき，個人と現実社会とのズレが生まれ，ここに不条理が生じる。自分に正直に生きていこうと願うとき，法や社会はどのように振る舞うのか。

(1)　"イノセント・マーダー"54)

　北アフリカのアルジェリア(旧宗主国・フランス)の首都アルジェに暮らす，主人公ムルソーは，母の死を知らせる電報を養老院から受け取った。彼は母の葬儀で涙も流さず，また格別悲しみの感情も見せなかった。喪中の休みの期間中も遊びに出かけて，旧知のマリイという女性とたまたま出会って情事

にふけるなど普段と変わらない生活を送っていた。また事務所の主人から
せっかくのパリ勤務を勧められても，これを拒んでしまう。

　ある晩，友人のレエモンがアラブ人とのトラブルに巻き込まれて負傷した。
ムルソーは夏の灼熱の海岸で，再びこのアラブ人と出遭い，ポケットから匕
首を取り出したこの男にレエモンから借りたピストルで第一発を撃った後，
しばらく間を置いて四発の銃弾を浴びせ射殺してしまう。ムルソーは逮捕さ
れ，裁判にかけられることになった。

　予審裁判所での取調べでも，母親の埋葬で「感動を示さなかった」ことな
どが取り上げられ「反クリストさん」と予審判事から呼ばれた。通常のフラ
ンス市民がもっているはずの感情やカトリック信仰などに無関心なことが，
この法律実務家には違和感を覚えさせたのだ。

　約一年後，暑い夏に重罪裁判所での裁判が始まるが，ムルソーは深い悲し
みの感情を示さず，そして悔恨の情も示さない，無関心でまた残酷・薄情な
人間であると証言される。母親の死後の，ムルソーの普段と変わらない行動
は人々から無関心・無感情と受け取られたのだ。自分のことなのに自分抜き
で審理が進行しているように思えた。彼は裁判自体にも関心を示さず，裁判
の最後で殺人の動機を問われ「太陽が眩しかったから」と答えた。

　判決ではギロチン刑を宣告されるが，ムルソーはそれにすら関心を示さず，
上訴もしなかったため死刑が確定する。司祭が懺悔のために刑務所のムル
ソーを訪れるが，ムルソーは怒鳴って司祭を追い出してしまう。ムルソーは，
自分が斬首刑にされるときに見物の人々から罵声や憎悪の叫びを浴びせられ
ることを残された最後の望みにする。

　作者アルベール・カミュは，アルジェリアのベルクールという町の，ヨー
ロッパ人の労働者の最も貧困な人々の中で育った[55]。そこでの多数はアラ
ブ人とバーバル人であった。『異邦人(L'Étranger)』(1942年)においては，レイ
モンやマリイなどヨーロッパ人の登場人物には名前があるが，そのほかのア
ラブ人には名前が付けられていない。C. C. オブライエンは「『身動きしな
い身体になお四発撃ち，弾丸が跡を見せずに食い込む』とき，読者はムル
ソーが一人の人間を殺したということをまったく感じないのである」と評し

214　第Ⅱ部　《法と文学》と法

ている[56]。

　さらに，フランス人としてのアイデンティティは，外部的にはほかの人民との差異を設け，また内部的には異邦人を発見・作り出して，それを抑圧・排除することによって自らを特定する面があるという。しかし，『異邦人』は国家の装置としての「法廷がアラブ人とフランス人のあいだで中立を保っているということを暗示することによって，植民地的現実を暗黙のうちに否定し，植民地的虚構(フィクション)を維持している」[57]と指摘されている。

　さて11カ月ほど続いた予審での取調べもゲームのように見えたし，また本審の公判初日に出廷して傍聴席全体を憤激させているあるものを感じて，ムルソーは初めて自分が罪人だと理解した。予審制度は予審判事が被告人に直接尋問したり，また証拠を収集したり，本訴に付すべきか否かを判断する。わが国でも戦前には存在した。

　本訴で語られる場面を見てみよう。「電車の腰掛けみたいな座席はみんな裁判長の方へ向いていた」[58]。裁判に関与する人たちの語りは，裁判官に向かって語られるのであるし，また，人々がより重きをもって聞くのは裁判長の言なのである。

　裁判は，本質的にナラティヴ(語り)で構成される物語にほかならない[59]。しかも，それは，自分に関する物語をもっぱら他人が語る形式のものである。どのように語られるのか。裁判が始まった当初は，被告人席のムルソーは自分についての他人の話を聞くのは興味深いと思ったが，どこか他人の話を聞くような気がするというずれを感じる。このために，この事件が自分抜きに扱われているし，それに自分が参加せずにすべて事が運んでいるようだった。さらには自分の意見も聞かずに自分の運命が決められているような不条理な感じがしたのである。そこで自分の口から語ろうと思ったが，ムルソーは，弁護士から「黙っていなさい。その方があなたの事件のためにいいのです」[60]との忠告を受けた。

　ムルソーはなおも自分で自らを語ろうと意欲するが，今度はそのやり方がわからない。また「時どき，私はみんなの言葉をさえぎって，こう言ってやりたくなった。『それはともかくとして，一体被告は誰なんです。被告だと

第5章　文学的フィクションと法の現実　215

いうことは重大なことです。それで私にも若干いいたいことがあります』。しかし，よく考えて見ると，いうべきことは何もなかった」[61]。ムルソーがやむなく口をつぐまざるをえないと感じたのは，「法廷の場にふさわしい言葉を彼が見いだせないからである」[62]。また，審理では，ムルソーについての本当のことが語られているのだろうか。恋人のマリイが証人台に立って，検事から証人尋問を受けて型通りに作られた話をした後で，話したことは本当のことではない，自分が考えていたのとは反対のことを言わせられたといって泣き出した。検事の側が作ろうとする，ムルソーについての物語と事件の実際に起こったこととの間にずれが生じてはいないだろうか。これは架空の私が捏造されていくような感じであろう。

　かりにムルソーが審理の中で時機を得た説明を自らすることができたとしても，裁判長はじめ陪審員や傍聴の人々の心の中にそれを完全に反映させることができたかどうかは不透明である。ムルソーは，検事の長い弁論に退屈してしまうが，わずかに興味を惹いたのは，その断片や仕草あるいは全体から切り離された長口舌そのものだけだった。また，再び開廷ベルが鳴って被告人席の扉が開かれたとき，ムルソーへ押し寄せたのは廷内の沈黙だったが，この沈黙すらも被告人には威圧的に見えたのである。最終的には「検事の物語が勝利をおさめることになる」[63] が，検事の物語は個々のエピソードを再構築して作り上げた論理的なものだとしても，その物語がいかに欺瞞に満ちたものであるかも読者には十分伝わるだろう。

　裁判はこのように事実の再構築である。そこにしばしばつきまとうのはつぎの点である。「不条理とは断絶であり，ずれだ。……一方には，実生活の無気力で退屈な日々の流れがあり，他方には，人間の推理と言葉とによる，先の現実の再構成が置かれる。読者ははじめ，純粋な現実に直面し，次いでその現実の，合理的に他の次元に転位されたものを再び見るが，それがそうだとは識別し得ない——これが大事な点だ。ここから，不条理の感情が生まれるだろう。……この世界の出来事を，われわれの観念，われわれの言葉では思考できない，という無力感だ」[64]。このために，「人間の手による裁判は，自ら罰しようとする事実を理解もできず，それに到達する事すらできぬ

216　第Ⅱ部　《法と文学》と法

ほど不条理だという印象につきまとわれる」[65] のである。

　なお，不条理な心情をもち，そして自分に正直であろうとすることが，殺人事件という反社会的な犯罪行為に至ったのである。けれども，不条理に支配されている人間がつねに悪で，反社会的行為をするわけではない[66]。不条理な心情を抱いたからムルソーが「反社会的であるといふことが，必ずしも彼が悪人であることを意味せず，彼が彼なりの善良さと内面の美を持つことは」[67] 明らかである。

　わが国の場合と異なって，フランス社会では信仰とくにカトリックの影響が大きいことを考慮しておく必要がある。これは市民として遵守すべき社会の掟や法のみならず，社会の大多数が共有する信仰上の価値やルールまた文化などを形成する不可欠の要素である。ムルソーは，つぎのように吐露する。「日曜日もやれやれ終わった。ママンはもう埋められてしまった。また私は勤めにかえるだろう，結局，何も変わったことはなかったのだ，と私は考えた」[68]。このところが一般の市民との感情やモラルひいては生き方とは異なることになるのだろうが，J.-P. サルトルはつぎのようにいう。「ひとが感情と名づけるところのものは，きれぎれな印象の抽象的統一に過ぎず，その意味づけに過ぎない。私は自分の愛するものを必ずしもつねに考えているわけではないが，それを考えていないときでもなお私は愛していると主張する」[69]。これもわからない心境ではない。ハムレットは，みなが喪に服し涙を流していたとしても，それは見せかけに過ぎず，真実ではないと嘆いている[70]。

　カミュ自身は，英語版の自序(1955 年)で本書の意図をつぎのように解説している。

　「母親の葬儀で涙を流さない人間は，すべてこの社会で死刑を宣告されるおそれがある，という意味は，お芝居をしないと，彼が暮す社会では，異邦人として扱われるよりほかはないということである。ムルソーはなぜ演技をしなかったか，それは彼が嘘をつくことを拒否したからだ。嘘をつくという意味は，無いことをいうだけでなく，あること以上のことをいったり，感じること以上のことをいったりすることだ。しかし，生活を混乱させないため

に，われわれは毎日，嘘をつく」[71]。社会や現実生活とのずれを感じる不条理にあっては，自分のアイデンティティを喪失したまま生きていかなければならない。その心情や行為は個人的なもので，大多数の人々や社会にとっては意味がなく価値のないものと見なされる。ムルソーは，私という主体は社会・文化によって作られたものであり，本来の自分といえるのかと考えている。彼は社会が作った自己に従属させられるのを嫌って，アイデンティティを疑っているのである。社会や法はそれを不当あるいは危険だとして断罪する。読者は不条理を感じて生きてゆくムルソーに同情して，犯した殺人行為でさえ法的責任のないものに思えてしまう。つまり無辜の殺人[72]というわけである。

(2) 法と不条理

不条理は法にとってどのような意味をもつか，また，それはそもそも法というレベルの問題なのか。以下では，まず，ムルソーが極刑に処せられなければならなかったその理由は何か，つぎに，私たち読者はムルソーに同情を寄せて，なぜ作中のフランス法の判断とは異なる結末を望むのか，さらに，最初の問いとも関連するが，なぜ通常の殺人での処罰とは異なる悲劇的な結末とされているのかを検討する。

(A) 不条理と裁判

ムルソーのような行為や態度について，若くて無邪気といえばいえるし，愚かで経験が足りない，また今に後悔するなど，このような生き方や振る舞いに対する批評や非難はすぐ浮かぶ。さらに「あなたは秩序の中に自分をもっと慎ましく閉じ込めておかなくちゃいけないよ」[73]というような忠告もあるだろう。そして，ややシニカルな見方だが，ムルソーが無垢の自己であろうとすることにも，ある程度の演技は含まれているともいえよう。いずれにしても前述のように，ムルソーは殺人行為そのものによってではなく，社会がもっている価値や倫理に違反したがゆえに死刑に処せられるという印象を私たちがもつという点を考えてみたい。法は，不条理な心情から発したが

218　第II部　《法と文学》と法

ゆえに反社会的な行為を，その刑罰以上に，つまり加重に処罰することがあるのか。

　予審判事から「反クリストさん」と呼ばれたムルソーだが，本訴の重罪裁判所で彼の弁護士が，検察官の訴追に対して反論するくだりがある。「『要するに，彼は母親を埋葬したことで告発されたのでしょうか，それともひとりの男を殺害したことで告発されたのでしょうか？』。傍聴人は笑い出した」。検事は「しかり，重罪人のこころをもって，母を埋葬したがゆえに，私はあの男を弾劾するのです」[74] と答える。この点は因果関係を逆転させるものであって，ムルソーの殺人行為そのものではなく，彼の中にある重罪人の心が問題であるとすり替えられている[75]。

　また，ムルソーが最初の一発の後，間を置いて続いて四発を撃ち込んだことは，計画性を示すものであるし，他方，太陽のまぶしさや幻惑は殺人行為の故意を減ずるものであるという指摘もある[76]。審理も終わりになって，裁判長からアラブ人を殺した動機について何か言い足すことはないかと尋ねられると，ムルソーは「……それは太陽のせいだ，といった。廷内に笑い声があがった。弁護士は肩をすくめた」[77]。印象的な表現だが，法廷で通用する言葉ではないだろう。この裁判状況においては「馬鹿な奴」と思われても仕方がないだろうが，「無垢な男」であるムルソーにすれば，自分が行った行為を言い逃れるつもりは毛頭なく，太陽の照りつける海辺での行為の状況を自分の気持ちに即して偽らずに述べたに過ぎない[78]。

　このように，裁判において，ムルソーによる殺人行為や意図そのものではなく，むしろ被告人の性格や事件以前の行いとそれにまつわる反倫理性が審理において強調されていると思わせる。この点は今日の私たちからすると違和感を覚える点である。母親の死に対して悲しみを表わさなかったことや，反キリスト教的な振る舞いなどは，アラブ人の殺害行為からかけ離れているのだが，個人のそのような過去の行為も殺人罪の証拠となるのかという疑問が生じる。フランスの手続法では，過去の性格についての立証を認めている[79]。わが国では，この点は制限されている。

　作中でムルソーは死刑と判決されたが，実際にはせいぜい故意によらない

殺人罪が問題になるだけであろうともいわれる[80]。まして当時のアルジェリア社会ではフランス人がアラブ人を殺しても，法廷で裁かれたりはしなかっただろうという指摘もある[81]。このように被告人の殺害行為よりも，むしろムルソー自身の人格的モラルに非難されるべき点があると考えられ，つまり不条理なものとそれに基づいて振る舞う危険な人物が身近に存在していることが，ムルソーを死刑判決という結果へ導いたように私たちは感じるのである[82]。

　一般的な現代の生活においても，体面上やっておかなければならない，多くのまた細々とした事柄や決まりが存在し，人間関係という付き合いの中で神経質ともいえる気遣いや挨拶なども含めて，社会の仕組みや価値の基準はすでに決められたものである[83]。そんな中，都会の中での孤独感や個人の孤立感，他者へのまた他者からの無関心，それに苦難や不幸となって現れる人生の不条理な出来事など，私たちを社会や人々から疎外するようなものはたえず無数に，どこにでも転がっている。

　ムルソーの生き方や気分は，多分に私たちやとくに若い人たちの気分と共鳴する点があるように思う。感ずるがままの感情を抱いてはいけないのか。たえず周囲を気にして自分に嘘をついていなくてはいけないような生活や人間であってよいのか。すでに誰か(システムといってもよい)によって作り上げられた仕組みや制度の枠の中で，それらを支える道徳や価値観に従わなければならないのか。また，その社会に生きていく以上，社会がすでに確立している掟や法規範に黙って従うよりほかはないのか。また，それらを不当と感じたり，息詰まりと思うことがたびたびあっても，すぐに忘れてしまうのが賢明なのか。つまり，民主社会や合意を基礎とした社会・国のシステムではあっても，それらの基本ルールから末端に至るまで，それらのほとんどは一般に押しつけられたものにほかならないのではないか。カミュはほかでも「不条理な人間は自分が現実には自由でないということを理解する」[84]という。たしかに法が生活の一部であり，人間の条件(社会における人として承認される)を決定するのに重要な役割をもっているのも事実である。

(B) 死刑の背後にあるもの

ムルソーを死刑に導いたものは何か。そのように裁判を導いたもの，言い換えると，不条理であったがゆえに極刑に処せられなければならないとしたものは何か。ムルソーは，キリスト教・宗教や親への愛情に対する無関心，罪の意識や後悔の念に駆られない性格，それに昇進を意味するパリへの転勤の勧奨の拒絶など，既存の価値や伝統的な道徳には関心を示さない。それゆえに，これらの秩序や価値，道徳をもっている既存の，社会的に成功し，権威を有する階層とは，自然と対立する立場に立つことになる。それは現実の社会のシステムを拒否することを意味する[85]。『異邦人』はこの意味でも「ゲームのルールを拒否することによって社会に衝撃を与えている，とんでもない，無垢の人物の物語」[86]なのである。けれど，社会や法の側から見ると，無垢の人物かもしれないが不条理な心情を抱いて行動する要注意な人物である。ムルソーは法の拒絶者あるいは社会の基本的なルール・規範を守らない，社会への不適合者と受け取られて，いわば法や社会のアウトサイダーと見なされるのである[87]。

ムルソーは社会や制度に関心を示さず，協調する態度も見せない。他方，彼がいる社会とはフランスの中産階級の基本的な価値や理念それに倫理・モラル，文化をもった社会である。このため，ムルソーはこれらに反していると見なされるのである。社会生活において共有されるべき価値やモラルなどに関心を示さず，不条理と感じるようなムルソーは危険な人間に見えるから，彼を放置しておくことはできない。彼は，いわばスケープゴートとして社会から制裁を受けなければならなかったともいえよう。それと同時に，私たちは，主人公のムルソーに次第に同情していくことによって，彼をこの観点から指弾する裁判システムや社会全体に懐疑の眼や否定の念を抱くようになっている。ならば，そこに私たちは死に追いやった支配的中産階級の貪欲な打算や実用本位の考え方の一端を見るのではなかろうか。

法は社会の産物であり，文化の一部である。法はその意味では，社会の多数が価値やモラルと考えるものの文化的コンテクストにおいて理解されるのである。私たちは法や掟に従うよりほかはないとされ，また，従わない者は

法によって制裁や排除，無視を受けても止むをえないと考えるようになっているのではないだろうか。そして，法を遵守しないような人間，あるいは法の前で自分を主張できないような人間は，この社会に協調しない人間とされ，いわばこの社会の失格者あるいはアウトサイダー(異邦人)として排除されても止むをえないと信じられて，人々はかような人間を白眼視するようになるのである。したがって，ムルソーが，意に反する形で自分に押しつけられるのが，中産階級の価値観やモラルを反映したものであり，このため自分の自由な精神が迫害されると感じるのも無理な話ではない。不条理な心情に根ざした行為を取り締まって裁判することが，法の適用そのものとその背後に存在する価値観や政治的イデオロギーをもはからずも招き寄せているといえるのである。

(C)　法の揺らぎ

　さらに，正確に定義づけられているはずの法がいつの間にか揺らぎはじめる。一般的に，国を統治し，社会を統制できる者たち，あるいは彼らを支持する者たちに有利に社会の仕組みや法律はできているのではないか。そこには政治的権力があり，立法権限があり，国家や社会のシステムを運用できるような地位や立場がある[88]。これらの者たちが支配するのは，政治的回路をもっていない人たちや階層である多数の者である。これらの者たちは，ただたんに統治・統制される側にほかならないが，何かことある度に，この社会やシステムは自分たちとは違っているという思いを抱かせる機会があるといえよう。

　また，そこでの生活や行動のルールや掟が議会など民主的手続を経て作られていることが，社会のメンバーである私たちの合意の上に成立していると(説明されたと)しても，また，間接民主制(代議制)という手続の複雑さを考慮に入れたとしても，私たち個々人が本当に同意を与えたものは少ない。そこでは，同意したかのように擬制され，また現実にはそれらが国家権力を背景として運用・実行されていくのである。つまり，私たちは制定された法律に従うように事実上強制されているのではあるまいか。

222 第II部 《法と文学》と法

　正義や秩序維持は，みんなが満足して，また安定して生活していくことが
できるようにするために重要であるとはわかっていても，個々人にとっては，
他者の自由との調整であり，多くの場合は調整という名の下での他者や社会
全体への譲歩であることにほかならない。自己の（たとえば自由という）領分
の一部を他者や社会のために譲歩し，諦めることにほかならない。自分の自
由もまた他者や社会の譲歩から成り立っており，お互いのためになる事柄で
あるとはいっても，不満が残ったり，いずれまた募ったりすることは十分に
ある。社会の中で自分のやりたいことや欲望が満足されないと，私たちはこ
の社会の中で正義が実現されたとは考えないのも事実である[89]。法もまた
合理的なものばかりではなく，非合理的なものを含まざるをえない状況にあ
る。

　個人の内面でも微妙な相違が生まれてくる。法は，ムルソーのみずみずし
く柔軟な無垢の精神やエゴイズムを押さえつけるが，それはすでに確立され
た価値や制度をもつ社会体制[90]を支えるルールである。両者はまったく反
対の位置にある。ムルソーは，個人と社会の結節点である類的本質としての
面を拒絶する。それは，不条理な人間は現実には自分は決して自由ではない
と気がつくからである。「不条理な人間は，自分がこれまで自由という公準
に縛られ，そうした公準の幻の上で生きてきたのだということを理解す
る」[91]。市民に安全と平和をもたらすはずの社会とそのルールを否定する。
いうまでもなく法および社会もより広くは社会のコンテクストに依存して成
立しているので，コンテクストに変化があれば法や社会もまた何らかの変化
を受けざるをえない。既存の価値や倫理（として承認されたもの）だけが，現
状を固定してよいわけではない。

　ムルソーの嘘をつかない自己への執着はつぎの点も示唆する。私たちは，
現代社会において自由な存在であり，自分の意思で物事を決定できる自立的
な人格として自己を見る傾向がある。なぜそんなふうに考えるのだろうか。
「私」に主体を与えているのは社会の価値やモラル・信念などを含む記号や
システムであり，それらに従属させられる(subjected)ことによって初めて社
会に認知され，その結果独立の市民や主体(subject)として振る舞うことが認

められているからではないか。そこには当該の社会や政治体制がもっているイデオロギーが存在しているのである[92]。前述カフカの『判決』に示されたように，裁判や法はその先端的な装置の一つである。

　ところで，以上のような理由のほかに，ムルソーを死刑とするのは文学作品としての必然であり，法との違いが存在しているとも思われる。法はあくまでも社会の決まりである法規範や掟を執行することに目的をもっており，それらは，ムルソーが生き方としている価値観や善悪の基準とは異なっている。一般に，不条理な感情から発した行為(とその結果)でも反社会的と評価されなければ，法による処罰などの対象とはならない。他方，作者カミュは，嘘をつかずに生きてゆこうとするムルソーが死刑にされるというショッキングな結末を巧みな文章表現によって描いて「イノセントな殺人」というイメージを作り上げようとしたのではないか[93]。殺人行為がなければ裁判もなかったわけであるし，ムルソーは自分に素直かつ純真と思われる魂と生き方をもっているがゆえに，まさしく悲劇の主人公でなければならない。すなわち，彼は命を賭けて社会を拒否する。しかも，ギロチンにかけられる死刑執行の日に見物の市民から悪罵されることを最後の望みとしている。そこに文学作品として高揚した気分や感覚が生まれ，悲劇的な結末に対するヒロイックな心情を喚起して，ムルソーに対する同情を引き立てるのであろう。こうして社会的に否定されることによってムルソーはいわば殺人者・犯罪者からヒーローになったのである[94]。

(D)　『異邦人』が示唆するもの

　『異邦人』が提示している法に関連する問題のうち，法とその背後にある多数者のモラルや価値観の存在については前項で触れた。つぎに，法的判断という規範的判断の主体や判断の背後に潜んでいる問題を問い直したい。さらに，法における現実という課題について考察する。

　まず，一般に裁判官はじめ法のインサイダーは現在の社会の秩序維持を念頭に置いていることもあり，それを打ち立てた社会のモラルや価値観を共有しているといえよう。たとえば，伝統的な法解釈論においては，当該の法的

224 第Ⅱ部 《法と文学》と法

判断や法解釈が，社会や共同体の共有された価値を反映していることが，その法解釈の客観性であると考える者も多い。このため，ムルソーのような不条理な心情とそれに基づいた振る舞いをする者とは対立的な立場をとりやすいといえる。むろん，同情的な立場をとる裁判官も中にはいるだろうが，かえって専門家である法仲間には異端視される可能性もある。

わが国でも今日，多様化する社会にあって，非嫡出子相続分差別規定(民法900条4号，同号ただし書前半部分削除・2013年改正)，夫婦別姓(民法750条)，代理母問題はじめ，君が代斉唱起立事件，一票の格差をめぐる訴訟など，社会のメンバーの中に矛盾や軋轢，対立をもたらす判決や法的判断は多い。社会は，不条理を感じている者たちを，既存の基準で判断して，多数の者たちとは異なっている(つまり異邦人)と判断し，さらに法によって服従させることになるのである。このように法は特定の行為を認めたり，規制したり，さらには処罰したりする社会的実践であるが，権力的な形式の言説(ディスクール)である。「法に依拠することによって，要求を拒絶したり，社会的圧力に抵抗したりできるから」[95]，かえって社会の中に矛盾や軋轢それに紛争などを作り出すこともあるのである。デリダは，法・権利が定立され，維持されることにおいては，敵対的な者を抑圧すること，またこれと並んで，法的な制度そのものが抑圧的であると述べ，また排除・抹消された敵対者や法・権利の内部にいて抑圧されている者を救済し，それと和解する必要があるといっている[96]。デリダは，この和解を脱構築である解釈によって行うことになるが，それはただちに法解釈を意味するものではないだろう。「解釈」や「和解」はさまざまであるだろうが，完全な和解(定立されている法を否定する者との和解)はないだろうから自ずと限界があろう。

つぎに，一般的に見て，ことにわが国では裁判官はじめ法律実務家は社会における経験が限定されているため，社会的に不利な立場や弱者，それに異なった心情をもっている人たちが何を必要としているか，また判決によってどのように影響を受けたり，反応して行動するかを理解するのは難しくなる場合が多い。他方，法律のインサイダーたちが行っていることは，現実が再構築されたものを客観的「事実」として，これに規範的な判断を加えるもの

であり，それは「社会の現実との接触を失う危険がある」[97] といえよう。

　法律家が信じているものや世界がすべてであり，またそれらが堅固・確実なものであるという根拠はない。多様な人々がいる社会においては，たんに従来のリーガリズムへの反省というだけではなく，また現在の社会における価値や倫理観を固定して捉えず，法的にもう少し丁寧な説明をする必要がある。私たちに法や決まりに従うべきと要求し，また法的に強制するとき，それが社会の決まり・ルールだからという形式的な理由からではなく，そこにどのような社会や法の正当性があるかをもう少しきめ細かく説明することが求められているのではないだろうか[98]。今日の不条理は，明日の法・掟かもしれないのである。

　社会や法の前提である類的本質そのものが変わることはないか。ヘーゲルによれば，市民社会とは，むき出しの欲望をもった存在から，他者との関係において互いに相手を了解し合うような人間の社会的な本質へと高められた（止揚された）ところの，人倫という原理を備えるもの（存在）ということが念頭に置かれている[99]。しかし，これに批判を加えた K. マルクスによれば，ヘーゲルがいうような私的な欲望の調停を市民社会はもたらさずに，むしろ，欲望をもった個人と社会の本質を固定化するのである。つまり，近代国家は社会における欲望をうまく調整せずに，逆にそれを保証することによってしか完成しないからである。なぜなら，近代国家そのものが資本や貨幣を中心として構成されているからである。このとき，人間の労働は資本・貨幣によって疎外され，いわゆる労働力の商品となり，賃銀と資本に転化される。そうして，人と人との自由な交流を生むはずの労働は疎外されたものに変形される。すなわち「他人に奉仕し，他人の支配下にあり，他人に強制され拘束される活動となっている」し，「疎遠な，敵対的な，威圧的な，自分とは独立した他人が，この対象の主人だということ」[100] になる。このように，社会の仕組みによって類的本質は変えられて，「人間と人間とが自由に交流し，……人間として生きることの意味と価値を人間が自覚する場」[101] は現代においても失われていないだろうか。また，法は国家装置の一つとして，イデオロギー的であり，また抑圧的である。抑圧的といってもそれがつねに

作用しているわけではなく，法は日常においてほとんどの場合遵守されている。そこにイデオロギーが存在するのである。つまり，イデオロギーは個人たる市民に服従を呼びかけているのである。家族や学校そして究極には裁判所が市民を教化しているという[102]。

これらは，これまでの法が私たちの現実を本当に理解し把握しているかという疑問にもつながる。今後の法理論の役割とは何か。まず，現在の伝統的また支配的な法の見方や言説とは異なる言説が存在することを示すことが必要であろう。法理論の役割もこの点にある。つぎに，伝統的な法解釈・教育も個別の法律問題を解決する上では欠かせないだろう。が，理論や「法と文学」の役割とは，従来の注釈者たち(コメンテーター)がなしているような新しい解釈や学説をもたらすことではなく，法が生じさせている矛盾またそこで前提とされている真実や言説を解明していくことにあるといわねばならない[103]。この点でも「法と文学」研究は，法における人間主体についての洞察をもたらしうるのである。『異邦人』は社会やとくに法における伝統的な見方や手法の在り方に問題提起しているといえよう。「法と文学」は一般の人々や不条理な心情をもった人たちがどのように感じており，どのように特定の解釈を強いられているかを明らかにして，法や法制度の現実を捉え直すことができるのである。

3 法と秩序

理性と正義にかなった法によって裁かれるとき，そこにはその犠牲となる者や事態は生じないのか。法は法規範の解釈に基づいて適用されるが，その営為には文字や条文の解釈以上のものが含まれるのが常である。そして，そのような行為が人間の運命を左右する。ハーマン・メルヴィルの『ビリー・バッド，船乗り(Billy Budd, Sailor)』(1924年以後改訂)は，このような判断者の立場をその判断との対比において考える上でアメリカ法においてはよく取り上げられるテーマである。

(1) 海のキリスト

　1797 年，イギリスは革命後のフランスとの戦争の最中にあった。青い目をした 21 歳のハンサムな青年ビリー・バッドは，商船人権号の船乗りだったが，大英帝国の軍艦軍神号によって，強制徴募に遭い，軍艦の水夫にさせられた。彼は，その美貌から高貴の生まれのようだったが，捨て子で両親を知らなかった。また，文盲で読むことはできなかったし，あまりに緊張してしまうと障害を起こして吃りになるくせがあった。しかし，何といっても若さと無垢の権化たる「花の水兵」として水兵仲間の寵児であった。艦長であるヴィアは，武勲もあり，読書もする教養人で，控え目で抑制的な人物であった。反面，海の男らしい，気取らぬ謙遜を備えた人物でもあり，それに毅然たる決断力のある司令官として，みんなから「星の煌くヴィア」と呼ばれていた。彼はビリーを息子のように気に入っていた。

　当時，イギリス海軍では，テムズ河口のノア湾で軍艦の反乱事件などが起こっており，それはフランス革命の炎が飛び火したものと考えられていた。クラッガートは，35 歳くらいの武器係兵曹長で，下部砲列甲板の治安維持を役目とするいわば憲兵隊長だった。長身でやせぎす，手は小さくて，重労働になじんだものではなかったが，教養と経験を示していた。また人を見透かすような目をもち，その青白い肌の色は，ほかの水兵の赤銅色と比べて異様で，「常軌を逸したというか，なにものかがあることを示唆している」[104]ように見えた。また，アクセントに英国人らしからぬところがあり，また彼は上役に媚びるのがうまく，内には悪に根ざす狂気を宿していた。クラッガートは，ビリーの美貌と純真さをねたみ，ビリーが甲板にスープをこぼした事件や同じ強制徴募仲間との会話を聞きつけたりしたことなどから，ビリーが謀叛を起こし軍艦の乗っとりを企てていると艦長に讒訴した。

　艦長室にクラッガートとともにビリーが呼ばれた。「何か話すんだ！　そうして自分を弁護するんだ！」と艦長から説明を求められるが，ビリーはうまく喋れなかった。これに気づいたヴィア艦長は，ビリーの肩に手をかけて「急がなくていいんだ，坊や。ゆっくり時間をかけていい，ゆっくりとね」と慈父のようになだめた。しかし，「十字架に磔にされた人と同じような表

情が顔に現れた」つぎの刹那，ビリーは，上官のクラッガートを殴りつけた。彼は床に倒れて動かなくなった。

ヴィア艦長は，この死亡事件に動揺し逆上したが，即刻，即決の軍事裁判を招集した。軍法会議の裁判官に先任士官，海兵隊長，航海長の三人を任命した。ビリーは，この非公開の法廷で反乱の意図および殺害の意図を否定した。また「あの人が死んでしまって済まないと思っています。彼を殺すつもりはなかったのです。舌を使うことができたら，あの人を殴ったりしなかったでしょう」などと述べた。

ヴィア艦長は，法廷よりも風上に座って，証人として立ち会った。さらに，日頃とは変わって，能弁に「被告の行為――我々が関与すべきはそれのみなのだ」と指摘して，さらに法の遵守を主張し，戦事条令に殴打行為は重罪に処す規定のある旨，また当時起こったノアの暴発・反乱防止法それに温情判決がもたらす弊害などを説いた。ビリーに同情しながらも，軍刑法に従って上官殺害の罪は極刑に値すると主張する。裁判官の一人である海兵隊長は，ヴィアの側に一種の予断が存在すると思った。また，海兵隊長は，ビリーには反乱の意図および殺害の犯意がないという。さらに，砲兵隊長は，有罪としても減刑（情状酌量）が妥当という。しかし，ヴィア艦長の威圧するような視線に耐えかねて，三人の裁判官は同意しかねる点もあったが，艦長の意見を否認する能力はなかった。裁判官三人は艦長に忠誠を誓っていた。

翌払暁，水兵の一部は武装して整列していたが，処刑によるビリーの死は軍艦の乗組員全員に賛美されながら，神聖な儀式となっていった。ヴィア艦長は，硬直したように不動の姿勢で立ちつくしていた。ビリー・バッドは，「主よ，願わくはヴィア艦長に幸福を！」と叫んで，帆桁先端で絞首刑に処された。その光景はつぎのように描写されている。

> 　　東の空に低く垂れ込めた靄の，おどろおどろの羊毛の中を，やわらかい栄光が一筋走っていった。……やがて，地はすべての甘き玉露の訪れを知るのではないかと思われた。と，次の瞬間，釘付けにされた群衆の，天を仰ぎ見る顔に映ったものは――見よ！　ビリー・バッドが昇天して

ゆく姿ではないか！[105)]

　後日談として，英国軍艦軍神号はフランスの軍艦無神論者号の砲撃を受けたため，ヴィア艦長は負傷し，「ビリー・バッドよ！　ビリー・バッドよ！」とつぶやきながら死んだ。また，メルヴィルは，ビリーを堕落する前のアダムになぞらえているといわれる。艦長のビリーに対する父親のような態度は，神が人間を救うために遣わした自分の息子たるキリストを犠牲に捧げたことを想起させ，ビリーは海のキリストとして描かれているというのである[106)]。

　この物語を読んで，まず疑問に思うのは，なぜビリーは死ななければならなかったのか，また，ヴィア艦長は，ビリーに同情を見せながらも，なぜ結局は処刑へと傾いていったのかであろう。一見すると，戦時における軍艦内部での反乱事件に対して即席の法廷で死刑判決が下された事件として描かれているのであれば，平凡にも思えるストーリーであり，何が問題なのかは浮かび上がってこないように思われる。作品論や作者論のように作品自体の背景やその周辺から作品の意義や意味を明らかにすることも本作品理解の一助となるかもしれない。作者メルヴィルには，娘たちのほかに，18歳のときにピストル自殺した長男と30代半ばで病死した次男があった。父のメルヴィルはことに長男のマルコムを偲んで，彼をビリーにたとえ，自らをヴィア艦長として描いたという説もある。厳格で優しかった艦長に対して，ビリーが死に際して「ヴィア艦長に栄光あれ」といってほしかったのだというのである[107)]。

　また，イェール大学のR. M.カバーは，裁判官をはじめとする法的判断者たちが，自らは信じてもいない法律を適用しなければならなかった状況と見る[108)]。彼によると，従来奴隷制度に反対していたといわれるマサチューセッツ州最高裁のレミュエル・ショウ(Lemuel Shaw)首席判事が逃亡奴隷事件についてトーマス・シムズを解放する判決を出さなかった。つまり，当時，判事が正しいとは信じていない連邦法(逃亡奴隷法，1793年法はじめ1850年法など一連の制定法や判例)に従って，他州から逃亡してきた奴隷の返還を命ずる判決を下したのである。このため当時，奴隷制度反対の指導的立場にあった

R. W. エマソンは，ショウ判事が逃亡奴隷法の違憲性を宣言すべき機会は失われたと批判した[109]。「非道徳な法律は，どんな危険もおかしても破るのが，人間の義務です」[110] として，上位の理念(自由に対する人間の権利あるいは「自然」の法則)に従うことをその論拠としている。ところで，ショウ判事は実はメルヴィルの義父であった。このためメルヴィルが，『ビリー・バッド』の作品の中で，逃亡奴隷法を反乱防止条例(Mutiny Act)に置き換えて，またショウ判事をヴィア艦長に置き換えてテーマとしたのではないかという見方をカバーはするのである[111]。

　なるほど，本人が内心では反対であるにもかかわらず，法があればそれを適用していくという点はヴィア艦長が置かれた立場と合致する。彼は，真実のところ，ビリーが善人であって反乱の意図はないと知っていながら，海軍の法規に従って上官に暴行を加えて死に至らしめたことを裁くのである。このようなカバーの見方は，裁判官が不正義もしくは正しくないと考える法を適用することと，彼ら自身の内面の良心との葛藤(ジレンマ)が存在すること，そしてたえずそのような機会や場合がありえることを浮き彫りにしているのである。

　「法と文学」論者の R. ワイスバーグは，ヴィア艦長の法廷の場面での言動と裁判手続における過誤について言及している。それによると，ヴィア艦長には八つの手続上の過誤があったという[112]。①本隊の艦隊と合流すべきであった点，②軍法会議の構成員(裁判官)の問題，③即決裁判の不可能なこと，④ヴィア艦長の多重の役割(「証人」から裁判の監督まで)，⑤艦隊司令長官に処分を委ねるべきであった，⑥伝統的な寛大な処置をとるべきであった，⑦再審なき極刑，⑧(軍法会議の)手続中の隠された本質，すなわち非公開(秘密)主義，である。しかし，これには反論もある。18世紀のイギリス海軍では，乗組員が上司に暴行を加えかつ殺害した場合には，死刑執行された例がある[113]。また，ビリーがクラッガートを殴打したことが反乱的であると解釈されれば，簡略手続は正当であった。ゆえに，ヴィアが本艦隊と合流して，通常の軍法会議にかけるのが正しいというわけではないという。しかし，文学作品としての展開上，艦隊内で軍事裁判を行うよりほかなかったとの指摘

もある[114]。

(2)　法と正義が離れるとき

(A)　天使の一撃とヴィア艦長

　花の水兵と慕われたビリーが裁かれる軍事法廷の場面を描く第21章は，この物語の中心でもあるが，つぎの象徴的な文章で始まる。「虹の中のスミレ色が終わり，オレンジ色が始まるところに，誰か線を引くことができるだろうか？　これらの色の違いははっきり分かるのだが，一方の色から他方の色合へと移ってゆくときに正確にはどこで変化しているのか？」[115]。

　ビリーを自分の息子のように扱い，また，クラッガートによる讒訴を聴取しているときにも，興奮すると思うように口が利けなくなるビリーの肩を抱いて，ゆっくり喋るようにと宥める態度を見せたヴィア艦長であったが，部下が殴打されて結局は死に至ったとき態度を変えた。「運命の子よ！」と低くつぶやいたヴィア艦長は，「父なる人の姿がかき消され，そこに現われたのは，軍人の紀律主義者」だった[116]。しかし，ビリーの殴打行為とクラッガートの死という事実は艦長室内で発生しているので，ヴィア艦長は唯一の目撃者でもある。

　一般にビリーには責任なしという見方は多い[117]。ましてや，処刑される場面などの叙述とも相まって，ビリーをイエス・キリストになぞらえる見方もある。後述の H. アレントの所説にも示唆されるように，ビリーは自然に無責であり，ヴィアはこれを知りつつもその主観を問題とすることのできない法に従って，客観的な面であるビリーの行動を問題とせざるを得なかったという見方もある[118]。ヴィア艦長は自分が任命した裁判官たちを説得しなければならない。表面上，強制的ではなく，あくまで公平・公正が装われているようである。

　前述のように任命された裁判官たちの中には当然減刑論を主張する者もいた。また，ヴィア艦長自身もビリーの殴打によって部下が死に至った事件の一部始終を目撃していた。艦長自身もこの行為によってビリーが極刑に値しないと信じていたにもかかわらず，なぜ彼を死刑にしなければならなかった

のか。

　　　先任士官とても，冒頭では筆頭判事の役を引き受けるのになんらの不
　　自然も感じなかったものの，いまはヴィア艦長の威圧するような視線に
　　うながされ(それは言葉よりも効果があった)，ふたたび筆頭判事の立場
　　に戻ると，被告のほうに向き直り，
　　　「バッド！」
　　といったがとても，穏やかな口調といえたものではない。
　　　「バッド，もしもおまえが一身上のことについてまだいいたいことが
　　あるんなら，いうのは今だよ！」[119]

　このように，先任士官である裁判官は，上官・監督者でもある艦長の目線
を受けて，ビリーにほかにいうことはないかぐらいしか聞けなかった。前記
のワイスバーグは，この視線("目配せ")には黙示の了解を促す意味があると
いう。これは法的レトリックの一種であり，出来事の語りにおいて，省略し
たり歪めたりすることなどによって，聴き手に不快感を与えずに，結果を正
当化する手法であると見るのである[120]。
　ヴィア艦長は，法に従ってビリーを裁くことを決断する。その判断の対象
をビリーの行為と法規に絞る。

　　　「さて，ならば……事実関係だけに話を向けてみようではないか。
　　──戦時において，海上で軍艦の乗組員が上官を殴打し，ために死に到
　　らしめた。このとき，戦事条令によれば，殴打自体は，その結果にかか
　　わりなく，重罪に処する，とある。のみならず──」
　　　「そうです，艦長殿」と，海兵隊長が興奮して遮った。「ある意味では，
　　そうでした。しかし，あの人間，バッドは反乱を意図したこともなけれ
　　ば，殺人の犯意があったのでもありません。」「まさしく然りさ，君。な
　　らば，これがもし軍事法廷の如く専制的でもなく，もっと慈悲に満ちた
　　裁きの庭でのことならば，君の反論も大いに斟酌せられるであろう。は

たまた，主の御前での最後の審判であるならば，罪なしとも宣告される
であろう。だが，ここはどうかね？　われらは《反乱防止条令》の下で訴
訟手続をとっているのだよ。」[121]

　ヴィア艦長がここで法に従うという立場をとったとき，それは法適用上の
形式主義的な側面も併せもっている。

　　今の場合も同じである。目下の裁判手続に従って出される刑の宣告に
　ついて鑑みるに，宣告するのは我々自身であるといえようか。宣告する
　のは，われらを通じて作用している軍法ではないのか？　この法律やそ
　の過酷さについて，我々は責任を負うものではない。我々が誓約した責
　務はこの中に存在する。つまり，この法がいずれかの場合において無慈
　悲に作用することがあるやにしても，我々は何としても法を遵守し，か
　つ執行しなければならないということだ。[122]

　私たちは，ヴィア艦長によるこの決定をどのように判断すべきか。そして
それは法に何を示唆していると見るべきか。一つには，ヴィア艦長における
形式主義的な法の適用ないしはリーガリズムが見て取れるという点である。
ただ，この場合に，厳格に法を適用するとすれば，逆にビリーは死刑になら
ないという結果もありうる[123]。
　前述した逃亡奴隷法に関してそれが法であるからといって適用したショウ
判事，ウィリアム・シェイクスピアの『尺には尺を』のアンジェーロや前述
のカフカ『審判』の笞打吏に見られるように，ヴィア艦長も厳格に法の形式
主義的な適用を行うことに決定したのである。法の過酷さは法に責任があり，
それを適用する自分たちにはない，と。ただ，後日，負傷したヴィア艦長は，
「ビリー・バッドよ！　ビリー・バッドよ！」とつぶやきながら死んだ[124]。
これらは何を意味するものであろうか。
　多くの人や法律家も含めて，法は人間の理性によって定立・運用されるも
のであり，社会においてこれらの規範を遵守することは人々の務めであり，

234 第II部 《法と文学》と法

それによって社会の秩序や安定(つまり正義)がもたらされるのである，と信じているだろう。『尺には尺を』のアンジェーロ(公爵代理)は，「お前の兄さんを死刑に処するのは，法律がするのだ。わしがするのではない。仮令わしの親戚であらうと，兄弟であらうと，倅であらうと，法律を犯した者は同じ様に処分されねばならん」[125] といい，法は厳格に適用されるべきものであるとする。この考え方は，法と人間性とが分離する契機をもつものである。前述のカフカの『判決』に見られる裁判官たる父が被告人たる子に死刑判決を命じる場面はその最たるものである。むろん，法が「案山子」(『尺には尺を』の一節)のような存在に過ぎず，守られないならば意味はない。厳格に遵守すべしとする態度から出るリーガリズムや形式的適用には，法が人間から離れて存在し，人間的な思いやりや配慮を欠いて過酷に振る舞いかねない可能性がある。他方，寛大にあるいは思いやりをもって法を適用する態度には，その恣意的な適用や判断者の主観によって左右されるなど，かえって法への不信も招来する可能性もある。

　法の適用自体にこのような本質的な矛盾がある。これは英米法では具体的な法の適用・実践においては法規範の遵守と裁量・使い分けのバランスという形で工夫されているという。「エクイティ(衡平法)は，アリストテレス以来の西洋の法概念の一部である……。法はそれがもたらす状況や結果にかかわらず徹底して執行されなければならないような，言い換えると曲げられないような規範から成り立っているのではなく，改良に役立つ原則を含み，またある事件が提示する個別『具体的な状況』を裁判官が考慮することができるような基準も，法の一部である。エリザベス王朝期には，法的正義は慈悲を加味して和らげられると信じられていた。また私たちもそうである。現代の法律家は幾分異なった言い方をするが，規範の厳格な解釈は不合理な結果や明白に不当な結果を回避するのに必要であれば，曲げられるべきであるとするだろう」[126]。

(B)　正　当　化──功利主義と形式主義
　ヴィア艦長をどのように見るかによって本作品自体の見方も左右され

る[127]。一般的には，ビリーを無垢な人物と見て，他方クラッガートを奸佞
な人物と捉える見方が多い。しかし，ヴィア艦長を自分の意思に反して行動
するよくない人物と捉えた上で，ビリーを異教徒的な生命力（バイタリティ）を
示す人物として捉える見方もある。これによると，本作品でキリストにたと
えられる人物は，大方とは逆に，クラッガートである[128]。それはつぎの理
由からである。ヴィア艦長は，自分のライバルであり，海軍の同僚であるネ
ルソン提督にコンプレックスを抱いている。ネルソン提督は直観的で行動力
があり，真の海の英雄として広く称賛され，尊敬を集めている著名な海軍軍
人である。他方，ビリーも著しくハンサムで，その天真爛漫な性格のためみ
んなから慕われる海の男と見られている。ヴィア艦長は，ネルソン提督に対
するルサンチマン（恨みや嫉妬の感情）を晴らすために，ビリーを軍事法廷とい
う裁判手続にかけて絞首刑にしたというのである[129]。すなわち，暗黙の同
盟者である部下のクラッガートとヴィアの共同の行為によってルサンチマン
が法となったと見るのである[130]。しかし，これはややヴィア艦長の動機や
心理分析に重きを置いた見解といえようか。

　つぎに，ビリーがクラッガートを殴打した瞬間に，その責任は政治的なも
のとならざるをえなかったという見方もある。ヴィア艦長は出身が法を作る
階層のメンバーであり，目撃者，訴追者（検察官）そして判事の役割を担うこ
とになった。ヴィアがとった公平さのイメージは，ビリー自身もその処刑の
要求に対して拒みえないような威厳をもつものであった[131]。かくして，法
は必ずしも理性的でも普遍的なものでもない。軍事法廷によるものではあっ
たにせよ，「法によるルールの勝利は，無垢の個人が社会的に必要な法のた
めに犠牲にされなければならなかったからではなく，公平さが装われて法の
支配が正当性の確立された基準に違反する判断すらも人びとが合法的なもの
として受け容れざるをえないようにしてしまったがゆえに，曖昧なものとな
らざるを得なかったという可能性」[132] が示されたと私たちは見ることがで
きるのである。

　さらに，『ビリー・バッド』を善悪や正義と法との関係に着目して解き明
かすのは，アレントである。フョードル・ドストエフスキーなどにおいては

236 第II部 《法と文学》と法

人間は自然状態では善であるが，社会においては悪となると見ているのに対して，メルヴィルは本作品においてこのような見方に反論して，善は悪よりも強いが，善は根源悪と同じように，あらゆる強さに固有の根源的暴力や政治組織の形態に有害な根源的暴力をもっているとしている[133]。これによると，ビリーは自然的善を代表する人物であり，自然的善であるビリーは天使の言葉で語ることはできたかもしれないが，自分に対する「根源的悪」による告発に反駁することはできなかった。このため，手を振り上げて讒言をしたクラッガートを打ち殺すことになった。すなわち，「善はそれが『自然』の一部であるがゆえに，温和に行動するのでなく，力強く，実際暴力的に自己を主張する……。……ビリー・バッドが自分に不利な偽りの証言を述べた男を打ち殺したような暴力行為だけがすべてであり，それが自然の『堕落』を取り除くのである」[134]と。

　しかし，絶対的な自然的潔白は暴力をもっているから，「世界の平和と人類の真の福祉」のためには，徳が登場して悪や絶対的潔白の暴力を罰する必要がある[135]。この徳を現すのがヴィア艦長であるという。ヴィア艦長は，クラッガートは神の天使によって殺された，だが天使も絞首刑にしなければならないという[136]。このように，アレントの『ビリー・バッド』の理解は，法律の社会における存在や意義がどこにあるかを示している点で興味深い。法律は天使や悪魔のために作られたものではなく人間のために作られているのであって，ヴィア艦長がそうであったように，法律は罪と徳の間を揺れ動くものであり，それを超越するものを認めることはできないという[137]。

　ヴィア艦長のねらいは，厳格な法の適用にあるのではなくして，艦長として艦船そして艦隊全体の秩序と軍紀を的確に維持することにある。法の適用はその方便に用いられるのである。そして，ビリーの死刑を求めて孤立する中で，ヴィア艦長自身は，自分のこの最終的なねらいがどのように正当化されるかを自問するのである。

　ヴィア艦長にすれば，自分の艦船内で起こった上官に対する暴行事件に何らかの法的処分がなされなければ艦隊の秩序は保たれない。ましてや，対外的には英仏戦争の最中にあり，イギリス艦隊の中ではすでにテムズ河のノア

湾において反乱事件も起こっている。彼はつぎのような政策（ポリシー）判断をするのである。

> ……彼ら［＝水兵たち──引用者］はこう思う。なんだ，前檣帆操縦員［＝ビリー──引用者］のやった行為は，要するに，国事犯たる反乱行為を犯している最中，付随的に犯したもので，しかも，紛れもない殺人罪ではないか！　訪れる応報はなにか？　いわずと知れたことよ，と彼らは思う。ところが，その応報の訪れはない。こいつはオカシイ，と彼らは首をひねる。船乗りがどんな人種か，それは諸君もよく知られるところ。ならば，彼らの脳裡にすぐ浮かぶのは，最近のノア暴発ではないだろうか？……ならば，諸君の寛容の判決に対し，これを怯儒の心と読むであろう。われらが怯んでいるのだ，われらが恐れているのだ，と彼らは思うであろう。……法の峻厳を要すること，いまほど緊急の時はないというのに！[138)]

　ヴィアは艦長としてほかの水兵の手前，軍紀を的確に示して自艦ひいては艦隊の秩序・安全を配慮しなければならない立場にいる。しかも，この点では彼は孤立しているために，ヴィア艦長はビリーの処刑という法的判断を功利主義的な立場によって正当化しなければならない。ヴィアはいう。「主のみまえにては罪汚れなき人の子を，専制的かつは破廉恥の死に付しうるというのであるか？　主のみまえにては罪汚れなしとは，わたくしもひとしく感じているところ──かくいうわたしは正しいと思うがどうであろう？　諸君は悲しい同意を合図された」[139)]。これによって上官の裁判官たちも同意したという体裁が整えられたのである。この場合，功利主義的な立場とは，一般的善のために無垢の人間を故意に犠牲にすることであるが，より具体的には，ビリーの命よりも本艦船の安全（反乱の防止）という利益の方が大きいということである。ただ功利主義（最大多数の最大幸福）は社会全体を一つの組織体として扱うので，社会のより大きな善（good）のために，ある人間を殺す（犠牲にする）ことが自然であると思えるようになる[140)]。

しかし，艦長がこのような正当化にこだわっていることすら不思議ともいえる。なぜなら当時の軍事法廷においては，艦長がたんに首を振っただけで死刑とされた事件もあったからである[141]。これと比べれば，それはヴィア艦長の並外れた教養やインテリジェンスを示すものかもしれないが，いずれにせよビリーはキリストのような立場に立たされたのである。

(C)　掟・法規範に従うが人の運命

これまでの検討が示すように，メルヴィルが描いたのは，海軍艦隊の軍紀や秩序維持のために法の厳格な適用をしたという単純な物語ではない。裁きのシーンが中心である第21章のはじめ近くにつぎの一節がある。

　　　勇士号(Bellipotent)の艦上で起きた事件に先立った，あるいは付随した諸事情が巧妙に絡んでいるために，また正式に適用されることになる海軍法規(コード)に照らすと，クラッガートとバッドにそれぞれ人格化されていた潔白と罪悪とは結果として入れ替わったのである。この悲劇の法律的な観点からは，明白な被害者とは罪なき者を陥れようとたくらんだ者である。そして，後者の争いの余地のない行為は，海軍刑法に徴すれば，軍事犯罪の中でも最も重大な犯罪に該当するものである。けれど，ほかにもある。この事件に含まれる善と悪に関する問題の本質は，それが明確であればあるほど，一人の(任務や法規に)忠実な海軍指揮官の責任では手に負えないものであった。なぜというに，彼にはその素朴な根拠でこの問題を決定する権限は与えられていなかったからである。[142]

作者メルヴィルが言及しているのは，法的な観点とこの事態に潜んでいる善悪の本質的問題の存在である。『ビリー・バッド』は両者が矛盾衝突していることに問題提起があると思われる[143]。法とは，理性と正義に基づいたものであり，社会に生きてゆく者が行動して，一生を送っていく上で遵守しなければならない規範(ルール)・掟にほかならないと考えられてきた。しか

し，『ビリー・バッド』は法が必ずしもそうではないことを示唆する。人間が社会に生きてゆくという類的本質を否定しないならば，善かれ悪しかれ，人々は法に従って生きてゆく運命である。しかし，遵守すべき法や法規範は必ずしも神の手の中にあるような真理に基づいたものではない[144]。法や掟は人々が作ったものであり，せいぜいのところ実際的に見て「真実であろう」とされているものに過ぎないのである。法を適用することがかえって不正義を生み出すことがあるのではないか。

裁く者が直面するジレンマ状況はこの作品にとどまらず，たえず存在する。ヴィア艦長やショウ判事のように，裁判官は自ら正しいと信じていない法規や法律を適用することを職務上求められている。また，シェイクスピア『尺には尺を』のアンジェーロが，「法が扱うのは公然と法に触れたものだけだ，盗賊を断罪するものが盗賊であろうと，法律は関知しないのだ」ともいえる。今日では法律面で取り上げられることはほとんどないが[145]，戦後，食糧管理法違反に基づく経済事犯(いわゆる闇米取り締まり)などを担当していた山口良忠裁判官が，裁く立場にある自らが闇米を食していたのでは裁けないとして，配給米のみを食することにしたために餓死する事件が起きたが[146]，判事餓死事件として広く知られた[147]。

山口判事は裁判官として日々食管法違反という法規(コード)の適用に従事していた。他方，そのことによって，闇米を食しては裁判官として一般の人々を裁きうるのかという正義ないしは善悪のコードに抵触する契機が生じた。判事は，統制令のコードと正義・善悪のコードの二つに直面したのである。しかも，これら二つのコードは矛盾しているのである。この場合に，人はより本質的で基本的な問題の方へと思考を向けがちであるとすれば，正義や善悪の問題であるコードの方で自分を裁こうとしたのではなかったか。法をもって裁くのは，「最高の裁判官である神」(『尺には尺を』のイザベラの言)ではなくて，人間である裁判官にほかならない。この点が『ビリー・バッド』が提示する問題とも関連しており，法規と正義・モラルなどの矛盾は社会が複雑で多様になればなるほど起こりうる。なお，本作品には，悪法論に見られるように，自然法と人間が作った法つまり法実証主義との対立が伏線とし

240　第II部　《法と文学》と法

てあるとも見うる。しかし，ヴィア艦長は法実証主義者として保守的に見えるが，人権を無視しているわけではない[148]。

　以上に加えて，『ビリー・バッド』の検討から得られる法への示唆は，第一に，法とは規範による社会の統治の技術である点の再確認であろう[149]。ここでは法の正義とは秩序の維持であり，社会の統治である。その中においてこそ人々の自由や幸福がある。周知のように，法の権力的性質，なかでも裁判所による公式の解釈には，政治的な力がその背後に存在している。人々は法が要求するものを受け入れ，これに従わなければならない。

　第二に，社会の統治のために法を用いるときに，裁判官など判断者の価値判断や政治的判断や思惑が働くこともあるという点である。ヴィア艦長は，まず法の形式的な適用という立場をとることによって裁量の余地を大きくすることができた。つぎに，そうして自らが信じる艦隊の安寧・秩序維持という物語によって三人の裁判官たちを説得することになる。本作品では，法の本質である社会秩序(艦内や艦隊の安全)という政策判断が優先され，正義と法とが分離する場面が描かれている。そこに，人が法や掟に従うのは，それらが正義にかなっているからではなくて，それが権威や権力をもつからであることが明らかにされている。しかも，処罰という法がもつ物理的制裁もそれを促すが，もう少し目に見えないものが働いているのである。ヴィア艦長が，ビリーを処刑にすべしという立場をとったのはその出身階層と艦長としての立場からであり，国家たる女王への忠誠などのイデオロギーが彼の周りにあったからである。ついで，ヴィア艦長は，彼の方針に沿うように部下である士官たち——裁判官を兼ねるが——を説得しようとした。海軍軍人としての訓練・経験，女王への忠誠，士官としての責務などへ訴えることで，それらがもつイデオロギーに呼びかけて従うように説得した。艦長という上官の命令や意向に従わなければ，軍法規をはじめとする何らかの処罰が加えられるという恐怖からというよりも，彼らが見えない権威に服従するようにいわば教育され，調教されているからである。

　残る問題は，なぜビリーが即席裁判の判決に従順とも思える態度で従ったかという点である。彼にも船乗りとしての訓練や水兵としての経験，また艦

長への個人的な思い，それに，いずれにせよ上官を殴ったことへの反省など
があったからであろうか。ヴィア艦長が同情を寄せていたビリーを，功利主
義的な立場から死刑にしなければならなかったことは現実の世界では説明は
つくかもしれないが，その内心では自分の選択を正当化できるかと感じてい
たのであろう。ヴィア艦長が自分の死に臨んでビリーの名を呼びつづけたの
は赦しを得るためではなかったか。いずれにせよビリーが従容として処刑さ
れる様は読者に不可解な印象を与える。そこに作者のねらいがあったといえ
ようか。

　第三に，法が規範遵守や統治のための形式的な機械となっては意味がない。
カフカの世界のように，秩序維持が目的と化し，形式的で非人間的なシステ
ムとなるからである。社会秩序という正義をもたらすはずの法がかえって
人々に過酷な生を強いることになりかねない。

　多くの人たちや法律実務家に，法が理性的で正義や秩序の安定を実現し，
各人に自由をもたらすという現実を真理で不変のものと信じさせているもの
が存在する。また，その恩恵に浴するためには市民としての義務を果たさな
ければならないし，またそれが自然であると見せかけているところに現代社
会のイデオロギーが存在しているといえる[150]。他者の行為の判断者である
裁判官自身もこのような自己や社会的に作られたイメージに呪縛されており，
それに自己を従属させて自己のアイデンティティを確立するものといえる。
国が彼らに求める裁判という仕事について誇りをもち，それに何らの疑いも
抱かずに自分の能力を捧げ，ときに献身的にまた良心的に社会的実践を行っ
ている[151]。彼（女）らはあたかも断罪者・厳父のようであり，またたんなる
条文の意味の解釈者ではなくして，特定の言説の管理人として存在している
のである。しかし，そのような法の実践である解釈・適用において，現在の
法の在り方や解釈実践がすべてであり，固定的に捉えてよいことにはならな
い。また，メルヴィルの虹の喩えのように，基本的な違いはわかるものの実
際には線を引きにくいものにも法は判断を下さねばならない場合がある。そ
れは人が作った掟であるがゆえに適用もまた難しいと改めていわねばならな
い。

242　第Ⅱ部　《法と文学》と法

お わ り に

　ここで取り上げた三つの作品においては，法が抱える不正義が明らかにされたといえよう。カフカの『審判』では，主人公は法や裁判といったものに届くことはできなかった。カミュの『異邦人』では，現実との不条理は社会や法によって制裁を受けなければならなかった。メルヴィルの『ビリー・バッド』は，法がどの位相において作用するものであるかを問うている。いずれの作品も，結局法とは何か，どのようにあるべきかを問うているのである。

　文学上のフィクションが，かえって法の現実を浮かび上がらせているといえる。「法と文学」による分析が法や法制度の多用な面を明らかにしうる。とくに法解釈や裁判所ができることへの期待や自負はわが国では強いが，従来の方法では多様な視点が制約されがちであるし，現存する法や法制度を前提とした思考に囚われやすい。

　法や法制度は，私たちの文化の一部でもある。法そして法解釈も社会的文脈・コンテクストに依存している。現実という社会的文脈を離れては法は成り立たない。文学は私たちの生活や文化を形成するものであり，時代にそぐわない判例や条文を改めたり，修正したり，あるいは新しく再構築するための基本となる想像力を作り出すのである。そして，それがつぎの時代には新たな法律となるかもしれないのである[152]。

　「法と文学」は，現実を把握するための外的視点をもたらし，法の内部からでは十分に把握できない矛盾や課題を指摘するのである。また，「法と文学」は，法理論の一つとして，これまで法学や法制度において前提とされてきたもの，また固定されて現代にはそぐわなくなった考え方や真実(理)とされてきたものを疑い，人間や人間性への洞察に資するといえよう。

　(注)
　1)　本書第4章「『理性と正義』の劇場としての法──夏目漱石『門』と掟」，161頁。

第5章　文学的フィクションと法の現実　243

2)　K. ヴァーゲンバッハ『若き日のカフカ』(中野孝次・高辻知義訳，筑摩書房，1995
年)，189-199頁。カフカの法律家としての経験と経歴につき，Samuel Wolff &
Kenneth Rivkin, "Legal Education of Franz Kafka", 22 Columbia-VLA Journal of
Law & the Arts 407 (1998); Richard A. Posner, "Kafka: The Writer as Lawyer",
110 Colum. L. Rev. 207 (2010). また，カフカの伝記は，M. ブロート『フランツ・カ
フカ』(辻瑆ほか訳，みすず書房，1972年)。なお，『審判』は1914〜15年に執筆。そ
の一部を成す『掟の前』の寓話は生前の1915年に出版されたが，『審判』そのものは
死後に編集・公刊された。

3)　架空の話や寓話がもたらす効果や教育的意義につき，John Bonsignore, "In Par-
ables: Teaching through Parables", 12 Leg. Stud. F. 191 (1988). また「虚構が現実
から離れて真理(真実)を示す」との指摘は，来栖三郎『法とフィクション』(東京大学
出版会，1999年)，161頁。

4)　ドストエフスキー『カラマーゾフの兄弟』もそのような姿を描いている。また，本
書7章「法のナラティヴと法的推論」，295頁参照。

5)　合衆国連邦最高裁の A. ケネディ判事は『審判』が裁判の現実に近いものを描いて
いるとして法律家に読むことを勧めているという。Carter, "A Justice Who Makes
Time to Read, and Thinks That All Lawyers Should Too", Chicago Daily Law
Bulletin, 26 January, at 2 (1993), cited in Douglas E. Litowitz, "Franz Kafka's
Outsider Jurisprudence", 104 Law & Soc. Inquiry 103, 108 (2002). カフカをめぐる
論争として，Robin West, "Authority, Autonomy, and Choice: The Role of Con-
sent in the Moral and Political Visions of Franz Kafka and Richard Posner", 99
Harv. L. Rev. 384 (1985); Richard A. Posner, "The Ethical Significance of Free
Choice: A Reply to Professor West", 99 Harv. L. Rev. 1432 (1988).

6)　主人公のヨーゼフ・K. は自立的人間でないとするのは，R. ロバートソン『カフカ』
(明星聖子訳，岩波書店，2008年)，121-122頁など。

7)　同上，111頁。

8)　同上，126頁。

9)　R. A. ポズナー『法と文学・上巻』(第3版，坂本真樹・神馬幸一訳，木鐸社，2011
年[原書・2009年])，227頁。ポズナーは長年合衆国連邦高裁裁判官でもある。また
「法律家に対する法のしろうとの態度は，矛盾の混合物，すなわち，尊敬の念と侮蔑
の念とが混じりあったものである」と見るのは，J. フランク『法と現代精神』(棚瀬孝
雄・棚瀬一代訳，弘文堂，1974年)，37頁。

10)　ロバートソン『カフカ』(前注6)，39頁。このほか『流刑地にて』があり，父ヘル
マンとの関係については「父への手紙」『カフカ全集IV』(江野専次郎・近藤圭一訳，
新潮社，1959年)，295頁，とくに313-314頁など参照。G. ドゥルーズ＝F. ガタリ
『カフカ——マイナー文学のために』(宇波彰・岩田行一訳，法政大学出版会，1978
年)，87頁以下。

11)　同上。なお法や掟が社会の隠喩であることや隠された威嚇につき，本書第4章
「『理性と正義』の劇場としての法」，参照。

244 第II部 《法と文学》と法

12) W. ゾーケル『カフカ論集』(武田智孝訳，同学社，1987年)，2-3頁。なお，カフカの育った家庭環境や父親との関係からこのような面を示唆するのは，ヴァーゲンバッハ『若き日のカフカ』(前注2)，38-39頁。

13) わが国でもこの種のことはたえず存する。たとえば田中克彦「法廷に立つ言語」「法が性を裁くとき」同『法廷にたつ言語』(岩波現代文庫，2002年)，140頁，194頁以下。

14) Ian Ward, *Law and Literature: Possibilities and Perspectives*, 145 (1995).

15) Richard H. Weisberg, *Poetics; And Other Strategies of Law and Literature*, 134 (1992).

16) ヴァーゲンバッハ『若き日のカフカ』(前注2)，84頁。

17) 『世界文学全集・ホフマン・クライスト篇』(相良守峯訳，河出書房，1951年)，340頁。またR.イェーリング『権利のための闘争』(村上淳一訳，岩波文庫，1982年)，97頁以下もコールハースの行動を真の権利の実現を試みるものとして好意的に扱う。

18) ポズナー『法と文学・上巻』(前注9)，220頁。

19) ロバートソン『カフカ』(前注6)，107頁。

20) ポズナー『法と文学・上巻』(前注9)，231頁。なお旧ソ連時代の裁判を描写したA.ケストラー『真昼の暗黒』(中島賢二訳，岩波文庫，2009年)がある。

21) カフカ『審判』(中野孝次訳，新潮文庫，1992年)，121頁。

22) ロバートソン『カフカ』(前注6)，119頁。カフカは『城』(1926年)という作品でも計算可能性や予測可能性などで官僚制を風刺している。

23) ヨーゼフ・K.にもあてはまるとするのは，ロバートソン『カフカ』(前注6)，121-122頁。

24) M.ウェーバー『官僚制』(阿閉吉男・脇圭平訳，角川文庫，1958年)，45頁。

25) 当時の町田顕最高裁判所長官の言，朝日新聞2004年10月19日朝刊。西川伸一『日本司法の逆説——最高裁事務総局の「裁判しない裁判官たち」』(五月書房，2005年)，223頁，248-249頁など。

26) M.ラムザイヤー／F.ローゼンブルース『日本政治の経済学——政権政党の合理的選択』(加藤寛監訳，弘文堂，1995年)，181-182頁。

27) 良心云々はよく指摘されるが，その評価は困難である。実態につき，安倍晴彦『犬になれなかった裁判官——司法官僚統制に抗して36年』(日本放送出版協会，2001年)など。ただ，建前としての良心を重視する立場も根強い。

28) 新藤宗幸『司法官僚——裁判所の権力者たち』(岩波新書，2009年)；木佐茂男ほか『テキストブック現代司法』(第5版，日本評論社，2009年)，188頁以下；西川『日本司法の逆説』(前注25)，など。

29) エリートによる支配につき，H.アレント『革命について』(志水速雄訳，ちくま文庫，1995年)，436頁など参照。

30) カフカ『審判』(前注21)，162頁。

31) ポズナー『法と文学・上巻』(前注9)，60頁。わが国でも司法官僚制や最高裁事務総局などをめぐるこの旨の指摘は枚挙にいとまがない。新藤『司法官僚』(前注28)；

西川『日本司法の逆説』(前注 25)；ラムザイヤー／ローゼンブルース『日本の政治の経済学』(前注 26)，第 8・9 章；D. フット『裁判と社会——司法の「常識」再考』(溜箭将之訳，NTT 出版，2006 年)。なお，わが国の司法制度に対して宮沢節生『法過程のリアリティ——法社会学フィールドノート』(信山社，1994 年)，235 頁以下の 8 項目の提案は傾聴に値しよう。

32) ロバートソン『カフカ』(前注 6)，119 頁。

33) 伊藤正己『裁判官と学者の間』(有斐閣，1993 年)，49 頁。

34) フット『裁判と社会』(前注 31)，204-209 頁。このような態度は英米法系の実務家から見ても笑止なのであろう。

35) 実践的観点からの Richard A. Posner, *How Judges Think*, 7-8 (2008)を参考にした。わが国の伝統的な法解釈の方法やスタイルにほぼ相当する態度であるといえよう。なお，J. N. シュクラー『リーガリズム——法と道徳・政治』(田中成明訳，岩波書店，1981 年)参照。

36) 伊藤『裁判官と学者の間』(前注 33)，50 頁。なお最高裁判所判事になった司法エリートたちの経歴から見ると法廷に立つ実務経験はほどほどで，司法事務の経験の方が長い者もいる。木佐ほか『テキストブック現代司法』(前注 28)，194-197 頁；西川『日本司法の逆説』(前注 25)，46 頁以下など。

37) 小田中聰樹『冤罪はこうして作られる』(講談社現代新書，1993 年)，206 頁以下。わが国でも最近のものとして，司法判断や取調・訴追段階を含めて足利事件(1990 年)，志布志事件(2003 年)(梶山天『違法捜査——志布志事件「でっちあげ」の真実』(角川学芸出版，2010 年)参照)，障害者郵便制度悪用事件(2009 年)などがある。またドストエフスキーの作品『カラマーゾフの兄弟』でも審理において被告人の人物像は歪められてゆく。

38) 末弘厳太郎『嘘の効用』(第 2 版，日本評論社，1980 年)，19-20 頁。

39) 同上，22 頁。

40) カフカ『審判』(前注 21)，206 頁。フランク『法と現代精神』(前注 9)，62-74 頁；川島武宜『科学としての法律学』(弘文堂，1964 年)，256-258 頁。

41) Posner, *How Judges Think*, note 35, at 101, 198.

42) 本書第 4 章「『理性と正義』の劇場」，177 頁以下を参照。

43) カフカ『審判』(前注 21)，303 頁。

44) J. デリダ『法の力』(堅田研一訳，法政大学出版会，1999 年)，113 頁。

45) カフカ『審判』(前注 21)，303 頁。

46) ゾーケル『カフカ論集』(前注 12)，37 頁。また，本書第 4 章「『理性と正義』の劇場」，177 頁以下参照。

47) 「人が掟に従うのは，それが正義にかなうからではなくて，権威を持つからである」(デリダ『法の力』(前注 44)，27 頁)。「人が掟を信奉すること，これこそが掟の唯一の基礎である」(同上，28 頁)。J. デリダ『カフカ論——「掟の門前」をめぐって』(三浦信孝訳，朝日出版社，1986 年)。

48) Frank Kermode, "Justice and Mercy in Shakespeare", 33 Houston L. Rev. 1155,

246 第II部 《法と文学》と法

1174 (1996).

49) 松下竜一『砦に拠る』(講談社文庫, 1982年, [初出は筑摩書房, 1977年]), 230頁。下筌ダムをめぐる土地収用・ダム建設反対闘争は国対私人の法廷闘争ともいえる観も呈した。反対運動の先頭に立つ室原知幸氏は, 裁判所や裁判官は中立である, 国家権力に対しても独立不羈であると信じていた。なお, 石田哲一「事業認定判決の意義」下筌・松原ダム問題研究会編『公共事業と基本的人権——蜂の巣城紛争を中心として』(帝国地方行政学会, 1972年), 217頁；室原知幸「下筌ダムと私の反対闘争」(初出, ダム日本300号, 1964年), 513頁など参照。

50) Richard A. Posner, *Law and Literature*, 181 (3rd ed., 2009).

51) Renee A. Pistone, "Legal Realities: The Fictional Worlds Kafka Creates are Vital to Understanding Our Emotions", 3 Crit 72, 80 (2010).

52) ロバートソン『カフカ』(前注6), 102頁。権威主義の特徴につき, T. W. アドルノ『権威主義的パーソナリティ』(田中義久ほか訳, 青木書店, 1980年)など参照。

53) ゾーケル『カフカ論集』(前注12), 4頁。なおゾーケルは, 実人生において「カフカは生を受けた父親に対して生涯にわたって負い目を感じつづけねばならなかったが, その父性的権力と和解し, その権力によって正当と認められることが彼の永遠の夢であり, 彼の個人的な神話でもあった」(同上, 83頁)と見て父親への恭順を示唆している。

54) René Girard, "Camus's Stranger Retried", in Harold Bloom ed., *Albert Camus*, 79, 86 (1989)の表現による。

55) C. C. オブライエン『カミュ』(富士川義之訳, 新潮社, 1971年), 10頁。カミュの評伝として, O. トッド『アルベール・カミュ・上下』(有田英也・稲田晴年訳, 毎日新聞社, 2001年)；西永良成『評伝アルベール・カミュ』(白水社, 1976年)など。

56) オブライエン『カミュ』(前注55), 36頁。

57) 同上, 32頁。

58) A. カミュ『異邦人』(窪田啓作訳, 新潮文庫, 1954年), 91頁。

59) 本書第7章「法のナラティヴと法的推論——志賀直哉『范の犯罪』を素材に」参照。

60) カミュ『異邦人』(前注58), 102頁。

61) 同上。

62) 三野博司『カミュ「異邦人」を読む』(増補改訂版, 彩流社, 2011年), 115頁。

63) 同上, 123頁。

64) J.-P. サルトル「『異邦人』解説」『サルトル全集11巻・シチュアシオンI 評論集』(窪田啓作訳, 人文書院, 1965年), 91頁[原文「ずれ」に傍点(ただし省略)]。「事実状態としての, 源初的な所与としての《アプシュルド》とは何か。人間の世界に対する関係以外の何ものでもない。根源的不条理は何よりもまず, 一つの《絶縁》としてあらわれる。人間の統一への欲求と, 精神と自然の打ち勝ち難い二元性との間の絶縁として——。また永遠を目がける人間の熱情と, その実存の有限性との間の断絶, さらには, 人間の本質をなす《不安》と, 努力の空しさとの間の断絶として——。死, 諸々の存在や諸々の真理のどうにもならぬ複数性, 現実なるものの不可解, 偶然——

これらがアブシュルドの極をなすものだ」(同上，83頁)。

65) 同上，91-92頁。

66) 「常識人から見ると一つの異邦人なのである」と見るのは，広津和郎「カミュの『異邦人』」『広津和郎全集9巻』(中央公論社，1974年[初出は東京新聞1951年6月12〜14日])，474頁。同評論は次注の中村光夫のそれとともに，わが国でのカミュ論争の一つ。

67) 中村光夫「異邦人論」『中村光夫全集10巻』(筑摩書房，1972年[初出は東京新聞1951年7月21〜23日])，211頁。

68) カミュ『異邦人』(前注58)，27頁。フランス社会について，工藤庸子『宗教 vs. 国家——フランス「政教分離」と市民の誕生』(講談社現代新書，2007年)；石井洋二郎・工藤庸子編『フランスとその「外部」』(東京大学出版会，2004年)など参照。

69) サルトル「『異邦人』解説」(前注64)，89頁。

70) W. シェイクスピア『ハムレット』第一幕二場。

71) 白井浩司「解説」カミュ『異邦人』(前注58)，138頁による。またカミュは『異邦人』の「悲劇は自分に正直であろうとするものの悲劇なのです」と述べている。社会の常識に従う必要を自分に感じないし，自由人は自分に正直でなければならないから「社会の要求に屈しないという意識的な拒否があるのです」という。小島特派員(筆)「カミュ会見記」朝日新聞1952年1月15日付朝刊。つぎもほぼ同時代の同様な問題意識を示している。私たちは会社など「組織の奴隷」として働いており，そこでは「自己の良心そのものを訂正する外に生きようがない」ことになっていると見るのは伊藤整「組織と人間」同『小説の認識』(岩波文庫，2006年)，277・278頁[初出・『改造』1953年12月1日号]。組織を社会システムや文化などとすればなお今日とも通じるものがある。

72) Girard, "Camus's Stranger Retried", note 54, at 86.

73) W. シェイクスピア『十二夜』第一幕第三場。

74) いずれの引用も，カミュ『異邦人』(前注58)，100頁。

75) 三野『カミュ「異邦人」を読む』(前注62)，113頁。

76) 現役の裁判官でもある，ポズナー『法と文学・上巻』(前注9)，83頁。

77) カミュ『異邦人』(前注58)，107頁。

78) いずれの引用もサルトル「『異邦人』解説」(前注64)，83頁による。なお，殺人の動機の説明として「非常に無責任で投げやりな人間の……云ひ草のやうに思はれ」るが，太陽がいかにムルソーの精神状態に作用したかを丹念に描いたと見るのは，中村光夫「カミュにおける肉体と自然」『中村光夫全集10巻』(前注67)，239頁。真実の釈明をしたとするのは，P. ソディ『アルベール・カミュ』(安達昭雄訳，紀伊国屋書店，1971年)，43頁。

79) ポズナー『法と文学・上巻』(前注9)，80-81頁。なお，G. ステファニほか『フランス刑事法〔刑事訴訟法〕』(沢登佳人ほか訳，成文堂，1982年)参照。

80) Girard, "Camus's Stranger Retried", note 54, at 84; Weisberg, *Poetics*, note 15, at 44 など。

248　第Ⅱ部　《法と文学》と法

81）E. W. サイード『文化と帝国主義1』(大橋洋一訳，みすず書房，1998年)，334頁。
　　サイードはオブライエン『カミュ』(前注55)を引用している。なおポズナーも同様の
　　指摘をする。『法と文学・上巻』(前注9)，82頁。

82）Richard Weisberg, *The Failure of the Word*, 122 (1984)は，死刑がアラブ人を殺
　　害したからではなく法に反する存在であったからとする。ポズナー『法と文学・上
　　巻』(前注9)，82頁。

83）ポズナー『法と文学・上巻』(前注9)，82頁。つぎの見方も示唆的である。「どんな
　　に賤しい乞食でも，たとえどんなに粗末な物であろうと余分な物を持っている。自然
　　が必要とする以上の物は許さぬということになれば，人生は獣同然，みじめなものに
　　なる」(W. シェイクスピア『リア王』第二幕第四場(野島秀勝訳，岩波文庫，2000
　　年))。

84）A. カミュ『シーシュポスの神話』(清水徹訳，新潮文庫，1969年)，103頁。

85）Posner, *Law and Literature*, note 50, at 67.

86）Maria Aristodemou, *Law and Literature: Journeys from Her to Eternity*, 141
　　(2000) (サルトルを引用).

87）法のアウトサイダーにつき，Litowitz, "Franz Kafka's Outsider Jurisprudence",
　　note 5, at 127-133. ムルソーに限らず，一般に人間が「共同生活を可能にするために
　　文化がわれわれに要求する犠牲を非常な苦痛と感ずる」点を指摘するのは，S. フロ
　　イト「ある幻想の未来」(浜川祥枝訳)『フロイト著作集3・文化・芸術論』(人文書院，
　　1969年)，363頁。

88）少数者による多数者の支配がその一面を表す。アレント『革命について』(前注29)，
　　436-437頁。

89）Pistone, "Legal Realities", note 51, at 82.

90）ポズナー『法と文学・上巻』(前注9)，86頁。

91）カミュ『シーシュポスの神話』(前注84)，102頁。

92）L. アルチュセール『再生産について——イデオロギーと国家のイデオロギー諸装
　　置・上下巻』(西川長夫ほか訳，平凡社，2010年)，上巻138頁以下，168頁以下，下
　　巻223頁以下；J. カラー『文学理論』(荒木映子・富山太佳夫訳，岩波書店，2003年)，
　　161頁以下；M. フーコー『監獄の誕生——監視と処罰』(田村俶訳，新潮社，1977年)，
　　289頁参照。

93）Girard, "Camus's Stranger Retried", note 54, at 86.

94）Posner, *Law and Literature* (3rd ed.), note 50, at 66 の指摘。

95）N. ルーマン『社会の法1』(馬場靖雄ほか訳，法政大学出版会，2003年)，147頁。

96）デリダ『法の力』(前注44)，167頁；堅田研一「脱構築と正義——訳者解説」デリ
　　ダ『法の力』(前注44)，207頁参照。

97）Jürgen Habermas, *Between Facts and Norms: Contributions to a Discourse
　　Theory of Law and Democracy*, 6-7 (translated by W. Rehg; 1996).

98）異邦人たる法のアウトサイダーたちの内的な精神世界や欲望や価値を推し量らずに
　　は，法は正義をなしえないとするのは，Weisberg, *Poetics*, note 15, at 46. また，つ

第 5 章　文学的フィクションと法の現実　249

ぎもとくに裁く者にとっては示唆的である。「奢れる者よ，これを薬にするがいい，身を曝して惨めな者が感じていることを感じるがいい，余計な物を振り落として彼らに与え，天道いまだ地に堕ちていないことを示すがいい」(シェイクスピア『リア王』第三幕第四場，前注83)。

99)　ヘーゲル『法の哲学』(藤野渉・赤澤正敏訳，中央公論社，1967年)，§§1-33, 141-157。

100)　K.マルクス『経済学・哲学草稿』(長谷川宏訳，光文社古典新訳文庫，2010年)，107頁。

101)　長谷川宏「解説」マルクス『経済学・哲学草稿』(前注100)，277頁。

102)　アルチュセール『再生産について・下巻』(前注92)，60頁，206頁，238頁以下。

103)　Michel Foucault, "Intellectuals and Power", in Donald F. Bouchard ed., *Language, Counter-Memory, Practice: Selected Essays and Interviews*, 207 (1977). また，宮沢『法過程のリアリティ』(前注31)，65頁は「現状の支配的文化とは異なる文化があり得ること，すなわち異なる現実をめざすことが可能であることを示すのも，民主社会における研究者の役割ではないか」と指摘する。

104)　H.メルビル『ビリー・バッド』(坂下昇訳，岩波文庫，1976年)，48頁。ほかに法律関連では『バートルビー(Bartleby)』(1853年)がある。

105)　メルビル『ビリー・バッド』(前注104)，165頁。

106)　ポズナー『法と文学・上巻』(前注9)，269-270頁。

107)　Andrew Delbanco, *Melville: His World and Work*, 278-279 (2005).

108)　Robert M. Cover, *Justice Accused*, 1-7 (1975).

109)　Delbanco, *Melville*, note 107, at 154. エマソンの奴隷制度反対の主張は1851年5月の講演である(「逃亡奴隷法について」『エマソン選集4・個人と社会』(原島善衛訳，日本教文社，1960年)，257頁)。また，その思想の形成については，松島欣哉「エマソンと奴隷廃止運動」早瀬博範編著『アメリカ文学における階級——格差社会の本質を問う』(英宝社，2009年)，29, 36頁。

110)　エマソン「逃亡奴隷法について」(前注109)，267頁。

111)　Cover, *Justice Accused*, note 108, at 6; ポズナー『法と文学・上巻』(前注9)，276頁。

112)　Weisberg, *The Failure of the Word*, note 82, at 147 et seq.

113)　1784年のJohn Cumming事件(帆上げ水夫の暴行)。

114)　ポズナー『法と文学・上巻』(前注9)，268頁。

115)　Herman Melville, *Billy Budd, Sailor*, 102 (Harrison Hayford & Merton M. Sealts, Jr. eds., 1962).

116)　メルビル『ビリー・バッド』(前注104)，118-119頁。

117)　Charles A. Reich, "The Tragedy of Justice in Billy Budd", 56 Yale Review 368 (1967); William Domnarski, "Law-Literature Criticism: Charting a Desirable Course with Billy Budd", 34 J. Leg. Educ. 702 (1984).

118)　Reich, "The Tragedy of Justice in Billy Budd", note 117, at 375-377.

250　第II部　《法と文学》と法

119) メルビル『ビリー・バッド』(前注104)，135頁。

120) "considerate communication" in Weisberg, *The Failure of the Word*, note 82, at 139.

121) Melville, *Billy Budd, Sailor*, note 115, at 111.

122) *Ibid.*, at 110-111.

123) ポズナー『法と文学・上巻』(前注9)，248頁。

124) メルビル『ビリー・バッド』(前注104)，176頁。

125) W. シェイクスピア「以尺報尺」(第二幕二場)『シェークスピヤ全集22巻』(坪内逍遙訳，中央公論社，1933年)，72頁。なおイギリスの批評家 T. イーグルトンもシャイロックやアンジェーロのような法の考え方を支持する。「法が法であるためには，その命令は，まったく個々具体的な状況から独立しかつ無関係であって，一般的で普遍的でなければならない」(Terry Eagleton, *William Shakespeare*, 36 (1986))。

126) Posner, *Law and Literature*, note 50, at 161.

127) B. Allen, "(Book Review) R. H. Weisberg, *The Failure of the Word*", 31 Mod. Fiction Studies 437 (1985).

128) Weisberg, *The Failure of the Word*, note 82, at 168.

129) Weisberg, *Poetics*, note 15, at 105-106; Weisberg, *The Failure of the Word*, note 82, at 168.

130) Weisberg, *The Failure of the Word*, note 82, at xii.

131) Brook Thomas, *Cross Examination of Law and Literature: Cooper, Hawthorne, Stowe, and Melville*, 219 (1987).

132) *Ibid.*, at 219.

133) アレント『革命について』(前注29)，130頁。

134) 同上，124-125頁。

135) 同上，125頁(引用も)。

136) メルビル『ビリー・バッド』(前注104)，121頁。

137) アレント『革命について』(前注29)，125頁。

138) メルビル『ビリー・バッド』(前注104)，143頁。

139) 同上，138-139頁。

140) Richard A. Posner, *Law and Literature*, 171 (rev. & enlarged ed., 1998). 功利主義につき，関嘉彦責任編集『ベンサム，J. S. ミル』(世界の名著 38，中央公論社，1967)，恒藤武二「J. ベンサムとその功利主義思想について」法理学の諸問題(有斐閣，1976)，257頁，P. J. Kelly, *Utilitarianism and Distributive Justice-Jeremy Bentham and the Civil Law* (1990), J. J. C. Smart & Bernard Williams, *Utilitarianism For and Against* (1973). 法における議論は，R. ドゥウォーキン『法の帝国』(小林公訳，未來社，1995年)，447-456頁など。

141) メルビル『ビリー・バッド』(前注104)，146頁。

142) Melville, *Billy Budd, Sailor*, note 115, at 103. "Bellipotent" は坂下訳(前注104)では軍神号。

第 5 章　文学的フィクションと法の現実　　251

143) Delbanco, *Melville*, note 107, at 311-312;　ポズナー『法と文学・上巻』(前注 9),
278 頁。

144) Delbanco, *Melville*, note 107, at 311-312.

145) 山口判事を廉直さと正義とが結びついた場合と評価するのは，団藤重光『現代法
学全集 1・法学入門』(筑摩書房，1973 年)，196 頁。なお，団藤は著書『法学入門』
(初版)を山口判事の霊前に献呈した。同『法学の基礎』(有斐閣，1996 年)，228 頁(注
9)。

146) 朝日新聞 1947 年 11 月 5 日付「判事がヤミを拒み栄養失調で死亡」。この事件には，
闇米取締法規の悪法に殉じたなどの批判的なものから自分の信念を通したという同情
的なものまで多様で大きな反響があった。なお，闇米を拒否して餓死したのは同判事
のみではない。

147) 事件の真相や反響につき，山形道文『われ判事の職にあり』(文藝春秋，1982 年)。

148) Brook Thomas, "Billy Budd and the Untold Story of the Law", 1 Cardozo
Stud. L. & Lit. 49, 58-59 (1989).

149) Posner, *Law and Literature*, note 50, at 163.

150) T. イーグルトン『文学とは何か』(新版，大橋洋一訳，岩波書店，1997 年)，210
頁。

151) アルチュセール『再生産について・下巻』(前注 92)，60 頁以下，206-207 頁。

152) Aristodemou, *Law and Literature*, note 86, at 11.

第Ⅲ部　《法と文学》と法的推論・法解釈

第6章　ポストモダンと法解釈の不確定性

あなた自身がいだく真実は，あなたにとっては信憑性があっても，
それはたまたまあなたが存在する場所での話にすぎないのではないか

——T. イーグルトン『イデオロギーとは何か』(大橋洋一訳)

理論とは，一連の解決方法を提供してくれるものではなく，さらに深
く考察するための地平をもたらしてくれるものである

——J. カラー『文学理論』

は じ め に

　法学や民法学自体も完全な学問ではないから，たえず再構築される必要が
あることはいうまでもない。本章は，法解釈とくに民法における解釈論を対
象として再構築のための手がかりを考察するものである。

　法解釈が完全でないことは認めるとしても，これまでのやり方や考え方で
どこが悪いのか。危機の捉え方はさまざまありえるが，固有あるいは内在的
な側面において，かつまた，外部あるいは外在的な側面において，の二つの
面からそれが問い直されている。その問いとは，新しいものではないが，な
お根本的なものである。法はあらゆる問題に客観的に答えることができるか，
そして，法とは何か，である。

　まず，内部的に見ると，法は解釈という実践であるとして，伝統的に判例
における法的判断の一貫性，そして解釈の客観的基準というものへの信頼が
大きく存在した。しかし，実践においてもアカデミズムにおいても，これら
に対する信頼は次第に失われつつある。にもかかわらず，伝統法学は，なお

256　第Ⅲ部　《法と文学》と法的推論・法解釈

これらを信頼しつづけることによって乗り切ろうとしているように思われる。このような態度は，法の新しい可能性の認識を遅らせ，また多様化を認めず，かえってこれを抑圧することにならないだろうか。ここに法解釈における根本的危機があると思われる。

　つぎに，外部的に見ると，とくにアメリカ法においては法理論上の多様な動きがある。たとえば，伝統法学に見られる解釈上の態度が「言葉のゲーム」とさえ揶揄されるほど，さまざまな角度から伝統法学の在り方に批判的な眼が向けられている。個人的には「法と経済学」や「法と公共選択論」の立場からの検討を続ける中で，法の不確定性の問題に行き当たらざるをえなかった[1]。法が言語やそれを基にする解釈にも密接な関係をもっているから，ここでは言語・解釈という観点から法解釈の不確定性を検討する。また，社会が複雑・多様化するにつれて法律問題も多様とならざるをえないから，伝統的な解釈方法や法学の捉え方では解決できない問題が含まれている余地がある。これらの動きや現象は，法や法解釈の確定性に対する信頼が揺らいでいることを意味するといってよかろう。

　以上のいくつかの点はこれまでも指摘されてきたことに過ぎないとして，見過ごすこともできよう。ならば再構築は必要はない。むろん，法解釈の危機に対して，今のところ簡明な処方箋は見当たらない。再構築するためには，少なくとも脱構築(ディコンストラクション)を必要とする。脱構築はさまざまな可能性を批判し，それらの隠れた不一貫性を発見するための批判的な道具である[2]。また，民法(学)は，法解釈についての蓄積があり，またその諸規定の多くは価値判断に対してニュートラルと考えられている。このため，民法という伝統的なディスコースを対象として再構築を考える。

1　伝統法学とは何か

　伝統法学といっても多様であり，それを特徴づけることはそうたやすいことではない。しかし，おおむねつぎの特徴をもっている。第一に，伝統的には，法は解釈実践であると考えられている。それは教義学的検討(doctorinal analysis)が中心である[3]。すなわち，判決例で用いられたテクニックを明らかにしたり，事実や先例の誤りを正したり，事実や議論が欠けていることを指摘することなどである。第二に，基本的に制定法や判例などの法的テクストやその背後に存在する原理や真理を導き出そうとする。ここには法が統一的で一貫した体系であり，理性に基づいているという考え方がある。民法(学)もまたこれらの特徴を共通してもっていると考えられてきたといえよう。

(1) 解釈主義

　伝統法学は，解釈によって法的判断をしていく，いわゆる解釈主義がその中心である。この態度は，法的推論において解釈を重視するものであるが，その実態は教義学的検討にあるといってよい[4]。そこでは，実務家や研究者を含む法律家の主要な目的は，ある事件や問題の判断にあたって，制定法の条文や判例などのテクストに権威を与えることである。これは当該の法律の範囲や要素などを明らかにすることによってなされるが，そのための方法は，制定法や先例・判例を解釈することや法の体系的意義を記述することである。

　この主流的な立場に対する不満や批判はつねに存在してきたが，まず「近代法学派」やマルクス主義法学やその影響を受けた論者の立場がある[5]。この中でも論者によって違いはあるが，上の主流的立場と同じく，おおよそ法解釈の科学性と客観性の主張は共通して維持されている。たとえば，法解釈自体は価値判断であるが，それが科学性をもつには「社会科学的認識」を基礎にもたねばならず，「社会科学は解釈者が価値判断の原則的基準を立てるための基礎資料を提供する」と考えられているのである[6]。マルクス主義には科学的マルクス主義と批判的マルクス主義の二つの系譜があり，わが国の場合には前者が主流である。すなわち，正しい解釈の存在を認め，それは「より普遍的な正義を反映し，あるいは担っているかの対立に帰着する」から，「社会科学的認識能力」が問われるとして，解釈の客観性の余地を認めている[7]。他方，批判的マルクス主義の系譜に属するのは批判的法学研究(CLS: Critical Legal Studies)の大部分である[8]。

　つぎに，最近，伝統法学をいわば改良して，次世代へ備えようとする「新

258　第Ⅲ部　《法と文学》と法的推論・法解釈

伝統主義」と呼びうる立場も存在する[9]。立法府に対する司法の役割に着目した法のプロセス的な理解，法解釈の重視などの点では伝統法学と変わらないが，プロの集団である法律家共同体という概念を用いて法の在り方を検証し，議論や反証といった過程を経ることによってより科学的に解釈を正当化しようとする[10]。しかし，この考え方が法学について明確な主張と方法をもっているかはなお疑問である[11]。

　前記のような立場の違いはあっても，伝統法学はつぎのような態度をとってきた。「伝統法学においては，法解釈あるいは法的推論は，判決を書く，つまり，法的な意思決定をするためのベースを提供すると考えられている。このプロセス自体は，特定の価値や政治や社会理論とは無関係である。判決は法的な基礎に基づいてなされているのであり，社会，政治，道徳あるいは宗教的な観点からなされているのではない」[12]と。伝統的解釈論の中心は，教義学的な分析であり，ルールや原理の論理的な検討を経て，ある法的な結論に達することができる。むろん，これはより特徴的に捉えた場合であって，実際にはリベラルな解釈論が用いられることになる。とくにルールや原理から法的な結論を導き出すことができないような例外的な場合には，この欠缺を埋めるために裁判所や裁判官をはじめ法学注釈者たちが価値判断やポリシー分析を行うことが認められるのである。

(A)　オリジナリズム

　制定法系のわが国では，制定法の意図や目的を考慮することは解釈作業には欠かせない。これは目的主義あるいはオリジナリズムと呼ぶことができる。これは裁判官など法的判断をする者，判例の中に原則やルールを探索・発見しようとする法学注釈者たちに見られる一般的な方法である。民法典の条文や字句あるいは制定法のもつ目的，あるいは法律意思や立法者意思の探求をする。立法府で与えられた法律そのものの意味や条文の意味を確定するためには，これらの目的がその意味を与えることになるからである[13]。このため，立法の沿革史，起草者の考え方・意見もまた目的を明らかにするために用いられる資料となる。

むろん，目的を探索し確定する場合に，裁判官は中立的な立場で，制定法や条文の沿革や歴史，それに一般的な枠組みを考慮しなければならないとされている。

(B)　詳細な分類と検討

つぎに，伝統的な解釈方法では，先例や関連する判例，関係する条文や法規の意味，関連や整合性，類型化という作業を行う。これは精密な分類と類推からなる作業である。これは，第一に，おそらく裁判所や法解釈者の判断が恣意的で主観的なものではなく，客観的であることを示すために欠かせないからである。第二に，裁判所や法解釈者の判断が裸の権力そのものではないということを精密な検討や法の原則や条文のルールに忠実に従ったことによって回避するためである。裁判所の判決や法解釈が原則やルールによって判断されていることを示さなければならないのである。とくに判例の批評などでは，判決の中に何らかの有意義なルールや原則が含まれているかを解き明かすことが重要な作業である。

このようなやり方は非常に解釈的で，レトリカル，論争的，歴史的ではあるが，経験的また科学的ではない。見方を変えれば，解釈によって規範を引き出す作業は，「言葉のゲーム（language game）」[14]にさえ映る。このため，伝統法学の弊を是正するため経験主義的方法を取り入れる法社会学に多くの期待がかけられた。この背景には，まず，伝統法学が十分な分析方法をもたなかったことがあげられる。つぎに，裁判は理性的に吟味された理由づけや推論に立っていなければならない。つまり，法律に内在する原理に何らかの程度で基づいているといえなければならないと考えられた。この点は，後に触れる理性中心主義と深い関わりがある。

(C)　法解釈の客観性・中立性

今日では，法解釈が価値判断を含む実践であることは共通認識であると指摘されている[15]。しかし，法解釈の客観性は，戦後「法解釈論争」の中心的テーマであったように，法解釈をする上では基本的な前提をなすもので

あった[16]。法解釈の客観性とはいっても，複数の解釈の可能性・唯一の正しい解釈，価値判断そのものの客観的な妥当性や正当性などの問題を含んで論じられたが，客観的基準を肯定する客観説と否定する主観説とが対立している[17]。いずれにしても，法解釈が解釈者の価値判断に従って主観や恣意そのものであるならば受け入れられにくい。しかし，近時では法解釈が価値判断であることを正面から認める見解もある。すなわち「法学者は，価値判断をしている。その価値判断は，単に盲目的・主観的なものではなく，できるだけ十分な客観的基礎づけ，……正当化(Legitimieren)に努めることが，常に根拠を求める存在である人間のこととして自然のことではあるまいか」というのである[18]。さらに，最近では，この問題を克服するために，「議論」の概念が法律家共同体とともにもち込まれている。客観的世界はもともと存在しないとの認識を示した上で，法解釈における価値判断の客観性は「議論」によって初めてそれを保証する共通の世界が形成されるというのである[19]。

いずれにしても，法的判断や法解釈の健全さは，前述のように制定法規や個々の条文の目的的な解釈と精緻な分類に基づく事案の検討によって保障されており，それは主観的なものとはされていない。また，それは司法的判断の手続や過程を経て法原理や原則に従ったという意味で理性的な検討に基づいていると考えられている。

伝統法学では，法がそれ自体で自律的に展開していると考えられており，それは契約自由や過失責任などの近代法の原理や原則に基づいた一貫性のあるものであるとされている。とくに，民法典は合理的に制定された，中立的な規範やルールの体系として捉えられる。条文や先例から規範を導き出して，それを現実の事件へあてはめて結論を得る解釈という作業は，なるべく法原理や原則に結びつけられている必要がある。一般に，法原理に基づいた，また分類や類型化，先例や関連判例の詳細な検討を経て得られた結論(判決)であれば客観的あるいは中立的であると見なされる傾向がある。また，議会で合理的に作られた制定法を中立的な方法によって誠実に解釈すれば中立的な適用や結論が得られると考えられるのである。制定法のうちことに民法は価

値に中立的な法律だから，このような解釈的な態度は満足なものとされるのである。

法解釈者の態度として，中立的であるように，あるいは誠実に，また虚心坦懐に，といった心構えやスタンスが強調される。これは，司法や裁判官は一般に中立的であり，裁判で下されるその判断は客観的であること，つまり，法的判断が主観や恣意に傾かないことへの制約といえよう[20]。

(D) 強制的テクスト／テクストの優位

伝統法学における，このような解釈主義的な検討に見られるのは，制定法や判例とくに先例の文言である"テクストの尊重"である。テクストの綿密な吟味，概念や用語の詳細な分類などの検討は，法的なテクストの中や背後に隠された意味を探求することであり，それが法解釈者の重要な役割であり，そこに法解釈者としてのセンスがあるかどうかが問われるのである。テクストは意味を生み出したり，創造したりする源泉あるいは意味の貯蔵庫と考えられているようである。これは，テクストの作者の意図や意味を発見あるいは再現する態度であり，テクストの読者（法律家や解釈者など）はテクストの意味や真理を探し出して，現在に伝える媒介者となるのである。言い換えると，法律家は「特権化された(privileged)個々の主体」として登場するのである[21]。これは制定法や判例のテクストに読者を従属させて，意味や目的を探求させるという意味において「強制的」である[22]。

しかし，法はそのコンテクスト（社会的また文化的な文脈）から切り離せない。明確な語やテクストでも，その意味はそれを生み出している社会についての一定の理解が前提とされているときにのみ明らかになる[23]。後に述べるように，テクストと作者や読者との関係をどのように捉えるかは解釈にとって，また解釈に大きく依拠してきた伝統法学にとって大きな影響を及ぼすのである。

以上のような工夫だけでは解釈者の主観的な判断ではなく客観的な結論とはいいがたいから，そこには何らかの補強が必要になる。それがつぎに述べる理性中心主義である。

(2) ロゴセントリズム(理性中心主義)

　法律がどのように理性の上に立っているかはトレースしにくいが，まず，制度，つぎに実務家や法律家のスタンス(態度)，それに分析方法，さらに基礎づけ主義の各論点から検討してみよう。

　第一に制度の面から見ると，法の主要な領域は裁判所である。すなわち法の適用である法解釈が法律家の中心的な仕事である。また，司法は，立法などの政治過程からは分離されていると前提される。このような発想は，ほかの部門である議会や行政との制度的な役割分担や制度的分業にも沿うものである。ただ，司法の役割の点で，司法の制度的自己抑制つまり消極主義の態度に傾きやすい。他方，政治過程が，利害や利益の衝突と妥協・調整という，いわば主観や欲望の世界であるのに対して，司法や法学は客観的な判断や理性・合理性が支配する世界であると考えられやすい[24]。

　第二に，裁判官や法解釈者は，その判決や結論を理性に基づいて出さなければならないという態度が暗黙の前提として存在している。たとえば，我妻栄博士は「程度の差こそあれ，法律の論理的合理性は，総ての法制の下において，近代法律の特色をなすもの」として，「法律を論理の檻の中に拘束し，抽象的法則の論理的体系から演繹せられる論理過程以外に法律的判断の創造せられることを禁ずることによって，最も適当に，且つ最も安全に，個人の自由を確保し得ることになる」[25]としている。また，具体的法解釈にあたって，原則や概念など解釈の道具が尽きるとき，判断(解釈)者の全人格的判断に委ねられるという点が強調されるのもやはり，判断者の理性を前提としているといえる。これらは表面に現れた一端ではあるが，法律が理性に基づくことを信念としてもっているといえる。法解釈論のレベルではあまり語られはしないが，今日の法学や実務における主流の「イデオロギー」といってよい。

　第三に，分析方法への影響を考えると，このような態度は判断や研究方法にも影響をもたらして，事実の詳細な分類，先例との比較や条文の吟味という形をとっている。それはあたかも，先例や規定の条文から，当該の事件を

第6章　ポストモダンと法解釈の不確定性　263

規律する規範やルールが導き出せるかのようである。また，裁判官や解釈者
は客観的な検討に基づいて判断して，ポリシーや価値判断をせずに結論に
至ったかのように記述されるのである。

　第四に，民法など法律自体には独自の，あるいは法固有の原理が存在して
おり，これを中心として自律的に法律は発展していると考えられる傾向があ
る。これは，法の自律性を強調し，あるいは法律はほかの科学やものに還元
できないとする非還元主義の立場である[26]。この立場では，法に何らかの
本質が存在するという，いわゆる法の本質主義を認めやすい。法律家とくに
法学研究者の任務は，判例研究などを通じて法に内在する法原理を形成し，
発展させることにあると考えるからである。

　伝統法学においては，裁判所や法解釈者が法的判断においてポリシーや政
策判断を一部することは認めるが，その判断や解釈が判断者・解釈者の主観
に基づくものであるとすることを拒否する。それは解釈の客観性を保つよう
に根拠づけられる必要があり，詳細に吟味された推論でなければならないと
いうわけである。つまり，裁量ではなく，理性に基礎づけられた推論や解釈
に基づいていなければならない。法は，理性に根拠づけられた思想の統一さ
れた，かつ一貫した体系として見られるのである[27]。このように，一貫性
および客観性の要求の背景にあるのは理性中心主義である。

　これはさらに，つぎの点からも明らかになる。解釈が言葉やレトリックに
よってなされることはいうまでもないが，すべての理由づけや推論はレト
リック的である。むしろ，実際には解釈よりもレトリックの方に重点がある。
一般に，法律家は，法解釈をレトリックであるというと嫌う。それは，レト
リックではいいくるめたような意味合いを含むから，客観的で十分に検討さ
れた判断結果であることに疑念が生ずるからである[28]。また，伝統的な法
的判断にはレトリックと修飾的な言語が用いられてきた。しかし，法的判断
がレトリカルあるいは修飾的なものであると認めることは拒否される。なぜ
なら，これは法が理性に根ざしているという主張を損なうことになるからで
ある[29]。

(3) 利益衡量論

上に述べた諸特徴は，わが国の法解釈方法論に大きな影響を与えており，今日の主流的方法となっている利益衡量・考量論にも見られる。加藤一郎教授の利益衡量論は，「今日の社会における価値の多様性，とくに民法の解釈の場面で問題になる価値の多様性を承認したうえで，それを比較検討し，それぞれの事例(まとめていえば類型)に最も妥当な判断を見出そうという態度であ」る[30]。しかし，複数の解釈の余地が存在するから，「妥当な結論，妥当な解釈」を得るために価値判断をするプロセスである利益衡量が必要であるとする[31]。他方，星野英一教授の場合は，文理解釈・論理解釈を行い，立法者・起草者の意思を探求する目的的解釈が必要であるとする。後者の局面において，利益考量に基づく価値判断が行われる[32]。なお，考量の結果の正当化のところで，普遍的価値とそれを受け入れる合理的人間・理性が前提とされる[33]。法解釈が価値判断を含むものでありながら，なお客観的なものとして妥当するためには，このような正当化が必要となるのである。

利益考量論の特徴の第一は，原理や原則からトップ・ダウン的に判断する思考方法というよりも，類型化による個別的・具体的判断であることにある。第二に，個別具体的であるから，原理・原則が何であるかを全面に問わなくてもよくなる。むろん，これに対しては，マルクス主義法学などからの批判がある[34]。第三に，利益考量自体は，法領域を問わずに適用できるという柔軟性をもっている。つぎに，類型化と正当化の二つの点を検討する。

(A) 類 型 化

とくに星野教授の利益考量では法解釈が価値判断を含むことを認めている。しかし，利益考量が恣意的な価値判断そのものであることは認めたがらない[35]。それは「法学の自殺」となるからである[36]。このため，露骨な価値判断そのものであるという印象を，詳細な分類や検討・比較することによって部分的に回避できると考えるのである。類型化において丹念な作業を経ることによって合理的な「分析」であるかのように見せることができる。ここに，利益考量の方法として，類型化という作業が欠かせないものとなる。た

とえば，「どのような利害が対立しているかを考察しなければならない」ため「当該規定の適用が問題となっている社会問題をさらに類型に分けて，類型相互間の利益状態の相違を明らかにすることが必要になる」からである[37]。

類型化そのものは，同様の事件を同様に取り扱うという司法上の要請を満たそうとするものであり，また，判断の際の思考経済上からも必要なものである。類型化は利益考量をするための土台を形成するものであるとともに，利益考量の恣意性や主観性を薄めて，その結果である解釈を正当化する役割の一部を担っている重要なプロセスであるといえよう[38]。

(B) 結果の正当化

利益考量の結果出された結論や判断は，なぜ「妥当」なあるいは正しい解釈といえるのか。第一に，詳細に比較検討されたものが「客観」的とはいわないまでも，主観的そのものであるとはいえないという外観をもつと見られがちである。しかし，この点は「裸の利益衡(考)量」として批判された[39]。

第二に，利益考量論は，その考量の結果である法解釈がなぜ正当化されるのかという根拠を明らかにせずに行うことができた。それはつぎのような前提があるからである。法解釈は司法・裁判所に固有の営みとしてプロである法律家集団に委ねられており，司法という部門で合理的に判断(解釈)されたものは正当であるという考え方である。これは，立法・行政・司法といういわば制度的プロセスによる正当化である。これは，法律家集団や解釈的共同体の多数によって同意できるものは正当化されるという考えにも引き継がれている[40]。

第三に，利益衡(考)量論には，人間が行う判断における合理性への信頼が存在するのである。この点は自明とされたのか，これまで利益考量論者や批判者からもあまり取り上げられてこなかった。しかし，たとえば，つぎのような形で現れる。加藤教授は，「具体的判断における多様な価値の調整に重きをおいている」が，「法的判断は，常識に捉われてはならないが，常識に反するものであってもならない。法律家は，それについて，素人と同じ実質

266 第Ⅲ部 《法と文学》と法的推論・法解釈

的判断の次元で議論をし，素人を実質的に納得させることができるのでなければならない」[41] というのである。また，星野教授は，価値判断の客観性には懐疑的だが，価値そのものの客観的妥当性を認めたいとして，普遍的価値について合意できるとする。すなわち「価値の序列(ヒエラルヒア)」を明らかにしてそれを基準とするという[42]。ここには，利益考量された結果・判断にほとんどの人は合理的であるならば同意できるだろうという暗黙の前提がある。つまり，考量の結果に対して一般国民あるいは法律家の多数から支持を受けることができるという確信がある。反面，少数派の価値や選好を切り捨てるのは政治的判断を伴う一種のポリティックスであり，現実主義的な一面を示している。

このように伝統法学には，法解釈の一貫性や客観性を信念としてもち，それを理性によって根拠づけるという点において，モダンとしての特徴をもっている。モダン性は啓蒙運動の精神と同一視される理性という根本概念にかかっている[43]。そしてモダン性の中心的な特徴は，知識が疑う余地のない基礎に立っている場合にのみ知識は正当化されうるとする認識論的基礎に対する信念である[44]。法学においても，伝統法学は理性への信頼を特徴としてもっているのである。そこで，モダン法学のどこに問題があるのか，また，ポストモダン(法学)とは何かについて見てみよう。

2　ポストモダンとは何か

伝統法学の解釈主義はテクストの解釈に関連している。また，法の理性主義や自律性は法的判断や意思決定をするにあたって確固としたあるいは依拠すべき根拠や基礎があることを前提にしているが，これらに疑問や懐疑を投げかけているのが広くポストモダン法理論と呼ばれる動きである。周知のように，ポストモダニズムは，芸術，建築，哲学，文学それに社会や政治において展開されてきた。このような動きの背景には文化的多元主義があるといわれている[45]。ポストモダンとは何かについてはたくさんの解答がありえるので一義的な定義づけはできないが[46]，ポストモダンは何らかの理論や

概念といったものではなく，「社会現象を説明するために広大でトータルに捉える理論を創造しようとするあらゆる試みを信じない」懐疑的な態度であるといえよう[47]。ポストモダンの一つの動きは J. デリダ，M. フーコーや E. W. サイードらによって形成されており，脱構築というプラクシス(実践)を用いている。なかでも大きな影響をもっているデリダの脱構築の考え方を見ておこう[48]。

　デリダは，私たちの常識となっているものや当然とされてきたものが覆されるとき何が起こるかを研究しようとする。私たちは，当然とされてきた思想のヒエラルキー——ヒエラルキーの用語はマルクス主義で政治的な意味でよく用いられるが，ここではそれと異なってデリダのいう「思想の」それ——が覆されることによって，今まで気づかなかった，当然とされてきたもののイデオロギー性の認識や新しい洞察が得られる。デリダは，西洋思想におけるバイアスを暴露する作業を「現前性(プレザンス)のメタフィジックス」と呼んでいる[49]。

　第一に，相違と同一性(アイデンティティ)の関係について見ると，存在するものは，それ自身にとってアイデンティカルである。相違は同一性に基づいて導かれる(派生する)概念である。二つのものは同一でなければ，相違している。ここでは，アイデンティティは基礎的なものと考えられているが，これは相違にかかっているのである。あるものは，ほかのものと異なっていなければ，ほかのものと同一であるとはいえないからである。しかし，基礎的と考えられた同一性はそれ自身，特権化された相違という概念にかかっていることに注意する必要がある。このように，基礎的であるようなものや用語は存在せず，それら両者は相互に依存し合っていると見られるのである[50]。相違と同一性に関して，一旦脱構築がなされると，より基本的な用語はより基本的でない用語にかかっている，ということがわかる。より広い意味では，脱構築によって，イデオロギーが社会生活を規定しているサインやメタファー(隠喩)であると見ることができるのである。

　デリダはまた，ディフェランス(差延)と痕跡(トラス，trace)の概念を用いて，私たちが抽象的観念をどのように理解するかを明らかにしようとしている。

différance とは，フランス語の différer（「延期する，異なる」という意味）の名詞
形である différence の，e を a に置き換えて造った語である[51]。一種の語呂
合わせであるが，différance はつぎの意味をもつことになる。対立するヒ
エラルキーの用語が互いに異なること，また，あるヒエラルキーの用語はほか
のヒエラルキーの用語を——待たなければならないという意味において——
"延期する"。さらに，あるヒエラルキーの用語はほかのヒエラルキーの用語
に——根源的に依存するという意味において——"従う"ことを意味する。
このことからさらに，痕跡とは，反対概念の効果（effect，仏語でエフェ）に対
するメタファーであり，それは現前（存在）はしないけれども，私たちが考え
ている概念にそのマークを残していることを意味する。たとえば「話すこ
と」について私たちが考えるときに，私たちは話すことだけを思い浮かべて
いるわけではなく，「書くことと反対のものとしての話すこと」あるいは
「書くことという観念の痕跡（trace）をもった話すこと」を考えているのであ
る。書くことと話すこととの間には相互依存の関係があり，また両者の相違
を示しているのである。このように，ディフェランスとトラスは私たちがあ
る観念を考えるとき，その観念とともにその対立概念をも私たちが思い浮か
べることを示しているのである[52]。

第二に，補完のロジックについて触れよう。書くことが話すことの補完
——つまり話すことに欠けているものを補うという意味——であるならば，
書くことは話すことの自然さや話すことを変えたり，さらに取って代わった
りする。たとえば，ある人たちは書くように話すなどするし，口頭によるよ
りも文書によって記録されたものが優越したり，取って代わったりする。こ
のように，書くことが話すことに「感染する」。ここに「危険な代補」と呼
ばれるものが存在するのである[53]。

また，主観と客観を区別できるかという例をとれば，ある用語を用いるこ
とはつねにほかの用語が存在することを示唆しているから，主観のない客観
あるいは客観のない主観というようなものは不可能である。したがって，主
観と客観を峻別しようとするあらゆる試みは，それらの用語を混合する結果
となるのである[54]。この例に見られるように，補完のロジックは，あるも

のに固有に欠けているものを暴露し，それが補完しようとしているものの本質的な状態や条件を明らかにするのである。私たちが末端的な・周辺的な特徴を示すものに過ぎないとして考えていたものが，実は中心的なものの特質を示すものであることを証明することができるのである[55]。

　第三に，主体とテクストとの関係について見てみよう。脱構築は，「テクストの外には何も存在しない」ことを明らかにしている[56]。テクストは現実のメタファーである。私たちが知覚する世界は「代現(リプリゼンテーション)」の世界であり，表現の世界に過ぎない。むろんのこととして受け止められている「テクスト」のヒエラルキーを，知識の基本的なクレイムを正当化するために用いることは本質的に不可能である[57]。

　デリダの有名な言葉によれば，「テクストのほかには何もない(There is nothing outside text)」[58]。モダンにおいては，作者・著者(author)が書いた，あるいは話したテクストを通じて読者は作者の意図を発見し確認していると考えられており，作者はいわばテクストの意味を所有するものとして優越的な立場に置かれていた。これに対して，ポストモダンは，構造主義から「『作者の没落』と『テクストの優越』を引き継ぎながら，さらにそのテクストから客観的意味をはぎ取り揺るがせていく」[59]。かくして，テクスト自体は作者の意図を表しているわけではない。つまり，作者は無意味である。どのテクストも同一ではありえない。あるテクストのいかなる読みも同一ではない。テクストはつねに無制約であり，いかなる固定的・客観的内容も有せず，それに関わるいかなる読みも「等価」であって，それらの間に優劣は存在しない。また，「読者はあらかじめテクストに込められた意味を読みを通じて受け取るのではなく，テクストとの出会いごとにその意味を，そしてそのテクスト自体をその場で構成していくのである」。つまり，読者がテクストを読むごとに意味を創造することになるのである[60]。これは最も厳格な考え方であるが，S.フィッシュのように「解釈共同体」を想定して，これによる制約が存在するとする立場もある[61]。

　とすれば，解釈(翻訳)はオリジナルな意味を完全に捉えることはできない。このように，脱構築という実践は，相対立する価値のヒエラルキーを特定す

ること，およびこのヒエラルキーを覆すという試みを含んでいる[62]。

それでは，どのように言葉は理解されるのだろうか？　Ａが「木がある」というときに，Ｂが理解するのはＡがいったその木ではない。Ｂが思っている木である。両者の木は異なっている。Ｂが理解するのは，Ａが「木がある」というサインの中の反復されるもの(iterability)であって，Ａが意図したものではない[63]。このような捉え方を法解釈に適用すると，立法者である作者の意図を発見するのは不可能であることが示されている。

なお，以上の脱構築を中心としたほかに，ポストモダンの，もう一つの動きとして，社会的構築(social construction)テーゼがある。これは，法は，それが秩序づけようとしている価値，規範，実践，それにより広く文化という時代状況(流行・熱気など)に影響を与え，またこれらによって構成されているという見方である。法もまた一つの社会的構築の一つであるというわけである[64]。あまり説明は必要ではないと思われるが，法を理性的なものとする見方はテクストと同じように機能することが明らかになる。つまり，法的な意味は理性という人間の性質(human nature)に基づいているのではなく，むしろ人間の性質や隠喩，それに特権化などの解釈に基づいているのである。このような見方は，法が一般にもっていると考えられている中立性や客観性というモダン法学の信念を動揺させるものである[65]。しかし，ポストモダンや脱構築の方法は，これまでの法学の概念，方法，理論それに考え方では無視されてきたり，忘れられたものが存在することを明らかにしている。これによって，法それ自体や私たち人間の可能性が広がる余地がある。

3　法学のポストモダンと民法の不確定性

つぎに，脱構築・ポストモダンを法において実践しようとするとどうなるかが，法学のポストモダニズム論の問題である[66]。

(1)　脱構築と法のイデオロギー

法的概念の脱構築によって，ある法理(legal doctrine)が支持しており，か

つまた具体的問題の(法による)分析において正当化しようとしている，法理の背後にある社会観について理解することが可能となる。たとえば，法学の脱構築主義者(ディコンストラクショニスト)である J. M. バルキンは，つぎのようにいう。

> 脱構築主義者は特定の法理に表明されているイデオロギーを脱構築する。"与えられているもの"に挑戦することによって，脱構築は人間存在の無限の可能性を肯定するのである。"必要性"を争うことによって，脱構築は私たちの思想のイデオロギカルな堆積物を分解するのである。[67]

　法学のテクストにおける脱構築の議論の一つの例として P. S. アティヤの契約法における意思理論の批判を見てみよう[68]。なお，アティヤ自身は脱構築主義者ではない。契約法の古典的理論である意思理論においては，明示の契約は黙示の契約よりも優先すると考えられている。これは明示の約束に契約を拘束するもの，つまり行為者が合意しようとし，かつ拘束されるとする意思が存在するからである。これに対して，黙示の契約は，バスに乗車する，あるいはレストランで食事を注文するなどの例に示されるように，目的地までの輸送と引き換えに料金を支払うとか，注文した食事の後に代金を支払うなどといった明示の約束はなされていない。にもかかわらず，法律家は，客観的に見て言葉や行動からその約束に自らを拘束する意思のあったことが「明らか」であったとして黙示の約束が存在したというのである。このように明示の契約は契約の典型的なものである[69]。

　ここでは，明示の契約は黙示の契約よりも特権的と考えられている。他方，黙示の契約は意思理論を補完しているのである。この補完の理論は被約束者に約束者の現在の意図がただちには知られないときに，拘束義務があることを説明するのである。契約理論という限られた領域においても特権化が生じており，これを脱構築することによって，そこに広範に受け入れられて内在化しているイデオロギーが存在することが明らかになるのである[70]。

272　第Ⅲ部　《法と文学》と法的推論・法解釈

しかし，契約義務の究極的な根拠を求めようとする者にとってはこのような結論は承服しがたいだろう。また，脱構築自体は旧いものに代わる新しいヒエラルキーやパラダイムがただちに構築されることを意味しない。むしろ新たなヒエラルキーやパラダイムが構築されるべき素地を作り出すのである[71]。

　民法の諸規定は商品交換を規律する法といわれるが，歴史的にも一つの政治的立場の選択の結果である。しかし，ほかの法律や特別法などと比べると，民法はなお中立的な規定や規範をもっていると考えられている。しかし，民法の性格からして固有に中立であるわけではない。第一に，民法や民法典が対象としている領域は経済学的に見ればもっぱら資源の配分に関わる領域であり，市場に法的な枠組みを与えている領域の一つである。この市場での取引においては，不特定多数の者が任意に参加できる機会を保証することが基本である。市場という一種の公共財的な場のルールを提供するのであるから，民法は比較的普遍的で一般的な，つまりニュートラルな性格の規定をもたざるをえなかったのである。第二に，かりに特定の人やグループを優遇する規定が存在したとしても，市場ルールの立場の互換性という性格から，そのようなルールや規定は不合理なものとして排除や改訂されて，より普遍的性格をもつように洗練されて進化していくと考えられる[72]。この淘汰のプロセスを経ることで，特定の利益やグループを偏重する規定は稀釈されてより一般的な性格をもつ規定に向かったといえる。

　第三に，市場の法ルールに関して大きな争いがある，つまり価値判断が結論を左右するような問題が表面的には比較的少ないことである。たとえば，物権法の中心的な規定である民法177条は「登記ヲ為スニ非サレハ之ヲ以テ第三者ニ対抗スルコトヲ得ス」として，物権変動における公示の原則を表明していると説明されている。しかし，「第三者」の範囲について，学説は，初めは無制限説をとり第三者全般をいうものと解していたが，その後，判例のように正当な利益を有する第三者に限るという制限説が有力になり，今日の通説となっている[73]。第三者の範囲をどのように捉えるかは資源の配分に影響を与える。つまり，登記をしなければ対抗できないというのがルール

ならば，そのような第三者の立場にある者は登記をするインセンティブをもち，登記することなどの費用が生ずるからである。不動産取引において第三者の範囲をめぐって取引費用が高くなるのである。また，そのような立場にある者は市場には無数に存在するから，この数に比例して取引費用は高くなりうる[74]。第三者の範囲の問題は取引費用の高低に関わり，資源配分に影響をもたらすが，夫婦別姓や男女差別などのような社会のメンバー間で賛否の分かれる基本的で深刻な価値対立を伴う争いとはなりにくい。このように，民法では，旧食管法，旧特石法や大店法などの社会・経済的規制などの制定法に比べると，特定の政治的立場や利害に偏った立法はされにくく，その分「中立的」であったとはいえよう。

　むろん，民法のすべての規定が中立「的」であったわけではない。民法の領域のうちでも今日最も価値観が揺れているのは家族法の領域であろう。たとえば，近年，夫婦同姓を原則とする一見ニュートラルな民法750条の規定が実は男性を優位とする社会の価値観に沿ったものであることが明らかになってきた。しかし，1996年の民法改正案の中でとくに夫婦別姓の原則の導入は，同姓原則を支持する保守層からの反発にあったのである[75]。ここにおいて規定の中立性をいうことは，男性支配という権力の行使を覆い隠すものか，あるいは批判や同姓原則への不同意をかわすものである。

　これに対して，家族法や相続法などは社会が変化している領域だから，多少の修正や改訂は当たり前であるとする反論もありえる。この主張は，むしろ，規定や条文自体はテクストに過ぎず，テクストの解釈は時代や社会の変化というコンテクストにかかっていることを自ら認めるものである。また，これは民法の規定が中立的であるということの擁護にはなっていない。そして，解釈がコンテクストに依拠していることは，解釈者が何らかの選択・決定をすることにほかならず，当然に政治的な判断と意味合いをもっているのである[76]。

　特別法となると，さまざまな利害の衝突の上に成立したものが多いから，民法の中立性のイメージは維持できない場合が多い。たとえば，一般に，借地借家関係において，賃貸人である地主・家主と賃借人との間の社会的・経

274　第Ⅲ部　《法と文学》と法的推論・法解釈

済的格差が非常に著しかったため，地上権に関する法律(1900年)，「建物保護に関する法律」(1909年)，借地法，借家法(1921年)が立法されたが，「そこでの問題は，借地人・借家人の権利を強化すること，このさい，一定の範囲で契約の効力を否定する(『契約自由』に介入する)ことであったのは当然である」[77]という認識が生じた。これは，裁判所の態度にも反映され，「判例は，わが借地借家関係の先に述べた特色を考慮してか，一般の場合(賃貸借については，動産の賃貸借，いわゆる契約総則に属する規定については売買など)とかなり異なった解釈(両当事者を平等と前提せず，借地人・借家人の権利を保護する)を示してきた」[78]のである。この立場は，当時の社会経済的実態と意識それに立法の経緯や目的を反映したものであっただろうが，賃借人保護という一つのポリシーと価値の選択である。ここには，とくに借家法の性格を「契約関係を媒介とする家主の犠牲による住宅社会立法」[79]とする見方と価値判断があるのである。経済学的に見れば，賃借人の保護は借地借家関係における規制の強化・増加となって現れる。したがって，借地や借家の供給は減少する，つまり，供給曲線は左へシフトする。供給が減るから，地代や賃料は上昇する。また，地主や家主は，一般によりトラブルの少ないであろう借手を選ぶことになる。このために，安価で良質の土地や借家を求めている経済的な弱者や貧困者はかえって契約できないことになる。立法や判例による賃借人の保護は当該の個々の事件では「正義」のように見えるけれども，かえって特別法や裁判所が保護しようとした社会的弱者や貧困者そのものを排除してしまう結果となる[80]。

(2)　法の理性中心主義批判

　伝統法学が最終的には理性に基づいたものであることは前述したが，この理性中心主義に基づくことの問題を，つぎの四つの観点から明らかにする。
　第一に，法の見方である。概念法学は批判されたが，それに代わる新しいものが法学の方法として確立されたわけではない。今日のわが国の主流となっている法学は，定まった方法をもたないが，従来の概念法学の特徴や態度をなお残している[81]。それは「法は法である」とする態度[82]や，法的問

題の解決の根拠を条文やその一般的原理から説明しようとする実証主義的態度に見られる。ことに判例にはこの態度が強い。R.ドゥオーキンは，この一面を"ルールブック"的な法の概念や見方として批判している。ルールブック的な法概念とは，法が書かれたものや本の中に存在しているというもので，変更がなされるまではこれに従わなければならないとする見方である。法が書かれたものの中に存在するという点では実証主義的な態度であるし，ルールの内容を問うことをしない態度でもある。ルールブック型の裁判官は，判断にあたって，意味論的な問題や理論に傾きがちである。というのは，立法府は言葉を用いてルールを制定しているから，この言葉の意味を明らかにすることが，立法府が制定したルールが何かを決めることになるからである。このように，ルールブック型の法律観においては，裁判官の態度や法解釈は，一般的に実証的で，また形式的となりやすい[83]。

　第二に，伝統的な考え方とは異なって，法理(legal doctrine)もまた具体的な事件において確定的な結果を生み出すことはできないことが指摘されている。法理自体は，コンテクストの中から生まれたものであり，コンテクストの理解や把握つまり選択なしにはありえない。また，法理は，要件や分類・比較などのテクニックであり，要約的に言い換えられた表現に過ぎない。さらに，法理はそれ自体なお解釈を許すものであり，また結論を導き出す方法ではない[84]。

　第三に，法は権利や義務の体系として考えられることがある。しかし，権利は明確な答えをもたらすだろうか。法の原則やルール，さらには法概念などに依拠したとして確定的な解答は得られない。同じように，権利(という概念)によっても明確な答えが得られるわけではない。一般に，権利は法規範が特定的に具体化されたものと見られがちである。また，権利は法原理の発現であると考えられてきた。権利はよく定義された，境界や限界のはっきりしたものであると考えられやすい。しかし，権利は，表面上平等に与えられて性質上個人主義的であるが，それは経済的あるいは政治的権力上の不平等を等閑視しており，実質的な不平等があるにもかかわらず，結果として競争することと不平等を助長することになっているという指摘がある[85]。

また，権利も社会的コンテクストの中から発生したものであり，これを個別の具体的場合に適用するときには，社会全体の秩序を把握することが必要になる。権利は，社会の状況のわずかな変化によっても適用が困難となることがあるし，権利が存在しているというだけでは確定的な結果を生み出すことはできない。さらに，権利は現在のコンテクストの中で使わなければならない。ある権利を特定するということは，政治的レトリックとしての行為か，あるいは社会変化へコミットすることを意味する[86]。このように，権利の適用は解釈を必要としているのであり，考えられているほどには確定的ではない。

第四に，法の解釈において歴史認識を強調する見方やグループがある。マルクス主義法学やそれに影響された考え方では，社会や歴史の把握が法律問題の解決にあたり重要である。たとえば，「歴史の流れを正しく認識し，よりいっそう進歩の方向にすすめてゆく主体としての立場に身を置くことが，解釈者の立場を，したがってまた解釈の基準を決定するうえでの基本的前提である」といわれる[87]。歴史と相談せよというわけである。しかし，何が歴史であるか，どの事実や一片の情報が歴史を形作ることになるかにさえ一致は見られず，歴史に対する見方が一致することはありえない[88]。ところが，このような状況において，あるものを歴史として確定することは，評価に関わる選択を行ったということにほかならない。また，わが国の民法学の再構築の視点をもたらすために「民法理論としての健全さの回復」はサヴィニーないしサヴィニー段階の古典的市民法に今一度立ち返ることによって可能となる[89]というのは，これを主張する論者の一つの物語である。

脱構築は，今まで中立的・普遍的あるいは権威あるものと考えられてきたものに実は恣意性や曖昧さがあることを暴露しており，いいかえると理性(reason)に基づいていたと考えられたものに政治性(権力関係)があることを明らかにしているのである[90]。ある基本的な原理からさまざまな原則や法理，概念などが導き出されるというように，その元になるような根本的原理などというものは存在しない。

また，自分の利益を追求することは着実で誠実かつ一貫した行動をとるこ

とと考えられた時代[91]から，つぎには理性とは自己の欲求や利益を覆い隠して通用させるものになり果て，ついには「その実，悪意や羨望，嫌悪や攻撃など」を偽装するものに過ぎなくなったのである[92]。このように，法が理性に基づいているという見方は法に対する見方や思考を誤らせたり制限的にする面もあるといえよう。

(3)　民法＝テクストの解釈と不確定性

　民法典はテクストである。そのテクストを細かく分類・検討して意味を引き出そうとするときには，与えられたテクストは神聖に近いものに考えられて，尊重される傾向をもっている。その最たるものが概念法学であった。しかし，このような態度は今日のわが国の法学の実践や研究においてもなお隆盛であり，主流ですらある[93]。法律問題の答えを法律の条文や概念それに諸原理から導き出せるという考え方は，法の本質が存在するという信念をも生み出しがちである。そこでは，法解釈という作業が法実践や研究の中心である。伝統的には法解釈とは，前述のように立法者の目的や意図を発見する試みであり，正確にあるがままに作者である立法者の意思を回復したり，再構成する試みである。そこには，解釈者の価値観は(なるべく)存在しないものとされた。つぎに二つの問題を検討する。第一に，ほとんどの法律家が考えるように，条文や概念さらには法原理から法的問題の解答が導き出せるのか。第二に，法解釈とはどのような性質であり，また作業なのか。

(A)　意味の根拠

　第一に，法は問題を解決するのに本質的なものをもっており，解釈者はこれに基づいて判断できるかどうか。いわゆる法の本質主義が実際に妥当するかが問題である。そこで，物権変動の問題を取り上げると，民法177条は，登記がないかぎり物権変動を第三者に対抗できないとしている。Ａが不動産を譲渡したが，Ｂはまだ登記をしないうちにＡがさらにＣにこの不動産を譲渡して，Ｃが登記を備えたという，いわゆる二重譲渡の例が代表的である。対抗問題のうち「対抗できない」とは何かについて見ると，第三者Ｃ

278 第III部 《法と文学》と法的推論・法解釈

から見てBが権利者であることを否認できるという意味に解する説があり，また権利者の側から見て，権利者であっても登記がないと当事者以外の者に対しては，自分が権利者であることを主張できない意味に解する説がある[94]。

第一に，「対抗」とは何かを決めるには別の概念を必要とする。民法177条や関連の条文など民法のテクストの中にはこれらの意味や定義を導き出すようなものはテクストそのものには存在しない。また，それは，民法の全体やその理念あるいは一般的原理から説明できるものではない。「対抗」問題を解き明かす鍵は民法典の中には存在しておらず，この意味で法の本質主義は妥当しないのである。

第二に，「対抗」問題を何と見るかの判断には，何とするかの問題についての選択や決定を必ず伴っている。この選択の性質は，議論ある問題について何らかの規範的判断をすることである。たとえば，民法21条の制限行為能力者の詐術があった場合の取消権の喪失について，「ちょっと考えると『詐術』という言葉だけを引き離してその国語としての意義を明らかにさえすれば，この規定の解釈ができるように思われるけれども，本当のところは解釈家が無能力者保護の必要を大きく考えるか小さく考えるかで決まるのだ。……要するに『詐術』なる言葉の意義が先に定まるのではなくして，解釈家がこの規定の適用によって無能力者の相手方をどこまで保護すべきであるかを先に決めた上，その目的に合うように『詐術』の意義を決めるわけだ」[95]。このように解釈者である決定者は基本的選択・ポリシー判断をすることになるのである。

第三に，裁判や法解釈では，さまざまな価値や価値判断とは無関係に解釈が成立し，また，すでに存在している一般的あるいは抽象的ルールの適用のように装われるが，そこには必然的に価値選択が行われているのである。解釈者や意思決定者の選択が決め手となり，この選択には，リアリズム法学が指摘したように，個人の好み・価値観など主観的要素が大きく左右している。

これに対しては，つぎのような反論がありえよう。第一に，民法の根底に横たわるより上位の原理や原則に基づいて客観的に判断することができる。

しかし，法原理や原則が何であるか，それはどこから生まれてくるのか，原理自体に立って解釈することには無理があることなどがあげられる。第二に，先例が対立している場合などには，裁判官はどちらかを選択しなければならない。解釈や推論は，裁判官のこの選択・決定が法的な秩序の中に存在しており，このために正当化されうるという様式化された合理化の根拠をもたらすことができる，と[96]。しかし，先例は広くにも狭くにも読むことができる。また，裁判官にどちらかを選ばせるものは存在しない。どちらかを選択する場合には，当該の説や立場が背後にもっている価値を選択したことにほかならない。第三に，解釈者や裁判官が，誠実に判断する，あるいは虚心坦懐に検討を加えることができる。しかし，これは裁判官個人の経験や蓄積，それに価値判断や彼（女）自身が考える法のイメージや物語に選択を委ねることを意味する。第四に，法律家共同体の間で共有された価値に基づいて判断することができる。しかし，同質的な者は同じような判断を行いやすいが，法律家共同体とは何か，またそこで共有された価値とは何かが明らかにされる必要がある。そして，より根本的なのは，社会の一部に過ぎない法律家共同体の内部だけで，あるいは，特定の価値に特権化されたものに基づいて結論づけてよいかは疑問であろう[97]。

（B）　テクストと読者

　第二の問題は，（法）解釈の性質であるが，以下では，伝統的解釈論のパラダイムを検討する。まず作者とテクストとの関係，つぎに読者とテクストの関係を見る。

　伝統的解釈論では比較的単純なパラダイムが採用されている。それは「作者の意図を発見する」というパラダイムである。当該の事件の結論は，立法者が何を目的としたか（立法目的）あるいは法律の意思がどこにあるか（法律意思）を明らかにすることによって決定できるとする考え方である[98]。

　この単純パラダイムには，メリットもある。まず，判決に至る推論においてこれが立法の目的であるといえば，判決の不確実性や適用の恣意性への懐疑を回避することができる。つぎに，選択された判決に解釈の正当性がある

ことを認めさせやすい。立法府で合理的な目的で，また正当な手続を踏んで立法された法律を誠実に解釈した結果がこれであるといいやすいからである[99]。

しかし，目的や意思をベースとした法解釈の理論は不完全である。というのは，第一に，テクストの解釈はつねに一貫しているとは限らないからである。テクストは社会的な文脈であるコンテクストなしには理解されない一方で，テクストの解釈には裁判官をはじめ多くの人や読者が介在している。さらに，同じ一人の人間でも時と場合によって読み方は異なってくるからである。第二に，解釈者はテクストの意味のある側面や観点だけを抽出しているからである。これはどのような解釈にもあてはまるが，テクストの読み方は部分的である。また，そこには，解釈者個人が主張したり親近性をもっている立場に有利な，あるいはそれを補強するような解釈が使われる可能性があるという恣意性が存在する。わが国では立法者意思説は支持されていないが，昭和37(1962)年の利息制限法事件の判決において，反対意見を述べた横田喜三郎裁判官は，利息制限を超過した部分が元本に充当されるかどうかの判断において，立法者意思説をとり，制定時の議事録を引用して，同法は「その根本の立法趣旨はなによりもまず，経済的弱者の地位にある債務者を保護することにある」とした[100]。一般に，立法者の目的や意思が何かを特定することは，通説である法律意思説と同様に，困難である。

第三に，（法）解釈は特権化を含んでいる。ある解釈を適当とし，ほかの解釈を不適当とするという特権化が存在する。先の利息制限法の例では，立法趣旨が「経済的弱者救済」をとっているのか，あるいは「金融の円滑」をとったのかはわからない。両者の妥協であった可能性も十分あるのである。経済的弱者保護にあると言明するときはこれをほかに優先させていることはむろんである。このように，立場の選択こそが法律問題を決定することに等しいのである[101]。目的や意思を発見するという単純な理論は不完全であり，解釈の基礎とすることはできない。

つぎに，テクストと読者の関係を検討する。伝統的にはテクストと作者を分離することが当然求められる。しかし実際には，テクストの読者はさらに

後の読者に相対立する解釈のごった混ぜを提供している。この中に，私たちは私たち自身の解釈のための根拠を見出すことができる[102]。たとえば，不法行為法の709条の文言に権利の侵害とあるにもかかわらず，これを違法性と「読み替え」て解釈するのが，通説・判例である。周知のように，「○○権」と呼ばれる明白な権利の侵害がある場合にのみ賠償責任を肯定していた立場を変更して，広く法益侵害にまで不法行為法上の保護を拡大するという政策の実現をしたのは，解釈者である「読者の優位」があるからである。そして，この保護の拡大を促してそれでよいとしているのは，権利侵害に対する救済だけでは狭すぎて，それ以外の法益の侵害にも不法行為責任を認めるべきであるという社会的・実践的要請やポリシーなどの実質的な判断が存在するからである。そして，この要請や判断は時代とともに変化したものといってよい[103]。

また，非嫡出子の規定(民法900条4号但書)について，かつて最高裁は「立法理由との関連において著しく不合理であ」るが合理的理由のない差別とはいえないとして合憲であるとしていた[104]。非嫡出子の相続分のこの規定自体や最高裁の多数意見は，非嫡出子を社会的にも差別して扱う価値観や社会的秩序づけを反映したものである。しかし，それを支持するのは社会の全体ではなく一部に過ぎない可能性も大きいのである。法規範や条文もテクストである以上，テクストは解釈を限界づけたり，またそれをコントロールするようなものではないのである[105]。

脱構築は法解釈の方法を新しく確立するものではないが，法解釈にはテクストが自由に活動すること(プレイ)を認める必要があると主張するのである[106]。この点を解釈の性質から見てみよう。J. B. ホワイトは「法と文学」の観点からつぎのように述べている。

「法は，権威あるテクストを現在の時点へ翻訳することによって動いている。それは一種の，あるコンテクストで書かれたものを他のコンテクストの中へ押し出すようなものである。そこでは，それは必然的にどこか異なった意味をもっている。これは機械的な，あるいは技術的なプロセスではない」[107]。法はテクストのもともとの意味とか平易な意味によって明らかにな

るようなものではない。「それはつねに創造という行為，何か新しいものを作ることを要求しているのである。……法の中心には翻訳という行為がある」[108] のである。どのような文も変化を伴わずしてはほかの言葉に翻訳されないのである。「それはある特定のテクストを，他のテクストに反応したある個人の精神による作文にほかならない」[109] のである。正しい意味や客観的意図や目的をテクストの中から掬い取ることはできない。テクストを読んだこと（目的や意思の発見）から法的な結論に至るというのは，読者の読みであり，言い換えるなら読者である解釈者の選択，つまり価値判断にほかならないのである。このように，脱構築や文学批判理論は，法解釈が書かれたテクストの中に存在する，客観的で確定的な意味によって支配されているという主張が誤りであることを暴いているのである[110]。

　法律家は，裁判官・実務家であれ，また研究者であれ，それぞれ自分自身の政治的価値や倫理的価値をもっている。判決など法的判断や解釈を行うときには，何が法であるか，また法はどのようにあるべきかについて，伝統的な実務家や法学者の間に「共通」の価値と理解に訴えているのである[111]。この伝統的な政治的・倫理的価値に基づいた法イメージや思考こそが私たちの法に対する理解を遅らせているともいえるのである。そこに，何らかの脱構築が必要といえるのである。

　脱構築自体は，ルールや原則の正当性の否定を意味しない。それは，特定の法的観念の特権化において忘れ去られたり，見過ごされてきた，人間の可能性の肯定である[112]。また，脱構築やポストモダニズムが主張している，基礎づけがないこと，また概念は他者に依存しているという認識は，法学がこれまでもってきた自律性や制定法はそれ自体意義のあるテクストであるという信念や見方に疑問をなげかけるものである。また，脱構築は，法に適用されるときは，法的なテクストが複雑であること，不正確であることを暴露しようとする翻訳という解釈的実践（interpretive practice）である[113]。

お わ り に

　ポストモダン法学は，法学の方法ではないが，法学に対する一つの態度である。しかし，それは，伝統的な法学観や見方に対する問い直しである。法の本質的な統一性，法の自律性，ほかの諸科学からの独立性，そして法が理性に根拠づけられていること，に対する挑戦である。ポストモダンの成果によれば，法はもはや一貫した，また閉ざされた規範や価値の体系として見ることはできない[114]。脱構築は既存の法理の批判のための方法を提供して，法解釈学的な議論がいかにイデオロジカルな思想によって装われているかを示している。法とは何かや法概念そのものへのこのようなチャレンジが生まれた背景には，ほかの諸科学の発展によって相対的に法の自律性が損なわれてきたこと，また，伝統法学の中での政治的なコンセンサスが次第に衰退してきた点があげられよう。

　これまでの検討から，つぎの示唆が得られよう。第一に，法は固有に規範的な事業である。法を理解するためには，程度の差こそあれ，何らかの形で法がどのようにあるべきかについての認識を必要としている。法や法制度はどのような実体的な価値や目的を実現しようとしているかについての見方が必要なのである。統一的な認識や見解が困難なことはこれまでからも推測できるだろう。にもかかわらず，法とはどのようなものかがなお問題として残っているのである。

　法のイメージや方法は個々人の好みや選択にかかっている。これはまた，私たちそれぞれがもっている世界や社会に対する希望や期待，そしてその中での私たちの役割に対するビジョンを反映するものである。言い換えると，法を物語として捉えることになる[115]。法が各人の希望や見解であるならば，法とは法律家たちによって理論化された偏見であるともいえる[116]。また，確定的な解答を得ることは，多くの場合不可能なのであり，かりに法的結論が得られたとしても，そこには法や法学に対する解釈者個々人のイメージや物語があるのであり，それは何らかの価値的あるいは政治的な選択の上にな

284   第Ⅲ部 《法と文学》と法的推論・法解釈

されたものである。

　法それ自体や法学の研究は，規範的なディスコースであり，異なった方法
や隣接の諸科学との交流によって利益を得てきているのである。法は実践と
しては独立したものであるが，しかし自己充足的・自律的な学問ではない。
ほかの社会的実践から重要な要素を借用したり，取り込んだりして発展して
おり，部分的にはこれらの諸科学や学問とオーバーラップしているものであ
る[117]。法そのものを捉え直そうとするとき，それが開かれたものであるこ
とには十分留意しておく必要があろう。

（注）
1) 経済学や公共選択論といういわば「外」――筆者自身はそう考えないが――あるい
　　は制度的な観点からでなく，法解釈というより「内在的」な観点から不確定性を明ら
　　かにした方が伝統的手法になじんだ者にとってはより説得的であろう。林田清明
　　『《法と経済学》の法理論』（北海道大学図書刊行会，1996 年），第 5 章参照。なお，法
　　の不確定性（indeterminacy）は，アメリカ法ではリアリズム法学以来，また最近では
　　批判的法学研究（CLS: Critical Legal Studies）論者によっても用いられている。
2) J. M. Balkin, "Transcendental Deconstruction, Transcendent Justice", 92 Mich.
　　L. Rev. 1131, 1156 (1994).
3) 加藤一郎「法解釈学における論理と利益衡量」同『民法における論理と利益衡量』
　　（有斐閣，1974 年），13 頁。わが国の法教義学や法ドグマにつき，田中成明『法的思
　　考とはどのようなものか――実践知を見直す』（有斐閣，1989 年），151 頁。
4) 英米法では，ポリシー分析に対置されることが多い。
5) 加藤「法解釈学における論理と利益衡量」（前注 3），75-76 頁（「歴史の流れとか近代
　　法のあり方から価値判断を導き出す考え方」）；星野英一「戦後の民法解釈学方法論研
　　究ノート」同『民法論集第 5 巻』（有斐閣，1986 年），1 頁，18 頁以下参照。
6) 渡辺洋三「社会科学と法の解釈」法哲学年報 1967（法の解釈と運用），55 頁，70 頁。
7) 同上，71 頁。近代市民法の下では客観的原則基準が存在していたが，現代法の下で
　　は共通の尺度ないし価値基準を設定することは不可能となる，という（同上，64-67
　　頁）。なお，渡辺見解の批判やマルクス主義の見解につき，潮見俊隆編『戦後の法学』
　　（日本評論社，1968 年）など参照。
8) Alvin W. Gouldner, The Two Marxism, 32 (1980).
9) アメリカでのネオ・トラディショナリズム（新伝統主義）は「法と○○（何々）」とい
　　う法理論での多様な動き――それはポストモダン法理論の動きでもある――に対する，
　　伝統法学擁護の立場からの主張である。わが国の場合とは異なっている。
10) 平井宜雄「ミニ・シンポジウム『法解釈論と法学教育』」ジュリスト 940 号（1989

第 6 章　ポストモダンと法解釈の不確定性　　285

　　　年），49 頁；田中『法的思考とはどのようなものか』（前注 3），155 頁，216 頁以下。
11)　星野「戦後の民法解釈学方法論ノート」（前注 5），3 頁以下，能見善久「法律学・法
　　　解釈の基礎研究」『日本民法学の形成と課題・星野英一先生古稀祝賀・上』（有斐閣，
　　　1996 年），41 頁。また，伝統法学と議論との整合性を論ずるのは，山本敬三「法的思
　　　考の構造と特質」『岩波講座現代の法 15・現代法学の思想と方法』（岩波書店，1997
　　　年），231 頁。
12)　David Kairys, "Law and Politics", 52 Geo. Wash. L. Rev. 243-244 (1984).
13)　星野英一「民法解釈論序説」同『民法論集第 1 巻』（有斐閣，1970 年），11-16 頁。
　　　しかし，立法目的や意思を確定することの困難につき，林田『《法と経済学》の法理
　　　論』（前注 1），244 頁，253-258 頁参照。
14)　Pierre Schlag, "Normative and Nowhere to Go", 43 Stan. L. Rev. 167, 183-184
　　　(1990).
15)　田中『法的思考とはどのようなものか』（前注 3），78 頁。
16)　碧海純一「現代法解釈学における客観性の問題」『岩波講座現代法 15』（岩波書店，
　　　1966 年），3 頁。なお，法解釈論争について，田中成明『現代法理論』（有斐閣，1984
　　　年），第 15 章；瀬川信久「民法の解釈」『民法講座・別巻 1』（有斐閣，1990 年），21
　　　頁以下。
17)　法解釈の客観性への懐疑は，来栖三郎「法の解釈と法律家」私法 11 号（1954 年），
　　　22 頁。他方，「それにもかかわらず客観的な判断の基準は存在している」とするのは，
　　　川島武宜『科学としての法律学』（弘文堂，1964 年），94 頁。また，「法解釈学という
　　　ものは，裁判官や行政官の行動や判断が恣意的にならないよう，これを拘束する客観
　　　的基準を定立するところにその存在理由がある」（渡辺「社会科学と法の解釈」（前注
　　　6），63 頁）。ただし，中村治朗『裁判の客観性をめぐって』（有斐閣，1970 年），8 頁
　　　は，裁判官は客観的に正しい裁判を願望するという。
18)　星野英一「民法学の方法に関する覚書」同『民法論集第 5 巻』（前注 5），69 頁，130
　　　頁。
19)　議論を間主観の問題として捉えるのは碧海「現代法解釈学における客観性の問題」
　　　（前注 16）。また，平井「ミニ・シンポジウム『法解釈論と法学教育』」（前注 10）。さ
　　　らに「議論」について，瀬川「民法の解釈」（前注 16），74 頁以下。議論の限界につき，
　　　長谷川晃『解釈と法思考──リーガル・マインドの哲学のために』（日本評論社，1996
　　　年），132-134 頁；林田『《法と経済学》の法理論』（前注 1），274 頁以下など。
20)　宮沢俊義「学説というもの」ジュリ 300 号（1964 年），10 頁は「法の解釈は，どこ
　　　まで，すでに存在する成文法（または，慣習法）のワク内で，それに内在する意味を引
　　　き出すことによって，それを具体化する，という作業である」とし，「解釈学説は客
　　　観的な知識を内容とするものではない。それは，多かれ少なかれ作り手の意見に支配
　　　されるものであるから，……主観的な性格を持つといえよう。……しかし，あらわな
　　　政治的ないし政党的な意見ではなくて，ある種の客観性を有する理論でなくてはなら
　　　ない」（原文傍点・略，同上，14 頁）という。
21)　Pierre Schlag, "'Le Hors de Texte, C'est Moi': The Politics of Form and the

286 第III部 《法と文学》と法的推論・法解釈

Domestication of Deconstruction", 11 Cardozo L. Rev. 1631, 1637 (1990). 理性主義が個人を自我の意味の探求者そして言明の真偽についての審判者としたという。Schlag, "Missing Pieces: A Cognitive Approach to Law", 67 Tex. L. Rev. 1195, 1245 (1989).

22) Peter Goodrich, *Reading the Law: A Critical Introduction to Legal Method and Techniques*, 92 & 221 (1986).

23) Frederick Schauer, "Easy Cases", 58 So. Cal. L. Rev. 399, 419 (1985).

24) Joseph W. Singer, "The Player and the Cards: Nihilism and Legal Theory", 94 Yale L. J. 1, 46 note 140 (1984). なお，ロゴス中心主義については，H.-G. ガダマー「テクストと解釈」Ph. フォルジェ編『テクストと解釈』(轡田収ほか訳，産業図書，1990 年)，48 頁。

25) 我妻栄「私法の方法論に関する一考察」『近代法における債権の優越的地位』(有斐閣，1953 年)，546 頁。ただし，裁判における論理的合理性は具体的妥当性と調和されるべきであるとして実践的な意義を強調する(同上，549 頁)。

26) たとえば，「法解釈学が成果のつみ重ねや問題の客観的な確定と解決などに関してその幅と深さにおいてきわめて進歩した法学の研究部門である」というのは，北川善太郎『日本法学の歴史と理論』(日本評論社，1968 年)，3 頁。また，非還元主義の考え方につき，林田『《法と経済学》の法理論』(前注 1)，185 頁参照。

27) J. M. Balkin, "Just Rhetoric?", 55Mod. L. Rev. 746, 746 (1992). また，E. メンシュ「主流法思考の歴史」(平野仁彦訳)D. ケアリズ編『政治としての法——批判的法学入門』(松浦好治・松井茂記編訳，風行社，1991 年)，14 頁。これに対して，主流派のリーガル・プロセス学派は「理性は法の生命である ("reason is the life of the law")」と見る。Henry M. Hart, Jr., "The Supreme Court, 1958 Term-Foreword: The Time Chart of the Justices", 73 Harv. L. Rev. 84, 125 (1959).

28) Balkin, "Just Rhetoric?", note 27, at, 748.

29) *Ibid.*, at 746.

30) 加藤「法解釈学における論理と利益衡量」(前注 3)，76 頁。

31) 同上，30 頁。

32) 星野「民法解釈論序説」(前注 13)，11-16 頁；同「民法の解釈の方法について」『民法論集第 4 巻』(有斐閣，1978 年)，82 頁。なお，利益衡量と利益考量の両者の考え方には大きな差はないとされている。

33) 星野「民法学の方法に関する覚書」(前注 18)，132 頁は，「価値判断の基準は超社会的なものであるはずである」という，いわゆる自然法論の立場である。

34) 「法解釈方法論としての利益考量説の最大の難点は，解釈者がいかなる立場において，いかなる観点から，またいかなる基準にもとづいて利益を考量するかということについての原則的基準があいまいであり，したがって権力者の恣意を抑制する客観的基準を提供し得ないという点にある」(渡辺「社会科学と法の解釈」(前注 6)，64 頁)。

35) 星野「民法学の方法に関する覚書」(前注 18)，130 頁。

36) 加藤「法解釈学における論理と利益衡量」(前注 3)，20 頁。

第 6 章　ポストモダンと法解釈の不確定性　　287

37）星野「民法解釈論序説」(前注 13)，15 頁。また，乾昭三・甲斐道太郎・利谷信義・
原島重義・星野英一・水本浩「(座談会・民法学の課題)民法解釈学の今日的課題——
利益考量論と類型論」法時 39 巻 3・4 号(1967 年)；水本浩「民法学における利益衡
量論の成立とその成果(四・完)」民商 64 巻 2 号(1971 年)，187 頁参照。

38）類型化については，加藤一郎「日本不法行為法の今日的課題」同『民法における論
理と利益衡量』(前注 3)，173 頁など参照。

39）渡辺「社会科学と法の解釈」(前注 6)；水本浩「民法学における利益衡量論の成立
とその成果」民商 62 巻 6 号，63 巻 2・4 号，64 巻 2 号(1970〜1971 年)；広中俊雄
「現代の法解釈に関する一つのおぼえがき」同『民法論集』(東京大学出版会，1971
年)，386 頁は「[利益衡量主義は]裁判官への選択への白紙委任につらなる」とする。
また甲斐道太郎「民法解釈における『利益衡量論』について」法時 46 巻 1 号(1974
年)，47 頁など。

40）田中『法的思考とはどのようなものか』(前注 3)，155 頁，216 頁など；平井「ミ
ニ・シンポジウム『法解釈論と法学教育』」(前注 10)。

41）加藤「法解釈学における論理と利益衡量」(前注 3)，それぞれ 76 頁，25 頁。

42）星野「民法解釈論序説」(前注 13)，31 頁。

43）Dennis Patterson, "Postmodernism/Feminism/Law", 77 Corn. L. Rev. 254, 258
(1992). モダン法学の特徴につき，林田『《法と経済学》の法理論』(前注 1)，149 頁参
照。

44）Nancey Murphy & James Wm. McClendon, Jr., "Distinguishing Modern and
Postmodern Theologies", 5 Mod. Theology 199 (1989); Gary Minda, *Postmodern
Legal Movements: Law and Jurisprudence at Century's End*, 224-225 (1995). アメ
リカ法学において，この面を浮き彫りにするのは，Neil Duxbury, "Faith in Reason:
The Process Tradition in American Jurisprudence", 15 Cardozo L. Rev. 601 (1993).

45）この点について Amy Gutmann, "The Challenges of Multiculturalism in Political
Ethics", 22 Phil. & Pub. Aff. 171 (1993).

46）和田仁孝『法社会学の解体と再生——ポストモダンを超えて』(弘文堂，1996 年)，
第 3 章参照。

47）Costas Douzinas & Ronnie Warrington (with S. McVeigh), *Postmodern Jurispru-
dence: The Law of Text in the Texts of Law*, x (1991).

48）全般に，V. リーチ『アメリカ文学批評史』(高橋勇夫訳，彩流社，1995 年)，246 頁，
275 頁など。また，デリダのアメリカでの交流と影響について，同上，第 10 章参
照；Art Berman, *From the New Criticism to Deconstruction* (1988); John Sturrock
ed., *Structuralism and Since: From Lévi Strauss to Derrida* (1979). なお，Jacques
Derrida, "Force de Loi: Le 'Fondement Mystique de L'Autorité'", 11 Cardozo L.
Rev. 919 (1990).

49）Jacques Derrida, *Of Grammatology*, 49 (1976).

50）J. M. Balkin, "Deconstructive Practice and Legal Theory", 96 Yale L. J. 743, 748
(1987).

288　第Ⅲ部　《法と文学》と法的推論・法解釈

51) J. デリダ『ポジシオン』(高橋充昭訳，青土社，1981 年)，16 頁。また「差延」の訳
　　語についても同書 193-194 頁(訳注部分)参照。

52) Balkin, "Deconstructive Practice and Legal Theory", note 50, at 752-753. 本文
　　はこれに負うところが大きい。

53) J. デリダ『根源の彼方に———グラマトロジーについて・下』(足立和浩訳，現代思潮
　　社，1976 年)，第 2 章。

54) Gerald E. Frug, "The Ideology of Bureaucracy in American Law", 97 Harv. L.
　　Rev. 1276, 1289 (1984); Minda, *Postmodern Legal Movements*, note 44, at 119.

55) Jonathan Culler, "Jacque Derrida", in Sturrock ed., *Structuralism and Since*,
　　note 48, at 154, 168.

56) デリダ『根源の彼方に』(前注 53)，36 頁；Derrida, *Of Grammatology*, note 49, at
　　158.

57) Minda, *Postmodern Legal Movements*, note 44, at 118.

58) Schlag, "'Le Hors de Texte, C'est Moi'", note 21, at 1631 note 1.

59) 和田『法社会学の解体と再生』(前注 46)，65-66 頁。

60) ガダマー「テクストと解釈」(前注 24)，66 頁；和田『法社会学の解体と再生』(前注
　　46)，66-67 頁。

61) Stanley Fish, *Is There a Text in This Class? The Authority of Interpretive
　　Communities* (1980)[S. フィッシュ『このクラスにテクストはありますか?———解釈
　　共同体の権威 3』(小林昌夫訳，みすず書房，1992 年)]．なお，野坂泰司「解釈・理
　　論・実践———S. フィッシュと二つの論争をめぐって」『憲法学の展望・小林直樹先生
　　古稀祝賀』(有斐閣，1991 年)，83 頁。

62) Minda, *Postmodern Legal Movements*, note 44, at 117.

63) Balkin, "Deconstructive Practice and Legal Theory", note 50, at 779.

64) Minda, *Postmodern Legal Movements*, note 44, at 120.

65) *Id.*, at 121.

66) わが国での動向について，和田『法社会学の解体と再生』(前注 46)；村上淳一『仮
　　想の近代———西洋的理性とポストモダン』(東京大学出版会，1992 年)；同「ポストモ
　　ダンの法理論」『岩波講座社会科学の方法 6 巻・社会変動のなかの法』(岩波書店，
　　1993 年)，261 頁；駒城鎮一『ポスト・モダンと法文化———人工楽園の秩序』(ミネル
　　ヴァ書房，1990 年)；江口厚仁「法・自己言及・オートポイエシス」法政 59 巻 3・4
　　号(1993 年)；笹倉秀夫「ポストモダニズム考」法科 25 号(1996 年)，49 頁；長谷川
　　晃「ポストモダニズムと正義論」法の理論 17 号(1997 年)，47 頁など。また，中山竜
　　一「二〇世紀法理論のパラダイム転換」『岩波講座現代の法 15』(前注 11)，97 頁以下
　　は，「法の複数性，不確定性，偶然性といった，それによって提示される多元主義的
　　な法のイメージを指して，スローガン的に『ポストモダン法学』という言葉が使われ
　　ることが少なくない」としている(注・略)。

67) Balkin, "Deconstructive Practice and Legal Theory", note 50, at 764.

68) この部分を次に負っている。*Ibid.*, at 767.

第 6 章　ポストモダンと法解釈の不確定性　289

69) P. S. Atiyah, *Promises, Morals, and Law*, 173 (1981). なお，アティヤ自身は，伝統的見解である意思理論や黙示の契約の場合に意思の擬制をとらず，「社会グループによって作られた公正とポリシーという概念の融合物」によって明示・黙示のいずれの場合の義務も正当化できるとしている。*Ibid.*, at 176-177; Atiyah, *The Rise and Fall of Freedom of Contract*, 482-483 (1979).

70) Balkin, "Deconstructive Practice and Legal Theory", note 50, at 769-770.

71) *Ibid.*, at 770.

72)「法と経済学」ではコモンローの進化をこのように見る。Paul H. Rubin, "Why is the Common Law Efficient?", 6 J. Leg. Stud. 51 (1977); George L. Priest, "The Common Law Process and the Selection of Efficient Rules", 6 J. Leg. Stud. 65 (1977); Jack Hirshleifer, "Evolutionary Models in Economics and Law", 4 Research in Law & Econ. 167 (1982).

73) 大判(連)明治 41.12.15 民録 14 輯 1276 頁(第三者制限連合部判決)；舟橋諄一『物権法』(有斐閣，1960 年)，176 頁以下など。

74) 林田清明「民事違法の経済理論」判タ 746 号(1991 年)25 頁，30 頁。

75) 別姓について，高橋菊江・折井美耶子・二宮周平『夫婦別姓への招待——いま，民法改正を目前に』(新版，有斐閣，1995 年)など。このほか，民法での性差別として，婚姻年齢・731 条，待婚期間・733 条 I 項など。金城清子『法女性学のすすめ——女性からの法律への問いかけ』(第 3 版，有斐閣，1992 年)，65 頁以下。

76) Ronald Dworkin, *A Matter of Principle*, 147 (1985) (「法は……深くかつ完全に政治的である。法律家や裁判官は政治理論の広い意味での政治を避けられない」).

77) 星野英一『借地・借家法』(有斐閣，1969 年)，1 頁。

78) 同上，2 頁。このような賃借人の地位の強化は「賃借権の物権化」と呼ばれる。

79) 鈴木禄弥『居住権論(新版)』(有斐閣，1981 年)，33 頁。「住宅ないものに住宅を与えるという本来国家の手でなされるべき任務を，国家自らの負担では行わず，私人たる家主の貸家所有権を借家法と家賃統制によって制限し，これによって……借家人の居住を保障する」(同，5 頁)ものとした上で，「借家法による解約制限と家賃統制が貸家所有権の自由を否定するものであ」るという(同，62 頁など)。判例でも，信頼関係破壊法理や更新拒絶の場合の正当事由の諸条件は，さらに賃借人の保護を強化している。借地法制の展開と立法経緯につき，鈴木禄弥『借地法・上』(青林書院，1971 年)，4-63 頁参照。

80) 経済学者の多くが一致する点といえよう。林俊彦『需要と供給の世界』(改訂版，日本評論社，1989 年)，第 4 章；R. L. ミラー・D. K. ベンジャミン・D. C. ノース『経済学で現代社会を読む』(赤羽隆夫訳，日本経済新聞社，1995 年)，第 9 章；岩田規久男・小林重敬・福井秀夫『都市と土地の理論——経済学・都市工学・法制論による学際分析』(ぎょうせい，1992 年)；阿部泰隆・野村好弘・福井秀夫編『定期借家権』(信山社，1998 年)の各論文など。この反省から借地の供給を増加するため新たに定期借地権制度を設けた新借地借家法が成立した。

81) アメリカ法の主流であるリーガル・プロセス(司法過程)学派の，Henry M. Hart,

290 第Ⅲ部 《法と文学》と法的推論・法解釈

"The Supreme Court 1958 Term, Forward: The Time Chart of the Justices", 73 Harv. L. Rev. 84, 125 (1959). また Lon L. Fuller, *The Law in Quest of Itself*, 140 (1940); Fuller, "Reason and Fiat in Case Law", 59 Harv. L. Rev. 376, 382 (1946); Hart & Albert M. Sacks, *The Legal Process: Basic Problems in the Making and Application of Law* (mimeo. tent. ed., 1958). ドイツ法でも，Bernhard Windscheid, *Lehrbuch des Pandektenrechts*, § 15, S. 78 (1906).

82) 加藤「法解釈学における論理と利益衡量」(前注3)，13頁。アメリカ法でも，リアリズム法学以後，主流法学はなお概念法学的な要素を残していたという指摘は，Minda, *Postmodern Legal Movements*, note 44, at 42-43. また，R.ドゥウォーキン『法の帝国』(小林公訳，未來社，1995年)，190頁。「慣例主義(コンヴェンショナリズム)」は伝統法学であるが，「裁判官が法であると考えているものが法なのではなく，現実に法であるものが法である」(同上)という特徴をもつ。

83) Ronald Dworkin, "Political Judges and the Rule of Law", in Dworkin, *A Matter of Principle*, note 76, at 9, 11-14. また，イギリスの裁判官の態度は一般にルールブック的であり，法のルールブック概念は一見すると正しいように見えるが，その内容が正しいか否かを問わないから，それに従うことはかえって不正義をもたらすことになると批判している。同様の指摘は，Richard A. Posner, *Law and Legal Theory in England and America*, 11 (1996).

84) Allan Hutchinson & Patrick J. Monahan, "Law, Politics, and the Critical Legal Scholars: The Unfolding Drama of American Legal Thought", 36 Stan. L. Rev. 199, 206 (1984); Charles M. Yablon, "The Indeterminacy of the Law: Critical Legal Studies and the Problem of Legal Explanation", 6 Cardozo L. Rev. 918 (1985); James Boyle, "The Politics of Reason", 133 U. Pa. L. Rev. 685, 695 (1985) (主観的そして本質的に政治的な解釈という行為が求められており，この政治的選択がルール化するときの表現・言葉づかいに含まれているという)。

85) Morton J. Horwitz, "Rights", 23 Harv. C.R.-C.L. L. Rev. 393 (1988)[ホーウィッツ「権利」(芹澤英明訳)アメリカ法1989-1，1頁]；Joseph W. Singer, "The Legal Rights Debate in Analytical Jurisprudence from Bentham to Hohfeld", 1982 Wis. L. Rev. 975-1059; Anthony Chase, "The Left on Rights: An Introduction", 62 Tex. L. Rev. 1541 (1984); Mark Tushnet, "Rights: An Essay in Informal Political Theory", 17 Politics & Society 403 (1989); Neil Duxbury, *Patterns of American Jurisprudence*, 488-489 (1995). なお，権利主張の拡大という面での検討は，平野仁彦「権利の主張とその実現──アメリカ法との対比で」『岩波講座現代の法15』(前注11)，177頁以下参照。

86) Mark Tushnet, "An Essay on Rights", 62 Texas L. Rev. 1363-1364, 1380 (1984).

87) 渡辺「社会科学と法の解釈」(前注6)，68-69頁。わが国では，CLSに近い批判的マルクス主義よりも，科学的マルクス主義の影響が大きいように思われる。二つのマルクス主義につき，John H. Schlegel, "Notes Toward an Intimate, Opinionated, and Affectionate History of the Conference on Critical Legal Studies", 36 Stan. L.

Rev. 391 (1984).

88) Stanley Fish, "Fish v. Fiss", in Fish, *Doing What Comes Naturally: Change, Rhetoric, and the Practice of Theory in Literary and Legal Studies*, 120, 121 (1989).

89) 原島重義「なぜ，いまサヴィニーか」同編『近代私法学の形成と現代法理論』(九州大学出版会，1988年)，5-10頁；同「法的判断とは何か(一)(二)」久留米法学25号，43頁，26号，303頁(1995年)。

90) Stephen K. White, *Political Theory and Postmodernism*, 16 (1991).

91) A. O. ハーシュマン『情念の政治経済学』(佐々木毅ほか訳，法政大学出版会，1985年)，53頁。

92) T. イーグルトン『イデオロギーとは何か』(大橋洋一訳，平凡社ライブラリー，1999年)，334-335頁。ヒュームによれば「理性は感情の奴隷である」("Reason is, and ought only to be the slave of the passions, and can never pretend to any other office than to serve and obey them." David Hume, *A Treatise of Human Nature*, 2.3.3.4 (1739年))。

93) ただし，アメリカ・リアリズム法学やプラグマティズム法学の影響から「読者の優位」を肯定する立場も存在した。法の解釈は「その法規にどのような意味を与えるべきかという問題である。つまり，法規の中から意味を抽出するのではなく，法規に外から意味を付与するのが，法の解釈である」(加藤「法解釈学における論理と利益衡量」(前注3)，19頁)。

94) 舟橋『物権法』(前注73)など。

95) 末弘厳太郎『法学入門』(第2版，日本評論社，1980年)，108頁。

96) Kairys, "Law and Politics", 52 Geo. Wash. L. Rev. 243, 246 (1984).

97) 林田『《法と経済学》の法理論』(前注1)，273頁以下。

98) わが国での立法者意思説，法律意思説については，五十嵐清『法学入門』(一粒社，1979年)，141頁。また，目的論的解釈において利益考量に基づく価値判断がなされるとするのは，星野「民法解釈論序説」(前注13)，15頁など。また，本書第8章「意味の所有権」，323-324頁参照。

99) このような考え方はアメリカ法学で多数を占めるリーガル・プロセス学派の考え方に見られる。しかし，これが公共選択論の考え方から疑問であることは，林田『《法と経済学》の法理論』(前注1)，249頁以下参照。

100) 最大判昭和37.6.13民集16巻7号1347-1348頁。なお，五十嵐『法学入門』(前注98)，147頁は，解釈者がこれが当該制定法の法律意思であると判断したものが法律意思になりがちであるという。法解釈におけるいわゆるオリジナリズムの限界については，林田『法と経済学の法理論』(前注1)，255頁参照。テクストへの拘束を認めた上で「優れた解釈」はテクストとの整合性と意味を「魅力」的に引き出すことというのは，内田貴「民法の解釈について」宮崎産業経営大法学論集9巻1・2号(1997年)，33頁，51頁。これは解釈者の優位を認めることになる。

101) Balkin, "Deconstructive Practice and Legal Theory", note 50, at 776.

102) Balkin, "Transcendental Deconstruction, Transcendent Justice", note 2, at

292 第Ⅲ部 《法と文学》と法的推論・法解釈

1156. また，憲法の正しい解釈を構成するものは，憲法の伝統それ自体の枠組みの中
にある道徳的かつ政治的議論の結果となる。

103) 末川博『権利侵害論』(弘文堂書房，1925)。また，たとえば不法行為の権利侵害・
違法性に関する桃中軒雲右衛門事件から大学湯事件への判例の変化の背景には社会や
時代の変化があった。末弘厳太郎「理論と立法者の意思」『民法雑記帳・上』(第2版，
日本評論社，1980年)，52頁；川井健『民法判例と時代思潮』(日本評論社，1981年)
など参照。

104) 最(大)決平成7.7.5民集49巻7号，1789頁。のち最(大)決平成25.9.4民集67
巻6号1320頁は違憲としたので，さらに同900条の改正がなされた(2013年12月)。
また，本書第8章「意味の所有権」，360頁参照。

105) Fish, "Fish v. Fiss", note 88, at 121.

106) このような法解釈の立場は，脱構築ならずとも，古くはリーガル・リアリズム(法
現実主義)，最近では新プラグマティズム法学や「法と経済学」などの法理論からも
指摘されている。ダイナミック解釈論を提唱するW. N. エスクリッジや「法と経済
学」の中でもR. A. ポズナーなど。

107) James B. White, *Justice as Translation: An Essay in Cultural and Legal
Criticism*, 246 (1990). 法と文学につき，Richard A. Posner, *Law and Literature: A
Misunderstood Relation* (1988); 狩野道徳「法における解釈的展開の一局面(一)」早
大法研論集83号(1997年)，57頁など。

108) White, *Justice as Translation*, note 107, at 246.

109) *Ibid.*, at 254. 文学テクストと法学テクストとを比較するのは，ガダマー「テクス
トと解釈」(前注24)，65頁以下；Posner, *Law and Literature*, note 107, at ch. 5.

110) Gary Peller, "The Metaphysics of American Law", 73 Cal. L. Rev. 1151, 1181
(1985). 法においていずれかの解釈や説が"正しい"ものとして選択される根拠や正
当性など，文学的解釈と法的解釈との異同については，むろん反論がある。Posner,
Law and Literature, note 107, at 209-211.

111) Pierre Schlag, "Normativity and the Politics of Form", 139 U. Pa. L. Rev. 801,
848, 850 (1991). 平井教授や田中教授の「法律家共同体」はその明確な形をとったも
のといえよう。前掲注3・注10参照。

112) Balkin, "Deconstructive Practice and Legal Theory", note 50, at 763.

113) Schlag, "Missing Pieces", note 21; Schlag, "The Problem of the Subject", 69
Tex. L. Rev. 1627 (1991).

114) Balkin, "Just Rhetoric?", note 27, at 746. 「それ[＝CLS──引用者]は法の有機
体的な統一性，法の自己充足性，その他の学問からの独立性，それに法が理性に根拠
づけられることを攻撃している。それは，法がもはやルールと価値の一貫した，また
閉じられた統一体と見られることができないことを主張している」。

115) Robin West, "Jurisprudence as Narrative", 60 N. Y. U. L. Rev. 145, 210 (1985)
(「法の理論(legal theory)は物語であり，また，アートである」)。法を物語として捉え
る動きにつき，Peter Brooks & Paul Gewirtz eds., *Law's Stories: Narrative and*

第6章 ポストモダンと法解釈の不確定性 293

Rhetoric in the Law (1996).

116) Peter Fitzpatrick, "The Abstracts and Brief Chronicles of the Time: Supplementing Jurisprudence", in Fitzpatrick ed., *Dangerous Supplements: Resistance and Renewal in Jurisprudence*, 1 (1991).

117) Michel Rosenfeld, "Deconstruction and Legal Interpretation: Conflict, Indeterminacy and the Temptations of New Legal Formalism", in Drucilla Cornell, Michel Rosenfeld & David G. Carlson eds., *Deconstruction and the Possibility of Justice*, 152, 188 (1992).

第7章　法のナラティヴと法的推論
── 志賀直哉『范の犯罪』を素材に ──

"Narrative is seen as the social construction of reality."
── Paul Gewirtz, "Narrative and Rhetoric in the Law", in *Law's Stories*:
Narrative and Rhetoric in the Law, 13.

は じ め に

　「法と文学」研究は，第一に，法がナラティヴや物語に依存していること
を考慮することによって，これまでの法の本質や役割についての問題を新た
な視点から考察できると考える。出来事や事件を人が語るとき，その視点を
知り，またそれまで知らなかった事実や経験があることを知る。さらに，そ
の語りに対する共感や反発も生まれる。私たちは物事を語ることによって理
解するのであり，そうして"現実"が構築される。とくに裁判には，原告
(検察)，被告(被告人)，そして裁判官による，少なくとも三つの物語が存在す
る。法もまた語りの領域にあるといえる。

　第二に，法をナラティヴと捉え直すことから，それが法解釈や法的推論に
どのような影響を与えるのかを検討する。むろん，法が物語であるといって
も，それがすぐに法的推論や法解釈論に寄与するわけではないが[1]，「法と
文学」理論が，法解釈や法的推論にとっても，実践上有益であり，また，そ
のことが法のパフォーマンスをより望ましいものにするだろう[2]。

　なお，ナラティヴの領域や様式は多様であるため，ここで扱うのは，その
限られた一部にとどまる。ほかの多様な面や機能の検討は，別の機会や将来
の研究に委ねるよりほかはない。

1 ナラティヴとしての法

ウィリアム・シェイクスピア『ヴェニスの商人』やフランツ・カフカ『審判』などのように，裁判を取り上げた作品も多く存在するが，ここで志賀直哉の『范の犯罪』[3] を取り上げるのは，シンプルな構成ながら裁判や判決がどのようなものであるかについて考えさせる作品となっているからである。

范という中国人の奇術師が，大勢の観客がいる舞台でナイフ投げの実演中に，投げたナイフが妻の頸動脈を切断し，妻は即死した。志賀直哉の作品はこの裁判のプロセスを描いている[4]。

裁判官は，事件の事実を調べる。とくに，范の妻の死亡の原因が何か，そこに故意か過失があるのかについて評価するために事実を確定する必要がある。裁判官は，まず，証人として，座長および中国人の助手を調べる[5]。しかし，范を日頃よく知っているはずの彼らにも，事件が事故(過失)によるものか，あるいは故意によるものかはわからない。しかし，この作品は次のように終わっている。

> 裁判官は何かしれぬ興奮の自身に湧き上がるのを感じた。
> 彼は直ぐペンを取り上げた。そして其場で「無罪」と書いた。[6]

つぎのことがいえるだろう。第一に，証拠を探したり，何人かの関係者の証言を聴取した裁判官は，この事件についての一つのストーリーを構築したのではないか。それは范自身のものとも，座長などのほかの証言者のものとも，異なるものであったかもしれなかった。しかし，裁判官が自分のストーリーをどのように再構成したのかは明らかにされていない。第二に，そのストーリーを基礎として，どのようにして「無罪」とする結論に至ったかも明らかにされてはいない。そこでは，物語が事件の事実を理解・把握するためのみならず，これに基づいた法の適用という法的判断過程においても用いられているといえるのである[7]。第三に，裁判官の物語に対して，別様にも解

する余地やほかの物語もありえたのではないかという推察が成り立つのではないか。「無罪」という結論のためには、当該犯罪の要件なりに合致しているか、証拠は十分かなどの物語がなくしては判断できないと思われる。

　わが国の伝統的な法学教育やそれに基づいた法解釈には、事件の事実が客観的に存在し、また、確定された事実を基に、法規範・条文の解釈という作業を施せば、客観的な答え(結論である判決, 法的判断)に至ることができると前提されていることが多い。現実のある事件に対して、要件にあたる事実が認定されて、これについて法解釈によって一定の法的効果が与えられると考えられている。そこでは、事実の認定と法解釈とを峻別しているし、裁判過程においては、これが前提とされ、制度化されてきた。しかし、事件の最も本来的な物語性は、法においては抽象化されており、物語は法の概念や要件などの背後に隠れたものとして扱われてきたのである。

　刑事裁判において、事実の認定は証拠に基づいてなされる。今日のわが国の刑事訴訟法では、その証明の程度として合理的な疑いを差し挟まない程度まで検察官が証明することが要求される。犯罪の事実について合理的な疑いを超える程度の証明がないときは無罪判決を言い渡さなければならない(刑事訴訟法 336 条)。しかし、裁判官にとっても、当該の証明が合理的な疑いを差し挟まない程度であるかどうかの認定はしばしば困難となる場合がある。また、とくに被疑者・被告人が犯罪事実を認める自白においては、自白の任意性および自白の信用性も問題となる。『范の犯罪』は戦前を舞台にしているとはいえ、このような点が作品の中で問題となっているのである。

　また、事実が客観的に定まって存在しており、また法解釈という作業によって正しいあるいは妥当な結論に至るという伝統的な考え方の背後には、法解釈によって真実が発見されるし、そして明らかになるという信念が存在している。しかし、客観的な事実というものが存在するのか、また客観的な真実が存在するのだろうか。本作品が示唆するように范の一連の行為のうち、どれが事実で真実であるといえるか。そうでなければ、客観的な事実や真実が存在するということすら解釈の所産に過ぎないのではないか[8]。

　伝統的に裁判所が事実をどのように確定しているかを再考する上では、つ

298　第Ⅲ部　《法と文学》と法的推論・法解釈

ぎの点は示唆的である。裁判所は，訴訟事件の紛争の事実を確定するものと考えられている[9]。しかし，「事実審裁判所の事実なるものは『データ』ではなく，『与えられる』ものではない。それらは，裁判所が『発見』してくれるのを，ちゃんと出来上った形で，何処かで待ち受けているといったようなものではない。より正確に言えば，それは事実審裁判所によって加工されるものであり——言ってみれば，証人の供述に対する裁判所の主観的反応を基礎として，裁判所によって『作られる』ものなのである」[10]。同様に，末弘厳太郎博士は，より端的に「事実認定は事実の選択・構成である」[11]と指摘された。かくして，事実は"確定的な"推測にほかならないわけである。すなわち，そこで裁判官や裁判所による，事実についての物語の(再)構築がなされているといいうるのである。事実を連続する出来事の中から選択して構成するには，事件や事実そのものについての発話者の物語が存在しなければありえないのである。

　伝統法学においては，法における物語の面は，法概念や法的判断といった解釈の側面が優先されるために，脇に置かれてきた感がある。法における語り(ストーリー・テリング)という側面が，伝統法学の立場においても，弁論やそれに基づいた審理などにあり，ナラティヴやストーリーの要素が考慮されてこなかったわけではない。法においても，紛争・事件の当事者は，何らかの物語を主張・抗弁という形で語らずにはいられない。まして，裁判官は，争いある物語の内から，ある物語を判決や法的判断として選択しなければならない。このように，法そして裁判というプロセスには物語が深く関わっているのである[12]。

　これに対して，「法と文学」は，ナラティヴ，つまり物語をすること(ストーリー・テリング)が法的実践や法的思考の中心的な仕組みであることを明らかにして，これに着目している[13]。この立場は，ナラティヴが裁判における事実や法解釈・法的判断といった面にも深く関係していると捉えており，そのゆえに，ナラティヴの観点から諸問題を解決しようとするのである。中心的ではなかったが，伝統法学においてもナラティヴの要素を避けて通ることはできなかっただけである。そうすると，むしろ法の本質はナラティヴ

（物語）ではないのだろうか。そう捉え直すことは，法をどのようなものとして理解することになるのか。

2　法の物語と隠された物語

(1)　志賀直哉『范の犯罪』

『范の犯罪』は，「故意と過失の微妙な境界問題という，刑法的主題を扱った」[14] 作品といえるのだが，それのみならず，法的カテゴリーや概念に沿うように，多様な現実の事実が構成されなければならない，つまり事実が再構成される，言い換えると事実が作られるという判断プロセスの性格を浮き彫りにしているように思われる。この作品においては，どのように殺害の意図や故意(未必の故意)，もしくは過失に関する物語が構築されたかが問題となる。

演芸人で法律には素人である范と，専門実務家である裁判官との間に「故意」や「過失」などについて果たして共通の理解があるのか疑問だが，范は裁判官に聴取され，両者のコミュニケーションは続けられる。故意があるといえるためには，行為者が構成要件に該当する事実を表象し，かつその事実の発生を認容したことが必要である[15]。

犯罪事実の表象と認容に関して，范はつぎのように自分の行為を説明する。自分らしい生活を願っているのであるから，殺害の動機や意図はありそうだし，それを実行に移す機会もある。それで，犯行に及んだのか。裁判長は范に「妻を殺そうと考えた事はなかったか？」と尋問する。

　　それでも范は直ぐは答へなかつた。そして，
　　「其前に死ねばいいとよく思ひました」と答へた。
　　「それなら若し法律が許したらお前は妻を殺したかも知れないな？」
　　「私は法律を恐れてそんな事を思つてゐたのではありません。私が只弱かつたからです。弱い癖に本統の生活に生きたいといふ慾望が強かつたからです」(『志賀直哉全集2巻』84頁，以下同じ)

300 第Ⅲ部 《法と文学》と法的推論・法解釈

　「(そして)一方で死んでくれればいい，そんなきたないいやな考を繰
返してゐるのだ。其位なら，何故殺して了はないのだ。殺した結果がど
うならうとそれは今の問題ではない。牢屋へ入れられるかも知れない。
しかも牢屋の生活は今の生活よりどの位いいか知れはしない。」(85頁)

　　　　　…… 中略 ……

　「たうとう殺したと思ひました」
　「それはどういふのだ。故意でしたといふ意味か？」
　「さうです。故意でした事のやうな気が不意にしたのです」(88頁)

　むろん，認容の存在や犯罪の表象のみならず，多くの場合，行為の動機や
行為に至る契機，犯罪の前後での態度，被害者との人間関係などが総合的に
判断されて，故意の有無が認定される。范は，従兄弟の紹介で，旅芸人で
あった妻と結婚したが，当初は普通の夫婦仲だった。その後，赤ん坊が結婚
8カ月目で生まれたことで，妻への疑惑が生じた。また，赤ん坊は，生まれ
てすぐに窒息事故で死んだが，その死についても疑念が残った。妻と従兄弟
との関係を許すことができず，また「赤児の死だけでは償いきれない感情が
残」った。「所が，妻が眼の前に出て来る。何かする。そのからだを見てゐる
と，急に圧へきれない不快を感ずる」という。他方，妻も范に対して同情的
ではなかったという事情があった。
　また，事件の前の晩にも，夕食のことで諍いをした後，妻を殺そうと考え
たが，決心するまでには至らず，煩悶して，夜明けを迎えたのである。むろ
ん，人の命を奪うことは禁じられていることだが，偽りの自分ではなく，自
らの良心に従って生きたいと思っている。良心に従うことは，彼が妻とのジ
レンマを物理的に解消する方向性をもつものである。とすれば，これが殺害
の意思もしくはそれを形成する一部と考えられなくもない。
　つぎに，裁判長は，范に対してなぜ事件の後，死骸の側に跪いて黙禱した
かを問う。

「それは其時，不図湧いた狡い手段だつたのです。皆は私が眞面目に
キリスト教を信じてゐると思つてゐる事を知つてゐましたから，祈る風
をしながら私は此場に処すべき自分の態度を決めようと考へたのです」
　「お前は何処までも自分のした事を故意であると思つてゐたのだな？」
　「さうです，そして直ぐ，これは過殺と見せかける事が出来ると思つ
たのです」(89頁)

　そうならば，故意を隠蔽する行為を演出したということになろう。これは
意識の表面の問題に過ぎないのか，あるいは意識の深層においては殺意が
あったといえるのか。
　未必の故意があるといえるのか。范は，昨夕，妻と些細なことで諍いをし
て，なかなか眠れず，舞台に立ってしまった。そのためもあって，演技にお
いて集中することができない。事件当日の演目のとき，不安定な精神状態に
あったといえるだろう。不安定な中で緊張を欠いて，ナイフを投げれば，標
的の妻に当たるかもしれないということを知っており，しかもその結果が発
生すればそうなってもよいという認容があるとも見られる。現に直前に投げ
た何本かのナイフは，いつのも位置からは少しずれて刺さった。そうである
ならば，未必の故意が成立する余地もある[16]。しかし，そうなっては大変
だと思っていたが，日頃の自信はなおあると思っていたのであれば，結果の
発生の認容がないから，意識的な過失にとどまると見る余地もあろう[17]。
　さらに，范の行為には，通常人から判断して，そうすることがまったく
もって無理がないといえる，つまり行為の非難可能性がないようなものだっ
たか。

　「私にはもう何処へナイフがささるか分らない気がしました。一本毎
に私は（よかつた）といふ気がしました。私は落ちつかう落ちつかうと思
ひました。然しそれは反つて意識的になる事から来る不自由さを腕に感
ずるばかりです。」(88頁)

302 第Ⅲ部 《法と文学》と法的推論・法解釈

　これは，不眠状態で，神経を集中することができなかったということであり，過失がありうるともいえる。不注意であったことを示すのに有力な事柄でもあるようだ。また，范が妻を「實際殺してやらうと思ふ事との間には未だ大きな堀が残つてゐた」と吐露するのは，日常でもよくあることであり，理性による抑止が働いているというべきだろう。

　発話者自身もよくわからない。また，過失や故意・未必の故意などの専門的な定義に従ったとしても，范の行為がいずれに該当するかを決めることは容易ではない。裁判官がどのようにしてその結論に至ったかは描かれてはいない。むしろ，この作品は故意や過失の定義や準則に従って認定することは困難であることを示しているのではないか。他方，発話者本人自身は素人であるから，本人自身が何についての尋問なのか，発言がどの要件に関わるとされるのかなどを知らなかったとしても，それとは関係なく，法は自分のカテゴリーや筋道に合うように故意なら故意として取り扱うことができる。法的に見て行為が過失か故意のいずれに該当するかを決めるのは，専門家である裁判官である。事実の認定そのものは，事件の物語の構築にほかならないのである[18]。

(2)　法解釈と物語

　法解釈・法的推論の限界について，古くからさまざまに議論されてきた。なぜ法的推論が答えを出す力をもっていないのかについて，つぎの指摘がある。一つには，法の個々のルールは曖昧で，不確定である。二つには，法ルールは同義反復的であり，また矛盾している場合がある。三つには，法ルールを用いることは，メタ・ルールを参照することを必要とする。そうすることによって，既存のルールを逸脱することがあるのである[19]。これらの理由によって，これまでの法解釈や法的推論は，決定することができない場合があるとされる。

　たとえば，民法709条(不法行為)という条文を適用する場合に，この条文のルールを理解する必要があり，要件としてあげられる故意・過失，権利侵害・違法性，損害や賠償などの法律用語や法概念の意味を知る必要がある。

しかし，これらのみならず，賠償責任の有無を決定するには，つまり709条という規範に意味を与えるには，事件の全体への物語が必要だと指摘されている。「この法規が意味をなすためには，『[暗黙に前提される]平穏な状況—平穏な状況の破れ(不法行為)—解決(損害賠償)』というプロット構造と，『故意』や『過失』(『意図』)によって『問題(損害)』を生じさせて不法『行為』を行う『行為者』と損害を被った『行為者』，またその状況(『場面』)，より成るある種の『物語』といってよいイメージを想起しないわけにはいかない，ということである。同時にその物語的理解には，行為への暗黙の『評価』(一方の行為者は『悪人』であり，他方は『善人』であり，その行為は『悪』であるから償わせるべきである……等々)といった童話や神話やお伽噺などにも共通の，『物語』に必須の構成要素が織り込まれているのである」[20]。

このことは，ほかでも，たとえば民法94条第2項の類推適用の場合においてもあてはまり，不実な表示の作出という物語が介在しなければ，同条は類推適用されないのである。また，つとに指摘されている民法21条の「詐術」の解釈についても同様である。

> ちょっと考えると「詐術」という言葉だけを引き離してその国語としての意義を明らかにさえすれば，この規定の解釈ができるように思われるけれども，本当のところは解釈家が無能力者保護の必要を大きく考えるか小さく考えるかで決まるのだ。つまり無能力者をあまり保護しすぎると相手になる一般人が迷惑するからなるべく保護を与えないようにすべきだと一般的に考えている学者は「詐術」という言葉の意義をできるだけ広く解釈して相手方の保護をはかろうとする。また裁判官としても眼の前に置かれた具体的事件において無能力者と相手方とそのいずれがより多く保護に値するかを考えて「詐術」の意義を決する。要するに「詐術」なる言葉の意義が先に定まるのではなくして，解釈家がこの規定の適用によって無能力者の相手方をどこまで保護すべきであるかを先に決めた上，その目的に合うように「詐術」の意義を決めるわけだ。[21]

304　第Ⅲ部　《法と文学》と法的推論・法解釈

　法律用語の言語的・言葉的操作を用いながら，「詐術」の意義はポリシーや政策など価値判断によって決められているというのである[22]。その判断の中に解釈者の主観が存在し，そこでは民法21条についての物語が構築され，それが判決という結論を決定しているのである。

　このように，条文やそれが示す要件の理解だけでは法の解釈や適用はできない。法の解釈とは，概念法学におけるように，与えられた法規の中に存在する意味を明らかにすることではなく，むしろ，当該の法規に「外から意味を付与する」こと，つまり，解釈者が意味を与える過程にほかならない[23]。意味を与えるとは，解釈者が法的な判断となる一つの物語を構築したことにほかならない。物語の構築とは聞こえはよいが，さまざまなレベルのものが現実には存在しよう[24]。

　前述の志賀作品の検討から示唆されるのは，法とストーリーに関して，第一に，法もしくは法的判断・判決がストーリーないしは物語から成っていることである。第二に，法的判断・判決のためには，裁判官などは事実を再構築，つまり，ストーリーを構築しなければならないということである。あるいは裁判官は，あるストーリーを自分自身で構築したということである。第三に，法の世界では，「無罪」と書いたように，裁判官の物語が最終的には通用するということである。ほかのストーリーは否定されたか，採用されず無視されたのである。そして，裁判官のストーリーが説得力をもっているかどうかである。別のストーリーが存在しうるし，たえずどの物語が説得的かが判断される必要がある。「法と文学」の中でも，このようなナラティヴを重視する立場では，法をたんに規範や社会的ポリシーの集合体と見るのではなく，ストーリーや説得・説明など言語的な要素，それにレトリックなどを含むものとして，法を見る。この方法においては，むろん法は本質的にナラティヴである。

　では，法はどの意味においてナラティヴであるのか。ナラティヴとは物語をすること(ストーリー・テリング)をいう。ナラティヴの考え方によれば，物語には，プロット，読者の動機や特徴など読者の関心，語り手の視点，それにジャンルの四つの属性がある[25]。その考えから，第一に，本人を含めた

当事者，それに証人，そして裁判官がそれぞれの語りをもっていることが認識される。座長や助手はそれぞれの視点から范を観察して人物を構成しており，范も自分自身を構成して理解しようとしている。裁判官も，証人たちや本人から聴いたストーリーによって范という人物や彼の行為をナラティヴして，事件の物語を再構築しようとしているのである。

　それぞれの語りは，それぞれの人の観点から切り取られて，個別に理解された，范という人物に関するストーリーである。それらは，取捨選択された事実や出来事によって，個別に再構成されているものである。なかでも裁判官という有資格者の物語や語りこそが，司法においては，最終的に有効かつ権威的な物語として通用するのである（上訴での否定・修正を除く）。

　第二に，法においては，ストーリーは，他者を説得するために，また，議論をするためになされるといえる。依頼者・被害者が自分が受けた被害や事件について語る。警察や検察官がそれを聞き，事件の物語を形成する。裁判所では，審理の中で検察（被害者）側のストーリーとこれに対する加害者（被告人）や弁護人側のストーリーが語られる。裁判官は，判決するときに，この事件のストーリーを再構成し，これに基づいて，結論を出すのである。このように刑事事件においては，被害者・検察側，被告人側，裁判官の，少なくとも三つの物語が存在しているのである。これらのストーリーは，ほかのストーリーを説明したり，また反駁したり，補強したり，賛同したりするなど，法的な議論として出され，また他者を説得するために語られるのである。ここでは，ストーリー・テリングは，議論であり，またそのような役割をもっている。

　第三に，法の物語性が意味するものとして，ストーリーと法的議論や理論との関係を見直すことになる。その場合，なかでも裁判官や検察官，弁護士それに訴訟当事者たちが，裁判におけるストーリーを作り，形成し，また使用する，それぞれの異なったやり方が分析されることになろう。とくに裁判においてある特定のストーリーがなぜ問題なのかを検討したり，また，特定の事柄を述べるのに使われた法廷意見でのレトリックを分析することになる。さらに，法がどのように発見され，また裁判官がどのように命令するかを検

討するのではなく，当該の判決や法的判断がどのように構築されるかを吟味する点が主要な課題となりえる[26]。

3 物語を裁く

では法解釈するとはどのようなことか。また，それは何に依存しているのか。これまでからも明らかなように判決は法的推論(法解釈)によって基礎づけられていない，ないしは，決定されていないという見方が現実に沿った見方であろう[27]。判決の究極の基礎は幅広い諸々の要因を含んだ社会的，かつ，政治的な判断にほかならない。法解釈や法的判断には，末弘博士の「一切一時」やフランク判事らの「直観」，そして近年の価値判断・ポリシー判断などがたえず存在しているのである。そうだとすれば，私たちは法解釈・法的判断が主観に過ぎないものであり，客観的・科学的なプロセスではないというペシミズムやシニシズムにただちに陥らねばならないのか。この点で，法的な議論に大きな影響を与えているのは，そうした言葉や言語的操作や意味解釈的問題ではなく，その前提や背後に存するナラティヴ・物語ではなかろうか。

それでは物語やナラティヴにはどのような意義や役割があるか。その範囲は幅広く多様なので，ナラティヴ・ジュリスプルーデンスと呼ばれるものにどのような役割と意義があるかをすべてあげることは難しい。法自体も一つの大きなナラティヴであるとも見ることができるし，法理論や法の見方それ自体もメタ論的にナラティヴとして把握されることもある[28]。

第一に，ナラティヴには，語りによる喜びや面白さをもたらす機能がある。語りによって，現実や世界の新しい転回がもたらされる。それはまた，世界を支配しようとする欲望であり，真理を解き明かすものであるという。さらに，他者を理解する可能性をもたらすのである[29]。人間やその行動に対する洞察を改善することになろう。

第二に，小説や物語が，社会規範を内面化する，強力な装置であるとも指摘されている。たとえば，おとぎ話でさえ少女に女性のあり方や役割を教え

ている[30]。他方，この面のナラティヴは，社会に対する批判の仕方も教える役割をもっている[31]。また，社会の現状を描いた作品が現実を変えうることは，黒人奴隷解放問題や南北戦争などへ影響を与えたストウ夫人の『アンクル・トムの小屋』(1852年)の例でも知られているし，トニ・モリスンの『青い眼がほしい』(1970年)は社会や制度のみならず，美醜などの価値観すらも支配しているのが白人の価値やモラルであることを想像力に訴えかけることによって明らかにしている。このように，社会的な弱者，セクシュアル・ハラスメントなどに見られる女性の置かれた立場や地位，犯罪被害者やその側の窮地や，さらには社会に潜んでいる多くの顧みられない経験を暴露する役割をもっている[32]。このように，ナラティヴにはこれまで無視された，あるいは新しいストーリーや経験を掬い上げるなどの役割がある。

　第三に，ナラティヴにはモラルを改善するという役割がある。たとえば，法は一般的カテゴリーの中に，多様な現実や状況をあてはめることになるから，一方に偏したり，中立を害するようなことを嫌うので，感情移入や同情を助長しない。この点で，ナラティヴは他者への感情移入，とくに同情を通じて法を是正する力をもつという見方がある[33]。わが国の法学でも，「とくに人がこうして物語として自分の経験した出来事を語るとき，必ずそこには道徳的な評価が織り込まれてくるのであって，法は直接にその人々の生活空間を貫通している規範と接触することになる」という指摘がなされている[34]。このように，ストーリーは理性的議論をもたらす説得力をもっている。他方で，ストーリーは法的議論が理性的な分析であるというような，受け入れられている前提を疑問視する。これまでの解釈方法では，人間のリーズニングの本質を捉え損なっていると思われる[35]。

　つぎに，どのようにナラティヴを法解釈において生かせるかを検討する。第一に，法解釈や法的推論が法的結論を得るために用いられていないという点である。これは，つとに1930年代のリーガル・リアリズム(法現実主義)運動においても指摘された。たとえば，J. フランク判事はつぎのようにいう。「もし，法が裁判官の判決から成り立っているならば，そしてもし，それらの判決が裁判官の勘に基づいているならば，結局，裁判官がどのようにして

彼の勘を得るかということが，裁判過程を理解するための鍵となる。裁判官の勘を生み出すものこそが，法をつくるのである」[36]。

これまでの議論からも，社会問題や判決など法的解決が求められる法的判断や法解釈が，先例や制定法のような権威的なテクストの上に立って，客観的な議論を経て，真実に至るような結論を得るという判断がなされているものではないことが明らかといえよう。

第二に，法的思考の性質を考慮する必要があることである。そこにナラティヴの役割がある。法や法学には，自然科学の隆盛に伴って，社会科学として科学でなければならないという要請もしくは期待があった。たとえば，自然科学の思考様式は，パラダイム様式と呼ばれるものであるが，これは仮説と検証による証明を経て，真理(真実)であることを証明する様式である。そこには，客観的な事実や真理の発見がある[37]。

しかし，自然科学を類推して，法の科学性を強調するには，法学では仮説や検証がなされにくいし，無理がある。それは端的に，法学の思考様式が，自然科学のそれではなく，つまり真実ではなくて，真実らしいという領域にあるものを問題としている可能性が高いからではなかろうか[38]。この実践知や実践的推論が妥当する領域においては，物語をすることによって，理解をし，それによってある事柄が真実らしいということを信じるに足りるまでに確信を高めることが主要な課題である。物語・ナラティヴによってリアリティを構築するのが主眼であって，真理は不存在か不明な場合である。この領域の法的推論では，ストーリーが理性的な議論の限界を超える説得力をもっていることを認める必要がある[39]。このように，実践的推論もしくはナラティヴ様式とは，真実らしいと理性的に決定できる思考様式である。

このように法的推論の様式からも，ナラティヴに着目するのは，物語をすることが，法の本質的な要素であると考え，また，それが個人や社会の具体的な経験や，ほかの者たちの声を組み入れる重要な機能——そしてそれは法的判断のまさしく前提となるものである——をもっているからである。この面こそは，多数が前提とする議論に対置される議論やストーリーを提供する大切な機会をもたらすのである[40]。それゆえに，「法と文学」がそれについ

て果たすであろう役割はけっして小さくはないといえよう。

　第三に，裁判所や裁判官が採用した物語のみが通用するということの問題が浮き彫りになる。法解釈も，言葉とその操作によって成り立っている。しかし，まず，制定法や判例などの法的テクストには，ほかのテクストとは区別され，客観的や科学的であるとか，また真実や一貫性などの特徴があるとされてきた。つぎに，有資格者である法律専門家が，先例や制定法のテクストや文言を解釈するとなれば，本来そこに曖昧なものでも，確定的な答えが得られそうだと考えられがちである。つまり，そこでは公式の物語が特権化されるのである。こうして特権化されたテクストは，法律専門家の間で扱われることになる。裁判官や検察官，弁護士などの有資格の専門家が扱ったテクストや，彼らの口や書類から語られる物語は，権威あるものとして取り扱われることになる。

　そこで特権化が行ってきたものを見直して，暗い闇の判断プロセスをより明らかにして，説得的で，分析的・知的なものへとすることが必要であろう。まずはそれが唯一で客観的なものであると考えないことが重要となろう。別の物語も十分存在しているのである。むしろ，なぜその物語が採用されたかを考えること，そして分析することが肝心である。物語をする意義はここにある。

　裁判官や裁判員たちは，彼らが真実のストーリーと信じるものをどうやって決定するのか。また，裁判をストーリー・テリングと捉えることによってつぎの規範的問題が生じる。裁判官は，どのように客観的あるいは真実の，そして，唯一のストーリーを手に入れることができるか。また，物語の多様性や複数性は裁判や法の客観性を損なわないだろうか[41]。

　第四に，曖昧なものや不確定なものが，法解釈という専門的プロセスを経れば，つぎにはそれが確定的な答えに変換されるというのは，誰の目にも不思議であろう。たとえば有責配偶者にも離婚請求を認めるべきか，あるいは，猥褻をめぐる判断や，生命倫理の問題など，社会の中でも意見が分かれていたり，またそれらの前提そのものに争いがあるなど，困難な事件の場合には，法的判断のプロセスは，ポリシー・政策や価値判断，道徳的判断あるいは政

310 第Ⅲ部 《法と文学》と法的推論・法解釈

治的判断を取り込むことによって，確定的な答え（判断）であることを装うプロセスとなるのである。

裁判所のとった立場や判決も一つの物語に過ぎない。そのため，物語の多様性から，なぜ裁判官は当該のストーリーを採用し，ほかを否定したり，採用しなかったのかを考察することが重要となる。つぎのような指摘がある。「最終的にその解釈が受け入れられるかどうかは，端的に解釈そのものの持つ説得力に依拠せざるを得ないのである。この説得に関わるのが物語である」[42]。物語の構築から見れば，裁判官も小説家である。

客観的な事実や法的結論が（ただ一つ）存在するというのではなく，相争う物語，別のストーリーが存在することを認識することが必要である。これは裁判所や裁判官によってすら不確定なもの（判決）がなぜ通用するのかを問題とすることでもある。それは，いうまでもなく権威的な力，つまり政治的な権力から派生する司法の権威を背景にしているから，通用するのである。そしておそらく裁判というものは，正しい結論であるか否かは別として，有期限の中で紛争に何らかの解決を与えるシステムである。

お わ り に

明治以降の西洋近代法の継受過程において，わが国の法も近代という大きな物語に沿うものと考えられた。この見方は法についての考え方や法解釈にも大きな影響を与えてきた。法はさまざまな規則やカテゴリーなどで抽象的，機械的かつ専門的であり，しかもそれは理性的な判断の上に立っており，法解釈の客観性や適用の一貫性に貫かれていると見られている。そこでは，私たちが理性的であると同様に直観的また感情的でもあるにもかかわらず，形式的に差異は解消され，多様な見方や人は同一のものへと還元された。この意味では，「法と文学」は，わが国の近代法という大きな物語が無視してきたもの，取り込んでこなかったものを洞察することに有益である。

第一に，法は語り（ストーリー・テリング）の一つの形式に過ぎない。ナラティヴは法的判断に固有であり，また本質的である。このナラティヴとして

の面を今一度見直すことによって，新しい法学や解釈の在り方を探る必要があろう。制定法や条文，判決例それに学説などの法学テクストだけを扱って何らかの法的答えや法的判断を出しうるという時代は終わった。また，法についての学問的批判を知る必要があり，法学の伝統に縛られた見方や考え方を改めて，多様な見方と機会を与えて，幅広い視野を得る必要がある。

第二に，ナラティヴは，事実認定のみならず，法的判断・法解釈にも存在する。ナラティヴはつねにフィクションであるのではない。また，権威とされる先例や法規範もこのナラティヴによって構成されているのである。法とナラティヴは不可避的に関連している。

第三に，たんに法的思考や法的判断を価値判断や主観や直観に基づくものとしただけでは，法解釈や法そのものに対してシニシズムや否定論を生み出すだけであろう。そこで，法の本質としてのナラティヴに着目することによって，どうやって私たちが物語を形成しているか，それには何が必要かをもう一度考察してみる必要ある。「法と文学」は，ナラティヴそのものや，伝統的なストーリーと並んで別の物語がありえることを教えることによって，判決や法的判断の前提となっている人間理解そのものに寄与するといえよう。

もう一つの物語がありえること，そして選んだ物語があることを認識していること，つまり多様な，また隠れた物語や見方が存在している可能性を考慮することは，法律問題はじめ法学や法規範・ルールの意義を洗練させて，結果として，法の実践や法制度のパフォーマンスの向上に寄与することが期待できる。

（注）
1) Robert A. Ferguson, "Story and Transcription", 37 Yale J. Law & Humanities 37 (1994).
2) 小室金之助「法と文学に関する一考察」創価法学 36 巻 2 号 (2006 年)，6-7 頁はこの点での課題を指摘する。本章はその一端に答えようとするものである。
3) 初出は白樺大正 2 (1913) 年 10 月号，後に『志賀直哉全集 2 巻』(岩波書店，1973 年)，73 頁以下に収録。
4) 作品については，伊藤氏貴・川上拓一・中村文則「(座談会)文学的模擬裁判」文学

312 第III部 《法と文学》と法的推論・法解釈

界 2009 年 7 月号, 156 頁; 小川竜紀「或る殺意の言説——志賀直哉の場合」九大日
文 5 号(2004 年), 207 頁; 小林秀雄「志賀直哉」小林秀雄全集第 1 巻(新潮社, 2002
年), 152 頁, 同「志賀直哉論」同全集第 5 巻(新潮社, 2002 年), 323 頁; 広津和郎
「志賀直哉論」『現代日本文学大系 46 巻・宇野浩二・広津和郎集』(筑摩書房, 1971
年), 380 頁; 中村光夫「志賀直哉」『中村光夫全集 4 巻』(筑摩書房, 1971 年), 463
頁。「范の理性は, 法律上の物的証拠よりより深い人間的心理の現実, その真実に
向って働いている」と見るのは, 宮本百合子「作家のみた科学者の文学的活動」『宮
本百合子全集 11 巻』(新日本出版社, 1980 年[初出・1937 年]), 225 頁など参照。

5) 作中には大勢の観客とともに警官も演技を見ていたとあるが, これは風俗監視であ
ろう。

6) 『志賀直哉全集 2 巻』(前注 3), 91 頁(以下, 本文の引用頁も本書による)。なお, 事
件現場に裁判官が一人で赴き, 関係者から事件の内容を聴取した後, その場で即決で
無罪という判決を出しているので, 志賀の描く裁判は, 「おそろしく簡単な法廷」(須
藤松雄『志賀直哉の文学』(南雲堂桜楓社, 1963 年), 109 頁)であり, この点を疑問視
する批評もある。無罪判決をおかしいと指摘するのは, 本多秋五『志賀直哉・上』(岩
波新書, 1990 年), 108 頁など。ただし, 井上良雄「芥川龍之介と志賀直哉」高橋春
雄ほか編『現代文芸評論』(双文社出版, 1973 年[初出・『磁場』1932 年 4 月号]), 37
頁は, 「この『犯罪』は最早, 人間の如何なる後悔をも懲罰をも越えた, いはば人間
の内部に潜んでゐる自然力そのものの『犯罪』なのだ」として, 裁判官が無罪判決を
書いたのもこのゆえであるとする(同 39 頁)。上田穂積「『正義派』・『范の犯罪』——
響きあうコトバ」国文学・解釈と鑑賞 68 巻 8 号(2003 年), 126 頁, 130 頁も, 無罪
と書いた点に作者志賀の意図があったと評価している。しかし, ここに描かれている
裁判は, 戦前まで存在した予審判事による取調べと手続であり, 予審判事は, 裁判に
付すべきかどうかを判断する権限をもっていた。予審制度については, 小野清一郎
『刑事訴訟法講義』(全訂第 3 版, 有斐閣, 1933 年), 388 頁; 宮本英脩『刑事訴訟法大
綱』(松華堂, 1936 年), 334 頁など参照。

　また, 「無罪」と書いたとあるのは, 通常の刑事裁判に付さない, つまり免訴とい
う判断を表したものであろう。

　本作品が書かれたのは大正 2(1913)年であるが, 時期からすれば, 現実には(新)刑
法(明治 41・1908 年施行)が適用されているはずだが, 謀殺や故殺の用語が用いられ
ている点からすると, まだ旧刑法(明治 13 年施行, 明治 41 年廃止)が適用される設定
となっている。旧刑法下では, 謀殺は死刑, 故殺は無期徒刑。故殺には, 今日の過失
を含む場合があるとされる。なお, 謀殺・故殺は(新)刑法には存在しない。

7) 「制定法の規範命題を事実に適用するとされる裁判官の『法適用』という裁判過程の
中核部分にも, 物語が深く侵入している」とするのは, 北村隆憲「法の物語と紛争の
語り」法社会学 60 号[法と情動](2004 年), 64 頁。

8) たとえば F. ニーチェは「『これこれのものはこうであると私は信ずる』という価値
評価が, 『真理』の本質にほかならない」(F. ニーチェ『権力への意志・下』(原佑訳,
ちくま学芸文庫, 1993 年), 45 頁, 原文傍点は省略), 「多種多様の『真理』があり,

第7章　法のナラティヴと法的推論　　313

したがっていかなる真理もない」(同 75 頁)などと述べている。

9)「裁判所は当事者の行為をありのままに，客観的に確定する——つまり，訴訟になる前に当事者のしたこと又はしなかったことを，それらの事実が一定の法規の遵守又は違反と関連する限りにおいて，発見するものと考えられている」(J. フランク『裁かれる裁判所・上』(古賀正義訳，弘文堂，1960 年)，23 頁)。

10)　同上，36 頁。ただし，日米の制度の違いはある。

11)　末弘厳太郎『法学入門』(第 2 版，日本評論社，1980 年)，97 頁。

12)「『物語』は……，証拠による，証拠によらない膨大な事実の断片を裁判が可能なように迅速にまとめる『社会的』枠組なのであり，われわれの物語能力なしには，裁判はそもそも考えられないものなのである」(小野坂弘「物語と裁判」法社会学 60 号[法と情動](2004 年)，38・39 頁)。なお，北村隆憲「法の物語と紛争の語り」(前注 7)，59 頁；L. ベネット＝M. フェルドマン『法廷における〈現実〉の構築——物語としての裁判』(北村隆憲訳，日本評論社，2007 年)；北村隆憲「『法社会学』と『物語』の概念」東海法学 7 号(1991 年)，71 頁など参照。

13)　Peter Brooks, "The Law as Narrative and Rhetoric", in Brooks & Paul Gewirtz eds., *Law's Stories: Narrative and Rhetoric in the Law*, 15-16 (1996). ナラティヴ・ジュリスプルーデンスの立場では，ナラティヴのほかにレトリック(修辞法)が扱われるが，法や判決もレトリックをまぬかれない。「法と文学」の立場からは，J. B. ホワイト「レトリックと法」現代思想 14 巻 6 号(永井均訳，1986 年)，128 頁など。この面の検討は別の機会を得たい。

14)　長尾龍一『文学の中の法』(新版，慈学社出版，2006 年)，131 頁。

15)　団藤重光『刑法綱要総論』(増補，創文社，1972 年)，214 頁；藤木秀雄『過失犯の理論』(有信堂，1969 年)，100 頁以下；岡野光雄「故意」『現代刑法講座 2 巻』(成文堂，1979 年)，299 頁ほか。

16)　竹田直平「未必の故意」平野龍一・福田平・大塚仁編『刑法演習〔刑法総論〕』(有斐閣，1969 年)，104 頁など，また判例の動向につき，平川宗信「故意」『判例刑法研究第 3 巻』(有斐閣，1980 年)，75 頁など。

17)　范の故意の有無を知るには，作品の背景や作者の意図を知るのが近いだろうか。作者の志賀直哉がこの作品を書いた当時，いわゆる「神なき自我の肯定」や「自己中心主義のピーク」(本多『志賀直哉・上』(前注 6)，103 頁など)の時期にあったことが作品の背後にあることが指摘されている。志賀自身はつぎのように述べている。「私の近い従弟で，あの小説にあるやうな夫婦関係から自殺して了つた男があつた。私は少し憤慨した心持で，どうしても二人が両立しない場合には自分が死ぬより女を殺す方がましだったといふやうな事を考へた。気持の上で負けて自分を殺して了つた善良な性質の従弟が歯がゆかつた。そしてそれに支那人の奇術をつけて書いたのが『范の犯罪』である」(志賀直哉「創作余談」『志賀直哉全集 8 巻』(岩波書店，1974 年)，9 頁)。

18)　裁判官が「事実を見て，原告を勝たすべきであるという結論を出す。それを出すについては……その法律論をやるのに逆に便利のように多少事実を修正する」ことを指摘するのは，吉川大二郎(発言)「《座談会》民事判例研究の課題」法律時報 34 巻 1 号

314 第Ⅲ部 《法と文学》と法的推論・法解釈

(1962年)，30-31頁；川島武宜『科学としての法律学』(弘文堂，1964年)，222-223
頁参照。棚瀬孝雄『権利の言説——共同体に生きる自由の法』(勁草書房，2002年)，
155頁以下，とくに158頁は「事実が結論に合うような形で語られうることが，この
ような裁判の正当化の形式を維持しつつ現実妥当性を確保していくことを可能ならし
める」という。また，裁判官は事件・事実を自分の色の物語に書き換えるというのは，
Richard H. Weisberg, *Poetics: And Other Strategies of Law and Literature*, 17
(1992). むろん，現代の刑事裁判において事実認定が困難を伴うものであることは，
木谷明『事実認定の適正化——続・刑事裁判の心』(法律文化社，2005年)，第1章な
ど参照。

19) David Kairys, Legal Reasoning David Kairys ed., *The Politics of Law* 11 (1982);
Joseph W. Singer, "The Player and the Cards: Nihilism and Legal Theory", 94
Yale L. J. 1, 10 (1984); フランク『裁かれる裁判所・上』(前注9)，23頁。

20) 「ある『事実』に法が『適用』される前に，適用すべき法規自体が或る物語(のイ
メージ)によって初めて理解可能となるということである。換言すれば，一般的な法
規の理解可能性は，『具体的』な物語イメージに依存しているということである。
……『法の適用』と呼ばれているのは，法の抽象的な文言を事実に適用(包摂)する論
理操作というよりも，法規に潜在する『物語』と物語的に構成された『事実』との間
で，両者の整合性をすりあわせていく思考操作と考えられることになるだろう」北村
隆憲「市民による正義の実現と法廷における物語——訳者のあとがきにかえて」ベ
ネット＝フェルドマン『法廷における〈現実〉の構築』(前注12)，250頁。

21) 末弘『法学入門』(前注11)，107-108頁。無能力者は制限行為能力者に改正。

22) このように術語の意味は曖昧にならざるを得ないが，法的判断の不確定性を補完す
るものとして，モラル，政治理論などがある。Daniel A. Farber & Suzanna Sherry,
"Legal Storytelling and Constitutional Law", in Brooks & Gewirtz eds., *Law's
Stories*, note 13, at 41.

23) いわば法テクストにおける「読者の誕生」である。加藤一郎「法解釈における論理
と利益衡量」同『民法における論理と利益衡量』(有斐閣，1974年)，19頁。とくに棚
瀬『権利の言説』(前注18)，163頁は，「要件に対応する事実の主張と，それに効果を
結びつける規範的な評価[は]……現実には，そのいずれも全体化を通じて意味を獲得
する物語として行われ」るという。

24) つぎの指摘もある，法的思考では「特定の目的のために最も効率的な手段が探求さ
れたり，逆に入手可能な手段との関係で実施可能な政策目標を絞り込んだりという具
合に，目的—手段図式が前面に出やすい。当事者同士の妥協・調整によって当面の問
題をとりあえず解決しようとする場合，そもそも関連するルールがなかったり，棚上
げされたりすることも多い。関連する過去の事実の存否についても結論についても灰
色の決着が選ばれることもある」(毛利康俊「法的思考と司法的裁定」深田三徳・濱真
一郎編著『よくわかる法哲学・法思想』(ミネルヴァ書房，2007年)，135頁)。

25) Guyora Binder & Robert Weisberg, *Literary Criticisms of Law*, 209 (2000); J.カ
ラー『文学理論』(岩波書店，2003年)，122頁以下。

第7章　法のナラティヴと法的推論　　315

26) Paul Gewirtz, "Narrative and Rhetoric in the Law", in Brooks & Gewirtz eds., *Law's Stories*, note 13, at 3.

27) David Kairys, "Law & Politics", 52 Geo. Wash. L. Rev. 243, 244, 247 (1984); Farber & Sherry, "Legal Storytelling and Constitutional Law", note 22, at 39.

28) たとえば，小野坂弘「物語と意義と構造(一)(二)」法政理論 29 巻 4 号(1997 年)，1 頁，5 頁；同 30 巻 2 号(1997 年)，1 頁は，三つの意義をあげる。物語が「人間のリアリティ・現実・経験を生き生きと伝える」，法原理・制度・理論に反映されていない「忘れられた人々」の思いを伝えて「共感を喚起する」，断片的な言葉や証拠・証言をまとめるという物語の整合性によって，正しい答え・判断を可能にする，と見る。

29) カラー『文学理論』(前注 25)，136-137 頁。

30) Maria Aristodemou, *Law and Literature: Journeys from Her to Eternity*, 160-162 (2000).

31) カラー『文学理論』(前注 25)，138 頁。

32) Martha R. Mahoney, "Legal Images of Battered Women: Redefining the Issue of Separation", 90 Mich. L. Rev. 1 (1991); Mari J. Matsuda, "Looking to the Bottom: Critical Legal Studies and Reparations", 22 Harv. Civil Rights-Civil Liberties Law Review 323 (1987); Matsuda, "Public Response to Racist Speech: Considering the Victim's Story", 87 Mich. L. Rev. 87 (1989); 江原由美子「セクシュアル・ハラスメントのエスノメソドロジー」好井裕明編『エスノメソドロジーの現実——せめぎあう「生」と「常」』(世界思想社，1992 年)，111 頁など。また，近年，わが国においても裁判員制度はじめ犯罪被害者やその側の声を刑事裁判過程に反映させる制度が設けられている。なお，H. ゼア『修復的司法とは何か——応報から関係修復へ』(西村春夫ほか監訳，新泉社，2003 年)など。また，ラフカディオ・ハーン『停車場で』などの作品は修復的司法の例といえよう。

33) Lynne Henderson, "Legality and Empathy", 85 Mich. L. Rev. 1574 (1987). ナラティヴや物語が法を道徳的に改善するという見方に通じる。Weisberg, *Poetics*, note 18 at 46 & 212-213; Martha Nussbaum, *Love's Knowledge: Essays on Philosophy and Literature* (1990); Robin West, "Jurisprudence as Narrative", 60 N. Y. U. L. Rev. 145 (1985).

34) 棚瀬『権利の言説』(前注 18)，159 頁。

35) ストーリー・テリングについて，Farber & Sherry, "Legal Story Telling and Constitutional Law", note 22, at 42.

36) J. フランク『法と現代精神』(棚瀬孝雄・棚瀬一代訳，弘文堂，1974 年)，166 頁。フランクは，ハッチソン判事の論文の「裁判官は，実際は判断によってではなくて感覚によって，推論によってではなくて勘によって，判決を下しており，このような推論は判決意見の中にのみ現われる。判決への極めて重要な動機づけの衝動は，ある特定の事件において，何が正しく何が誤りであるかについての直観である」(同 165 頁)を引用している。

37) リアリズム法学では否定的もしくは懐疑的であった。「我々は『法の科学』"legal

316 第Ⅲ部 《法と文学》と法的推論・法解釈

science"とか『法の科学』"science of law"とかいった概念に終止符を打たなければならない」(フランク『裁かれる裁判所・上』(前注9), 305頁)。また,「自然科学を類推することにより『法の科学』を樹立しようとする試みは挫折する」(同上, 307頁)。なお,わが国でも,戦後法解釈論争で議論された。来栖三郎「法の解釈と法律家」私法11号(1954年);碧海純一「戦後日本における法解釈論の検討」谷口知平編『法解釈の理論・恒藤先生古稀祝賀記念』(有斐閣, 1960年), 45頁など。

38) 実践的推論については, 田中成明『法的思考とはどのようなものか──実践知を見直す』(有斐閣, 1989年), 1頁および27頁以下, また「法的思考の現在」(法哲学年報, 1991年)の諸論考, 林田清明『《法と経済学》の法理論』(北海道大学図書刊行会, 1996年), 亀本洋『法的思考』(有斐閣, 2006年), 1-124頁。またナラティヴ様式もしくは物語パラダイムについて, 石前禎幸「物語としての法」思想777号(1989年), 64頁を参照。

39) Farber & Sherry, "Legal Story Telling and Constitutional Law", note 22, at 42.

40) Brooks, "The Law as Narrative and Rhetoric", note 13, at 16.

41) Gewirtz, "Narrative and Rhetoric in the Law", note 26, at 9.

42) 棚瀬『権利の言説』(前注18), 162頁。なお「法は説得の技術であ」るというのは, ホワイト「レトリックと法」(前注13), 134頁。

第8章　意味の所有権[1]
——《法と文学》の法解釈論・法的推論——

　なに，あれは眉や鼻を鑿で作るんじゃない。あの通りの眉や鼻が木の中に埋っているのを，鑿と槌の力で掘り出すまでだ。まるで土の中から石を掘り出すようなものだからけっして間違うはずはない

——夏目漱石『夢十夜』第六夜

　ハンプティ・ダンプティがいかにも軽蔑した調子で言います。
　「僕が言葉を使うときはさ，言葉は僕がそれに意味させるつもりで選んだものを，ぴたりと意味するんだ——まったく同じ意味にね」
　アリスは言いました。
　「問題は，あなたがそんなに多くの違ったものを言葉に意味させることができるのかということじゃないかしら」
　「問題はだね，僕か言葉か，どっちが主人であるかってことだよ——それだけさ」とハンプティ・ダンプティが言いました。

——ルイス・キャロル『鏡の国のアリス』

は じ め に

　テクストの意味を決定しているのは何か。まず，伝統的に法学は判決に至る裁判(司法)過程を中心とする学問と捉えられてきた。その中心は法解釈であるが，法律や判例などの法テクストから意味を抽出する作業である。この裁判過程(リーガル・プロセス)は理性的な検討のプロセスと結果であると考えられている。法学をこのような考えと態度として見ることの問題点を明らか

318　第Ⅲ部　《法と文学》と法的推論・法解釈

にする。

　つぎに，伝統法学の法解釈(論)では解釈や判断の客観性・中立・公正など
の価値や美徳が尊ばれる。これらはどのようなメカニズムや方法によって可
能なのか。とくに「意味の所有権」という考え方が前提とされていることを
明らかにして問題を浮き彫りにする。これは，伝統的法解釈における法的表
現が，ともすれば専門用語に満ちた言葉の操作ないしはゲームのように見え
ることの背景を明らかにすることでもある。

　さらに，「法と文学」は法解釈や法的推論にとって，どのような新しい見
方や理論を示すことができるかを検討する。とくに法的推論においてこそ，
法学をより広く社会や文化などの一部として見る「法と文学」研究が必要で
あり，また「法と文学」の多様な視点や分析が有用であることを明らかにす
る。

1　客観性フェティシズム

(1)　法学テクストと読み・言語

　伝統的に法学は司法過程を中心とする学問と捉えられ，その中心は理性に
基づいた詳細で丹念な吟味や類型化などを経て法的な結論に至るプロセスで
あるとされている。その背景には裁判過程(リーガル・プロセス)は理性的なも
のであり，政治過程や経済などその他の科学や学問とは関係ないものという
前提がある。法解釈の基本的な前提と内容はつぎの引用文がうまく言い表し
ている。

　　　法の解釈をしているときの気持ちとしては，自分の解釈には自分の主
　　観，自分の意志が交じつていないで，自分の解釈によつてえられた判断
　　は，客観的な法規の認識の結果であるように考えているのが普通であ
　　る。[2]

　第一に，法規を前提としてそれを事件・事実に形式的に適用することに

よって，解釈者個人が行った判断から客観的な答えが出てくると考えられている。そして，法テクストには，すでに作者(立法者や裁判官ら)の意味が付与されているから，これを後の裁判官や解釈者が私心をまじえず，明らかにしているに過ぎないと見ているのである。そして，解釈やそれに基づく法的判断に客観性があると信じているのである。むろん，判決や法的判断が解釈者個人の主観的な判断では困るのであるが，主観的ではない解釈を目指すことは恣意的な解釈を防いだり，また司法上の権威的に正しいとされる解釈に従わせるものでもある。また，これは裁判所による解釈を一定の方向に束ねる役割をもっているし，先例とされるルールや判例に沿って解釈できる者が優秀な法解釈者と評価されることにもなろう。

　裁判においては「客観的事実の発見と，客観的な存在である法の適用によって『客観性のある結論』を導き出すべきことが，裁判官に期待されている」。このように法解釈の客観性や中立公正性，そしてそれらに基づいた適用の一貫性は，現代においても伝統的法解釈学における主要な目標としてしばしば強調されている[3]。ところで，自分の解釈によって得られた判断が客観的な法規の認識の結果であると検証する方法や根拠はどこにあるのか。

　第二に，先の引用文には伝統的な法解釈における，法学テクストおよびその作者と読者との関係も示唆されている。つまり時間的に先に書かれた条文や先例などの法テクストの意味を，後の解釈者が探して解明することが前提とされている。言ってみれば，後世の解釈者は先人が書いた法テクストに従うに過ぎないのである。解釈が客観的なものであることを示す，もしくは(他者にそうと)信じさせる大きな理由は，解釈者がその主観に基づいて判断しているのではなく，すでに作者によって作られた意味を法学テクストの中に発見したり，読み込んだりしているに過ぎないとすることである。裁判官はじめ法解釈者たちは虚心坦懐に条文や判例のテクストの意味を解き明かしているというわけである。しかし，判決にあたっては，重要な事実を取捨選択し，判断の論理や先例との一貫性を保ったように見せて，それにさらに権威を付与しているのではないか。

　第三に，法解釈もコトバに依存している。そもそも法は言語から成ってい

320 第Ⅲ部 《法と文学》と法的推論・法解釈

る。まず，法や法規範が言語もしくは言葉（口頭や文書による）によって表現される。川島武宜は，法と言語との関係を「法とはことば的技術の形式による，人々の社会的行動の規定(definition)である」としている[4]。法が言語によって構成されていることは，意味や法的な表記などが言語に拠っているのはむろん，法そのものが言語の原則やルールによって支配されていることを示唆するものである。後に言及するように，この無意識の前提は法解釈論を考える上でも重要な意義をもってくると思われる。

　第四に，適用される制定法の条文や先例などの法学上のテクスト（法テクスト）の中に意味が存在するとされている。現代の読者や法規や先例を適用する裁判官などの法解釈者は，すでにテクストの中に存在している意味を探り当て，作者が作った意味を判決の受け手やその背後にいる国民一般に伝達するだけの，たんなる媒介者・伝達者としての役目を果たすに過ぎないと考えられている。前記引用文にも示されるように，読者の主観や価値判断の入らない意味を，つまり作者本人の元来の・オリジナルの意味を発見したに過ぎないというのである。これは，今日法解釈においてほとんど多数の者が前提としている立場・考え方である。そこでは，テクストの作者が主であり，読者は正当な意味を探す従の役割があるにほかならず，法はあらかじめ決められた「意味」を強いる，いわば強制的なテクストの世界であるといえよう。

　第五に，まず解釈を行う「私」とは誰であるかという主体・アイデンティティの問題が存在する。つぎに，法解釈の客観性や一貫性をいうこと自体も一種のイデオロギーと見られる。イデオロギーとは「人びとの行動とか制度の存立や作動に包括的で安定した指針と拠りどころを提供する全体論的な観念・信条・態度である」が，法体系自体も一つのイデオロギー的存在，つまりディスクール（言説）であり，また国家や社会という全体的なイデオロギーの一環でもある[5]。それは，個々の道徳的判断や政治的価値判断，それに法的思考自体にも存在するし，わが国の法学もイデオロギーと無縁ではなく，「法律家のエートスの中核を形づくっている」[6]。さらに，それは法が理性に基づくという近代の大きな物語とその信奉を生み出しているのである。

(2)　法解釈の手法と客観性フェティシズム

　つぎに伝統的に法解釈における主要な手法・技法を検討するが，いずれも求められる正しい答えや客観的な解釈を得るには不十分なものである。法律専門家にとっては"客観的で正しい"解釈の結果であるとはいえ，一般の人々にはそれらはたいてい専門的言葉の操作やゲームのようにしか映らない。法解釈は法的推論(法的判断)の意味で用いられるが，法的推論を観察する上で注意を要するのは，それがたんなる法テクストの解釈のみの過程ではないということである。

(A)　法的三段論法

　法解釈において客観的・確定的な答えを出しうる主要な方法とされるのが法的三段論法である[7]。一般に，正しい結論というのは，疑いの余地のない，また反論の余地のないものを指すのであろうが，現在，私たちが真実に至る道としては，科学的検証か論理的証明によるほかはない。論理的証明がこの三段論法である。これによる結論は，論理性，一貫性，客観性をもつと考えられる。たとえば，三段論法ではつぎのように述べられる。

　「法律的判断が，……現行法の抽象的一般的な法律規則を大前提とし，判断せられるべき具体的事件を小前提とし，論理的に帰結せられたものとして構成を与へら」れるべきである[8]。このために，法的三段論法は，論理的推論によって得られる結論が正しいので，法解釈ひいては法そのものが論理的であり，また客観的であり，その適用は一貫しているという信念を形成している面がある。

　第一に，三段論法が正しい結論を得るには，大小の二つの前提が誰も疑いを差し挟まない程度に"正しい"とされるものでなければならない。大前提として「人間は死ぬ」，小前提として「ソクラテスは人間である」があるとき，「ゆえに，ソクラテスは死ぬ」という結論には誰も疑いを抱かないだろう。他方で，「人間は死ぬ」というほどのレベルの命題が法にあるだろうか。たとえば「人を殺した者は，死刑又は無期若しくは五年以上の懲役に処する」(刑法199条)が正しいのかどうか，また「夫婦は，婚姻の際に定めるとこ

322 第Ⅲ部 《法と文学》と法的推論・法解釈

ろに従い，夫又は妻の氏を称する」(民法750条)のがはたして誰も疑いを容れ
ないほどの命題かどうかは，議論があってわからないのである。ましてや三
段論法を使うときにおいても，「むろん大前提たる法律を解釈して」[9]とされ
ているが，大前提たる法律自体に解釈の余地があるし，そしてそれが多くの
者が正しいとする解釈なのかどうかは曖昧である。これを前提とすれば，正
しい結論は得られにくいことになる。

　このように論理的方法は，大前提に権威的な条文や先例(テクスト)を据え
るので，テクストの文言に忠実であるように思われる。そのために，法解釈
をして得られた，客観的で正しい答え(法的結論)のように見えるのである。

　第二に，法的には解釈の余地のあるものを命題として大前提に据え，また，
争いある事実を小前提に置いたとき，判断者は，大きな裁量の余地を手に入
れるのである。つまり，判断者の読みに委ねられた大・小の前提から法的と
される結論を得ることができる。そして，それは論理的に正しい結論とされ
る。適用のプロセスと形式自体は論理的・客観的なものを装いながら，その
実は解釈者の読み・主観が結論を左右しているのである。ここにもテクスト
の適用ではなく，「読者の誕生」(後述第2節参照)が存在するといえる。第三に，
今日，三段論法によって法的結論を機械的に出す者はほとんどいないであろ
う。ただ，法律家には，たえずこのような思考方法が潜んでいるといえ，ま
た三段論法には形式的・機械的な適用という側面があるので，このような法
解釈はリーガリズム(厳格な法尊重主義)に陥りやすい傾向があるといえよう。
いずれにしても，論理だけでは困難な事件を判断することは難しいし，それ
は裁判においては限定的な役割しか果たしていない[10]。

(B)　解釈方法——文理解釈・論理解釈・目的解釈

　一般には文理，論理，目的の各解釈は事実・テクストの読み方に過ぎない
ものであるが，「法解釈の方法」と呼ばれるときは読者の読みや価値判断を
もったものとなる。第一に，実際には，文理解釈が妥当と感じるときにはこ
の読み方で読み，それが十分でないと感じたときは別の，たとえば目的解釈
の方法を用いたりするのである。後述するように意味はテクストの中にはな

いのだから，これらの方法を用いた読みとは，読者である解釈者が意味を作り出しているのである。

第二に，これらの「解釈方法」とは解釈の結果を正当化するためのものであろう。文理的に読めばこのような結論になる（のが当然である）というように，いかにも文を読解して結論が得られたかのように装うためである。読み方は人によりさまざまであるので，そのように読んだことは一つの読み方に過ぎず，別の読み方も当然にありえるのである。

第三に，判決の後から，たとえばこれは論理解釈ですといわれても，拡大解釈や縮小解釈の場合と同様に，それは解釈した結果の説明に過ぎず，解釈の指針とはならない。むしろ，そう読ませたものが何であるかを解明するのが法解釈や法的推論の核心というべきであるだろう。そして，誰もこれらのどれか一つの読み方やあるいは幾つかの組合せを採用したとしても，それだけでは，法的結論に至ことができるとは考えないであろう。かりに文理解釈をすれば妥当な結論に至ることができると解釈者が考えれば，文理解釈を採用しようと思った瞬間には，すでに結論を左右するおおよその価値判断がなされているものなのである。つまり，いずれかの読み方つまり解釈を採用しようと決心したときには，その結論は決まっていたものといわなければならない。

(C) 立法者意思説・法律意思説

伝統的解釈は制定法などの「作者」を前提としている。立法者意思説では，解釈の基本は立法者が立法時に有していた目的が法の目的にあるとする立場である。わが国ではほとんど支持されていないといわれる[11]。典型的で説得的な適用例は利息制限法事件に関する横田裁判官の反対意見に見られる[12]。これに対して，わが国の通説は法律意思説であるが，これは当該の「法が現在の社会において有する目的に従って解釈されるべきである」[13] とする立場である。法律意思というのは，曖昧であるが，「立法者が現在の社会にいたならば持ったであろう目的を推測すること」[14] によって得られるとされる。

これらに対して，第一に，立法プロセスを考慮するならば，立法者の意思

324　第Ⅲ部　《法と文学》と法的推論・法解釈

がどこにあるかの特定は難しい場合が多い。誰を立法者とするか，どの資料
をどの程度の重要さでもって選択するか，委員会や議会での妥協など，困難
である場合が多い15)。第二に，いずれにも立法時点とは異なる後世の読者
である裁判官はじめ法律家の読みが存するといわねばならない。とくに法律
意思説では，解釈者がこれが法の目的であるといった主観的なものが法律意
思と擬制される危険があろう16)。後述のように，法律や条文のテクスト自
体には意味は存しないのであって，法テクストから導き出されたとされる意
味とは，私たち解釈する者が“理解しようとするもの”にほかならない17)。

　立法者の意図や法律の意思を探求することが解釈上の一定の枠を提供する
というのが，作者の意思・意図を尊重する根拠の一つである。そうでないと
自由な解釈をもたらすと恐れるからである。このような見方は H‑G. ガダ
マーの過去の地平と現在の地平の「融合」を連想させるが，当の解釈者が，
「立法者がこうであったと考えたこと」や「起草者や制定者たちが考えてい
た」と“理解”したことを踏襲することには，なるほど一定の解釈の枠を解
釈者自身に課したように見えるが，そこには正当化や権威づけなどが存する。
つまり「そのように既存の法規を適用する形式をとることは，裁判官の恣意
を抑え，法的安定性に資し，当事者の裁判に対する信頼をかちうる所以であ
ると観念されたのであり，それはまた裁判官，その観念に従って教育された
裁判官，の心情に合したのである」といわねばらならない18)。すなわち裁
判官が恣意的に判断したのではなく，法の目的や法律意思がそうなっている
と装うことによって法解釈の主観性を覆って客観性をもたせようとする態度
である。

(D)　類推(適用)

　解釈方法として類推(アナロジー)は法においてはよく用いられる。類推は，
法学固有の主要な方法であるといわれることもあるが，日常でも，ほかの諸
科学でも用いられており，法学固有の方法とはいえない。この方法には，事
件が同じならば同一のルールを適用するが，相違するならば適用しないとい
う，適用上の一貫性を保証できるメカニズムをもっているので，そう考えら

れてきたのであろう。しかし，法解釈の方法としては根本的な問題がある。たとえば，事実 A のとき法的結論(ルール・規範)N を適用する。このとき，事件(事実)A と B とは同じか否かという解釈になる。事実がそれぞれつぎのような諸要素に分解できるとする。

事実 A＝{a, b, c, d, e, f, g, ……x, y, z }　→　N ルール
事実 B＝{a, b, c, d, e, f, g, ……x, y, w}　→　　適用？

　事実 A と B は同じか・同様か，あるいは，異なっているかが類推判断の中心となる。要素の z と w が異なるから，A と B とは異なると見る者もいるし，両要素の差異は，ほかが 90 パーセント以上も同じであるから無視できると評価する者もいよう。このように，類推の問題点の第一は，同じかあるいは異なるかを判断する基準を内在的にもっていないということである。つまり，それは判断者の主観に委ねられているのである。第二は，N ルールに潜む価値判断やポリシー判断を隠すないしは省略することである。事実 A のとき N ルールを適用する実質的理由が事実 B のときに適用されるときには省略される。このように類推は法的推論としては十分ではなく，また洗練されたものではない。

(E)　直　　観

　常識と並んで，判断や判決において大きな役割を果たしているのは直観である。急ぎで判断する必要がある場合とか詳細な検討を経ずにあらかじめ判断する場合とか，さらには適用すべき適当なルールや判例がないなどの場合はとくにそうである。合議制の裁判では，裁判官が投票する場合にも直観的な判断が用いられることがある[19]。その意味では，直観的判断は，事件を詳細に吟味し，判例や学説を調査する労力を省くことができるので“経済的”である。しかし，直観に依存するときは，法の名において裁判官個人の価値観や見解を社会に押しつけるという恐れも十分ある[20]。いずれにせよ，ほかの専門分野でもそうであるように，教育と職業上の経験とが直観を育ん

でいることは周知のことである。

公式的な法解釈論で直観があまり言及されないのは，それを前提にしているからか，あるいは(法律専門家としての職業上の)直観的判断で裁判や判決が行われていることを認めたくないからであろう。わが国で，この直観的判断を指摘したのは末弘厳太郎博士である。末弘博士によると，裁判官は「一切一時」に結論を決めるとされる[21]。また，現代の法学は理論を偏重しすぎて直観を軽視しているとも指摘される[22]。

ところで，以上までの検討で言及されていないのは，読みや解釈の複数性である。それに関して示唆的な芥川龍之介の『藪の中』[23]を取り上げる。これは，一つの事件に関して複数の解釈・物語の余地があることを示唆する。作者・芥川は，若い盗人に弓も馬も何もかも奪われたあげく，藪の中で木に縛られ妻が手込めにされる様子をただ見ていただけの情けない男が殺される殺人事件として翻案し，丹波の藪の中で起こった殺人事件を七人の証言者が証言，告白する物語として構成している。

第一発見者の木樵，清水寺で懺悔する男の妻，巫女の口を借りて現れた男の霊，捕らえられた盗人など，それぞれが検非違使の前で証言する。彼らの話は，武士の死因の事情について，偶然，殺人，自殺などとまったく食い違っているが，それぞれ説得力がある。大まかには三つの読み方，すなわち誰か一人だけが真実を語っている，誰もが真実を語っている(各人が思い込んだ「心理的真実」)，そして，誰もが嘘をついているなど，が存在しうるが，結局，どれが真相なのか，また誰が犯人だったのか，誰が真実を語っているのかはわからない[24]。

『藪の中』が示唆するのは，第一に，事件の事実(認定)も再構築されるものであり，客観的な事実が存在しているわけではないということである。事実また真実といえども誰かの解釈にほかならないのである。裁判も，主張・立証からなっている以上，事実に関する物語(一つに限らない)の再構築からなっており，いくつもの「真実」が存在しうることを示唆している。第二に，たんに事件の事実のみならず，条文や判例の解釈についても，複数の解釈の余地があることも示している。

解釈に複数の余地があることは，伝統的法解釈論にとっては不都合である。というのは，解釈の複数性は法的判断の主観・恣意を示唆することになり，法の客観性・一貫性を脅かすものであり，ひいては法的判断の非科学性や法への不信を醸成することになりかねないからである[25]。これは法解釈の客観性や一貫性が厳格な法の適用を可能にすると考える伝統的法解釈の主要な前提を浮かび上がらせる。そこでは法解釈論とは複数の解釈を一つに絞る方法を指すのかという疑問も生ずる。

　以上の伝統的法解釈の主要な方法の検討から，つぎの示唆が得られる。第一に，「テクストには意味が存在する」，これが伝統的法解釈論の前提となっている。印刷された法テクスト（制定法の条文や判例などの文言）の中にこれを書いた立法者や裁判官，つまり作者のオリジナルな意味があると前提されて，法解釈がなされる。後の解釈者である読者は，（制定法や先例・判例などの）作者のオリジナルな意味を"強制される"ことになる。つまり，法における読み方は，テクストの作者が意味を読者に強制する，いわば「強制的テクスト」であり，（法的）意味とは多少の変化はあるが，基本的に時代を経ても変わらないことが前提である。つまり，（法的）意味の「永代の所有権」[26]は作者がもっていると考えられている。

　第二に，法テクストの意味は作者が決めるとされている。法における読者（裁判官はじめ注釈者）は，すでに作者によって与えられた意味を探し出し，発見するだけである。ここにあるのは，作者が読者より優位に立つという図式である。興味深いことに，やはり同じくテクストの解釈を主とする文学理論においては，近年，作者が意味を決定するのではなく，読者が意味を作るという「読者の優位」が主張されてきた。これによると作者はテクストを書くだけであり，読者がそれに意味を与える。すなわち，テクストの誕生は「作者の死＝読者の誕生」を意味する。これは法学とは関係ないものとしてよいだろうか。

　第三に，前述の「テクストに意味が存在する」という伝統的法解釈の前提は，法解釈の客観性に強く固執する態度と密接に関連している。解釈によって客観的な判断・判決に至ることができ，しかも，それらは一貫していると

328 第Ⅲ部 《法と文学》と法的推論・法解釈

考えられている。しかし，上で検討したように，法解釈の客観性を保証する
ものや方法は存在しない。そうであるならば，法解釈における客観性は期待
またはフィクションであり，そう信奉されているものに過ぎないことになる。
ここでは，そのような信念や態度を「客観性フェティシズム(崇拝)」と呼ぶ
ことにする。客観性フェティシズムとは，法解釈において，あたかもその結
果が客観的であるかのように見え，またそう信じて，それを当然視する意識
である。これは，その他の解釈の余地や見方があることを認めず，もしくは
否定的で，あたかも客観的解釈が存在するものとして私たちの思考を支配し
ている。法解釈の客観性・中立公正性の両者は，伝統法学におけるイデオロ
ギーともいえる(後述第3節参照)。両者をつなぎ止める内在的な概念が，つぎ
に述べる「意味の所有権」という考え方であるといえよう。さらに，この
フェティシズムは法の厳格な適用という解釈上の態度や立場(リーガリズム)を
も生み出している。とはいえ法解釈におけるあらゆる約束事は特定の時代や
歴史によって作られたものであるし，それらは今日なお議論の余地があるも
のである。

2　意味の所有権

　まず「客観性フェティシズム」の下で，法学テクストはどのように読まれ
ているか。つぎに，伝統的解釈論の前提とは裏腹に，具体的な事例の検討を
通じて「読者の優位」が存在することを明らかにする。さらに読者自身の読
み・解釈が先例や立法者の意思や意図であるかのように装うことの意義は何
かを検討する。

(A)　法における「読者の誕生」

　伝統法学の基本的立場は，法学テクストの中には作者が込めた意味が存在
する，つまり作者は"意味の私的所有権"を有するという考えである。これ
は作者(＝立法者や裁判官など)にいわば"意味の所有権"を付与する考え方で
ある。そこで，伝統的法解釈論において，本当に作者や立法者の意図や意味

が尊重されてきたのかを検討する。

　伝統的な法解釈における基本的なパラダイムでは，作者が意味を作り出し，意味を伝えるという，いわばテクストの強制(もしくはテクストの優位)，言い換えるなら「作者の誕生＝読者の死」の世界である。これに対して，近年の文芸理論では，作者の死＝読者の誕生ないしは優位が当然とされるのである。哲学や文芸理論の分野での現象学，文学理論，ポストモダン，脱構築などの発展に伴って，近年では，意味を作者ではなく読者の側に取り戻す考え方が登場してきた。その代表であるR.バルトは，「読者の誕生は，作者の死を意味する」[27] という見解を発表した。バルトによれば「作者は永遠の所有者と見なされ，われわれ読者は，ただ単なる用益物権者と見なされるのだ。この体制は，言うまでもなく権利のテーマを含意する。つまり作者は，読者に対して権利をもち，読者に対して作品のある一つの意味を強制する，と考えられているのだ。そしてもちろん，その意味こそ，唯一の良い意味，真の意味なのである」[28]。これ以降，テクストを読むことにおいて，テクストの作者の役割が否定される，という文学理論における考え方が流行した。その後，M.フーコーなどもバルトと同様な立場をとった[29]。

　むろん，かような動きは法学とは無縁であるとすることもできるが，法もまた言語や言葉によって成り立っている。また，作者の意図や意味という制限や枠がなければ，解釈も無数となり，読者による自由な解釈の余地を認めてしまうことになる。作者や立法者の意図や意味は後世の解釈の枠や限界となるもので，それがなくなれば「解釈の暴走」を認めることになる。ひいては法の適用の客観性を失うことになり，法への信頼を根本から台なしにするのではないかとの反論もあろう。

　先に見た客観性フェティシズムがどのように法解釈を実践しているかを検討する。まず，制定法に関する事例を取り上げる。

(a)　利息制限法事例

　制定法の解釈において制定法の目的や意図と対立する解釈がなされる場合は，裁判官による読みが明白に存在する場合である。利息制限法の1条2項・4条2項は制限超過利息を元本に充当するか否かには言及していなかっ

330　第Ⅲ部　《法と文学》と法的推論・法解釈

た。このため，過払い分の利息を元本に充当できるかについては見解が分かれていた。そのような中，判例は充当を否定したが，その1年5カ月後に，最高裁はこれを改め，充当を肯定した[30]。この変化は，この間学説の充当否定説への反対論があり，またその間最高裁の判事が多数交代したからでもあった[31]。

　条文であるテクストは同じであるが，読み手の人的構成が変化したから，テクストの読み方も変わったのである。正反対の読み・解釈を許す条文のテクスト自体にそれらを許容するものが存在したわけではない。読む人の見解や判断は，利息制限法をめぐる価値判断や社会的文脈(コンテクスト)に依存しているともいえよう。

　他方で，議会が制定した法律を司法が否定することの正当性の問題も生ずる。すなわち，立法府で制定された立法を司法がいとも簡単に変更・修正・無視することは許されないとする否定的な見解も存する[32]。そのため，伝統的解釈論にとっては，立法者意思説や法律意思説のいずれをとるにしろ，司法が解釈として否定することの説明が課題となろう。法解釈が制定法のテクストのオリジナルな意味とは別の解釈であり，裁判官による読みであることを自ら肯定してしまうからである。

　立法府が作った制定法を司法部が解釈によって勝手に読み替えたり，否定したりすることは，立法府の，立法のための費用を高めることになる。しかし，立法府の意図した制定法が現実に不都合を生じる場合にまでも，立法府は司法を拘束しようとは思わないだろう。この点で「反制定法的解釈」は，立法府の怠慢がある場合に制限的に許容されるとする立場がある[33]。しかし，民主制のもう一つの面は，権力の分立，つまり三権の相互の，チェック・アンド・バランスにもあると見るべきである。また，司法が解釈によって議会の制定になる法律を否定することは，前述のように立法のための労力と費用を高めることにもなりうるが，それだからつねに違憲とすべきではないと正当化できるわけではない[34]。

　なお，尊属殺等重罰規定の合憲性をめぐる一連の判決も「反制定法的解釈」であるが，たとえば尊属殺人罪に関する当時の刑法200条(1995・平成7

年改正により削除)は，それまでは合憲とされていたが，昭和48(1973)年の大法廷判決では違憲とされた。多数意見は同条の立法目的である「尊属に対する敬愛や報恩という自然的情愛ないし普遍的倫理の維持尊重の観点のみ」[35] では十分説明が付かず，普通殺人罪(刑法199条)に比べて差別的取り扱いとなるとした。これは大法廷の人的構成の変化，それと先の合憲判決から社会や時代などのコンテクスト，とくに家族をめぐる価値観や平等意識が変化したため，読み方も異なってきたからである。裁判官が，制定法の規定がもたらす不都合な結果を回避・是正するために，刑法の規定・テクストとはまったく反対に解釈したのである。そこには明らかに読者の優位がある。

(b)　政治資金規正法事例

　政治資金規正法に基づいた政治資金の収支の公開のため報告書の複写を求めた事件において，最高裁判所は，報告書の複写を認めなかった。その理由として，同法21条にいう「閲覧」の語は，戸籍法や住民基本台帳の「閲覧」と同じ用語であり，後者の法令上では複写までを認めるものではないからであるとした[36]。この判例で用いられている解釈方法は類推である。戸籍法ほかでの「閲覧」の語義を政治資金規正法にいう「閲覧」とまったく同じと見て適用するかどうかは，裁判官の主観的な基準に基づいている。

　政治資金規正法第一条は，政治団体および公職の候補者の政治活動をその資金面から監視することによって民主政治の健全な発達に寄与することを目的としている。このために収支報告書の公開を謳っている。他方，戸籍法や住民基本台帳法などにおける「閲覧」は見るなど一般的な公開が認められていない場合をいうとされる。

　政治資金規正法の背後にある実質的価値を考慮せず，従来の「閲覧」の意義をそのまま類推して適用するやり方は，形式的な語義や用語の用法の問題で決着を付けることができ，実質的価値判断に言及しなくて済むことになる。これは“多忙な裁判所”にとっては簡便で都合がよいのかもしれないが，不都合な結果を生む。同法の趣旨をスポイルすることにもなりかねず，かえって立法の費用を高めることになろう。

　また，裁判所が法律制定目的を考慮しなかったことは，立法者意思説や法

332　第Ⅲ部　《法と文学》と法的推論・法解釈

律意思説にも反しよう。また，目的の相違を認識した上で，あえて公開をしない「閲覧」の類推で，判断をしたのであれば，議員や政党に対するある種の政治的配慮さえ感じざるをえない。

　本判決での類推の適用に限ってみると，きわめて形式的である。そこには，裁判官の読みが存在するのである。なお，重要な異同の基準は判断者の主観であるにもかかわらず，類推の適用の結果は論理的に正しく，客観的な結論であるかのように見える。このように，類推を用いた法解釈や法的解決のレベルはあまり知的とはいえない。本質的に問題の解決を先送り・回避することになるからである。

　なお，類推の本来の機能は，解釈の正当化で用いられるものではなく，発見のロジック（レトリック）である。この代表的な例は民法94条2項の類推適用（［解釈上の］準用）の場合である。同条2項は，当事者の真意がない通謀虚偽表示を信頼した善意の第三者を保護する規定である。しかし，相手方との通謀がない場合や虚偽ではあるものの意思表示がなかった場合など，取引の第三者に影響を及ぼす場合がありえる。このため，94条の本来の適用がなされる事案ではない場合にも，類推適用して，不実な外観を信頼した第三者を保護する場合が必要と考えられ，このような適用の試みは正当化されたのである[37]。そういう法理があった方が市場取引では有益であるから，類推適用の発想が生まれてきたのだろう。裁判官がこういう法理がなかったときの民法や取引法のコンテクストを読んだといえよう。

　つぎは，解釈によって判例ルールとして作り出されたルールを取り上げる。

(c)　遺言の解釈

　遺言の場合は，効力が発生するときには，遺言者は生存しないからその真意を確認することはきわめて困難となる場合が多い。しかし，裁判所は，遺言者の真意を探求しなければならないとしている。死者の意思が現在の者を制限・拘束することになるからであるが，真意の探求は容易ではない。読解作業は，制定法（立法者の意思など）の解釈の場合と似ている。

　判例の原則的な立場のように遺言者の真意を明らかにするためには，まず遺言書の文言を解読して，遺言書の全体の趣旨をも勘案することにせざるを

えない。遺言書の全記載との関連，作成当時の事情や遺言者が置かれていた状況などを考慮して「真意を探求し当該条項の趣旨を確定すべきである」とする[38]。

　つまり，遺言書の文言・テクストだけからでは真意が明らかとならないことが多いため，テクストおよびその作者の置かれた状況という，より幅広い観点や資料から真意を探求する，つまり推測することになる。何が遺言者にとって合理的に見て当該条項の目的・ねらいであったかである。結局，これは裁判官がそうと解釈するものにほかならない。さらに，遺言の解釈の方針として，判例は狭く解釈すれば遺言者の作成の意図を挫折させてしまうことになりかねないので，可能な限り有効となるように解釈するのが遺言者の意思に沿うことになるとしている[39]。このように，遺言者が書いたテクストが何をいっているのかから，遺言者が意味しようとしたことへ，さらに読者（裁判所など）がどう読むかに，解釈の視点が変遷していないだろうか。

　真意は遺言書というテクストの中に隠されているわけではない。解釈の中で全体として行われていることは，第三者である判断者，つまり裁判官が，テクストおよび遺言者の諸状況・コンテクストを勘案して，合理的に見て真意だろうと考えたものにほかならない。合理的に見て遺言者の真意だろうと思われるものを作り出して，そう読んでいるのである。遺言の解釈では文字通り「作者の死」があり，テクストである遺言書とともに読者が誕生する。ここでは前述の文芸理論「作者の死＝読者の誕生」がまさしく妥当しているといえよう。真意の探求を原則とする解釈態度だけではよい解釈は生まれにくい。遺言者，つまり作者の地平を，新しい読者の地平において合理的に生かすことが必要になるのである。

(d)　残念事件

　慰謝料請求権は，被害者の一身にのみ属するから，当人が死亡すればその相続が否定される余地がある。死によって，被害者の一身に専属したものは消滅するからである。この，いわば不備を回避するために，かつて判例は，交通事故の被害者が，たとえば「残念残念」あるいは「向こうが悪い。止める余裕があったのに止めなかった」などと，死の直前に発した言葉が認定さ

334 第Ⅲ部 《法と文学》と法的推論・法解釈

れた場合には，慰謝料請求の意思を表明したものとして，相続人が被害者の
請求権を相続して行使することができると構成した[40]。むろん，この背後
には被害者の慰謝料を遺された相続人などに帰属させるのが妥当であるとい
う実質的な価値判断や政策がある。

　これは，裁判所が読者として，オーラルな言葉・テクストを読んだ例とい
える。裁判所はこれらの言葉(発語)を読んで新しいルールを作ったのである。
裁判所が被害者の「言葉」を読んだのであるが，「残念残念」とは慰謝料を
請求したいという意思の表示ではなく，相手方の過失ある運転によって重大
な被害を受けたことに対する述壊であったかもしれない。また，「向こうが
悪い……」というのは，加害者である相手方の運転行為に原因があり，また
は運転行為が不注意だったことを表明する発言であったかもしれないし，被
害者は別の意図や観点からいったのかもしれない。しかるに，裁判所はかよ
うな被害者の発言を慰謝料を表明するものとして「読んだ」のである。ここ
にもまた言葉の作者(発話者)である被害者よりも，読む側である裁判所の読
みが存在しているといえる。このような裁判所の読みは，解釈によって法に
フィクションを作り出すものである。これは，これまで裁判所が読まない，
つまり意味を作り出さず，発見するだけであると信じられてきたことと矛盾
しよう。

　ところで，被害者の死の直前の発語・言葉を慰謝料請求権の表明であると
する読み方は，別の不合理さを浮き彫りにした。つまり，事故のときや死の
直前に何らの発語あるいは言葉を発せなかった場合には，法的救済が存在し
ないという法的保護の隙間が生じたのである。そこで，この矛盾を埋めるべ
く，最高裁は，財産以外の損害を被った場合にも損害発生と同時にその賠償
を請求する権利(慰謝料請求権)を取得し，これを行使することができるとし
た[41]。かくして，被害者が死亡しても，その一身専属の慰謝料請求権は当
然に相続され，損害発生と同時にその賠償を請求できる権利が相続人に認め
られることになった。いわゆる相続説的構成によるフィクションが一種の立
法として完成したのである。

　このように，意味とは，私たちがテクストや語られたもの(オーラル)から

理解するものであり，これらのテクストの中に理解しようと欲するものにほかならない。

　以上の検討から示されるように，伝統的解釈学の前提には意味の所有権という考え方が存在しているが，この考え方には疑問が生ずる。第一に，解釈とはテクストそのものではなく，著者・作者の意思や意図など意識の問題であるとされている点である。言葉・テクストの向こうにあるものを知ることが解釈とされているのである。

　第二に，コトバ以前に意味が存在することが前提とされている。まず，テクストに作者の意味があるという見方によれば，作者が意識したものを，テクストや言葉がその容れ物として運ぶことを意味する。これは作者の意識したものや意図したものが，「言語以前」に存在することを意味するが，私たちは言語・コトバによって意味を構成ないし理解するのであるから，意味が言語以前に存在することはありえない。そもそもコトバやテクストの中には作者が意識したものをテクスト自体につなぎ止める装置や方法は見当たらないし，テクストのどこにも意識したものや意図を入れておく場所もないし，そのような要素や手がかりがあるわけではない。

　かりに言葉や言語を経由しない，以心伝心のような状況があるとしても，読者が"理解した"とする意味が，作者の正しい意図や作者が言わんとしたものであるという保証はない。また私たちは，テクストの作者がどんな人物であるか，またどんな考え方をしていたかを十分に知っているともいえない。

　第三に，意味とは不変であると考えられている。そうでなければ作者の意図に固執する必要はない。その強いバージョンは，作者が意図したものや意識したものなどの行為とそれによって作り出された意味は歴史上のある時点で刻印されたものであるにもかかわらず，その後の時の経過や状況の変化によっても変わらないとするものであろう。しかし，この立場を厳格に維持することは難しい。また現在の私たちは，作者とその時代から時間的・歴史的に，文化的・社会的にも離れているので，過去に書かれたテクストをどのように了解できるのか。そこで，現実の前には意味を"緩和"して変化させる

336　第Ⅲ部　《法と文学》と法的推論・法解釈

こと(つまり読者の読み)も十分ありうる。いずれにしても，意味はテクストの
コトバや言語に内在しており，読者の解釈を待って立ち現われてくるという
見方は「客観論者の幻想」であるといえよう[42]。

(B)　意味のパトロール(管理)

　以上までは，意味は不変であることを厳格に考えた場合である。法学テク
ストが唯一の解釈しか許容しないとすることはあまりに厳格に過ぎ，法学テ
クストは時代に対応できずに，当該条項や判例の生命を短くしてしまう。実
際にはオリジナルな意味を"緩和"することもあるのではなかろうか。たと
えば「テクストの意味は時間・歴史とともに変化する」とか「作者はもとも
との意味を後世の読者がある許容できる範囲において読むことをあらかじめ
認めている」のではないかなどと。そこで，作者のオリジナルな意味を中心
として，その周りに「合理的に許容される範囲の内」に存在する意味を想定
することができれば，読者は意味の確定について裁量の余地を大きくもつこ
とができる。つまり，法の条文や判例・先例の意味は時代や社会・文化とと
もに変化し，一定の異なった意味をもつことがありうると考えるのである。
しかし，これは読者の読みの余地をより広く認めることである。

　アメリカの解釈学者のE.D.ハーシュによれば，文学作品も，時代や文化
が変わるとともに作者が「意味すること」も変化するという。つまり，作品
の「意義」は時代や社会の変化によって変わりうるが，作者が込めた意味は
不変であると考えるのである。言い換えるならば，作者が意味を付与し，読
者はそれに意義づけをするのである[43]。

　この考え方によると，あくまで意味は作者自身のもの(所有)にほかならな
いが，法解釈とは，時を経て起こるであろう「意味」の変化について，作者
のもともとの(オリジナルな)意味の保持という観点からこれを監視すること
である。意味を変えようとするよこしまな試みや軽視，さらには表面上は同じ
語を用いながら意味内容を改ざんしたり変容させたりするような試みである
読みや解釈から，作者が意図したもともとの意味を守ることである。ハー
シュのいう「作者の意図したと考えられる意味」に限定されて，そのカテゴ

リー外の意味とされたものは，追放され，また否定されなければならない。このように，ハーシュの考えは伝統法学の現実の解釈論に近いともいえる。

　物権変動に関する民法 177 条の「第三者」の解釈をめぐっては，かつて大審院は無制限説を採用していた。明治の末期になって，現在の通説・判例となっている制限説の立場に解釈を変更した[44]。これは民法 177 条の条文や文言が変わったからではない。同条を読む者，つまり（当初は大審院の）裁判官たちの読み方が変わったからである。ここにも「読者の誕生」が存在するが，読者（裁判官）が読み方を変えたのは民法 177 条に関連した社会のコンテクスト，物権変動をめぐる当事者の公平や取引の円滑化（費用の減少），制度の管理などの変化のためであろう。このような民法 177 条を中心とする物権変動論の展開・発展は，同条の文言自体によって，またリーガリズムによってもたらされたものではない。制限説への転換は裁判官たちが実際の不動産取引の実情，社会・経済的実体に迫られた必要性と具体的英知やプラグマティズムの成果であるといえよう。

　しかし，ハーシュのような，いわば意味相対主義の考え方や伝統的法解釈の立場にはつぎの問題が生じる。第一に，かりに意味の周りに，合理的ないしはありうべき解釈の余地の領域を作者自身も許容するだろうと，その意思を推定することはありえるとしても，その範囲はどのように正当化できるのか。それはおそらくは作者のオリジナルな意味（本来のオリジナルな意味）に限ったのでは，その後の適用が難しくなるという一種の結果妥当的，ないしは実際的な観点からではなかったろうか。

　第二に，オリジナルな意味の周辺にある意味のどこまでが，作者の許容したものであったかである。そうでなければ，自由な解釈が生まれて，作者の意味をめぐる所有権は侵害され，無秩序となり，曖昧なものとなってしまうからである。この点で，ハーシュは，作者の意図した意味の「類型的な期待と蓋然性のシステム」がその範囲を確定するという[45]。しかし，後の解釈者や裁判所の誰もがこの許容されるカテゴリー内にあるかどうかを判断できるわけではない。条文や判例などの法テクストの本来の意味を維持して，いわば「解釈上のアナーキー」から，オリジナルな・正当な意味を守るために

は，たえざる意味の吟味と，妥当な範囲であるか否かを適切に監視・パトロールすることが必要となる。ことに上級の裁判所は事件として機会あるごとにこのパトロールを続けなければならないのである。

第三に，「(法)解釈共同体」という考え方も一種の意味の管理団体といえよう。このフィクショナルな共同体は，法律専門家の仲間で構成され，さまざまな法律問題に答え，確定的で客観的な意味を引き出すことができるとされる[46]。これは，法学の領域における「理想的な読者」を想定しているともいえる。解釈共同体では，法学の教育・訓練を受け，熟練した専門家たちが法学テクストを読み，解読すれば意味が明らかになり，確定的な答えを出せるというわけである。同じようなバックグラウンドをもつ者が似たような発想や考え方をすることはありえる。また，法的に承認されるかどうかが，フィクショナルな共同体の判断に委ねられることは，その読みにかかるわけだから，それは「読者の誕生」を意味する。さらにそれは，たとえば夫婦別姓や代理母問題など社会の多様な法的問題の判断と解決を秩序重視つまり保守的な集団に委ねることを意味する。

3 「読者の死」とリーガリズム

客観性フェティシズムは解釈の正当性を保つために意味の所有権という考え方や方法を生み出した。これを支えているのは「厳格な法尊重主義」，つまりリーガリズムという解釈的態度・ポリシーである。つぎにその内実と要因を分析する。

(A) 「読者の死」が意味するもの

法解釈においては表向き作者の意味・強制的テクストを前提としながら，その実質においては「作者の死＝読者の誕生」が存在していた。なぜ制定法や判例の作者(裁判官)が「意味の私的所有権」をもっており，また，なぜ法学において「テクストの強制＝読者の死」が当然のこととして考えられてきたか。

第8章　意味の所有権　339

　第一に，このやり方が専門家である法律家のいかにも熟練した技術に見えるためである。実務家や専門家がその専門的知識を駆使して，熟慮し，吟味した考えであるから，その結論や法的判断は正しいものに違いないという印象を権威によって作り上げるのである。ひいては，それが，事件の当事者やその背後にある国民一般を説得する力をもつことになる。

　第二に，裁判官は法を客観的に適用しているだけであり，その判断が価値判断を伴うものではないと装うことができる。テクストの中にすでに存在している意味を取り出しただけに過ぎないということは，読者の個人的な読みや見解，それに価値判断が入っていなくて，さも中立的で，客観的な意味であるかのように装うことができる。判断者がそう言ったのではなく，法律や条文がそう言っているといえることが重要なのである。また，そうすることは作者である立法者・議会を尊重したことにもなる。第三に，適用された側は，なるほどそういうものかと説得されやすい。しかも，法律専門家がそう言うからである。

　以上のように，法学テクストの強制＝読者の死という前提は，司法判断を正当化するためであったと考えられる。法律上の争いが裁判官の客観的な言葉によって判決されると一般の人たちが考えて，つまり判決を出すプロセスは厳正な法律家によって自動的に，文字通り機械のように揺るぎなく，また判断者の主観や意図が入らずに判断される，法そのものであると信じているのなら，裁判官の言葉は神聖なものにすら映ろう[47]。裁判官・法律家も，そうすることで威信や権威を維持することができるのである。

　なお，先例が後の判決を指導するもののように説かれることがあるが，先例も広くも狭くも読むことができる。時間的に先の裁判所が書いた判決が先例となるが，その後の裁判所は，以前の判決と手元の新しい事件とがあることの二つの点で優越的な立場にある。先例の範囲と意味はその判決の書き手，つまり作者自身が決めることはできないわけであるから，その後の判決の書き手（先行する判決の読者）が決定するのである[48]。後の裁判所が最初の裁判所が作った先例の範囲を決めることになる。

　さらに，あくまでも作者の意識したものにこだわるとすれば，後世の読者

が現在の位置からオリジナルな意味を改変することは否定されるべきものとなろう。たとえば，ガダマーがいうような，過去の地平と現在の地平との融合によって解釈がなされることはありえないことになる[49]。あくまでも作者の意図や意識したものが肝心であるから，現在の視点から解釈することは，作者の意図やオリジナルな意味を改変して損なうことになる。このような厳格な立場では，意味の相対主義は誤りとされる。逆に，相対主義ではテクストにもともとの意味があるというのはかなり建前の話であるということになろう。

　以上のように，法的判断の客観性を装うことによるメリットは，解釈者本人の裁量の余地を残すことができ，また意味の発見を装いながら，判断者の主観的な価値判断を発揮することにある。判断が客観的であることを盾にして，それに隠れて，自由な読みを行うことができ，主観的な価値判断をもテクストから取り出してきたものであるかのように意義づけることができるのである。

(B)　コトバ・言語と法

　法もまた言語・言葉から成っている。伝統的法解釈論でも，私たちが書いたり，読んだり，話したりする言語観を元にして，テクストがその作者・発話者自身の思考を反映したものであるという見方を当然の前提としていると考えられる。たしかに，このような言語観はアリストテレス以降デカルトをはじめ今日まで脈々として引き継がれ，無意識の前提として受け入れられてきた。思考されたものが言葉や文字に表現されており，またそれが当然のことではないかと。しかし，これは言語に対する一つの見方である。

　これに対して，近代言語学の祖である F. de ソシュールは，この前提を覆す理論を展開した。ソシュールによれば，コトバの第一原理は恣意性である。つまり，コトバは言語記号であるが，記号の表示部であるシニフィアンと内容であるシニフィエとは，もともと性質が異なるものである。異なっているもの同士を社会や文化がある約束事を決めることによって結びつけているのだと見る[50]。人が記号を使うときは，シニフィアンとシニフィエの結びつ

きを覚えることで物事の伝達を行っているのである。恣意性は，コトバの意味が時代・時間が経つにつれて変化していく点も示唆している。

第一に，言葉は私たちの周囲にある事物や事象，観念などの名前のリストではない[51]。つまり，単語が事物や概念と一対一の対応をしているように考えてきたのは誤りだということである。言葉や単語が事物や概念と対をなしている，つまり名前のリストにほかならないとすれば，外国語を日本語へ翻訳するときには当該の外国語の単語には，それに対応するはずの日本語の単語をあてはめてやれば，できるはずであるが，それでは翻訳とならないことがある。これは多くの人が経験したことでもあるだろう。また，色彩の名称にしても，紫・藍・青などの日本語の名称は存在するが，英語には，藍や青に相当するものは，たんにブルー(blue)と表記される。これらは，言葉が「あらかじめ区切られた独立の存在である物や概念の名前ではない」[52]ということを意味している。

まず，単語の意味が国語辞書に登録・記載されているものであるとすれば，たとえば詩にある単語はほとんど辞書にその意味が定式化されているから理解できることになる。しかし，詩とはそうした語や意味を組合わせることによって，辞書的に定式化された意味には還元できない特殊性を生み出すものである[53]。これはある単語や術語を表すには，別のコトバで言い換える必要があることからも明らかである。また，民法 177 条にいう「第三者」は今日の通説・判例によると「登記がなければ対抗できない第三者」の意味に解されている。では「登記がなければ対抗することのできない第三者」とは何か，それは「食うか食われるかの関係に立つ」とか，「正当な利益を有する」第三者と敷衍して説明されるのである。このように，その概念と比較できるものを作ってやらなければ，当該の語が意味するものは何であるかは明らかとはならない。つまり，私たちはコトバの差異を作ることによって意味を与えている。言い換えると，語の意味とは，それが用いられる文脈・コンテクストによって決定されているのである。むろん，コンテクストそれ自体は多様であり，一義的な意味を与えるとは限らない。意味は辞書的ではなく，差異によって決まるのである[54]。「言葉の持つ意味とは，孤立した単語を眺め

342　第Ⅲ部　《法と文学》と法的推論・法解釈

ていても決して得られるものではなく，他の単語との関係のうちに捉えられた体系内の《価値》であることがわか」るのである[55]。このように，意味とは各単語に固有にかつ内在的に与えられた意味でないことが明らかとなる。

　ソシュールの言語論を回避できないとすれば，言葉の意味とはまず，事物それ自体の中に隠されている，いわばア・プリオリに込められた意味を私たちが引き出し，あるいは発見して得られるものではなく，私たちが言語活動を通じて事物や概念に意味を与えてゆくことによって得られるのである。これは，さらに，シーニュ(記号)に存する意味(シニフィエ，記号内容)とこれを表現するシニフィアン(記号表現)との作用や関係によって生み出されるものにほかならないのである[56]。

(C)　良き裁判官とリーガリズム(厳格な法尊重主義)

(a)　良き裁判官モデル

　伝統的法解釈論では，裁判官はその良心に基づいて中立・公正に判断するとされている。しかし，裁判官の個人的ないしは政治的な傾向や価値が判決に影響を与えることがあるかという点に対しては明確には反論されていない[57]。人間が本質的に利己的な動物であるなら，私たち自身の利己的利益が合理的な判断を歪めることはないか。一人の裁判官の中に理性的・合理的な分析者の面と私的欲求に引きずられる利己的存在とが併存していることになるが，法解釈という場において，私という自己から自分の偏見と欲望を抜き去って，あたかも私という自己がそこにいないかのように振る舞わねばならないことはどう見ても不可能に近い[58]。とすれば，利益や欲求に支配された者の認識や判断が，現実や社会に関して客観的で，また真実であるかのように提出されているだけではないのか。

　裁判官も労働者である。表向きは，良き裁判官であろうとして行動すると前提できる。これは，よくいわれるように裁判官は正しい裁判，客観的にも正しい判断をしたいと願望しているとされる[59]。彼(女)らは，司法・裁判制度という制度の枠の中であるにせよ，利己利益(self-interest)を最大化する。つまり，裁判官も収入，権力，評判，尊敬，自尊心(自己評価)，余暇などを

欲して行動する。

　雇主と裁判官たちの関係は，プリンシパル＝エージェント・モデルとしても示される。国・政府と裁判官との関係である[60]。ところで，プリンシパル＝エージェンシー関係には管理費用(エージェンシー・コスト)が生じる。すなわち，本人は自分のためにエージェントがうまく働いているかをチェック・評価，管理する必要がある。たとえば戦後の自民党長期政権期の検討によって，わが国の司法が政権党である「自民党の代理人」であったと分析された[61]。そこでは，エージェント(裁判官たち)を政権の誠実な代理人にするためには，アメとムチが用いられる。また，彼らは司法での訓練・研修，教育，さらに，司法制度における官僚制やエリート・コース(司法官僚)，任地・人事・俸給などでコントロールされている[62]。

　また，裁判官らが実際に仕事をする上では，雇主たる本人の意向を忖度し，また配慮・尊重する傾向をもつことにもなりやすい[63]。執務の上で中立という信念が語られたり，良心に従うことが理想と説かれることもあるが，「法はそもそも保守的な職業である」ことを考えれば，現秩序の維持が正義・目的となる。それは，とくに社会的ないし政治的に微妙な(とくに政権党の価値観に関わる)領域ではなるべく司法判断を回避することにもつながりやすい。たとえば，わが国でも，代理母，同性婚，夫婦同姓・別姓，男女差別・積極的差別是正，靖国神社参拝訴訟など国旗・国歌関連，教育，憲法9条・関連などがあげられよう。さらに，「法はイデオロギーで満ちあふれている」[64]ので，自分だけ中立・客観的というのは困難となろう。

　司法は官僚制度でもある。好むと好まざるとに関わらず，裁判官も官僚制がもつ原理や制約に一定程度服することになる。裁判官は法律実務家として訓練・研修を受けるが，それによって裁判官としてもつべき行動規範や価値観などを形成していくことになる。たとえば，つぎの指摘がある。「日本の裁判所では，裁判官の個性はほとんど隠されている。統一性が強調され，公の場で個性を発揮すると上司や最高裁事務総局の顰蹙をかう。統一性の強調は，法廷の設計といった象徴的なもの……中略……から，裁判官が判決を書くにあたって習得し守るべき一定の判決の書式や様式，先例に従うことを非

常に強調するといった判決の内容などに至るまで，司法制度のあらゆるところに反映されている」[65]。こうして，官僚制度が法解釈する態度にも影響を与えることになる。

さらに，裁判実務における専門化，たとえば東京地裁交通部，東京高裁・知的財産高等裁判所など一定の専門的分野に特化した裁判所は，当該の分野に限定された思考や発想が求められるから，司法判断における思考やその方法が制約されることがある。また，わが国では，先例に固執する態度も大きいといわれ，「他方で日本は，官僚制的な裁判所において，統一性，すなわち同じような事件には同じ結論を下すことが非常に重視される。法規範の安定性や法制度の予測可能性を高めるため，先例に従うことも強調される」。その弊害として「先例を守ることが盲従にまで至ってしまうと，裁判所が社会の見方や，社会のニーズの変化に十分に対応できなくなる恐れがある。」[66]といえる。

以上のほか裁判官の制度上の制約要因として，担当する事件負担，いわゆるケースロードの問題があり，この負担が多くなれば重く，多忙となって審理の時間や回数の節約，それに先例などに従う傾向を生むのは想像に難くない。また，裁判官たちの均一的背景・出身母体も問題である。よくいわれるように，事件は多様な解決が求められる社会や時代となっているにもかかわらず，同様のバックグラウンドをもつ者は同じような考え方をする傾向にあるからである。さらに，司法における人事評価，任期・再任，俸給なども裁判官をコントロールする機会であり，司法権力が行使されてきた局面でもある。

(b) 内 的 制 約

以上の制度的要因のほかに，裁判官を拘束する内面からの制約がある。ここで問題とするリーガリズム(厳格な法尊重主義)とは，事件の解決にあたり，伝統的な法学のテクスト――憲法や制定法の諸規定，それに権威ある判例である先例――に従って解釈して判決する態度を指す。すでに存在している法規範・ルールの適用が中心であって，いわゆる価値判断やポリシー判断をなるべく回避しようとする。また「法は法である("Law is law.")」という法学

観をもつ。すなわち，法は経済学や文学などその他の学問とは関係がなく，それ自体で自律的に発展する(学問)体系と考えて，法は法知識とテクニックの領域であると見る立場を指している[67]。これは，わが国の伝統的な法解釈の方法やスタイルにほぼ相当する態度といっていいであろう。

第一の要因として，わが国の裁判官は，一般に裁判所以外での生活経験がないか，少ないことがあげられている[68]。大学・法学部を経て，法科大学院で勉強し，(新)司法試験に合格すると，司法研修所において，一年ほどの実務修習や起案・要件事実論などの研修を経て，裁判官・検察官・弁護士のそれぞれの実務家として活躍することになる。そこでは先行する判例や教科書を尊重し，不必要に詳細なまでの記述をし，専門的な法律用語を駆使した，堅苦しく形式張った表現が優勢となる。こうしてテクストが中心の法解釈論が温存されることになる[69]。

この実務専門教育の間，判例・通説の知識とテクニックを文章(テクスト)から勉強することになり，法遵守的な解釈に執心する。また，法学教育においても，法教義学的な内容が展開され，法解釈の道具を学んだと信じ込むことになる[70]。法学テクストから何かを学び取って，これを目前の事件に適用するためには，制定法や先例などのテクストに何らかの権威を付与したり，認めたりしなければならないと考えるようになる[71]。こうして法テクスト(制定法や先例・判例など)を操作して文言に従った解釈の方がしやすいし，またその方が調査・研究などするよりは，労力と時間の節約になってはるかに楽である[72]。

第二の要因は，裁判官や法律家の多くが，この世の中は真理や理性あるいは正義といったロゴスに基づいて構築されていることを信じており，ロゴセントリズム(理性中心主義)に支配されているという点である。しかし，理性・真理・正義とは普遍的価値や美徳を意味するが，それらとても時代の産物にほかならない。精神分析学者のS.フロイトは「文化とは権力手段と強制手段とをうまく手に入れた少数の人間が嫌がる多数の人間に無理に押しつけたものだ」[73]と分析している。かくして，私たちは自分たちを拘束・制限する法そのものを信頼し，いわば社会生活に必要なものとして愛(尊重)すること

346 第Ⅲ部 《法と文学》と法的推論・法解釈

になるのである。これは精神病理学的には一種のマゾヒズムであり，倒錯で
あるというのである[74]。

　第6章でも見たように，とくに法・法制度はロゴスの代表格と目され，ま
たそれらを基盤に定立・運営されていると考えられている[75]。これは法が
社会の支配ないしは統治のための道具であるためには正義や真理といった正
当性がどうしても必要だからである。そこに後述する法のイデオロギーが存
在することにもなる。このロゴセントリズムでは，現在の社会の現実を「自
然化（無意識化）」して不変なものに見せることになるし[76]，また，社会は正
義や真理の上に成り立っていると強調するのである。人々が変化すれば社会
も変化するが，ロゴセントリズムは，正義の実現を強く要求する信念や考え
方となりやすく，いきおい法の厳格な適用に傾きがちである。そして，その
文章表現は官僚的で人間性が欠如しており，他面ではそれは厳密であるよう
な印象を与えるも，「その法的文章の目的と効果は……物事を曖昧化させる
ことにある」との指摘がある[77]。

　第三の要因は，立法府が司法府に優位しているという現実である（ただ，司
法の権威は立法府より来るので理論・実体上ともにそうである）。とくに，わが国の
場合，もっぱら議会が種々の社会問題に対応するので，立法を補完する司法
の役割は比較的小さい。このため，司法が裁量の余地を大幅に行使できる領
域は比較的限られて，そのため日常的には制定法の解釈が中心となって，こ
れがまたテクストの操作になりやすい要因である。

　個々の判例による法解釈そのものはたとえばシニフィアンであり，シニ
フィエ（おそらくテクストに意味が存するという観念）と一体化しようとするための
飽くなき努力ともいえる。シニフィアンはさまざまな解釈の方法・技法とい
う形をとり，他方では客観性・一貫性そしてリーガリズムという態度をとっ
て出現するのである。リーガリズムの判決文などの表現の特徴として，法的
判断の正確さや客観性を尊ぶ余りに専門用語や言い回しを多用することにな
る。そうなれば一般の人々はわからず，畏怖すら覚えることになる。判決は
不可解なもので，それは権威とそれへの従属の上に成り立つものにほかなら
ず，さらに法は神秘的なものに映る[78]。

第8章 意味の所有権 347

　さらに，リーガリズムは既存法規や判例の厳格な適用という解釈態度にのみならず，それを超えて法の適用をする信念やイデオロギーの基盤ともなっている。伝統的法学や法解釈，リーガリズム的態度そのものにもイデオロギーが存在していると指摘されている[79]。ここでイデオロギーとは，統一化する，行動を志向する，合理化する，正当化する，普遍化する，自然化するなど，自分の観念に普遍という形式を与え，したがって普遍的な価値をもつと表象するものを指す[80]。

　行為つまり判決することが欲求によって動機づけられているとすれば，これはまた裁判官・法的判断者の主体（アイデンティティ）の問題でもある。伝統法学では裁判官は中立・公正な立場であると，一般にも信じられてきた。主体であること(subject)はさまざまな制度に従属すること(subjected)を意味するから，主体の意識や行為に影響を与えざるをえない。それゆえ，どのような者が法的判断の主体となり，意味を作り出しているかは重要である。

（D）　厳格な法遵守と『ヴェニスの商人』

　「テクストの中に意味がある」とする考え方は厳格な法遵守主義的な立場（リーガリズム。わが国の伝統的な法解釈の考え方）を生み，さらに実際の適用においては，観念的には否定したはずの形式主義的な適用や概念法学的な解釈になりがちである。その実，意に反して自分がその立場を取っていることは見えにくい。有名な復讐劇であるウィリアム・シェイクスピアの『ヴェニスの商人』を取り上げて，形式的な法の適用上の問題を探る。『ヴェニスの商人』のシャイロックは，法廷に対して，債務者アントーニオが借金の返済を期限までにできず契約に違反したために，証文（契約書）の文言通りに心臓近くの肉１ポンドを切り取る履行を求めた[81]。

　『ヴェニスの商人』は法解釈に何を示唆するか。第一に，裁判官のポーシャおよびシャイロックのどちらも，なぜ形式的，厳格な法遵守の立場をとったかである。シャイロックの主張はつぎの三段論法に基づく。合意された契約条項とそれへの違反の事実があり，ゆえに契約条項どおりに心臓近くの肉１ポンドを切り取ることができる。むろん，契約はヴェニス公国の法お

348　第Ⅲ部　《法と文学》と法的推論・法解釈

よび裁判所によって保護されるという前提がある。これは法・契約の冷酷な遵守の主張といえる。他方，ポーシャ裁判官は，証文には「肉一ポンドと書いてある」のをきっかり1ポンドであると読み，また，「血を流してよい」とは書かれていないと読解して，その上でならよいと判決した。このポーシャの読解は，あまりにも証文の文言に忠実でありすぎるのである。シャイロックとポーシャの解釈も，いずれも厳格な法尊重主義の立場に立っている。ポーシャの場合はテクストの侵犯を行わない。つまり，テクストをそれを取り巻く状況やコンテクストから切り離して，むしろ文字通りに証文の文言に拘泥することによって解釈する。他方，シャイロックも形式主義的な適用を主張している。このような解釈上の態度は，正義を厳密に適用する，すなわち正確な交換と応報がなされるように要求する[82]傾向を生み出す。日常生活における正義の要求として，契約は遵守されなければならない，そして法は厳格に適用されなければならない。そのためには法解釈は厳格になされるべきであるとされるのである。

　この契約の例に見られるように，法において意思は理性に基づいた意欲として尊重される。それは自由な意思によってのみ人は拘束されるという思想に基づくからである。その意思がまた自由な意思の合致であるところの契約・合意は厳格に実行されなければならないし，それが市場や社会の要請であり，シャイロックとポーシャの主張の根底にあるものである。しかし，その意思とは日常生活における欲求・貪欲それに仕返し・意地悪や他者への攻撃などを内包するものにほかならず，法はこれらに崇高な理念を与えているのである。

　さらに，シャイロックが強情なまでに証文に固執する姿は，前述のように形式的・厳格な法遵守的な態度である。それには，まず，彼がヴェニス公国では異教徒でもあり，また外国人でもあるという背景があろう[83]。そんな彼が，ヴェニス社会において確実に頼ることができるのは，エクリチュールである契約書であり，それを保護する法や裁判所である。つぎに，彼には，アントーニオやバッサーニオの常日頃の仕打ちや暴言に対する恨みから，個人的な復讐の意図もあった。期限までに返済できなかった場合に肉1ポンド

という条項は，金貸しのシャイロックにしてみれば，対価を求めない無償にも近い申し出でもある。そうすると，これは法廷を通じた復讐といえる。ただ，法の本質的な部分には復讐や応報の観念と同根のものが存在している[84]。

　第二に，法は社会や文化に依存している。むろん法解釈もそうである。ポーシャの詭弁は何のためか。まず，キリスト教徒であるアントーニオ——ポーシャ自身のフィアンセであるバッサーニオの友人——を救うためである[85]。この意味では，彼女の裁きは異教徒であるシャイロックの冷酷な主張を却けて，キリスト教徒の命を救い，ヒューマニズムの名において勝利したといえるだろう。つぎに，ポーシャは，キリスト教が人間性を守るものであるから，詭弁を弄してでもヴェニス公国の法を守らなければならなかったともいえる。しかし，彼女の法解釈であるこの詭弁には，契約は遵守されるべしという正義や法の精神を否定することにもなりかねない契機も含まれているのである。

　ただ，ポーシャの詭弁は契約による最悪の結果を回避するための英知であったと評価することもできる。15世紀当時，近代法がもつ，たとえばわが国の公序良俗(民法90条)のような便利な一般条項がなかった当時においてはこの「詭弁」は不合理な結果を避けるための，小さなプラグマティズムの発露だったと見ることも可能である[86]。

　ところで，アントーニオに対する「こんな損な訴訟を起こしました」[87]というシャイロックには，アントーニオらに対するもう一つ別の復讐の意図が隠されているのではないか。すなわち，ヴェニスの法そのものの欺瞞を暴露することである。ポーシャが詭弁によってアントーニオを救おうとすれば，法はそんな詭弁で成り立っているのかと，かえって普遍・公正が求められるはずの法そのものへの信用を著しく毀損してしまうからである。このとき「法廷で裁かれているのは，アントーニオの肉を切り取るというシャイロックの欲望ではなく，ヴェニスの法そのもの」[88]ということになる。

　このように，法もまたヴェニス社会のように，当該社会や国の支配的な階層の価値や考え方などを反映した存在である。また，それらは，自由や公正

や正義などのように，普遍的で，一般的であり，さらに共通の価値や目標であるかのように，人々の中では自然化されているのである[89]。

第三に，前述のように，ポーシャが，シャイロックやアントーニオの両名よりも証文の文言(テクスト)を忠実に解釈する態度は，厳格な法遵守的な立場である。それは勢い制定法の条文や契約書の条項・文言などテクストに眼を向けさせて，意味を引き出すべきテクストの特権化が行われる。解釈にはいわゆる"テクストの侵犯"，つまり法テクストの一般的抽象的な規定から飛び出して，具体的に変化させ，適応させる必要がある。言い換えると，法やルールは個別の新しい状況に適合させるためにたえざる再解釈が求められる。しかし，『ヴェニスの商人』が示すように，形式主義的な法の適用はときとして悲劇を生み出すことになりかねず，それはまた結果として，形式的ないしは概念法学的な轍を踏むことにつながる。つぎの指摘がある。「現在の『法』がある具体的場合に，これを適用すると普通の人間の眼から見ていかに不当だと思われる場合でも，『それは法である。適用されねばならぬ』ということのもとにその法を適用してしまう。……それ(＝かような適用をする裁判官のこと—引用者注)は『人間』ではありません」[90]。さらに，法を厳格に適用すべしとする伝統的な法学観や法解釈論における考え方そのものが，私たちが解釈や問題を別の観点から見たり，また代わりの分析方法や法学の見方が存在していることを考えさせずにいるのではないか。そこにはリーガリズムを正当化するイデオロギーがある。

(E) 「法は法である」論とイデオロギー

法的判断の主観性を否定するためには，客観性フェティシズムには，法解釈の核心に主観性の否定を保証するものが存在しなければならない。それが意味の所有権(という考え方)である。これはすでに存在している法規範や判例から意味が引き出され，事件に適用され結論を得る，そこには判断者の主観の余地はないとする一種の"血統"ないしは正統性を求めるものである。たとえば，公害などで衝突するいくつかの利益やポリシーを考慮してどちらが優先するか・大きいかを決定・調整する方法である受忍限度論では考慮さ

れる要因があげられるものの，どのように考慮するかは事件次第で，結論に至る考量のプロセスは示されていない。ただ，その結果はあたかも理性に基づいた詳細で総合的な検討のように見え，客観的・中立であるように装われる。このように，解釈は客観的であるとされ，法解釈につきまとう主観性はその反面として客観性への希求(願望)を生んだ。

　意味の所有権は個々の解釈上の装置であるが，これだけでは客観性があるという信頼を作り出すには十分ではない。そのため，法や法規範の厳格な適用という解釈・適用上の態度やポリシーを生んだ。司法制度全体としてそのような態度にあること，つまり厳格な法の遵守・適用が基本的な態度となり，ひいては解釈・適用の客観性を保障することになる。

　客観性フェティシズム，意味の所有権それにリーガリズムはイデオロギーである。イデオロギーは多様な概念であるが，裁判所による法的判断・結論がさも妥当であるかのように，また自然に出てきた結論であると見せるために必要な観念である。法が規範として社会の秩序の維持のために国家権力による支配を正当化し，倫理や法遵守，文化や社会生活に関するものをルールや権利・義務として見ることを可能とさせ，さらに，それらが理性や正義にかなった合理的なものであることを納得させる観念である。

　なぜ法はイデオロギーを必要とするのか。法に関して公正や正義が社会の隅々まで行き渡ってなべて実現されているような完全な社会ではイデオロギーは要らない。それはあるものを補ったり，隠したり，他を排除したり，あるものを優位して推し進めるために必要なのである。また，イデオロギーそれ自体は客観性には馴染みにくいので法および法解釈の基礎にイデオロギーが存在していることは法の客観性と矛盾しないだろうか。あるイデオロギーはほかのイデオロギーや言説を招来するから，別のイデオロギーが存在し，また併存するものであることは客観性を損なう面があるといえるからである。

　「客観性フェティシズム」は，さらに「法は法である」という信念やイデオロギーを作り出すことになる。法は，社会や人々の行為に秩序や決まりをもたらすので，そのための道具・ツールであるルールや諸規範は正義を有し，

352 第Ⅲ部 《法と文学》と法的推論・法解釈

真理や理性に基づいて定立された規範・掟であると人々は無意識に信じ込むことになる。さらに，このような考え方は次第に法の大きな物語を形成して，法は法であるという法学観や考え方を作り出していると思われる。こうして法規範を適用すること，それを遵守することが社会に安定と秩序，それに正義をもたらすと信奉するようになっているのではないか。「テクストに意味が存在する」と「法は法である」という信念は，いわば現代法学の両輪である。伝統的法解釈学が，テクストの解釈や操作だけに終始しているわけではない。第一に，そこにはある種の法学観を生み出し，法は法であるという信念があるように見える。そして「法は法である」とは，すべての法的問題や現象は法の固有の領域において解決できるし，法は自律的に展開している学問であると信じる態度や信念につながるものである[91]。

第二に，法解釈においてもイデオロギーが存在する。厳格な法の適用・解釈を自ら実践したとしても，それだけでは客観的とはいえないから，さらに法的価値判断の結果である法解釈とその結果が自然であると思わせるメカニズムが必要となる。そして，あたかもそれは法体系や法学の世界の中から生み出された結論であると信じさせるものである。そして，このイデオロギーは法学教育や日々の法実践において形成されている[92]。イデオロギーとは国や社会の支配的な政治秩序を正当化したり，またその利害に動機づけられた思考やその形式をいい，現実の社会生活，そしてその隠喩として潜む各種の掟・規範を自然と思わせる観念である[93]。法解釈という形で，解釈や意味が社会における支配的な関係や価値・信念を維持しようとすることがある。そこにイデオロギーを見ることができよう。法は社会の価値やモラルを押しつけ，場合によっては抑圧するという面をなお保持している。それは法の根本には暴力があること，さらにそれを基点として，強制されたものからいわば同意されたシステムであるように装われていることを示すものでもある[94]。また，他面では，私たちは社会において個人がもつとされる自由や平等，理性，合理性などの普遍的な価値や理念の存在を信じている。そのように信じていること自体に社会や法のイデオロギーが存在する。個人も，そのように信じ込ませる権力の一端を内面化して行動することによって社会の

秩序の維持に与しているといえよう[95]。

　そこに，法が法規範の適用のための道具である以上のもの，つまりイデオロギーが潜在的に内在している。法にイデオロギーが潜んでいることを指摘するのは，現行の法や法解釈が唯一・絶対的に正しいものではなく，別の考え方・見方あるいは別の物語がありうることを示すためである。唯一で，絶対的に正しいとする見方は，法を固定的にまた保守的に見る見方になりやすく，実際の適用にあたってもリーガリズムやその背景にもなりやすい。この点で「法と文学」研究は，裁判官や法律実務家が信じている真実は，それが存在しているという一つの話に過ぎないことを指摘し，またイデオロギーが一つの見方や考え方に過ぎず，別の，もう一つ(複数)の視点や物語がありうることを示唆するのである。さらに，誰もがもう一つの視点をもって自己や自身が行っていることを複合的に理解することが重要であることを指摘するのである。

4　「法と文学」の法的推論

　〈法と文学〉の視点から法解釈・法的推論とはどのようなものであるかを検討する。法学研究はこれまでの法学が前提としているような思考や手法だけでは十分ではないし，法学をより広く社会や文化などの一部として見る〈法と文学〉研究が必要であり，また〈法と文学〉の多様な視点や分析が有用である。〈法と文学〉は法的推論の新しい見方や理論を示しうることを明らかにする。

(1)　テクストの亀裂・何が意味を決定するか――「法と文学」による法解釈

(A)　法解釈のプロセス

　私たちが「解釈する」とはどういうことか。志賀直哉『范の犯罪』では，范は殺害する意図があったように自分では語っているが，それは亡き妻への贖罪のためにあえてそういった振りをして語っているのではないか[96]。しかし，かりに故意があったとしたら，後のことは説明がつくのか，など，

354 第Ⅲ部 《法と文学》と法的推論・法解釈

次々と疑問が浮かび上がってくる。裁判官も「事実を見て，原告を勝たすべきであるという結論を出す。それを出すについては……その法律論をやるのに逆に便利のように多少事実を修正する」[97]。このように事件の物語を作り上げる，つまり読者の読みが存在している。また，最高裁は輸血拒否事件において自己決定権が人命の救済よりも優先するとした[98]。なるほど合理的には自由な法的主体が自己決定権を有することは自明だろう。しかし，この自己決定権はほかの法領域でもそれほど強く保護された権利や価値といえるのか。しかし，これは必ずしもそうではない。「読者は，テクストから種々の要素を選択しこれを組織化して整合的全体をつくりあげる。この時，テクストの中の要素のあるものは排除されたり，またあるものは前景化されて，なんらかの方法で特定項が「具体化」される」[99] のである。読者が意味を作り出し，作者とは異なる，彼（女）自身の「物語」を構築するのである。ここに読者の誕生がある。

　見方を変えると，作者が書いたテクストとは，読者に対して当該の言語を意味づけるように命令する「合図」ともいえる。この合図を元に読者が法学作品たるテクストを具体化するのである。なお，前述の利益衡量を判断する要素などに見られるように，法学には，それぞれの法領域において適用される基準や法理などがあるから，それが解釈や解決の指導的指標となるとの反論もあろう。しかし，その基準といえども，多くの場合はそれ以前の事実関係や状況から読み取り，作り上げられた知恵を基準としているのであって，それも過去の状況や事例から作られたものに過ぎないのである。このように法解釈や判決とは，注釈者・解釈者の読みに関する物語を語ることにほかならない[100]。

　言い換えるなら，解釈とはテクストの意味をめぐる読者の体験である[101]。一般にテクストを読むとは読者にとっては推測と想像のプロセスにほかならない。法学テクストを読むと，読者である法解釈者はテクストの言っている，また書かれていることをそうだろうかと思ったり，そうかと納得したり，あるいは前後のつじつまは合うのかやもっと巧妙な工夫が潜んでいるのではないかなど，種々の疑問をもつのが通例である。しかも，それらをすべて読ん

でいる現時点で解決できるとは限らないので，多くを今後に留保したまま，先を読み続けることになる。たとえば，遺言書に書かれた文言は遺言者が関連する法律上の意味を知って書いたものかどうか。そして，つぎの遺言条項との整合性はどうかなどが浮かび上がってくる[102]。これらは，私たちが，法律に限らず，文学や自然科学・哲学などほかのテクストを読んでいる場合にも必然的に現れる現象や解読作業の総体である。このように，解釈とは，テクストが書かれた“過去の地平”と読者のもつ“現在の地平”との融合とも表現されるプロセスである[103]。

また，そのような過程の中で私たち読者はどれとどれとが関係あるのか，あるいはないのかなど隠されているつながりを発見してテクストの亀裂や空白部分を埋め，さらに予測や推測をしながら前の読解を確認したり，修正したりしながら読み進み，理解する。すなわちこのように物語を再構築していくことを余儀なくされるのである[104]。読者が読解するためには，広くは世界に関する暗黙の知識，狭くは法学上の約束事に関する明示・暗黙の知識に依拠することを意味している。たとえば，建物の賃借人に不履行行為が一度あったからといって，賃貸人に契約の解除をただちに認めるのは妥当だろうか。両者は継続的債権関係にあるから，当事者でもっと話合いの余地がないか。あるいは広く債権関係における信頼に関する新たなルールを判例で形成したらどうか[105]。また，相対立する土地の利用紛争をめぐって，両者の調整をするために，考察されるべき要素を取り上げて，利益衡量すべきではないかなどもその例であろう[106]。

実は，解釈とは“テクストの侵犯”でもある。それは記号であるテクストを元に読者が意味を構築していくことである。制定法の条文や判例など，それぞれの時代と具体的個別の事件の事情に応じてなされた読解である。条文の規定だけでは判断のしようがなく，そこにはより実質的な意味内容や基準を求めてテクストを踏み出さなくてはならない。つまり，テクストの侵犯が必然的に生じて，そこには判断者の明らかな読みが存在するのである。判断者がテクストから意味を作り出さなくてはならないのである。これはつぎのように表現される。「法律の条文の字句からの論理的推論だけでは事件の解

356 第Ⅲ部 《法と文学》と法的推論・法解釈

決がでてこない場合……裁判官は，具体的事件における諸の事実関係にもとづいて条文の規定内容を参照しつつ，自ら価値判断をする必要にせまられる」[107]。

また残念事件や物権変動の「第三者」などにおける読みの移り変わりは，まず読解自体が存在すること，またその由来や発想の仕方の偶然性そしてそれ以前の理解の仕方からの断絶や断片性をも示唆している。作者の意図や意思などオリジナルを強調することはその由来も必然的に伴わざるをえない。同時に，その読みや解釈が当該条文や判例の解釈において発展した形での一貫した統一性を示しているというよりも，解決のための偶然性や異なる解釈の余地もあったという複数性をも示唆しているのである。

しかし，あまりに侵犯し過ぎると，テクストの意味は曖昧になり，また不確定的にもなる。たとえば，電気は物であるとした判例が可動性と管理可能性というレトリックを使ったのもその一例といえよう[108]。最近でも，ハードディスクをわいせつ物とする判例もある。刑法235条のテクストのいう財物たる「物」とは何かについて踏み込まなければならない。また，不法行為法の709条にいう「権利(の侵害)」とは何かについて，桃中軒雲右衛門事件では定型性や反復性を要素として音楽の著作権性を判断しなければならなかったし，ついで大学湯事件の法廷は「権利」の内容について読解しなければならなかった[109]。読者である裁判官や法解釈者が「作品」である条文などを具体化している。そこにはやはり読者の誕生が存在しているといえる。これはパラドックス的にいうと，真の作者とは読者であるといってもいい[110]。

判決は法解釈のプロセスである既存の条文や先例や判例ルールを中立的に適用して生まれるものではない。同様に，既存のルールや条文を直接的に当該事案に適用して生まれるものでもない[111]。つまり，条文や判例の背後に隠された意味や前提なるものが存在しており，それを読解・解釈によって取り出してきたというのではなく，具体的な解決において読みが増殖して解釈的立場として定式化され，その過程で妥当だとか真実であるとかの形式を獲得しただけである。先例や先行解釈を踏襲したことや系譜性に解釈の正統性

はない。すなわち「由来の探求は何かを築くものではなく，まったくその逆である。ひとが不動だと認めていたものを危うくさせ，ひとが単一だと考えていたものを断片化する。ひとがそれ自体と合致していると思っていたものの異質性を示す」[112]からである。

では，作者の意図・意思，テクストあるいはコンテクストや読者のうちで，何が意味を決定しているのか。読者の側の解釈にその効果を委ねて，複数の違った解釈をはじめ，それと相矛盾することすらあるような解釈が可能な箇所が，テクスト・作品にはあふれている。また，作者自身がよく理解して書いたものとは限らない箇所もあろう。さらに，テクストが情報を提供すればするほど，作品や事実が不確定になっていくというパラドックスも生じる。前述の芥川の『藪の中』はこのような状況を浮き彫りにした作品といえよう。

テクストには不確定な箇所が至るところにある。つまり，あらゆるテクストにはいわば亀裂がある。「このテクストの亀裂こそ，それが自我によって作り出されたものとはいえ，自我の関知しないものである解釈が圧倒的に支配するところである。……その結果自我は，それが意識的に生み出す象徴構造の中で，必然的に自身のアイデンティティを偽ることになる」[113]。テクストは不完全であるので，そこに存在する曖昧さや省略されたものを解明することが重要となる。伝統的法解釈のようにテクストやその意味だけを扱おうとする態度は何かを見失っている。それは意味を内部から構築しているメカニズムや言説，それに権威(力)や利害に眼を向けようとしないからである。

意味とは，私たち解釈者がテクストの中にあって，理解しようとするものである[114]。通謀虚偽表示があれば民法94条2項が適用できるが，そのような表示とはいえない場合もある。他方，誤った表示を放置して作り出していたような場合にも，善意の第三者は保護されないままでよいかといった配慮もありえる。確かに民法はその場合の規定を置いていないが，取引の安全上，それに近い考え方や政策が必要ではないか。このようにして同条2項の類推適用という形で法的に保護される場合があることを示す法理が作られた。取引上不実の情報を作り出したことに帰責の根拠を求めて，善意第三者の保護が判断の前景として強調されたのである[115]。このように意味とは読者であ

358　第Ⅲ部　《法と文学》と法的推論・法解釈

る解釈者が当該条文に“そうあるべきものとして理解しよう”と意図するものにほかならない。

　本条項の類推適用の判断は個別的・対処療法的ではあるが実際的解決であったといえる。しかし，94条2項の類推適用を決断した実質的判断もあることだから，裁判所が法に関する概念や価値がその根底に有している思想の世界にもっと眼を向ける議論をすれば，法の奥深い原理や源泉に突き当たることができたかも知れない。

　ところで，判例の分析などでよく用いられる類型論は事象や事実をまとめ上げようとするので，一貫しておりまた客観的であるような印象をもたらす面がある。しかし，類型化はかわりに事件の個別の特性や特徴を消し去り，捨象してしまう。そのため，理論や類型に従った読解は，例外を設ける必要が出てくるし，また新しい問題や事象に対応できなくなる。すると，再読解する機会が生まれる。たとえば，民法416条の相当因果関係における予見可能性や民法719条の共同不法行為における「客観的関連共同性」は，それぞれ一般的な概念であるためさまざまな読みを許すので類型化が試みられる[116]。しかし，かりにそれに成功したとしても，つぎにはそれにあてはまりにくい場合や事件が登場してくる。

　法や法解釈は社会的文脈(コンテクスト)に依存している。ある事件は，それが置かれていた社会的文脈からいわば切り取られたものである。この切り取られた過去の事件を，(過去のそれとはすでに異なっている)現在の文脈に置いて，これを適用することになる。また，適用する主体も別の主体に変わっていることが大半である。つぎの例は私たちが「法解釈」と呼んでいるものの実体の一端を浮かび上がらせている。有責配偶者の離婚請求事件では，婚姻関係を不貞などによって破綻させた者，つまり有責配偶者が離婚請求することを認めることができるかについてはもともと民法の規定はなかった。この問題に関して，最高裁が立場を打ち出すことは離婚法に関して一種の立法をすることに等しくなる。その最初の最高裁判例では有責配偶者は離婚請求できないとされたが，その後，有責＝請求拒否ではなく，離婚請求の一種の“規制緩和”がなされた[117]。最高裁の解釈が変わった主要な要因は，家族や

離婚をめぐるわが国の家族観や社会のコンテクストが変化したからである。最高裁の判事たちがその変化を感じ取って説得されて，新たな判例ルールとして採用したからともいえる。法解釈・法的推論そして法が社会的コンテクストに依存していることの証左といえよう。変化したコンテクストにおいてより妥当つまり合理的なルール・規制へと移行したのである。将来，社会の変化に伴ってさらに変化をすることもありえる。

　伝統的法解釈論に見られるように，制定時にあるいは先例の判決時に定められたオリジナルな「意味」によって後の事件や法律問題を決定しなければならないとしても，「それは特定のコンテクストを過去のコンテクスト群とむすびつけねばならないと主張しているにすぎない」のである[118]。ある意味が判決で確定されたならばそれで議論は終わりではない。意味についての議論や判断は，判決が出されたとしても新しい事件や社会情勢の出現によってたえず新しい吟味にさらされている。このように意味は未決定であり，また変更可能なのであって，つねに決定されることを余儀なくされている[119]。

(B)　法解釈とイデオロギー

　法解釈という形においてこそ，法解釈やそれによって抽出された意味が支配的な関係や信念・価値を維持するのである。ここでは，まず，どのような形でイデオロギーが出現し，問題となるのか，つぎに，裁判官や私たちはそれを知った上で法解釈を行っているのかという点を検討する。イデオロギーは，憲法問題など政治過程と密接な関係がある領域でクローズアップされることが多いが，むろん生活や取引法の領域でも存在する。

(a)　民法・取引法

　私法や民法は日常の生活や市場取引に関わっているので，イデオロギーの存在はほとんどないように思われがちである。それは私たちの日常と密接だからであり，また経済的なものでは国はその背後に隠れており中立的・客観的な存在のように見えるからである。

　しかし，家族法の分野など日常生活においては支配的秩序や価値を正当化する場合にイデオロギーが用いられることが多い。たとえば，戦前の「家」

制度においては戦前の「儒教的＝封建的家族制度は，明治以来の日本絶対制のイデオロギーの巨大な保塁の一つである。かような家族制度は，種々な形での教育をとおして，またその現実的物質的基礎によって規定せられて，国民により絶対視せられ，ほとんど批判の余地のないものとなってい」たのである[120]。注意すべきは，一つはその理念の中にあっては，イデオロギーと感じないことがあるということである。もう一つは，民主的ないし人間愛の基礎の上に立った戦後の民法(家族編)改正の後にもやはりイデオロギーは存在しているということである。たとえば，有責配偶者の離婚請求を否定した「踏んだり蹴ったり」事件や別姓・同姓(民法750条)をめぐる議論，それに先頃違憲判決が出た非嫡出子の相続分規定(民法900条4号ただし書前半部分削除・2013年)などはその明らかな例である[121]。今日でも家族は愛情と合意に基づいた理想的で親密な人間関係の場であり，婚姻生活は幸福なものとしてイメージされて，国家や法はそれを前提として家族の価値を認め，またそれを推進していく。しかし，現実の家族においては，ドメスティック・バイオレンスや虐待，不仲や不貞など，さらに親密であるがゆえにプライバシーが保障されないなどの苦痛も生み出されている。また家族を含めて広く「文化は強制と同意のメカニズムの融合体である」[122] ともいわれ，ここに現実とのずれや矛盾が生じている。ここでのイデオロギーは，言語の問題ではなく，権力や政治それにディスクール(言説)の問題である。

　取引法の分野でも，取引において不実な法律関係を防ぐこと，つまり取引の安全や取引の円滑という要請を是認するイデオロギーが存在していた。前述のように裁判所が民法94条2項を類推適用する道を開いたのは，このようなポリシー・政策判断があったからである。立法による解決という余地はあったにせよ，類推適用が"自然なもの"として受け入れられたのは，私たちが市場による物質的基盤を前提とした社会や文化の中で，道徳・精神も含めた日常行動のルールに馴染んでいるからにほかならない。意識されないものが意味を作っているともいえよう。

　さらに，イデオロギーの存在が前景に浮かび上がるのは，個人と社会・国の利益が対立する場合である。それはたとえば権利の濫用(民法1条3項)の事

例に見られる。いわゆる害意をもって権利行使の外観を装っている場合に侵害された土地の明渡請求は「社会観念上所有権ノ目的ニ違背シ其ノ機能トシテ許サルヘキ範囲ヲ超脱スルモノニシテ権利ノ濫用ニ外ナラス」と否定された[123]。しかし，その後，判例においては侵害者側の客観的事情や要素の考慮が前面になされるようになると，いずれも私人の所有権に基づく権利行使が退けられている[124]。その結果，このような傾向は私人の所有権を犠牲として社会・経済的要素を重視するものであると指摘され，権利濫用禁止法理の乱用と批判された[125]。つまり，社会全体の大きな利益の前に個人の所有権という小さな利益は犠牲とされるのであり，それは一種功利主義的な考え方に基づいた正当化でもある。結局のところ，権利行使の社会的限界や社会的妥当性という合理的・理性的な判断は公正さを装いながらも背後には利害関係を隠しもっているのである。理性そのものはイデオロギーの対立・抑制物という役割を終え，それ自体イデオロギー的なものに変化・変容しているといえまいか[126]。

(b) 憲　　法

(i) 議員定数不均衡・一票の格差判決

　最高裁判所は投票の価値の平等を認めながらも，それが「数字的に完全に同一であることまでも要求することはできない」とした上で，選挙区制と議員定数の配分は立法府の裁量権の問題とした。加えて，かりに選挙無効とした場合の「不当な結果」を回避することも要求されるとする[127]。そのために違憲ながらも選挙無効とはしないとする，いわゆる事情判決の手法が採用された[128]。定数配分を数字的・論理的に平等にすることが実際上は不可能であることを差し引いても，これらの判例は判決の理由づけが論理ではないことも教えてくれる[129]。法解釈が論理の世界のものならば，投票価値が平等でないことは論理的に肯定できないはずである。

　法の規定そのものは一般に公正さや民主的価値を維持して，社会の秩序を守るように映るが，個々の事例になるとそれらに無関心となるように見える。民主政治の中心である国会が，民主的投票手続で運営されているというイメージを与えながら，その核心部分の投票の価値の平等において多少の不均

362　第Ⅲ部　《法と文学》と法的推論・法解釈

衡・逸脱も許されるというのは，民主的制度の中心に一種のまやかしが存在していることを示している[130]。またそれは不均衡によって勢力を得ている議員や政党に一種の政治上の利益や配慮を与えるものにほかならない。そこには，政治的また三権分立の制度的にそうなっていると是認する裁判官の政治的イデオロギーがあるといえないだろうか[131]。このことは民主主義の根幹をなす選挙権に潜む矛盾を巧妙に隠蔽することになりかねない。

(ii)　日の丸・国旗・国歌起立斉唱拒否事件（良心の自由）

　都立高校の教職員が，卒業式で国歌斉唱の際に国旗に向かって起立し国歌を斉唱すること（起立斉唱行為）を命ずる職務命令に従わず，国歌斉唱の際に起立しなかったことにより戒告処分を受けたため，勤務成績が良いとはいえないとして再雇用職員および再任用職員の採用選考において不合格となった。このため，職務命令の取消や損害賠償を求めた事件がある[132]。本件最高裁は，判断の前提である憲法19条の規定における良心や自由が何を意味するかには積極的に言及しなかった。にもかかわらず職務命令の内容である規律・斉唱が同条の良心の自由を害するものであったかどうかを判断の中心とした。職務命令の性格として，「国歌の起立斉唱行為は慣例上の儀礼的な所作であること，高等教育の目標や卒業式等の儀式的行事の意義，在り方等を定めた関係法令等の諸規定の趣旨に沿い，かつ，地方公務員の地位の性質及びその職務の公共性を踏まえた上で，生徒等への配慮を含め，教育上の行事にふさわしい秩序の確保とともに当該式典の円滑な進行を図るものであるということができる」とした[133]。

　第一に，憲法19条の条文つまりテクストや立法者の意図，社会的コンテクスト，あるいは読者たる裁判官のいずれが意味を決定するのか。良心にしろ自由にしろ不定形であるし，それぞれの共通のイメージが共有されているわけでもない。本件の最高裁も憲法19条の内容や定義には触れてはいない。このために，まずその解釈・適用は個別の判断に委ねられているから，その判断結果は勢いパッチワーク的なものにならざるをえない。「国歌斉唱の際の起立斉唱行為」は「慣例上の儀礼的な所作」とされたが，伝統的ないしは慣例的に行われてきた儀式的なものであるとして，そこに強制の要素がない

とするのは楽観的すぎるし，判断がきめ細かいとはいえない。それだからこそ，本判決自らも「間接的な制約となる面はある」と認めなければならなかった[134]。法廷意見の言葉は，慣用的また形式的な表現を用い，卒業式と国旗・国家の慣例・儀式性に言及しているが，のらりくらりと問題を曖昧にしている。争点は職務命令が教職員の良心の自由を侵害ないし抑圧しているかどうかであったはずだ。裁判所は，儀式的・形式的なものにこそ従属して当然とする考えがあることに気がつく必要がある。逆に，儀礼的であるがゆえに，そこには職務命令で決められた行為をすべきという強制性が見られるといえる[135]。儀礼的であるとすることによって，最高裁判所は大きな裁量の余地を手に入れたといえよう。つぎに，職務命令という公言された目的ではなく，その背後に存する実際的に明白な目的を探すべきであろう。そして，それが良心の自由を保障しない場合には違法とすべきであって，この意味では目的の基準を厳格化する必要があったといえる。

　さらに，判断に際しては，卒業式の別様の在り方も含めて考察する必要があるし，伝統的ないし慣例的で，儀礼的なものに過ぎないからこそ，それがどのような背景や沿革をもっているかを吟味する必要がある。すなわち「特定の政治勢力の主張にすぎぬところのものが『国民』の名において貫徹されるという例を，われわれは知っている」[136] のである。人の心理に影響を与えるこのような事件でこそ憲法 19 条の適用の余地がある。職務命令を発する都や同教育委員会側は，それを正当化するために，自分たちの選好する信念や価値を推奨して推進し，またそれらが自明のものであって，それらを信奉したり服したりすることがさも自然かつ普遍的であるように見せるのである。本来，多様であり少数者の意見や価値も尊重されるはずの社会的現実は歪められ，統一的で秩序だった厳粛な式や次第であることが賛美される一方で，そこに生じている社会的な葛藤や苦痛は隠蔽され，抑圧されることになる[137]。判決は判断者たちの何らかの価値判断によって作られたものである。そこにイデオロギーが存している。

　第二に，最高裁は上の結論を「思想及び良心の自由についての間接的な制約となる面はあるものの……総合的に較量すれば，制約を許容し得る程度の

364 第Ⅲ部 《法と文学》と法的推論・法解釈

必要性及び合理性が認められるというべきである」[138]と正当化している。これは功利主義的な正当化といえる。最高裁は，卒業式を厳粛かつ円滑に進行させる利益が，一個人の思想や良心の自由の保障に較べてはるかに大きいというのである。そうであれば，一個人の利益はつねに集団や社会・国家の利益の前には小さく，したがって無視して良いものになってしまいかねない。思想および良心の自由が人間の精神的自由に深く関わっており，そもそも法の存立基盤である理性や正義の観念の前提となっていることは多言を要しまい。

第三に，判決は言葉の表面的な操作よりも，より掘り下げた議論と判断をするような方向に向かうべきで，そうすれば憲法19条の良心の自由をめぐる理論や原理を万が一にも探し当てる機会になったかも知れなかった。裁判所は，現在において最も理にかなった結論を求められているのであるから，良心を含む思想の自由市場という考え方は本件にも有益ではなかったろうか。憲法19条は，卒業式を挙行する側・組織にとって都合の悪いことを抑圧，排除，無視するのではなく，それらが好まず，また嫌悪する考え方や思想をも考慮し，むしろそういった少数者に配慮しうるための規定である[139]。最高裁判所はこの趣旨を国民に十分に保障する立場にある。さらに，事件の問題性やイデオロギーは，判断者の主体性・アイデンティティについても洗い出している。つまり，最高裁の裁判官たちが本当に主体なのか，あるいは従属させられた者たちであるかである[140]。

以上の検討から良心の自由の内容やそれについての考えが不定形であるから，そこには判断者の読みや価値判断そしてそれらを包含するイデオロギーが入ってこざるをえないといえよう。伝統的法解釈論では，裁判官の個人的な，また政治的な傾向が判決に影響を与えることがある点については明確には反論されてはいない。にもかかわらず，法や法解釈がイデオロギーに満ち，それに取り囲まれているとすることに，反発や違和感を覚える向きもあろう。それは事件の具体的妥当な解決を図ってきたことに，また，正義や理性の産物である法や法解釈にイデオロギーと呼ばれるものが入っているとは信じたくないからである。つぎに，イデオロギーとされると，当該判決が特殊に限

定されたやり方や信念に過ぎないと見なされる恐れがあり，法解釈とその実
践機関である裁判所の行っているものに懐疑や不信をもたらすことになりか
ねないからである。さらに，特定のイデオロギーから出てきた結論が正しい
ものであるかどうかについて，疑義をもたらし，ひいては反論や批判への道
を開くことになるからである[141]。いずれにしても，法学の現在の地平が唯
一で究極の理想の地平であるとはいえないのである。

　イデオロギーとは，神話のように，社会の現実を自然なものとイメージさ
せたり，また永続するものと感じさせるものである。そして，それに依拠し
ている社会制度は，「私たちの生活を強制的な規範に押し込めてしまい，批
判的な自己省察の道を閉ざしてしまう」から，私たちは神経症的な行動を強
いられているともいえる[142]。
　また，その判断は合理的だというように，合理性が語られるとき，私たち
はその判断を正しいものとして承認する傾向がある。そこにこの社会や文化
に潜んでいる一種のイデオロギーが存在する。合理的とはすべてのものや
人々を納得させるものではない。合理的であるがゆえに非合理的な側面も存
在する。たとえば「テクノロジーと科学を手中に収めた産業社会は，人間と
自然をつねにより効果的に支配するために，その資源をつねにより効果的に
利用するために組織されている。こうした努力の成功が人間の経験に新しい
次元を開くとき，この社会は非合理的になる」[143]。元来，合理性は人間の自
然に対する技術的・テクノロジカルで科学的な支配様式であったものだが，
今日では人間対人間の関係にまで及ぼされてきている[144]。
　法解釈には司法制度・裁判所という権力を背景にした社会制度が存在する。
いかなる読みや解釈が許されるかを決定する制度が実在しているから，裁判
官はそこで通用する解釈や話に依拠するのが賢明であろう。しかし，法解釈
する際に，真実と考えられるものは裁判官が抱いた真実のイメージであって，
それは裁判官にとっての一つの物語や話に過ぎないのではないかという懐疑
や不安がつねにつきまとっている。
　政治的な争いからは距離を置いたように見せて，「裁判官が権威的な判断

366　第Ⅲ部　《法と文学》と法的推論・法解釈

を示しうるためには，……あたかも法にあらかじめ書き込まれている知識を敷衍するだけで答えが得られたかのように語ることが必要だと考えられる」[145]といわれる。しかし，私たちを存在させているところのものに，私たちの行動や思考それに感情すらも支配されているといえるのではないか。私たちの生活構造を形作っているものはそれに依存している私たちを見えない形で支配・コントロールしているのである[146]。法解釈も社会の現実をどう捉えるべきかという読解であるから，それに重大な影響を与えるイデオロギーの内容や機能を考察しなければ，法解釈を全体として捉えることにはならないといえるのではなかろうか。

　歴史を見れば，現在の社会も過去より出現した，歴史的発展の一つの形態に過ぎない。そして，社会や文化，それに社会の仕組みは広く社会を組織する仕組みや方法の一つに過ぎないものである。私たちは，変化・発展する社会において，その変化に対応する視点や意識・思考を備えておくべき必要があるのである。法もまた社会や文化が変化するにつれて，変化・発展を余儀なくされることは論を俟たない。ならば，現在のものを不動のものとせず，時代の流れや社会の変化に対応することが必要になるのである。

　ところで，法や法解釈がイデオロギーというものに裏打ちないしは支配されていることを指摘することや意識することがどのような意味を法解釈においてもつのだろうか？　第一に，法・法解釈が中立，客観的，一貫したものであるという信念や，そのように装ってきたことの意義を暴露することになるのである。それはまた，法解釈を行っている解釈者，裁判官などのアイデンティティをたえず問い直すことにもなる。第二に，ドグマ・法教義学的な考え方や手法への反省を迫ることにもなって，ドグマ的手法やテクストの操作に限界があることを教えるのである。現在の先例や解釈の方法，それに考え方が唯一，絶対の，あるいは自然なものではないことを教える契機となる。第三に，法全体・法学観をより広い視野の中に置いて，これを検討することを可能とするのである。それは，解釈する主体にも，また解釈の対象にも影響する。

　あるイデオロギーの内側からはその限界は見えてこない。自分が適用され

て自然ないし当然と思われる法規範を適用していても，それが実際には何を行っているかを理解する必要があろう。イデオロギーは実は議論の余地のあるものを，それに服するのがもしくは適用するのが明白・自然なものに変えてしまうからである。これを脱するには，別の外部の理論や見方が必要になる。「法と文学」はその有力な理論の一つといえよう。

また，リーガリズム的な解釈論の一般的傾向として，法律家たちの文章は厳密・客観的に表わそうとしたものではあっても，一般の人たちにとっては堅苦しく官僚的で人間性を欠いたものに映るのである。そのような判決文は，それが仲間内の専門家に向けられたものではないかという問題とともに，意識的に判断や事柄を曖昧にしようとする役割すらももっているのである[147]。

(2)　法 的 推 論

(A)　解釈の暴走——不確定という強迫

読者の優位とするのでは，無数の注釈者・解釈者による複数の解釈や恣意的解釈を許すことにならないか。この「解釈の暴走」への恐れは，確定的答え(法的結論)を信奉することの裏返し，つまり法的不確定という強迫性でもある。一つには，日常的なコミュニケーションにおいても読者の優位があるが，にもかかわらず意思伝達・疎通は可能である。また，そうして日常生活そして社会や文化は動いている。それと同じことが法解釈においても起こっているということにほかならない。二つには，意思伝達を可能としているのは，文化的・社会的な背景があるからである[148]。それは，似たような言語や文化の背景をもつ者は理解しやすい環境にあるということである。

三つには，伝統的な法解釈において(唯一の)確定的な答えがあるように，またそのように推論された結論のように見えるのは，そこに一つのイデオロギーがあるからである。私たちはそうであるかのように，学習し，教育され，実践してきたからである。伝統的な解釈スタイルによって，確定的な答え・判決が存在するわけではない。そうであるかのように信じ，またそのようなものとして法解釈が装われてきたのである[149]。

法解釈のあらゆる場面において，複数の意味や解釈の余地がつねに存在し

368 第Ⅲ部 《法と文学》と法的推論・法解釈

ていて，裁判官は，そのうちのある解釈や物語を採用したことにほかならない。そしてそれが司法・裁判所の権威によって通用していくシステムなのである[150]。「法と文学」の法解釈論が，伝統的な解釈論と異なるのは，その裁判所の選択が実質的な理由から妥当なのか，なぜほかの解釈は採用されなかったのか，さらに大局において，もっと別の見方や考え方は存在しなかったのかを広い視野の中で考察する方法や理論をもっているという点である。

　法解釈であれ解釈によって「たどり着くただ一つの真理」[151]があるわけではない。唯一の解釈など存在しないし，解釈とはつねにその複数性と曖昧さによって惑わされる過程にほかならない。むしろそうではないとするところにイデオロギーがあるといえよう。「最終的にその解釈が受け入れられるかどうかは，端的に解釈そのものの持つ説得力に依拠せざるを得ないのである。この説得に関わるのが物語りである」[152]。また，解釈一般にいえるが，(法)解釈は，あくまでその場の一時的なものであり，部分的なものに過ぎないし，たどり着くところのないものである。

　法や判例にあらかじめ書き込まれている知識から導き出されたもののように，自然に答えが得られたとするもう一つの方法は，いわゆる判例の蓄積という見方であろう。そこには類似の事案や解釈や結論に至る方法がさまざま存在するから，それをヒントにしたり，またその多様な組合せによって出された結論であるかのように装うことができる。しかし，先述のように，これも先行する判例の読みであり，蓄積された判例の中に隠された意味や実質的な判断の基盤が存在しているわけではない。前述のフーコーの系譜学はこの点の虚妄，つまり積み重ねから導き出されるものが安定し，洗練されたルールとして結実し，またそれが法的判断のための確固たる基盤を呈示することになるという信念を揺るがせているといえよう。

　このように，裁判官はじめ法学の読者もたえず，「後ろ向きであると同時に前向きであり，予期と回顧から成り立っており，その際私たちは途中で否定したテクストの潜在的可能性が何時実現するかもしれぬとたえず意識している。……テクストには『背景』と『前景』が，さまざまな語りの視点が，いく層にも積み重なった意味の層が存在し，私たちはその中をたえず往還す

る」[153] といわねばならない。

（B） 法と寛容，改善

　社会の秩序を崩壊させたくなければ，個別的な事情を排除して，厳正な正義の取決めを維持していくよりほかはない。「正義は正確な交換と応報を要求する」ので，法は市民に平等に適用されなければならないが，それはその背後に「交換と等価性は秩序を安定させる要因である」という社会の前提・構造があるからである[154]。厳正な適用は，加えてその首尾一貫性によって，法が適切かつ正常に運営されているという信頼を社会や人々の間に作り出している。そうすると，つぎに「法の実現こそが正義であるという法の真理が語られる」ことになるのである[155]。

　法が厳密に適用されてどこが悪いのか。それは正義（言い換えるなら一般の生活ではそれはもっぱら交換）が正確に行われているかを気にするからである[156]。しかし，厳密な適用の弊害は，前述の『ヴェニスの商人』や『尺には尺を』などにも，また前記末弘博士の指摘にも見られる。法遵守そのものが目的化して物象化してしまう恐れもある。

　法の厳格な適用による問題を回避するには，事件の個別の事情を考慮することになる。厳密な適用の上に成立する正義に対して，場合によっては人間的な同情を示す慈悲の観念が必要となることがある。人間個人がもっている弱さやもろさ，それに多様な人間性に同感し，これを考慮するからである[157]。ただ，このような慈悲や寛容はたびたび行われたり，過度に認められたりすると，法の適用や運用が次第に恣意的なものになってくる危険も潜んでいる。既存のルールを否定してしまってはならないし，どの場合に，どこまでを許すかなどの基準も画一では定まらないだろう。

　最近の事件では厳格に適用したものがある。たとえば上告人は約27年にわたり国家公務員として勤務していたが，約27年前に受けた有罪判決が国家公務員法の欠格事由に該当するとして，同有罪判決が確定した翌日（1973年12月22日）に失職した旨の人事異動通知書の交付がなされたため，雇用契約上の地位の確認などを求めた事件がある。多数意見は同法を形式的に適用

370　第Ⅲ部　《法と文学》と法的推論・法解釈

しているが，反対意見の方が，慈悲・寛容の面に着目したともいえよう[158]。
この種のものとしてかつての一厘事件[159] などがある。厳格な適用やリーガ
リズムが優れているわけではない。すなわち慈悲を寛容として認めることは
悪ではないし，慈悲によって法の過酷な適用を回避できるならば，慈悲や寛
容な救済に納得する者たちも存在するからであろう。その結果，法への信頼
や遵法を他面ではかえって助長することになるのである。

　私たち普通の人々の目や意識には，自分たちが存在するこの現実は，恒久
で不変な事物で仕組まれており，そのような制度として存在しているかのよ
うに映る。法・掟は社会のシステムそのものを支える国家の装置として機能
しているし，しかも社会とその法・掟はそれ自体が自然でかつ生活していく
上で不可避的な存在と見なされている。

　人々は，社会のシステムの中に正しく生きてゆくだけであり，そこの掟・
ルールに従うだけの存在や人間性しか与えられていないように感じる。この
ようにして，社会そしてその法・掟そのものは変えられるものとは考えられ
なくなっているのである。社会は分業化され，断片化され，個々の役割や仕
事を課された人間はそれぞれの部分・専門の中で，そこを小宇宙として生き
るが如くである。司法や裁判あるいは法務サービスや法学専門家たちもこの
限界をまぬかれない。裁判官が置かれている「わくぐみ自体に疑問を投ずる，
ということはめったにない」とさえいわれる[160]。このため，裁判官も個人
も社会の全体像を見渡せることは少なくなっている。

　法解釈は「窮極的には解釈者の価値的立場に規定される」[161] ものである
から，法解釈や法的判断における価値中立というフィクションは，むしろ政
治的でさえある。法的判断・法解釈の営みはちょうどシーシュポスの神話の
たとえのように，真実や正しい，あるいは客観的と思われた高みにやっとた
どり着いても，それはただちに不安定となって通用しなくなるものであ
る[162]。このため，これを配慮する視点が必要となろう。

　ではどのように改善できるのか。裁判官をはじめとして解釈者は「『価値
中立』の仮構によりかかる安易な道を断念し，自分が価値判断をしているの
だという自覚をはっきりともったうえで，『歴史の審判』に堪えるような選

択に可及的にちかづいてゆくという謙虚な使命感を持った裁判官像」[163]）が求められる。これをたんなる立場や精神論にしないためには，現実がただ存在しているのではないことに留意する必要がある。「現実は存在するものではなくて，生成するものであり，しかも思考の関与なしには生成しないものである」[164]）。この意識を変えるには，まず法をあるいは自己を広い視野の中に置く思考が求められると思われる。そして，「法と文学」は，いわば外から法の成果を見る視座を提供するのである。「法と文学」は法と人間の関わりに深い関心をもっており，現在の人間の扱いや人間性について再考しうる視点や思考をもたらすことができる。一般に法律家は法制度や裁判がもたらす形式あるいは官僚的で非人間的な印象については無関心であることが多い。しかし，直観力や人々の感情を推測し，人間の気持を理解でき，その感情や動きがわかるような想像力を培う必要があろう[165]）。現在の法と法制度とを変えようと思うなら，より広い社会的コンテクストの中に置いて見る必要がある[166]）。

お わ り に

　第一に，「法と文学」は，私たちがこれまで法解釈において前提としてきたものや信念，さらにそう解釈することが自然だと考えてきたものに対して新たな視点や見解をもちうることを明らかにした。まず，裁判所は，テクストの読者としてそこから，自分たちの望む意味を作り出しているのである。これまで考えられてきたように法解釈や法的判断とは，テクストの中にすでに存在したものを取り出したり，発見したりするプロセスではない。法においても作者の死が存在し，読者の誕生が存在する。批判的な考察なしに法解釈における約束事やその機能など，つまり言説・ディスコースを研究することは既存の法解釈や法制度自体を無自覚に敷衍し，再強化することになるのである。法はこうあるべきだという規範的ないしは理念的な世界にある。理念への思い入れのために現実の人間を忘れることがあってはならないだろう。

　第二に，「法と文学」は，裁判所がとる見解は，多くの読みのうちの一つ

372 第Ⅲ部 《法と文学》と法的推論・法解釈

に過ぎないことを明らかにした。これは読者としての裁判官・裁判所という面である。「制定法が制定の当時のままの姿であるかのような外観を維持し得ているのは，無数の擬制によってである」[167]と指摘されるように，読みは法的フィクションと重なっている部分が大きい。裁判所の読みにも複数の解釈の余地を前提とすることは，裁判所が判決において採用した見解が，なぜほかの読みや見解に優位するのかを見直したり，問い直したりする機会を与えるものとなる。裁判所の見解が通用するのは，いうまでもなく司法権力が背後に存するからにほかならないが，それらの見解や判断が絶対や真実の見解であるのではなく，別の見方や読みも，それと同じように存在しているのである。この点は，さらに，「法と文学」研究は，なぜそのような読みや擬制を用いているのかを解釈者本人に知らせることになるのである。

　第三に，「法と文学」は，現行の制度や法の伝統的枠組みや思考の外に出て，これまでの法解釈や法的思考の実践や在り方を反省し，これを理論化しようとする試みでもある。この方法は，法解釈・法的思考のレベルにおいても何らかの変化を生み出すことになると思われる。こうした理論的な探究は「前提や制度や実践の変化に，確かにつながる」といえよう[168]。なお，「法と文学」は，「法と経済学」のように，条文や先例の意味はこうであると具体的・確定的な解釈方法をもたらすものではない。しかし，「法と文学」は，法解釈論や法的推論への理論的な検討を可能としているのである。これによって法理論としても有益であるといえよう。

　(注)
1) R.バルト「作者の死」同『物語の構造分析』，79頁(花輪光訳，みすず書房，1979年)などよりイメージした。後注 26 およびその本文参照。
2) 来栖三郎「法の解釈適用と法の遵守(一)」法協 68 巻 5 号(1950 年)，430 頁。むろん同教授はわが国の伝統的な法解釈に懐疑的である。なお，わが国の法学の特徴については本書第 6 章「ポストモダンと法解釈の不確定性」参照。
3) 引用は，広中俊雄『法と裁判』(東京大学出版会，1971 年)，37 頁(原文の傍点・略)。また，碧海純一「現代法解釈学における客観性の問題」『岩波講座現代法 15』(岩波書店，1966 年)，3 頁など参照。
4) 川島武宜『科学としての法律学』(弘文堂，1964 年)，31 頁(原文傍点・略)。

第8章　意味の所有権　　373

5) 田中成明『現代法理論』(有斐閣，1984 年)，284 頁。なお，法におけるイデオロギーに関して，兼子義人『純粋法学とイデオロギー・政治――ハンス・ケルゼン研究』(法律文化社，1993 年)など参照。

6) 田中『現代法理論』(前注 5)，28-30 頁，289 頁。法におけるイデオロギーの存在は法や法解釈の科学性を損なうが，脱イデオロギーという方向ではなく，法的思考や制度の前提となっている「イデオロギー的前提の解明からはじめなければならない」(同上，285 頁)とされる。

7) 法的三段論法につき，田中成明『法理学講義』(有斐閣，1994 年)，305 頁以下；長谷川晃・角田猛之編『ブリッジブック法哲学』(信山社，2004 年)，83 頁以下(毛利康俊筆)など参照。

8) 我妻栄『近代法における債権法の優越的地位』(有斐閣，1953 年)，534 頁。

9) 我妻栄『法律における理屈と人情』(日本評論新社，1955 年)，31 頁。民法 709 条の「権利の侵害」の要件の解釈をめぐる事件を思い起こせばよいだろう。後注 109 参照。

10) Richard A. Posner, *How Judges Think*, 376 (2008).

11) 五十嵐清『法学入門』(一粒社，1979 年)，145 頁は，立法者意思説はもっと評価されるべきとする。立法者意思説をいうのは，前田達明「法解釈について」法曹 64 巻 1 号(2012 年)，4 頁。なお両説のドイツ法における議論につき，来栖三郎『法とフィクション』(東京大学出版会，1999 年)，23 頁以下参照。

12)「立法の趣旨に照らして解釈することが法の解釈の基本原則である」。最判昭和 37. 6.13 民集 16 巻 7 号 1347 頁。英米法でも，William Blackstone, *Commentaries on the Laws of England*, vol. 1, 59-60 (1765). 曖昧な場合にはコンテクストなども斟酌する。

13) 五十嵐『法学入門』(前注 11)，146 頁など。

14) 同上，147 頁。

15) Daniel A. Farber & Philip P. Frickey, *Law and Public Choice: A Critical Introduction* (1991), chs. 1 & 4; 林田清明『《法と経済学》の法理論』(北海道大学図書刊行会，1996)，221 頁など参照。

16) 五十嵐『法学入門』(前注 11)，147 頁など。

17) J. カラー『文学理論』(荒木映子・富山太佳夫訳，岩波書店，2003 年)，100 頁。また，「権力への意志は解釈する」というのは，F. ニーチェ『権力への意志』(原佑訳，筑摩書房，1993)，170-171 頁。

18) 来栖『法とフィクション』(前注 11)，99-100 頁。

19) Posner, *How Judges Think*, note 10, at 110.

20) *Ibid.*, at 121.

21) 末弘厳太郎『法学入門』(第 2 版，日本評論社，1980 年)，93 頁。

22) 末弘厳太郎「教育と直観」同(『嘘の効用』(第 2 版，日本評論社，1980 年)，259 頁。また，東西の裁判官に尋ねてみたところ，ほとんどが「結論が直感的に先に出る，理屈はあとからつけるものだ」と答えたという(同 136 頁)。

23) 新潮 1 月号(1922・大正 11 年)。本作品は『今昔物語集』巻二十九第二十三話「具

374 第Ⅲ部 《法と文学》と法的推論・法解釈

妻行丹波国男 於大江山被縛語」を題材としている。なお，本作品と『羅生門』を原作とする映画『羅生門』(黒沢明監督，1950年)がある。

24)『藪の中』作品をめぐる論争として，吉田精一『芥川龍之介』(三省堂，1942年)；中村光夫「『藪の中』から」中村光夫全集5巻(筑摩書房，1972)，22頁以下(初出・すばる1970年8月号)；福田恆存「『藪の中』について」文学界1970年10月号；大岡昇平「芥川龍之介を弁護する」中央公論1970年12月号；大里恭三郎『芥川龍之介——「藪の中」を解く』(審美社，1990年)など。

25) 複数性を認める見解もある。加藤一郎ほか『現代法学入門』(第3版，有斐閣，1992年)は，「概念法学は，唯一の正しい解釈が存在し，法の解釈はそれを明らかにするものだと考えた」(72頁)が，「条文の解釈には，文字の意味からの遠近の差を持ちつつ，かなりの幅があり，複数の解釈が可能である。……真理という意味での『正しい解釈』は存在せず，『妥当な解釈』あるいはそれと同じ意味での『正当な解釈』を，われわれは求めることになる」(73頁)とする。川島『科学としての法律学』(前注4)，20頁以下は，解釈が複数となる理由を社会の種々の異なった価値体系の存在のゆえと見る。渡辺洋三『法社会学と法解釈学』(岩波書店，1959年)，25頁や，星野英一「民法解釈論序説」同『民法論集1巻』(有斐閣，1970年)，42頁も「複数の解釈の可能性」を肯定する。

26) この表現は，T. イーグルトン『文学とは何か——現代批評理論への招待』(新版，大橋洋一訳，岩波書店，1997年)，108頁の，意味の支配管理の目的は「私有財産の保護にある」，また，著者はたとえその死後でも意味の処分に関しては「永代所有権を維持」などの示唆による。

27) バルト「作者の死」同『物語の構造分析』(前注1)，79頁；同「作品からテクストへ」同『物語の構造分析』(前注1)，91頁。

28) R. バルト『言語のざわめき』(花輪光訳，みすず書房，1987年)，38頁(原文「意味」の傍点略)。

29) M. フーコー『ミシェル・フーコー文学論集1・作者とは何か?』(清水徹・豊崎光一訳，哲学書房，1990年)など。解釈学での動向につき，H. オームス「テクストと隠れた次元」(黒住真・豊澤一訳)『岩波講座現代思想9・テクストと解釈』(岩波書店，1994年)，255頁。同様に，イーグルトンも作者の死を肯定する。「テクストはそれ自身の意味を作り出す」(Terry Eagleton, *Literary Theory: An Introduction*, 74-75, 118-121 (1983))；イーグルトン『文学とは何か』(前注26)。

30) 最判昭和37.6.13民集16巻7号1340頁(9対5)。最(大)判昭和39.11.18民集18巻9号1868頁(10対4)。また最(大)判昭和43.11.13民集22巻12号2526頁。なお，ここでの利息制限法は平成18年法改正前のものである。

31) 五十嵐『法学入門』(前注11)，80頁。当時の金融・経済の背景につき，広中俊雄『民法解釈方法に関する十二講』(有斐閣，1997年)，95頁，136頁以下参照。

32)「成文法の国では，成文を正面から否定することを避けねばならない」(我妻栄『民法案内・上——私法の道しるべ』(日本評論社，1956年)，183頁)。

33) 広中『民法解釈方法に関する十二講』(前注31)，153頁。

第 8 章　意味の所有権　375

34) 実際には，不都合を回避するために適用の制限や無視など種々の工夫がなされている。たとえば，民法関連では，同 715 条第Ⅲ項求償の制限，民法 534・536 条(危険負担)，短期賃借権(廃止・旧民法 295 条)など。

35) 最大判昭和 48.4.4 刑集 27 巻 3 号 265 頁，270 頁(違憲)。最大判昭和 25.10.25 刑集 4 巻 10 号 2126 頁(合憲)。

36) 最判平成 7.2.24 民集 49 巻 2 号 517 頁(平成 6 年の改正前の政治資金規正法)。なお，大阪市公文書公開条例の解釈も争点となっていた。

37) 最判昭和 45.7.24 民集 24 巻 7 号 1116 頁，最判昭和 45.9.22 民集 24 巻 10 号 1424 頁など。

38) 最判昭和 58.3.18 家月 36 巻 3 号 143 頁，最判平成 5.1.19 民集 47 巻 1 号 1 頁など。中川善之助・加藤永一編『新版　注釈民法 28・相続(3)補訂版』(有斐閣，2002 年)，49 頁;阿部徹「遺言の解釈と要式性の調和」ジュリスト増刊・民法の争点Ⅰ(2001 年)，251 頁;浦野由紀子「遺言の解釈」『遺言と遺留分 1 巻・遺言』(日本評論社，2001 年)，221 頁;松原正明「遺言の解釈と遺言の撤回」『遺言と遺留分 1 巻・遺言』(日本評論社，2001 年)，205 頁など。

39) 最判昭和 58.3.18(前注 38)，146 頁。いわゆる「相続させる」趣旨の条項は遺産分割の方法の指定とされる。多くの議論があるが，その趣旨を裁判所がこうであろうと読むものであるとする点では同じであるといえよう。最判平成 3.4.19 民集 45 巻 4 号 477 頁，最判平成 3.9.12 判タ 796 号 81 頁など。二宮周平『新法学ライブラリー 9・家族法』(4 版，新世社，2013 年)，407 頁など。

40) 大判昭和 2.5.30 新聞 2702 号 5 頁，大判昭和 4.5.2 新聞 3011 号 9 頁(前記判例の再上告審)，大判昭和 12.8.6 判全 4 輯 15 号 10 頁。

41) 最大判昭和 42.11.1 民集 21 巻 9 号 2249 頁。

42) イーグルトン『文学とは何か』(前注 26)，133 頁。

43) Eric D. Hirsch, Jr., *Validity in Interpretation*, 62 ff., 169 ff. (1967). なお，ハーシュの紹介につき，塚本正明「解釈の客観的妥当性と歴史性」『岩波講座現代思想 9・テクストと解釈』(岩波書店，1994 年)，187 頁，とくに 192 頁以下;J. カラー『ディコンストラクションⅠ』(富山太佳夫・折島正司訳，岩波書店，1998 年)，117-118 頁;イーグルトン『文学とは何か』(前注 26)，106 頁。

44) 大連判明治 41.12.15 民録 1276 頁。我妻栄『聯合部判決巡歴 1・総則・物権』(有斐閣，1958 年)，125 頁以下参照。

45) Hirsch, *Validity in Interpretation*, note 43, at 173.

46) 哲学・文学の領域でも，Stanley Fish, *Is There a Text in This Class? The Authority of Interpretive Communities* (1980) [S. フィッシュ『このクラスにテクストはありますか?——解釈共同体の権威』(小林昌夫訳，みすず書房，1992 年)]. なお「法共同体」「法律家集団」なども同じものを指すと思われる。田中『法理学講義』(前注 7)，414 頁。

47) F. ローデル『禍いなるかな，法律家よ!』(清水英夫・西迪雄訳，岩波書店，1964 年)，133 頁。

376 第Ⅲ部 《法と文学》と法的推論・法解釈

48) Richard A. Posner, *The Federal Courts*, 251(1985). 林田『《法と経済学》の法理論』
（前注 15），240 頁参照。

49) H-G. ガダマー「テクストと解釈」Ph. フォルジェ編『テクストと解釈』(轡田収・
三島憲一ほか訳，産業図書，1990 年)，75-76 頁。なお，後注 104 の本文も参照。

50) F. de ソシュール『一般言語学講義』(小林英夫訳，岩波書店，1972 年)，98 頁以
下；R. バルト『零度のエクリチュール』(渡辺淳・沢村昂一訳，みすず書房，1971 年)，
153 頁。なお，ソシュールは第二原理として，言語記号が線状に並列されること，コ
トバつまり単語が一列に並ぶ性質があることをあげている(ソシュール『一般言語学
講義』，101 頁)。

51) 丸山圭三郎『ソシュールの思想』(岩波書店，1981 年)，116-117 頁。

52) 丸山圭三郎『言葉とは何か』(ちくま学芸文庫，2008 年)，11 頁。

53) T. イーグルトン『シェイクスピア――言語・欲望・貨幣』(大橋洋一訳，平凡社ラ
イブラリー，2013 年)，99 頁；丸山『言葉とは何か』(前注 52)，131 頁など。

54) 丸山『ソシュールの思想』(前注 51)，124 頁は「ソシュールは，こうしてコトバに
意味を奪回した。言語記号は，自らに外在する意味を指し示す〈表現〉の道具であるこ
とをやめた。……この取り戻した意味の源泉は何か。これこそラングという体系に依
存する価値にほかならない。そしてその価値は，一つには言語主体が樹立する際の対
立化活動から生まれ，二つにはこの実践が獲得する社会性に裏づけられて確立され
る」という。J. カラー『ソシュール』(川本茂雄訳，岩波書店，2002 年)，31 頁。

55) 丸山『言葉とは何か』(前注 52)，131 頁。

56) 同上，129-130 頁。

57) Posner, *How Judges Think*, note 10, at 371. わが国でも，来栖三郎「法律家」『末
川先生還暦記念・民事法の諸問題』(有斐閣，1953 年)，249 頁は，法律家は「好んで
政治的中立を標榜しながら，実は保守的に振る舞う」という。裁判官の良心に委ねて
しまうことへの疑念として，原島重義「法的判断とは何か(1)」久留米法学 25 号
(1995 年)，134 頁。いずれにせよ，解釈や判決にはこのような疑念がつきまとってお
り，逆になぜ中立・公正が強調されるかが問われよう。ただ，藤田宙靖元最高裁裁判
官は今日の最高裁が変化していることを示唆する(藤田宙靖『最高裁回想録――学者
判事の七年半』(有斐閣，2012 年)，100 頁，121 頁。

58) T. イーグルトン『イデオロギーとは何か』(大橋洋一訳，平凡社ライブラリー，
1999 年)，333 頁。

59) 中村治朗『裁判の客観性をめぐって』(有斐閣，1970 年)，8 頁。

60) 最高裁判所の判事はエージェント(代理人)であり，そのプリンシパル(本人)は内閣
(その背後の政権党)であり，下級審裁判官のプリンシパルは最高裁判所(とくに事務
総局)とも見られよう。

61)「自民党指導者は，裁判官の任命に際して直接的な支配力を，そして，司法判断の
形成のために事務総局への間接的な支配力を及ぼしていた」(M. ラムザイヤー・F.
ローゼンブルース『日本政治の経済学――政権政党の合理的選択』(加藤寛監訳，弘文
堂，1995 年)，181 頁)。また，エージェンシー・コストとしては，自民党の一連の操

第 8 章 意味の所有権 377

作を批判する裁判官には処分を下していたことが指摘されている。すなわち「時折,
自民党の選好を侵す判決を書く裁判官に(特に最高裁判所が確定した選好を無視する
ときに)処分を加えていた」(同上, 182 頁)。

62) わが国の司法制度の諸問題については, 木佐茂男ほか『テキストブック現代司法』
(第 5 版, 日本評論社, 2009 年);新藤宗幸『司法官僚——裁判所の権力者たち』(岩
波新書, 2009 年);宮沢節生『法過程のリアリティ——法社会学フィールドノート』
(信山社出版, 1994 年);西川伸一『日本司法の逆説——最高裁事務総局の「裁判し
ない裁判官」たち』(五月書房, 2005 年)などを参照。

63) このような裁判官は, 上ばかりを見る「ヒラメ裁判官」と揶揄される。当時の町田
顯最高裁長官の言, 朝日新聞 2004 年 10 月 19 日朝刊。なお「裁判官というのは, 法
の神話に出てくるような, 善悪や公平不公平についての絶対無謬の審判者ではない。
裁判官は人間であっても神様ではないのみならず, 政府の召使いであり被雇用者なの
である」(ローデル『禍いなるかな, 法律家よ!』(前注 47), 219 頁)。

64) Posner, *How Judges Think*, note 10, at 43 & 369 *et seq.* 中立が困難なことについ
ては, C. テイラー『マルチカルチュラリズム』(佐々木毅ほか訳, 岩波書店, 1996),
86 頁参照。

65) D. H. フット『名もない顔もない司法——日本の裁判は変わるのか』(溜箭将之訳,
NTT 出版, 2007 年), 319 頁。なお, フット教授は元・米最高裁バーガー長官の
ロー・クラークやわが国最高裁での研究の経験がある。

66) 引用はいずれも, 同上, 322 頁。

67) Posner, *How Judges Think*, note 10, at 7-8.

68) 「彼ら[=日本の裁判官——引用者]の経歴を合衆国の裁判官と比べると, 多様性は
かなり低い。……ほぼすべての裁判官が司法研修所を修了後, 他の職業を経験するこ
となく, 直ちに裁判所に着任する」(フット『名もない顔もない司法』(前注 65),
318-319 頁)。

69) 加藤一郎「法解釈学における論理と利益衡量」同『民法における論理と利益衡量』
(有斐閣, 1974 年), 54 頁は,「日本の判例ほど, 画一的な融通のきかない解釈をとっ
ている」とする。司法研修所での研修については, 司法研修所編『民事訴訟における
要件事実 1・2』(1985 年, 2 巻・出版年記載なし);伊藤滋夫『要件事実の基礎——裁
判官による法的判断の構造』(有斐閣, 2000 年)など参照。なお, 原島「法的判断とは
何か(1)」(前注 57), 83-84 頁は, 同所の教科書が無味乾燥で読む者を「息苦し」くさ
せるとして概念法学的な姿勢を指摘する。

70) 法教義学の特徴と問題について, 植松秀雄「法律学の教義学性」『法理学の諸問
題・加藤新平教授退官記念』(有斐閣, 1976 年), 483-484 頁;同「レトリック法理論」
長尾龍一・田中成明編『現代法哲学 1・法理論』(東京大学出版会, 1983 年), 103 頁
など参照。また, 法とそうでないものとを峻別するなど, いわゆる法実証主義の考え
方もこれと重なり合う。松浦好治「法的推論」長尾・田中編『現代法哲学 1』,
167-168 頁。

71) 来栖「法律家」(前注 57), 249 頁。なお, カラー『ディコンストラクション I』(前

378 　第Ⅲ部 　《法と文学》と法的推論・法解釈

注 43），129 頁。

72）わが国の裁判官は「法規の文章や，いわゆる理論構成に捉われすぎ，利益考量・価
　　値判断が十分ではない」と指摘するのは，星野英一「『民法解釈論序説』補論」同
　　『民法論集 1 巻』（前注 25），63 頁。このような態度に対する警告として「法を習った
　　からといって，人は一段と優れた正義の判断者になりうるわけではない」（ローデル
　　『禍いなるかな，法律家よ！』（前注 47），210 頁）。

73）S. フロイト「ある幻想の未来」（浜川祥枝訳）『フロイト著作集 3 巻・文化・芸術論』
　　（高橋義孝ほか訳，人文書院，1969 年），363 頁。

74）「抑えつけられている社会階層が自分を支配し搾取している社会階層と自分とをこ
　　のように同一視することも，さらに大きな関連の一部にすぎない。すなわち，この社
　　会的階層の人々は，一方では敵意を抱きながらも，他面においては，感情的にも支配
　　階層に隷属し，支配階層を自分たちの理想と仰ぐことも考えられるのだ」（同上，369
　　頁）。

75）本書第 6 章「ポストモダンと法解釈の不確定性」を参照。

76）つぎのフェミニズムの視点は「普遍性」のまやかしを明らかにする。普遍性が語ら
　　れるとき，実は普遍性なるものは特殊男性的な言葉で規定されているという。そこに
　　は文学における権力システムが存在する。J. フェッタリー『抵抗する読者』（鵜殿えり
　　か・藤森かよこ訳，ユニテ，1994 年），21-23 頁。

77）リチャード・A・ポズナー『法と文学・第 3 版（下）』（坂本真樹・神馬幸一訳，木鐸
　　社，2011 年），472 頁。

78）そこには平易に語ることへの憎悪すら存在するとの指摘もある。ポズナー・同 456
　　頁。また，カフカの『審判』は自由で理性的なものを助長するようなものとしては法
　　を描かなかった。本書第 5 章「文学的フィクションと法の現実」を参照。

79）田中成明「法的思考とイデオロギー」法哲学年報 1981「法・法学とイデオロギー」
　　（有斐閣，1982 年）；同『現代法理論』（前注 5），284 頁，289 頁など。また，法がイデ
　　オロギーで満ちているというのは，Posner, *How Judges Think*, note 10, at 43.

80）イーグルトン『イデオロギーとは何か』（前注 58），107 頁。C. ギアーツ『文化の解
　　釈学Ⅱ』（吉田禎吾ほか訳，岩波現代選書，1987 年），第 8 章参照。

81）今日からすれば過酷な条項だが十二表法など古代にはあった。本作品が書かれたの
　　は 15 世紀であるが，条項の歴史的変遷につき，勝本正晃『法学挿話』（日本評論社，
　　1931 年），139 頁以下。

82）イーグルトン『シェイクスピア』（前注 53），138 頁。

83）これを 15 世紀の話とするわけにはいかない。現代でも，棚瀬孝雄『紛争と裁判の
　　法社会学』（法律文化社，1992 年），16 章；同『権利の言説──共同体に生きる自由の
　　法』（勁草書房，2002 年），227-228 頁の注 31 を参照。

84）「俺（わし）がジュウだからだ……ひどい目にあわされて，復讐（しかえし）するのが，
　　なぜ悪い？」（W. シェイクスピア『ヴェニスの商人』（中野好夫訳，岩波文庫，1939
　　年），87 頁，第三幕第一場）。穂積陳重『復讐と法律』（岩波文庫，1982 年）；ポズナー
　　『法と文学　第 3 版（上）』（前注 77），第 2 章参照。

第 8 章 意味の所有権 379

85) アントーニオは寡黙だが，ポーシャの饒舌さはかえってある種のまやかしがあるような疑念を抱かせてしまう。なお，この種の詭弁は末弘厳太郎博士の「嘘」と同じ役割をもつものであろう。末弘『嘘の効用』(前注 22)，19-20 頁。

86) R. イェーリング『権利のための闘争』(村上淳一訳，岩波文庫，1982 年)，96 頁は「くだらない三百代言的手管」として厳しく批判するが，同じくドイツの法学者 J. コーラーはポーシャの判断は正当化できないが，正義への感覚を示すものという。Josef Kohler, Shakespeare vor dem Forum der Jurisprudenz, 4-6 & 7 et seq. (1883).

87) シェイクスピア『ヴェニスの商人』(前注 84)，129 頁，第四幕第一場。

88) イーグルトン『シェイクスピア』(前注 53)，104-105 頁は当時のヴェニスの法や社会への影響に言及する。またイェーリング『権利のための闘争』(前注 86)，94-95 頁。

89) 裁判官がその仕事の「わくぐみ」自体に疑問を投ずることはめったにないと指摘するのは，中村治朗『裁判の客観性をめぐって』(前注 59)，3 頁。

90) 末弘『嘘の効用』(前注 22)，27-28 頁。

91) 棚瀬孝雄「法の解釈と法言説」同編著『法の言説分析』(ミネルヴァ書房，2001 年)，16 頁。

92) L. アルチュセール『再生産について——イデオロギーと国家のイデオロギー諸装置・上』(西川長夫ほか訳，平凡社，2010 年)，168 頁以下。

93) イーグルトン『イデオロギーとは何か』(前注 58)，とくに第 1 章参照。

94) 田中成明「法的空間——強制と合意の狭間で」長尾・田中編『現代法哲学 1』(前注 70)。また，本書第 5 章「文学的フィクションと法の現実」を参照。

95) イーグルトン『イデオロギーとは何か』(前注 58)，248 頁。

96) 本書第 7 章「法のナラティヴと法的推論——志賀直哉『范の犯罪』を素材に」を参照。

97) 吉川大二郎・発言「《座談会》民事判例研究の課題」法律時報 34 巻 1 号(1962 年)，30-31 頁。なお，吉川教授には裁判官・弁護士などの経歴がある。また，川島武宜『科学としての法律学』(前注 4)，222-223 頁参照。

98) 最判平成 12.2.29 民集 54 巻 2 号 582 頁。

99) イーグルトン『文学とは何か』(前注 26)，121 頁。

100) カラー『文学理論』(前注 17)，94 頁。言葉が現実を創り出すという側面に着目するのはナラティヴ・ジュリスプルーデンスである。言葉や語り方を変えることで新たな現実を創り出そうとする。Robin West, Jurisprudence as Narrative, 60 N.Y.U.L. Rev. 145 (1985). また本書第 7 章参照。

101) カラー『文学理論』(前注 17)，94 頁。なお，本項はカラー『文学理論』(前注 17)およびイーグルトン『文学とは何か』(前注 26)，119 頁以下に負うところが大きい。

102) 曖昧な例は多いが，最判平成 5.1.19 民集 47 巻 1 号 1 頁など。

103) ガダマー「テクストと解釈」(前注 49)など。不確定なテクストに対して不確かな解釈(読み)を続けていかなければならないのである。イーグルトン『文学とは何か』(前注 26)，119-121 頁。

104) イーグルトン『文学とは何か』(前注 26)，119 頁。

380　第Ⅲ部　《法と文学》と法的推論・法解釈

105) 最判昭和 28.9.25 民集 7 巻 9 号 979 頁，最判昭和 41.1.27 民集 20 巻 1 号 136 頁（信頼関係破壊の法理）など。

106) 利益衡量論につき，加藤「法解釈学における論理と利益衡量」（前注 69）を参照。最大判昭和 56.12.16 民集 35 巻 10 号 1369 頁（大阪空港事件）や，その後の公害事件などで加害行為の違法性判断の基準として用いられる。最判平成 7.7.7 民集 49 巻 7 号 2599 頁（国道 43 号線道路供用差止請求事件）など。

107) 川島『科学としての法律学』（前注 4），18-19 頁（挿入句・傍点・略）。

108) 大判明治 36.5.21 刑録 9 輯 874 頁（のち 1907・明治 40 年に刑法 245 条を規定した）。ドイツ法ではまず立法により解決された。末弘『法学入門』（前注 21），183-184 頁。

109) 大判大正 3.7.4 刑録 20 輯 1360 頁（桃中軒雲右衛門事件），大判大正 14.11.28 民集 4 巻 670 頁（大学湯事件）。

110) イーグルトン『文学とは何か』（前注 26），132 頁。

111) 現職裁判官による直截な表明として，Posner, *How Judges Think*, note 10, at 370-371. また，N. ルーマン『社会の法 1』（馬場靖雄ほか訳，法政大学出版局，2003 年），279 頁は「近代社会に至るまでの法の進化の全体は，……テクストと解釈の差異によって可能になった」という。そして，法解釈のレベルにおいては「我々は様々に可能な法テクストを融合させることで，不断に法を作り変えている」（長谷川晃「ポストモダニズムと正義論」法の理論 17 号(1997)，72 頁）といえよう。

112) M. フーコー「ニーチェ，系譜学，歴史」小林康夫・石田英敬・松浦寿輝編集『ミシェル・フーコー思考集成Ⅳ巻・規範／社会』（伊藤晃訳，筑摩書房，1999 年），19 頁。また，ニーチェ「『太初(はじめ)にありき』――起源を賛美するということ――これは，歴史の観察にあたって再び発芽し，あくまで，万物の始原には最も貴重な，最も本質的なものが位置するのだと信じ込ませる，形而上学の蘖(ひこばえ)である」（傍点略，F. ニーチェ『ニーチェ全集 6・人間的，あまりに人間的Ⅱ』（中島義生訳，ちくま学芸文庫，1994 年），263-264 頁。

113) J. Habermas, *Knowledge and Human Interests* (translated by Jeremy J. Shapiro, 1971), 227. なお，J. ハーバーマス『認識と関心』(1968 年版の翻訳，奥山次良ほか訳，未来社，1981 年），238 頁以下がある。

114) カラー『文学理論』（前注 17），100 頁。

115) 最判昭和 45.9.22 民集 24 巻 10 号 1424 頁。また「読書とは，まっすぐに進む直線的運動でもなければ，単なる積み重ねの営為でもない。頭に最初に浮かんだ推測は，一つの準拠枠を生み，この準拠枠の中で，次に来るものは解釈されるが，次に来るものは逆に私たちの最初の了解へとさかのぼってこれを変容し，ある特徴にスポットライトを当てるとともに，残りの特徴を背景に押しやるかも知れない」（イーグルトン『文学とは何か』（前注 26），121 頁）。

116) 最判昭和 43.4.23 民集 22 巻 4 号 964 頁（山王川事件）。澤井裕『テキストブック事務管理・不当利得・不法行為法』（第 3 版，有斐閣，2001 年），347 頁以下など。

117) 最判昭和 29.12.14 民集 8 巻 12 号 2143 頁（踏んだり蹴ったり事件）。最大判昭和 62.9.2 民集 41 巻 6 号 1423 頁。

118) イーグルトン『シェイクスピア』(前注 53), 153 頁。

119) カラー『文学理論』(前注 17), 100 頁。

120) 川島武宜『日本社会の家族的構成』(日本評論社, 1950 年), 147 頁, 183 頁, 同『イデオロギーとしての家族』(岩波書店, 1957 年), 有地亨『近代日本の家族観・明治編』(弘文堂, 1977 年), 103-131 頁, 201-241 頁, 316 頁など；福島正夫編『家族──政策と法 7 巻・近代日本の家族観』(東京大学出版会, 1976 年)所収の各論稿。民法一般での動きについて, 星野英一「日本民法学における『イデオロギー』と『思想』」同・民法論集 5 巻(有斐閣, 1986), 253 頁以下参照。

121) 最大決平成 25.9.4 民集 67 巻 6 号 1320 頁(非嫡出子相続分差別違憲)。

122) イーグルトン『イデオロギーとは何か』(前注 58), 375 頁。

123) 大判昭和 10.10.5 民集 14 巻 1965 頁(宇奈月温泉木管事件)。また, 契約法の意思理論の脱構築の試みは, 本書第 6 章「ポストモダンと法解釈の不確定性」, 269 頁以下。

124) 発電所用水路事件(大判昭和 11.7.10 民集 15 巻 1481 頁)。他人の土地の地中を無断で発電所用水路としてトンネルを建設した。このため, 土地所有者が所有権に基づく妨害排除請求をしたが, 大審院は所有者の請求を斥けた。高知無断鉄道敷設事件(大判昭和 13.10.26 民集 17 巻 2057 頁)。また板付飛行場基地事件(最判昭和 40.3.9 民集 19 巻 2 号 233 頁)では, 板付飛行場の基地内に所在する私有地の地主からの土地明渡請求が, 基地の機能, 明渡による経済的損失などを理由として退けられた。

125) 鈴木禄弥「財産法における『権利濫用』理論の機能」法時 30 巻 10 号(1958 年), 17 頁, 幾代通『民法総則』(第 2 版, 青林書院新社, 1984 年), 18 頁ほか。

126) イーグルトン『イデオロギーとは何か』(前注 58), 335 頁。とくに 332 頁は, 理性は「欲求をもっと効果的にみたすにはどうすればよいかを計算するという, いかにも二次的・補助的な役割しかな[く]……, 理性は利害関係の促進に役立ちこそすれ, 利害関係に批判的判断をくだす能力を失って」いるとしている。理性と利益などとの関係について, A. O. ハーシュマン『情念の政治経済学』(佐々木毅ほか訳, 法政大学出版局, 1985)。

127) 最大判昭和 51.4.14 民集 30 巻 3 号 223 頁(衆議院議員定数配分規定違憲判決)。

128) 最大判昭和 60.7.17 民集 39 巻 5 号 1100 頁, 最大判平成 8.9.11 民集 50 巻 8 号 2283 頁(参議院)など。

129) 多数説や芦部信喜『憲法学Ⅲ・人権各論 1』(有斐閣, 1998 年), 74-75 頁などは, 1：2 なら許容する。

130) 芦部, 同上 65 頁は「このような不均衡が選挙権平等の原則に反する」とする。

131) 田中『現代法理論』(前注 5), 29-30 頁は, リーガリズムそのものもイデオロギーであるとする。

132) 最判平成 23.5.30 民集 65 巻 4 号 1780 頁。最高裁は, 本件職務命令は思想および良心の自由を侵害するものではなく憲法 19 条に違反しないとした。なお, 同条をめぐる判例の動向につき, 芦部『憲法学Ⅲ人権各論(1)』(前注 129), 108 頁以下参照。

133) 同上, 1789 頁。

382 第Ⅲ部 《法と文学》と法的推論・法解釈

134) いずれの引用も，同上，1785・1786頁。

135) 芦部『憲法学Ⅲ・人権各論1』(前注129)，108頁。なお，最判平成19.2.27民集61巻1号291頁(君が代伴奏拒否訴訟)において藤田宙靖裁判官は，職務命令として君が代の伴奏を強制することが良心の自由の建前から許されるか否かが問題の核心とする。なお，フロイトは私たちが当り前のようにしている文化にも強制的側面があるという。「文化とは権力手段と強制手段とをうまく手に入れた少数の人間が，嫌がる多数の人間に無理に押しつけたものだ」(フロイト「ある幻想の未来」(前注73)，363頁)。

136) 樋口陽一『司法の積極性と消極性』(勁草書房，1978年)，175-176頁。

137) イーグルトン『イデオロギーとは何か』(前注58)，29頁の示唆による。卒業式の進行や行事を物理的に妨害する行為は認められないとしても，進行を妨害しないような行為は思想および良心の自由の重要なものとして認められるべきであろう。儀礼的行事に対する見方がさまざまであることを示す場として教育上も有益と思われる。

138) 最判平成23.5.30(前注132)，1789頁。なお，最判平成19.2.27(前注135)，303頁において，藤田宙靖裁判官は職務命令が達成しようとする公的儀式における利益が何か，またそれが思想および良心の保護との関係で慎重に考慮されるべきと指摘する。

139) 言論の自由に関するものではあるが，Zechariah Chafee, Jr., *Free Speech in the United States* (1941), Abrams v. United States, 250 U.S. 616 (1919)のホームズ判事の反対意見，Whitney v. California, 274 U.S. 357 (1927)におけるブランダイス判事の意見など参考。

140) 本章第2節 (2) (B)参照。M.フーコー『知の考古学』(中村雄二郎訳，河出書房新社，1970年)，78頁は「誰が語るのか？……誰がその有資格者なのか……なにから，かれは，真理の保証ではないまでも，真理性の主張をうけとりうるのか？」という。

141) イーグルトン『イデオロギーとは何か』(前注58)，30-31頁。

142) 同上，279頁。また，そのような面を描いた本書第5章「文学的フィクションと法の現実」第2節を参照。

143) H.マルクーゼ『一次元的人間——先進産業社会におけるイデオロギーの研究』(生松敬三・三沢謙一訳，河出書房新社，1980年)，35頁，178-179頁。

144) 「科学や技術の合理性がすでに内在的に統治の合理性であり，支配の合理性であるからにほかならない」(J.ハーバマス『イデオロギーとしての技術と科学』(長谷川宏訳，平凡社ライブラリー，2000年)，59頁)。

145) 棚瀬「法の解釈と法言説」(前注91)，19頁。また，「実に制定法が制定の当時のままの姿であるかのような外観を維持しえているのは，無数の擬制によってである」というのは，来栖『法とフィクション』(前注11)，103頁。

146) K.マルクス・F.エンゲルス『ドイツ・イデオロギー』(新編輯版，廣松渉編訳，岩波文庫，2002年)，110頁は，物質をコントロールする者は精神もコントロールするという。イーグルトン『イデオロギーとは何か』(前注58)，177-178頁。また，ギアーツ『文化の解釈学Ⅱ』(前注80)，19頁，60頁なども，イデオロギーそれ自体が価値判断であること，個人もそれに支配されていること，またイデオロギーは文化の

第 8 章　意味の所有権　383

正当化と弁護を行うとしている。

147) Richard A. Posner, LAW AND LITERATURE (3rd. ed. 2009), at 381.

148) 文学が同じ言語を読むことができる広い読者共同体を措定して「国家共同体」の創造に大きな役割を果たしたことは，B. アンダーソン『想像の共同体——ナショナリズムの起源と流行』(白石さや・白石隆訳，NTT 出版，1977 年)，第 3 章，とくに 83 頁。

149) この点の指摘として「法の閉じた体系の中だけで，法を発見しようとしても，実際には既に何らかの実質的判断を経てなされた結論をあたかも法の推論として得られたかのように外観を取り繕うことでしかない」棚瀬『法の言説分析』(前注 91)，23 頁。

150)「裁判官が法であると言うものが法である」(同上，23 頁)。また，「[裁判官が]何の罪もねえ仔羊の皮で以て羊紙(パーチメント)ちふものを製ってよ，其の上へ何かしら書きなぐると，人間がおじゃんになるなんてのは，酷たらしからうぢゃねえか」(W. シェークスピヤ『ヘンリー六世第二部』(坪内逍遥訳，中央公論社，1934 年)，第四幕第二場)。

151) 桜井哲夫『フーコー——知と権力』(講談社，2003 年)，142 頁。

152) 棚瀬『権利の言説』(前注 83)，162 頁。

153) イーグルトン『文学とは何か』(前注 26)，121 頁。

154) 引用はそれぞれ，イーグルトン『シェイクスピア』(前注 53)，138 頁・147 頁。

155) 棚瀬編著『法の言説分析』(前注 91)，33 頁。

156) イーグルトン『シェイクスピア』(前注 53)，208 頁。不正は刑罰や賠償などによって矯正されなければならないなど。

157) W. シェイクスピア『尺には尺を』(小田島雄志訳，白水社，1983)では，犯した罪のため死刑宣告された兄を救おうと，妹のイザベラは国王代理のアンジェーロに助命を懇願する。「あなたが兄だったとしたら，あなただって兄と同じように道を踏み外すでしょう」。アンジェーロはつぎのようにいい放つ，「あなたの兄を死刑に処するのは私ではなくて，法なのです」(第二幕第二場)。

158) 最判平成 19.12.13 判時 1995 号 157 頁(泉徳治裁判官の反対意見)。

159) 大判明治 43.10.11 刑録 16 輯 1620 頁(煙草専売法違反事件)。可罰的違法性の問題とされる。

160) 中村治朗『裁判の客観性について』(前注 59)，3 頁。

161) 樋口『司法の積極性と消極性』(前注 136)，199 頁。つとに，宮沢俊義『法律学における学説』(有斐閣，1968 年，原文・1936 年)，74 頁，76 頁は，解釈学説も「[法解釈]論者の抱懐する政治的・倫理的理想に応じて異なる。……それに応じて解釈論的な『学説』の内容も十人十色でありうるはずである」として「そのいずれが wahr であるかを理論的・科学的に決することはできない」ことを指摘する。

162) アメリカ連邦最高裁判事 O. W. ホームズが「法の生命は論理ではなく，経験であった」(*The Common Law 1* (1881, 44th print 1951))と述べ，また「裁判の言葉は，主として論理の言葉であり，論理的方法と形式は，万人の心にひそむ確実性と安定の要求に媚びる。しかし，一般的に確実性は幻想であり，安定は人間の運命ではない」

384 第Ⅲ部 《法と文学》と法的推論・法解釈

(中村治朗『裁判の客観性について』(前注 59),66 頁の訳による)("The Path of the Law", in *Collected Legal Papers by O. W. Holmes* 181 (1920, reprinted 1950))というのも,この点を示したものといえよう。

163) 樋口『司法の積極性と消極性』(前注 136),191 頁。法解釈が価値判断であることの自覚は,来栖三郎「法の解釈と法律家」私法 11 号(1954 年),23 頁の指摘がある。

164) G. ルカーチ『歴史と階級意識』(城戸登訳,白水社,1987 年),359 頁。

165) ポズナー『法と文学・第 3 版(下)』(前注 77),421 頁。

166) 田中『法理学講義』(前注 7),19 頁も「外的視点からの批判に耳を傾ける」姿勢が必要という。

167) 来栖『法とフィクション』(前注 11),103 頁。

168) カラー『ディコンストラクション I』(前注 43),255 頁。

主要事項・人名索引

〈あ　行〉

合図　237, 354
アイデンティティ　217, 241, 267, 320, 347,
　　357, 364, 366
愛のコリーダ　69
アウトサイダー　168, 184, 194, 220, 221, 248
青い眼がほしい　191, 307
碧海純一　149, 159, 316, 372
芥川龍之介　104, 326
悪徳の栄え　67
芦部信喜　381
仇討禁止令　51, 113
アティヤ, P. S.　271
アナロジー　324
アリストテレス　122, 234, 340
有地亨　52, 154, 156, 191, 381
アルチュセール, L.　248, 249, 251, 379
アレント, H.　231, 235, 236, 244, 248, 250
アンチノミー　185, 187
「家」制度(「家(いえ)」制度,「イエ」制度)
　　19, 147, 165
イェーリング, R. von　51, 244, 379
五十嵐清　58, 192, 291, 373
イーグルトン, T.　25, 44, 105, 250, 251, 291,
　　374, 375, 376, 382
意思伝達　367
以尺報尺　161
慰謝料請求権　333, 334
以心伝心　335
一貫性　36, 87, 90, 255, 260, 263, 266, 309,
　　310, 319, 320, 321, 324, 327, 346, 369
一切一時　306, 326
一般条項　15, 74, 349
一票の格差　173, 184, 224, 361
イデオロギー　44, 67, 125, 134, 172, 221, 223,
　　226, 240, 241, 262, 267, 270, 271, 320, 328,

　　343, 350, 351, 352, 353, 359, 360, 361, 363,
　　364, 365, 366, 367
伊藤整　38, 58, 63, 64, 65, 69, 80, 81, 82, 99,
　　188, 191
伊藤正己　69, 107, 192, 205, 245
イノセント・マーダー　212
異邦人　iii, 168, 174, 178, 197, 213, 223
意味の「永代の所有権」　327
意味の私的所有権　328, 338
意味の所有権　iii, 26, 318, 328, 335, 338, 351
意味のパトロール(管理)　336
色川大吉　147, 154
インターネット　69, 80
隠喩(メタファーも参照)　iii, 21, 163, 184,
　　189, 243, 267, 270, 352
ヴァーゲンバッハ, K.　243, 244
ウィンク　206
ヴィントシャイト, B.　168
ヴェニスの商人　4, 8, 14, 15, 193, 296, 347,
　　350, 369, 378
ウェーバー, M.　172, 204, 244
ヴェブレン, S.　142
ウォーレン, S.　143
嘘の効用　207, 373, 379
宴のあと　110, 151
永代所有権　374
エクイティ　234
エクリチュール　348
閲覧　331, 332
エディプス・コンプレックス　200, 211, 212
江藤淳　195
エマソン, R.　230, 249
エンゲルス, F.　382
掟の神秘的基礎　182
掟の前　iii, 170, 175, 176, 177, 178, 198, 209,
　　210
尾崎紅葉　119

オブライエン，C. 213, 246, 248
オーラル 334
オリジナリズム 258, 291

〈か　行〉

解釈共同体 29, 33, 34, 269, 288, 338
解釈主義 31, 43, 44, 47, 257, 261, 266
解釈上のアナーキー 337
解釈の不確定性 31
解釈の暴走 329, 367
解釈の方法 35, 57, 346, 366
解釈方法 323, 324
改定律例 113, 145, 158
概念法学 5, 274, 277, 304, 347, 350, 374, 377
概念法学的 290
外部便益 64
拡大解釈 323
過去の地平 93, 324, 340, 355
過失責任 260
家族主義 125, 128, 139
ガダマー，H.-G. 26, 27, 28, 29, 30, 35, 93,
　　324, 340
価値中立 75, 370
価値判断 32, 35, 44, 71, 76, 92, 95, 97, 103,
　　118, 206, 240, 256, 257, 258, 259, 260, 263,
　　264, 266, 272, 274, 278, 279, 282, 284, 286,
　　291, 304, 306, 309, 311, 320, 322, 323, 325,
　　330, 331, 334, 339, 340, 344, 352, 356, 363,
　　364, 370, 378, 382, 384
勝本正晃 10, 46, 156, 162, 190, 378
加藤一郎 107, 264, 287
仮名垣魯文 16
カバー，R. 7, 89, 173, 193, 229, 230
カフカ，F. 15, 168, 175, 178, 197, 198, 200,
　　201, 202, 209, 211, 212, 233, 234, 241, 242,
　　296, 378
カミュ，A. 168, 174, 178, 179, 197, 213, 216,
　　219, 223, 242
亀井秀雄 52, 99, 104, 155
カラー，J. 55, 57, 192, 314, 373, 375
仮刑律 112
川島武宜 50, 154, 191, 245, 285
河竹黙阿弥 16, 50, 128
姦通罪 163, 164, 166, 167, 169, 187

寛容 14, 237, 370
官僚主義 203, 204, 205
官僚制度 343, 344
議員定数 173, 361, 381
菊池寛 51, 54, 153
菊と刀 117, 118, 152
擬制 89, 204, 207, 208, 221, 289, 324, 372, 382
北村透谷 147
詭弁 15, 349, 379
客観性 32, 36, 42, 45, 87, 88, 90, 93, 103, 105,
　　167, 183, 224, 257, 259, 260, 263, 266, 270,
　　285, 309, 310, 318, 319, 320, 321, 324, 327,
　　328, 329, 340, 346, 351
客観性フェティシズム iii, 318, 321, 328,
　　329, 338, 350, 351
客観的な真実 23, 297
旧刑法 143, 164, 312
矯正的正義 112, 122, 172
強制的テクスト 27, 47, 79, 80, 261, 327, 338
共同不法行為 358
起立斉唱 362
儀礼 362, 363, 382
近代 i, ii, 16, 96, 110, 113, 121, 122, 124, 126,
　　127, 128, 131, 140, 144, 147, 159
禁欲主義 72
苦痛と死の領域 7, 173
来栖三郎 51, 56, 196, 243, 285, 372, 373, 376,
　　384
軍事法廷 231, 232, 235, 238
ケアリズ，D. 77, 286
系譜学 368
刑法
　　175条 65, 66, 68, 69, 70, 73, 74, 75, 76,
　　80, 95
　　183条 18, 163, 164, 166, 167, 170, 177,
　　191
契約自由 260, 274
ケースロード 344
結婚 119, 121, 123, 124, 125, 126, 137, 146,
　　164, 165, 166, 185, 300
権威主義 204, 208, 211
原意図 80
検閲 37, 38, 86
厳格な法尊重主義（リーガルリアリズムも参

主要事項・人名索引　387

照）　206, 322, 338, 342, 344, 348

言語　3, 6, 7, 20, 22, 25, 29, 30, 36, 78, 82, 85, 87, 89, 93, 96, 98, 104, 150, 193, 256, 263, 304, 306, 319, 320, 329, 335, 336, 340, 342, 354, 360, 367, 376, 383

言語以前　335

現在の地平　29, 93, 340, 355, 365

言説　42, 72, 82, 89, 90, 92, 93, 224, 226, 241, 320, 351, 357, 360, 371

現前　267, 268

原則　276

憲法
　13 条　364
　19 条　362, 363, 364, 381

原理　6, 71, 122, 154, 159, 169, 183, 192, 225, 258, 259, 260, 263, 264, 275, 277, 278, 340, 343, 358, 364, 376

権力への意志　312, 373

権力への意思　32

権利濫用　361

公共財　84, 272

公共の福祉　65, 66, 68, 74

公序良俗　15, 37, 349

衡平法　203, 234

功利主義(的)　107, 234, 237, 241, 250, 361, 364

合理的人間　264

荒涼館　203

こころ　137, 185, 188, 191, 194, 195

戸籍法　331

国歌　173, 184, 343, 362

国旗　173, 184, 343, 362

国旗焼却　85, 86, 105

コード　104, 142, 200, 204, 208, 212, 238, 239

異なった声　24, 34, 90

言葉のゲーム　256, 259

言葉の操作　208, 318, 321

コーラー, J.　15

婚姻　24, 123, 124, 125, 126, 146, 148, 154, 159, 164, 165, 166, 185, 191, 195, 321, 358, 360

金色夜叉　119, 121

コンテクスト　i, iii, 12, 24, 26, 28, 77, 94, 96, 110, 121, 150, 220, 222, 242, 261, 273, 275, 276, 280, 281, 330, 331, 332, 333, 337, 341,

348, 357, 359, 362, 371

〈さ　行〉

罪刑法定主義　75, 79

最大多数の最大幸福　237

サイード, E.　44, 248, 267

裁判過程　88, 297, 308, 312, 315, 318

裁判官的思考　206

裁判官は小説家である　iii

裁判官も小説家である　310

差延　267

作者の意図　30, 31, 32, 79, 261, 269, 270, 279, 313, 329, 335, 336, 337, 340, 356, 357

作者の没落　269

詐術　278, 303, 304

サルトル, J.-P.　186, 216, 246

三四郎　12, 130, 131, 140

シェイクスピア(シェークスピヤ), W.　4, 8, 14, 15, 161, 193, 197, 233, 239, 248, 249, 296, 347, 378, 383

ジェンダー　24, 82, 150

志賀直哉　296, 313, 353

シグナル　105, 175

資源(の)配分　272, 273

自己決定権　354

事実認定　66, 73, 75, 298, 311, 314

シーシュポスの神話　182, 195, 248, 370

自然化　346, 347, 350

思想の自由市場　364

思想の蓄積　83

実践知　308, 316

実践的推論　308, 316

私的空間　ii, 110, 113, 123, 135, 136, 138, 140, 141, 145, 148, 149, 150

私的所有権　36

シニフィアン　340, 342, 346

シニフィエ　340, 342, 346

慈悲　14, 232, 234, 369

司法エリート　204, 245

司法過程　78, 289

司法権力　89, 95, 100, 344, 372

社会規範　122, 149, 161, 163, 165, 166, 167, 169, 170, 171, 182, 183, 185, 189, 190, 191, 211, 306

社会秩序　72, 97, 167, 172, 212, 240, 241

社会通念　38, 65, 66, 67, 68, 73, 74, 75, 80, 94, 95, 98, 103

社会的費用　39, 83

社会的文脈　330

尺には尺を　14, 234, 239, 369, 383

ジャーゴン　179

従属　82, 124, 145, 165, 177, 217, 222, 241, 261, 346, 347, 363, 364

十二夜　247

儒教　115, 124, 128, 139, 360

縮小解釈　323

主体　28, 32, 71, 112, 131, 138, 139, 149, 172, 177, 184, 205, 212, 217, 222, 223, 226, 261, 269, 276, 320, 347, 358, 364, 366

準則　200, 208, 302

詳細な分類　259, 261, 262, 264

ショウ, L. 判事　229, 230, 233, 239

職務命令　174, 362, 363, 382

自律性　45, 145, 263, 266, 282, 283

真意　332, 333

身体　v, 71, 72, 96, 113, 149, 170, 213

審判(カフカ)　iii, 15, 168, 178, 184, 197, 199, 200, 201, 202, 203, 204, 208, 209, 210, 211, 212, 233, 242, 296, 378

審美　42, 71, 76, 96

真理　72, 105, 167, 168, 169, 183, 212, 239, 241, 243, 246, 257, 261, 306, 308, 312, 345, 346, 352, 368, 369, 374, 382

新律綱領　112, 144, 158

神話　169, 182, 246, 303, 365, 377

スティグマ(烙印も参照)　161, 162, 163, 171

ストーリー　iii, 19, 23, 24, 25, 32, 48, 77, 78, 88, 89, 90, 91, 93, 97, 121, 125, 296, 298, 304, 305, 307, 308, 309, 310, 311

ストーン, L.　151

正解　98

正義　ii, 8, 12, 14, 42, 43, 58, 66, 111, 118, 122, 150, 240

制限説　272, 337

政治資金規正法　331

政治的言論　84, 105

政治的判断　77, 240, 266, 309

性秩序　65, 70, 76, 87

制定法　iv, 21, 27, 31, 34, 36, 43, 46, 75, 78, 79, 80, 92, 95, 151, 206, 208, 229, 257, 258, 259, 260, 261, 273, 282, 291, 308, 309, 311, 320, 323, 327, 329, 330, 331, 332, 338, 344, 345, 346, 350, 355, 372, 382

性的嫌がらせ　24, 94

性的風俗　70

精密な分類　259

セクシュアル・ハラスメント　24, 54, 94, 307

絶望の法学　iii, 198

善悪　223, 235, 238, 239, 377

前言語　36

専門用語　179, 201, 318, 346

先例　3, 27, 28, 30, 31, 33, 34, 35, 43, 47, 78, 95, 173, 174, 204, 206, 207, 257, 259, 260, 261, 262, 279, 308, 309, 311, 319, 320, 322, 327, 328, 336, 339, 343, 344, 345, 356, 359, 366, 372

相続法　72, 273

相当因果関係　358

則天去私　188

ソクラテス・メソッド　21

ソシュール, F. de　340, 342, 376

それから　19, 166, 174, 185, 186, 193, 195

損害賠償　105, 122, 303, 362

尊属殺　330

尊属殺人罪　67

〈た　行〉

大学湯事件　75, 356

対抗(「対抗」)問題　277, 278

高瀬舟　17

高橋和巳　52, 163, 190

正しい答え　31

脱亜入欧　113, 115

脱構築　i, 8, 27, 31, 50, 58, 150, 224, 256, 267, 269, 270, 271, 272, 281, 282, 283, 292, 329

妥当な結論　264, 297, 323

田中克彦　53, 104, 244

田中耕太郎　66, 88, 100

田中成明　53, 284, 285, 373

棚瀬孝雄　50, 53, 195, 314, 383

谷崎潤一郎　82, 192

団藤重光　69, 100, 251, 313

主要事項・人名索引　389

丹念な吟味　i, 318
チャタレイ事件　63, 66, 69, 70, 75, 77, 79, 91, 92, 94, 96, 103
チャタレイ夫人の恋人　38, 64, 68, 81, 99
忠孝　20, 127, 128, 134
中産階級　220, 221
中立(「的」)　79, 174, 259, 260, 261, 272, 273, 276, 339, 356, 359
直観　235, 306, 310, 311, 315, 325, 326, 371
直感的　373
罪の文化　117, 118, 119
ディコンストラクション　i, 8, 256
ディスクール　224, 320, 360
ディスコース　31, 72, 88, 93, 256, 284, 371
ディフェランス　267, 268
テクスト主義　79, 98
テクストの強制　329, 338
テクストの侵犯　348, 350, 355
テクストの尊重　261
テクストの優位　28, 47, 78, 79, 80, 91, 98, 261, 329
デリダ, J.　29, 56, 172, 178, 179, 183, 209, 224, 245, 267, 269
伝統(的)法学　5, 7, 8, 10, 23, 24, 25, 40, 43, 44, 49, 78, 87, 90, 95, 96, 106, 107, 255, 256, 257, 258, 259, 260, 261, 263, 266, 274, 283, 298, 318, 328, 337, 347
土居健郎　118, 153
ドゥオーキン(ドゥオーキン), R.　29, 30, 32, 56, 57, 275
東京違式詿違条例　114
同姓　273, 343, 360
桃中軒雲右衛門事件　75, 292, 356
道徳規範　159, 163, 166, 184, 211
道徳的退廃　75
逃亡奴隷法　229, 230, 233, 249
読者の死　iii, 79, 329, 338
読者の優位　77, 78, 79, 80, 91, 207, 281, 291, 327, 331, 367
徳冨蘆花　19, 159
ドグマ　30, 70, 284
ドストエフスキー　15, 235, 243, 245
特権化　88, 94, 165, 182, 185, 261, 267, 270, 271, 279, 280, 282, 309, 350

特権変動　272
取引費用　273

〈な　行〉

内部化　63
長尾龍一　53, 313
中村治朗　285, 379
中村光夫　52, 157, 247, 312, 374
ナラティヴ　ii, iii, 20, 22, 23, 24, 25, 41, 48, 78, 87, 88, 90, 93, 94, 96, 106, 150, 161, 214, 295, 298, 304, 305, 306, 307, 308, 310, 311, 313, 315, 316
ナラティヴ・ジュリスプルーデンス　379
ナラティヴとしての法　296
ニーチェ, F.　32, 312, 373, 380
ニュートラル　256, 272, 273
人間万事金世中　128
捏造　32, 215
ノアの暴発　228

〈は　行〉

煤煙　140
恥の文化　117, 118, 119, 153
ハーシュ, E.　26, 36, 336, 337
長谷川晃　56, 192, 288, 380
バックグラウンド　338, 344
バード　109
ハーバーマス(ハーバマス), J.　380, 382
ハーメニューティクス　31, 35, 55
林田清明　49, 284, 289, 373
バルト, R.　25, 329
ハーン, L.　109, 315
判決　200, 211, 223, 234
判事　229
反制定法の解釈　330
ハンド定式　83, 85
範の犯罪　296, 299, 313, 353
反乱防止法　228
樋口一葉　132
樋口陽一　382
非嫡出子　224, 281, 360
批判的法学研究　8, 27, 29, 30, 40, 103, 257, 284
批評理論　i, 8, 91

秘密主義　203

緋文字　15, 163, 170

表現の自由　37, 38, 39, 58, 66, 68, 70, 75, 76, 84, 99

平塚らいてふ（明子）　54, 140

ヒラメ裁判官　204, 377

ビリー・バッド　iii, 197, 206, 226, 230, 235, 236, 238, 239, 240, 242

広中俊雄　372, 374

フィクション　iii, 33, 38, 74, 80, 151, 169, 189, 197, 207, 208, 214, 242, 311, 328, 334, 370, 372

フィッシュ, S.　29, 269

風俗改良　113, 122

夫婦同氏　174

夫婦別姓　224, 273, 338

フェミニズム　23, 102, 378

フェミニズム法学　83

不確定性　72, 74, 75, 76, 87, 103, 270, 277, 284, 288, 314

服従　20, 71, 124, 125, 170, 184, 211, 224, 226, 240

複数の解釈　36, 41, 260, 264, 326, 327, 367, 372, 374

武士のつくつたわが民法　134, 165, 169

不条理　iii, 17, 178, 202, 212, 214, 215, 216, 217, 219, 220, 221, 222, 223, 224, 225, 226, 242, 246

父性的権力　212, 246

物権変動　277, 337, 356

フット, D.　245, 377

舟橋諄一　289

不法行為　105, 122, 281, 302, 303, 356

プライバシー　ii, v, 37, 38, 39, 58, 63, 94, 109, 110, 113, 119, 135, 137, 140, 141, 144, 145, 146, 148, 149, 150, 151, 156, 190, 360

プラグマティズム法学　291, 292

フランク, J.　243, 306, 307, 313, 315

ブランダイス, L.　143

ブルジョワジー　71

プレザンス　267

フロイト, S.　248, 345, 382

文学的解釈　4, 25, 36, 41, 292

文学テクスト　92

文学としての法　12, 20, 21, 36, 46

文学における法　14

踏んだり蹴ったり（判決）　67, 360

文脈　i, 28, 121, 150, 242, 261, 280, 341, 358

文理解釈　264, 322, 323

ヘーゲル, G.W.　187, 193, 195, 225

ベッカー, G.　146

別姓　343, 360

ベネディクト, R.　117, 118

法解釈の不確定性　255, 256

法解釈の方法　245, 281, 322

法解釈論争　259, 285, 316

法学的解釈　25, 27

法学テクスト　31, 35, 36, 79, 80, 90, 91, 174, 205, 292, 311, 318, 319, 328, 336, 338, 345, 354

法学テクストの強制　339

法規範　9, 28, 87, 103, 119, 151, 161, 162, 163, 164, 166, 167, 169, 170, 171, 174, 184, 185, 187, 189, 190, 206, 212, 219, 223, 226, 234, 238, 239, 275, 281, 297, 311, 320, 344, 350, 352, 367

法教義学　47, 48, 284, 345, 366, 377

法現実主義　i, v, 40, 104, 307

法実証主義（リーガル・リアリズムも参照）　377

法実証主義者　240

法遵守　345, 347, 348, 350, 351, 369

法廷を通じた復讐　349

法的三段論法　321, 373

法的推論　iii, 24, 31, 77, 257, 258, 295, 302, 306, 307, 308, 317, 318, 321, 323, 325, 353, 359, 367, 372

法典論争　134

法と○○　3, 5, 7, 8, 39, 40

法と経済学　3, 5

法と社会　3, 5, 40

法と人種　5, 40

法と政治　5, 8, 40

法と道徳　67, 166, 211

法とフェミニズム　i, 3, 5, 23, 24, 40

法における文学　37

法の文学性　87

法の暴力性　171, 173

法は法である　i, v, 5, 10, 206, 274, 344, 350, 351, 352
法律意思説　90, 280, 291, 323, 324, 330, 331
法律家共同体　258, 260, 279
補完のロジック　268
星野英一　264, 378
ポストモダン　i, 8, 27, 32, 50, 140, 266, 269, 270, 283, 284, 288, 329
ポズナー, R. A.　21, 30, 44, 83, 156, 378
ホーソーン, N.　163
坊ちゃん　116, 134, 159
穂積陳重　12, 122, 153, 172
不如帰　19, 146, 147
ホームズ, O. W.　12, 21, 383
ポリシー　6, 21, 44, 103, 115, 206, 237, 258, 263, 274, 278, 281, 284, 289, 304, 306, 309, 325, 338, 344, 351, 360
ポルノ　37, 69, 83
ポルノグラフィ(一)　82, 84, 103, 104
本質主義　263, 277, 278

〈ま　行〉

松下竜一　246
まなざし　115, 116, 164, 174, 175, 189
マルクス, K.　225, 382
マルクス主義　290
マルクス主義法学　257, 264, 276
マルクーゼ, H.　382
丸山圭三郎　376
三島由紀夫　58
道草　11, 19, 190, 195
未必の故意　299, 301, 302
民法
　21条　278, 303, 304
　90条　15, 349
　94条　303, 332, 357
　177条　272, 278, 337, 341
　416条　358
　709条　302
　719条　358
　750条　273
民法典論争　156
無垢　36, 217, 218, 220, 222, 227, 235, 237
無辜の殺人　217

無制限説　272, 337
名誉　37, 112, 118, 121, 147, 149, 153, 186, 191
名誉毀損　ii, 4, 37, 38, 39, 63
目配せ　206, 232
メタファ(一)(隠喩も参照)　21, 82, 90, 163, 267, 268, 269
メルヴィル, H.　197, 226, 229, 230, 236, 238, 242
目的解釈　322
モース, E.　113, 114
物語　i, iii, 12, 23, 78, 88, 89, 140, 161, 171, 184, 189, 214, 215, 240, 283, 292, 295, 296, 298, 302, 326, 353, 354, 355, 368
森鴎外　17, 143
モリソン, T.　191
門(漱石)　18, 161, 162, 163, 164, 166, 169, 170, 175, 177, 181, 184, 185, 189, 190

〈や　行〉

藪の中　326, 357
山口良忠　239
唯一の正解　78
遺言　128, 332, 355
遺言の解釈　332, 333, 375
輸血拒否事件　354
揺らぎ　221
良き裁判官　342
欲望　71, 72, 96, 177, 182, 187, 201, 222, 225, 248, 342, 349
四畳半襖の下張　68
予審判事　213, 214, 218, 312

〈ら　行〉

烙印(スティグマも参照)　161, 162, 163, 170, 171, 194
裸体　113, 114, 115, 116
ラムザイヤー, M.　244, 245, 376
リア王　248, 249
利益衡量論　264
リーガリズム(厳格な法尊重主義も参照)　206, 208, 210, 225, 233, 234, 322, 328, 337, 338, 342, 344, 347, 350, 351, 367, 369, 381
リーガル・プロセス　5, 15, 40, 56, 286, 289, 291, 318

リーガル・リアリズム（法現実主義も参照）
　　i, 40, 104, 307
利己利益　342
理性　5, 12, 42, 52, 65, 70, 87, 89, 94, 96, 97,
　　140, 153, 158, 162, 167, 168, 173, 182, 197,
　　198, 201, 212, 226, 233, 257, 262, 263, 264,
　　266, 276, 277, 283, 286, 291, 292, 302, 318,
　　320, 345, 348, 351, 381
理性中心主義　259, 262, 263, 274, 345
「理性と正義」の劇場　182, 189
理性と正義の劇場　167, 169, 171, 177, 198
理想的な読者　338
利息制限法　280, 329, 330
立法者意思説　280, 291, 323, 330, 331
良心の自由　362, 363, 364, 382
類型化　35, 48, 92, 259, 260, 264, 287, 318, 358
類推　259, 308, 316, 324, 325, 331, 332
類推適用　303, 332, 357
類的本質　176, 222, 225, 239
ルサンチマン　235

ルーマン, N.　248, 380
レトリック　6, 20, 21, 22, 36, 41, 45, 53, 95,
　　106, 232, 263, 276, 304, 305, 313, 356
連作小説　30
ロゴス　286, 346
ロゴセントリズム　346
ロー・スクール　47, 59
ローゼンブルース, F.　244, 245, 376
ローデル, F.　194, 195, 375, 377, 378
ロバートソン, R.　243, 244, 245, 246
ロレンス, D.　64, 68, 81, 90
論理解釈　264, 322, 323

〈わ　行〉

わいせつ（ワイセツ）　38, 63, 64, 65, 67, 71,
　　77, 87
猥褻　70
我妻栄　262, 373, 374, 375
吾輩は猫である　11, 135, 190, 194

引用判例索引（年代順）

［明　　治］

大判明治 36. 5. 21 刑録 9 輯 874 頁（電気は物か）　　380
大判明治 36. 10. 1 刑録 9 輯 1425 頁　　195
大（連）判明治 41. 12. 15 民録 14 輯 1276 頁（第三者制限連合部判決）　　289, 375
大判明治 43. 10. 11 刑録 16 輯 1620 頁（煙草専売法違反・一厘事件）　　383

［大　　正］

大判大正 3. 7. 4 刑録 20 輯 1360 頁（桃中軒雲右衛門事件）　　103, 380
大判大正 7. 6. 10 新聞 1443 号 22 頁　　99
大判大正 14. 11. 28 民集 4 巻 670 頁（大学湯事件）　　103, 380

［昭　　和］

大判昭和 2. 5. 17 新聞 2692 号 6 頁　　195
大判昭和 2. 5. 30 新聞 2702 号 5 頁（「残念残念」事件）　　375
大判昭和 4. 5. 2 新聞 3011 号 9 頁　　375
大判昭和 10. 10. 5 民集 14 巻 1965 頁（宇奈月温泉木管事件）　　381
大判昭和 11. 7. 10 民集 15 巻 1481 頁（発電所用水路事件）　　381
大判昭和 12. 8. 6 判全 4 輯 15 号 10 頁　　375
大判昭和 13. 10. 26 民集 17 巻 2057 頁（高知無断鉄道敷設事件）　　381
最（大）判昭和 25. 10. 11 刑集 4 巻 10 号 2037 頁　　100
最（大）判昭和 25. 10. 25 刑集 4 巻 10 号 2126 頁　　375
最（大）判昭和 26. 5. 10 刑集 5 巻 6 号 1026 頁　　100
東京地判昭和 27. 1. 18 高刑集 5 巻 13 号 2524 頁, 2528 頁　　99
最判昭和 27. 2. 19 民集 6 巻 2 号 110 頁（踏んだり蹴ったり判決）　　101, 106
東京高判昭和 27. 12. 10 高刑集 5 巻 13 号 2429 頁　　100
最判昭和 28. 9. 25 民集 7 巻 9 号 979 頁　　380
最判昭和 29. 12. 14 民集 8 巻 12 号 2143 頁　　380
最（大）判昭和 32. 3. 13 刑集 11 巻 3 号 997 頁　　100
最（大）判昭和 37. 6. 13 民集 16 巻 7 号 1340 頁　　291, 373, 374
東京地判昭和 39. 9. 28 下民集 15 巻 9 号 2317 頁（「宴のあと」事件）　　151
最（大）判昭和 39. 11. 18 民集 18 巻 9 号 1868 頁　　374
最判昭和 40. 3. 9 民集 19 巻 2 号 233 頁（板付基地事件）　　381
最判昭和 41. 1. 27 民集 20 巻 1 号 136 頁　　380
最（大）判昭和 42. 11. 1 民集 21 巻 9 号 2249 頁　　375
最判昭和 43. 4. 23 民集 22 巻 4 号 964 頁（山王川事件）　　380
最判昭和 43. 11. 13 民集 22 巻 12 号 2526 頁　　374

最(大)判昭和 44. 10. 15 刑集 23 巻 10 号 1239 頁(「悪徳の栄え」事件)　　101
最(大)判昭和 48. 4. 4 刑集 27 巻 3 号 265 頁　　100, 375
最判昭和 49. 2. 26 家月 26 巻 6 号 22 頁　　193
最(大)判昭和 51. 4. 14 民集 30 巻 3 号 223 頁(衆議院議員定数配分規定違憲判決)　　381
最判昭和 54. 3. 30 民集 33 巻 2 号 303 頁　　195
東高判昭和 55. 7. 18 刑月報 12 巻 7 号 514 頁(日活ロマンポルノ映画事件控訴審)　　101
最判昭和 55. 11. 28 刑集 34 巻 6 号 433 頁(「四畳半襖の下張」事件)　　101
最(大)判昭和 56. 12. 16 民集 35 巻 10 号 1369 頁(大阪空港事件)　　380
東高判昭和 57. 6. 8 刑月報 14 巻 5・6 号 315 頁(「愛のコリーダ」事件)　　101
最判昭和 58. 3. 8 刑集 37 巻 2 号 15 頁　　101
最判昭和 58. 3. 18 家月 36 巻 3 号 143 頁　　375
最判昭和 58. 10. 27 刑集 37 巻 8 号 1294 頁　　101
最(大)判昭和 60. 7. 17 民集 39 巻 5 号 1100 頁　　381
最(大)判昭和 62. 9. 2 民集 41 巻 6 号 1423 頁　　380

[平　　成]

最判平成 3. 4. 19 民集 45 巻 4 号 477 頁　　375
最判平成 3. 9. 12 判タ 796 号 81 頁　　375
最判平成 5. 1. 19 民集 47 巻 1 号 1 頁　　375
最判平成 7. 2. 24 民集 49 巻 2 号 517 頁　　375
最(大)決平成 7. 7. 5 民集 49 巻 7 号 1789 頁　　193
最判平成 7. 7. 7 民集 49 巻 7 号 2599 頁(国道 43 号線道路供用差止請求事件)　　380
東京地判平成 8. 4. 22 判タ 929 号 266 頁(ベッコアメ事件)　　101
最(大)判平成 8. 9. 11 民集 50 巻 8 号 2283 頁　　381
京都地判平成 9. 9. 24 判時 1638 号 160 頁(アルファネット事件)　　102
大阪地判平成 9. 10. 3 判タ 980 号 285 頁(朝日放送ホームページ書換え事件)　　101
大阪高判平成 11. 8. 26 判時 1692 号 148 頁　　102
最判平成 12. 2. 29 民集 54 巻 2 号 582 頁　　379
最決平成 13. 7. 16 判タ 1071 号 157 頁　　102
最判平成 14 年 9. 24 判時 1802 号 60 頁　　58
最判平成 19. 2. 27 民集 61 巻 1 号 291 頁(君が代伴奏拒否訴訟)　　382
最判平成 19. 12. 13 判時 1995 号 157 頁　　383
最判平成 23. 5. 30 民集 65 巻 4 号 1780 頁　　193, 381
最判平成 23. 6. 6 民集 65 巻 4 号 1855 頁　　193
最判平成 23. 6. 14 民集 65 巻 4 号 2148 頁　　193
最判平成 23. 6. 21 裁判所時報 1534 号 1 頁　　193
最判平成 24. 1. 16 裁判所時報 1547 号 3 頁　　193
最判平成 24. 1. 16 裁判所時報 1547 号 10 頁　　193
最(大)決平成 25. 9. 4 民集 67 巻 6 号 1320 頁(非嫡出子相続分差別違憲)　　381

林田清明(はやしだ　せいめい)

1951 年生まれ
1980 年　九州大学大学院法学研究科修了
1982 年　大分大学経済学部助教授
1985 年　北海道大学法学部助教授
1988〜90 年　イェール大学ロー・スクール客員研究員
1991 年　北海道大学法学部教授
現　在　北海道大学大学院法学研究科特任教授

主　著
『《法と経済学》の法理論』北海道大学図書刊行会，1996 年
『法と経済学──新しい知的テリトリー（法学の泉）』信山社，
　　1997 年

北海道大学大学院法学研究科研究選書 7
《法と文学》の法理論
2015 年 12 月 25 日　第 1 刷発行

著　者　林田清明

発行者　櫻井義秀

発行所　北海道大学出版会
札幌市北区北 9 条西 8 丁目 北海道大学構内（〒060-0809）
Tel.011(747)2308・Fax.011(736)8605・http://www.hup.gr.jp

㈱アイワード／石田製本㈱　　　　　　　　　　© 2015　林田清明

ISBN978-4-8329-6811-0

北海道大学大学院法学研究科
研究選書

投 票 行 動 の 政 治 学　　　荒 木 俊 夫 著　　A5・330頁
　　　——保守化と革新政党——　　　　　　　　　　　　　価格5400円

《法 と 経 済 学》の 法 理 論　　　林 田 清 明 著　　A5・318頁
　　　　　　　　　　　　　　　　　　　　　　　　　　　価格5400円

ア メ リ カ の 環 境 訴 訟　　　畠 山 武 道 著　　A5・394頁
　　　　　　　　　　　　　　　　　　　　　　　　　　　価格5000円

社 会 保 険 の 構 造 分 析　　　倉 田　　聡 著　　A5・386頁
　　　——社会保障における「連帯」のかたち——　　　　　価格5000円

法 の ク レ オ ー ル 序 説　　　長 谷 川 晃 編著　　A5・318頁
　　　　——異法融合の秩序学——　　　　　　　　　　　　価格5200円

《法 と 文 学》の 法 理 論　　　林 田 清 明 著　　A5・414頁
　　　　　　　　　　　　　　　　　　　　　　　　　　　価格5800円

〈価格は消費税を含まず〉
━━━━━━ 北海道大学出版会 ━━━━━━